高职高专汽车专业教材

主　编　沈树盛　安国庆

（第三版）

汽车维修企业管理

配课件

人民交通出版社
China Communications Press

内 容 提 要

本书内容共分九章,主要有:企业管理概论、企业经营管理、汽车维修制度、生产技术管理、质量管理与质量检验、企业财务管理、人力资源管理、企业文化建设、汽车维修行业管理。本书在第二版的基础上进行了全面审校与部分重写,可供高职高专院校维修专业师生和经营管理者学习参考。

图书在版编目(CIP)数据

汽车维修企业管理/沈树盛,安国庆主编. —3版. —北京:人民交通出版社,2014.1
ISBN 978-7-114-10333-9

Ⅰ. ①汽… Ⅱ. ①沈…②安… Ⅲ. ①汽车—修理厂—工业企业管理 Ⅳ. ①F407.471.6

中国版本图书馆 CIP 数据核字(2013)第 015626 号

Qiche Weixiu Qiye Guanli

书　　名:	汽车维修企业管理(第三版)
著 作 者:	沈树盛　安国庆
责任编辑:	翁志新
出版发行:	人民交通出版社股份有限公司
地　　址:	(100011)北京市朝阳区安定门外外馆斜街3号
网　　址:	http://www.ccpress.com.cn
销售电话:	(010)59757973
总 经 销:	人民交通出版社股份有限公司发行部
经　　销:	各地新华书店
印　　刷:	北京市密东印刷有限公司
开　　本:	787×1092　1/16
印　　张:	18.25
字　　数:	428 千
版　　次:	2004年7月　第1版
	2008年5月　第2版
	2014年1月　第3版
印　　次:	2017年12月　第4次印刷　累计第25次印刷
书　　号:	ISBN 978-7-114-10333-9
定　　价:	36.00元

(有印刷、装订质量问题的图书由本社负责调换)

第三版前言

企业发展的成败,关键在于企业生产经营管理者的经营理念和管理素质。由于现代汽车维修企业具有服务性工业企业的特征,企业规模越大、人员越多、生产工艺或生产技术越复杂,就越需要有先进的企业管理。

为此,笔者坚持在高职高专"汽车检测与维修专业"的课程设置中开设《汽车维修企业管理》,其目的就是要在培养更多"懂管理的技术人员"的同时,也培养更多的"懂技术的管理人员",教育学生了解和掌握企业管理的基本思想和基本技巧,并在今后的工作实践中提高或改善汽车维修企业的生产经营管理,为提高汽车维修企业的产品与服务质量作出贡献。

本书的编写思路是,既要发挥国有企业管理中值得继承的成功经验,也要结合民营企业管理中的先进经营理念。实践证明,倘若能将原有的国有企业管理经验与现有的民营企业经营理念相结合,就能创造出适合于我国国情的、现代新型的汽车维修企业管理理念和方法。

我们应该学习国外的成功经验,但绝不能照搬。因为国外的成功经验毕竟是在国外环境下取得的,并不一定适合于我国国情,这一点对于合资的和民营的汽车维修企业管理来说尤为重要。

本书共分九章:第一章,企业管理概论;第二章,企业经营管理;第三章,汽车维修制度;第四章,生产技术管理;第五章,质量管理与质量检验;第六章,企业财务管理;第七章,人力资源管理;第八章,企业文化建设;第九章,汽车维修行业管理。

本书第一版自2004年7月出版后曾重印过多次,本书第二版自2008年5月出版后也曾重印过多次。由于本书深入浅出、实用性强,故深受大专院校汽车维修专业在校学生们的喜爱;也深受汽车维修企业生产经营管理者的欢迎。应广大读者要求,而今出版第三版的《汽车维修企业管理》。

参加本书编写的人员有:沈树盛、安国庆、戴蔚、戴军、孙长富、赵志康、安兰、沈姬、王豫川、龚裕键、周小川等。对于他们的辛勤劳动,在此表示衷心的感谢!

编者
2012年12月

目录 CONTENTS

第一章　企业管理概论 …………………………………………………… 1
　第一节　企业管理基本概念 ………………………………………………… 1
　第二节　企业管理的发展过程 ……………………………………………… 7
　第三节　企业管理体制与企业管理制度 ………………………………… 15
　第四节　汽车维修企业的管理机构 ……………………………………… 22
　复习思考题 ………………………………………………………………… 25

第二章　企业经营管理 …………………………………………………… 26
　第一节　汽车维修企业的经营管理 ……………………………………… 26
　第二节　汽车维修企业的经营管理实务 ………………………………… 36
　第三节　公务车辆及其维修的政府采购 ………………………………… 51
　复习思考题 ………………………………………………………………… 55

第三章　汽车维修制度 …………………………………………………… 56
　第一节　汽车的预防维修制度 …………………………………………… 56
　第二节　汽车的维护与修理 ……………………………………………… 60
　第三节　汽车的检测与诊断 ……………………………………………… 68
　复习思考题 ………………………………………………………………… 75

第四章　生产技术管理 …………………………………………………… 76
　第一节　汽车维修的生产管理 …………………………………………… 76
　第二节　汽车维修的工艺管理 …………………………………………… 86
　第三节　汽车维修的物资管理 …………………………………………… 91
　第四节　汽车维修的技术管理 …………………………………………… 99
　第五节　汽车维修的设备管理 …………………………………………… 105
　复习思考题 ………………………………………………………………… 119

第五章　质量管理与质量检验 …………………………………………… 121
　第一节　汽车维修质量管理概述 ………………………………………… 121
　第二节　全面质量管理与质量保证体系 ………………………………… 125
　第三节　汽车维修企业的全面质量管理 ………………………………… 138
　第四节　汽车维修企业的质量检验 ……………………………………… 149
　第五节　汽车维修竣工出厂规定与验收标准 …………………………… 156
　复习思考题 ………………………………………………………………… 163

第六章　企业财务管理 …………………………………………………… 165
　第一节　汽车维修企业的财务管理 ……………………………………… 165

第二节　汽车维修企业的资产、负债、所有者权益 …………………… 169
　　第三节　汽车维修企业的营业收入 ……………………………………… 174
　　第四节　汽车维修企业的成本与费用管理 ……………………………… 177
　　第五节　汽车维修企业的利润和分配 …………………………………… 180
　　第六节　汽车维修企业的财务报告 ……………………………………… 183
　　第七节　汽车维修企业的财务分析 ……………………………………… 190
　　复习思考题 ………………………………………………………………… 199

第七章　人力资源管理 ………………………………………………………… 201
　　第一节　传统工业企业的劳动人事管理 ………………………………… 201
　　第二节　劳动保护与劳动保险 …………………………………………… 209
　　第三节　人力资源管理 …………………………………………………… 213
　　第四节　职工培训管理 …………………………………………………… 221
　　第五节　汽车维修人员的从业资格 ……………………………………… 226
　　第六节　职业道德 ………………………………………………………… 227
　　第七节　现代企业的职业经理人 ………………………………………… 233
　　复习思考题 ………………………………………………………………… 238

第八章　企业文化建设 ………………………………………………………… 240
　　第一节　企业文化 ………………………………………………………… 240
　　第二节　企业形象与企业精神 …………………………………………… 248
　　第三节　重塑企业形象 …………………………………………………… 254
　　复习思考题 ………………………………………………………………… 258

第九章　汽车维修行业管理 …………………………………………………… 259
　　第一节　汽车维修行业管理概述 ………………………………………… 259
　　第二节　汽车维修业的行业管理 ………………………………………… 261
　　第三节　汽车维修企业的开业条件 ……………………………………… 267
　　第四节　汽车维修企业开业的前期可行性分析 ………………………… 277
　　第五节　汽车维修行业的发展趋势 ……………………………………… 283
　　复习思考题 ………………………………………………………………… 285

参考文献 …………………………………………………………………………… 286

第一章 企业管理概论

第一节 企业管理基本概念

一、企业与企业管理

1. 企业与企业管理的概念

所谓企业,是指为了满足社会需求、从事商品生产或商品经营(流通或服务)等经济活动,并获取盈利的基本经济组织。在社会主义市场经济条件下,企业也是具有法人资格、享有民事权利,并承担民事义务,依法自主经营、自负盈亏、自我发展、自我约束的独立经济核算单位。

人类的管理活动范围很宽,只要有许多人在一起相互配合、共同劳动的地方都需要管理,甚至凡是有人群的地方都需要管理。例如,七八个人一起抬木头,为了这七八个人的行动统一,就需要有人吹号子来实施管理,当然这是最原始的管理。

对于人类劳动的管理,源远流长。最初的企业管理只是在企业出现以后,对企业中的劳动力实施管理。由于当时企业的生产力水平很低(且大多属于分散或个体的生产活动),因此劳动力管理乃是原始企业管理的中心内容。但随着企业中人员的不断增多和企业规模的不断扩大,特别是随着由产品经济逐步向商品经济发展过渡,企业中及企业间便开始出现了明确的分工。为了提高企业的生产效率和经济效益,除劳动力管理之外,还出现了较复杂的其他管理。由此可知,企业管理不仅是随着人类的共同劳动而产生的,而且是随着人类共同劳动的复杂程度而不断发展的,它是社会化大生产的客观要求和直接产物。

管理,顾名思义,一是管(即管辖)、二是理(即治理)。其中,"管"是指管辖的权限;而"理"则是指管辖权限范围内的管理职能(例如,计划、组织、指挥、控制、协调、领导等)。现代企业的生产要素不仅包括人力、财力和物力,而且还包括信息、时间和空间等。所谓现代企业的企业管理,是企业管理者对企业中的人力、财力、物力、信息和时空等实施统一的管辖和治理的全过程。企业管理的实质就是企业管理者通过其管理权限、执行其管理职能,有效地掌控企业中的人力、财力、物力、信息和时空,从而实现企业既定的生产经营管理目标的全过程。

由于企业管理者直接决定着企业中人力、财力、物力、信息和时空等诸多要素及其有机组合,因而企业管理者是有效开展企业管理活动,最后决定企业生产效率和经济效益的重要保证。企业越大,企业人员的步调一致比企业人员的个人能力更重要。企业越大,就越需要依靠企业管理,这就是我们在企业管理中常说的"三分技术、七分管理"。

虽然企业管理的客体可能是事物(管事)或人(管人),但企业管理的主体则一定是人。因为无论是管事或者管人最终都离不开人的管理,对于人的管理乃是企业管理中最重要的管理。既然企业管理属于有人员参与并对人员的活动实施管理,其管理效率直接取决于管理者的管理素质。因此,企业管理者的基本职业素质,不仅要敢于管辖、敢于治理(这是衡量企业管理者的管理态度),而且还要善于管辖、善于治理(这是衡量企业管理者的管理水平)。但企业管理属于软技术或者属于艺术,它虽然不是发展企业生产力的具体物质要素,但却是充分发挥企业生产力的重要前提。从这个意义上说,企业管理也是生产力,或者说加强企业管理可以使企业产生出新的生产力,因而是间接生产力。

2 企业管理的两重性

企业的生产过程是企业的生产力与生产关系相统一的过程。为了保证企业生产过程的正常进行,企业管理者的两个基本职能是:既要合理组织企业生产力,也要维护企业生产关系。根据上述两个基本职能,现代企业管理便具有两重性。

(1)自然属性——不管社会制度如何,若要发展企业生产力,所有企业管理都必须合理地组织劳动和统一地指挥生产,这是企业管理的共性职能或者一般职能。

(2)社会属性——对于不同社会制度下的企业管理,都必须要维护和完善与其社会制度相适应的生产关系,这是企业管理的个性职能或者特殊职能。

基于上述企业管理的两重性,我们既要善于学习借鉴和消化吸收国内外先进企业的管理模式和管理经验(企业管理的自然属性),但由于国情或厂情的不同,又绝不能照搬国内外先进企业的管理模式和管理经验(企业管理的社会属性)。只有将先进的资本主义管理技术与优越的社会主义制度相结合,才能以我为主、博采众长、融合提炼、自成一家,从而形成具有社会主义特色的我国企业的现代管理模式。

二 企业管理的基本任务

企业是生产和经营"商品"的基本单位,也是发展社会生产力和实现技术经济进步的主导力量。企业管理的基本任务,是根据社会化大生产的客观规律,在国家计划、经济、行政、法律的管理、监督、指导和调节下,合理而严密地规范和组织本企业生产经营管理活动,最充分并最有效地利用企业中人力、物力、财力、信息、时间和空间,不仅要向消费者提供足够多的商品和服务,从而为企业创造最好的经济效益,实现企业预定目标;而且还要承担企业的社会责任,在为国家积累资金的同时,保护周边生存环境,改善社会和社区生活质量,从而为企业创造最好的社会效益,把企业建设成为具有高度精神文明和高度物质文明的社会主义现代化企业。其中,办企业决不能唯利是图。

汽车维修企业管理的基本任务是:不仅要满足汽车制造业和汽车运输业的发展需要,根据汽车维修的市场需求,不断增强汽车维修能力,提高汽车维修质量;而且还要为国家和企业不断地创造更多盈利,以扩大积累,从而把汽车维修企业建设成为具有高度物质文明和精神文明的社会主义现代化企业。

评判一个汽车维修企业管理状况好坏的标准是:

(1)看这个企业是否充分而有效地利用了企业中的人力、物力、财力、信息和时空,而没有闲置的人力、物力、财力、信息和时空。

(2)看这个企业是否能通过人力资源管理而使企业富有凝集力和活力。

(3)看这个企业是否取得了最好的经济效益和社会效益,不仅能使企业可持续地发展,而且能为社会作出应有的贡献。

三 企业管理的基本职能

企业管理的基本职能包括计划、组织、指挥、控制、协调、领导等。

1 计划

计划是企业管理的首要职能。其目的是要按照企业发展的最终目标,通过编制作业计划,具体确定企业近期或远期的行动目标(干什么)、进度(何时干)、途径与方法(怎么干)。

企业的生产经营管理计划既可以按计划时间分类(例如,企业中长期发展规划、年度或月度阶段性发展计划等),还可按计划项目分类(例如,企业的产品销售计划、产品生产计划、技术措施计划、产品服务计划、材料供应计划、设备购置计划、职工培训计划、企业财务及成本计划等)。

在制订企业生产经营管理计划时,首先应该符合企业生产经营管理活动的实际需要,切实可行、可操作性强。既不能制订得太高,以至于经过努力也不能完成,最后成为空头计划;也不能制订得太低,以至于不需要努力就能达到,最后起不到促进企业发展的作用。其次是要将企业的各项计划与指标层层分解和落实。不仅要使各级、各部门、各个人都能明确各自的奋斗目标,而且也要便于企业管理者实施组织、考核和控制,以确保企业计划目标的全面实现。

企业生产经营管理计划是企业进行生产经营管理活动的行动纲领。制订企业生产经营管理计划的基本方法是:首先确定适合于企业生产经营管理活动发展的计划目标、经营方针和经营政策;其次是为完成上述计划目标而编制详尽的生产经营作业计划。这就要求企业管理者在制订企业计划之前,一定要做好充分的市场调查,并作出准确的市场预测。

一旦确定企业计划后,整个企业的一切生产经营管理活动都必须严格按照计划来执行。既要保持企业计划的严肃性而不能朝令夕改,也要根据计划的实施过程及时地检查和调整。倘若实践证明原计划确实有误,就应该及时通过修订程序进行计划修改。

2 组织

企业的组织工作,就是将企业生产经营管理活动中的各个要素或各个环节,在上下左右的相互关系上,在对内对外的相互往来上,合理地确定管理机构并有效地组织管理人员,从而有效地实施企业计划目标的全过程。

汽车维修企业的组织工作,其目的就是要根据企业发展的计划目标,不仅要根据业务性质和业务量来设置必要的组织机构,配备必需的业务人员;而且还要对各机构、各部门、各业务人员进行合理分工,以明确各自的业务范围与职责权限,并明确相互之间的领导和协作关系(包括办事程序和规章制度等)。

由于汽车维修企业具有"点多、面广、规模小"的基本特点,因此在进行机构设置和人员配备时,更要本着精简和高效的原则,因事设人而不要因人设事。但由于企业的组织管理直接涉及个人利益,因而也是企业管理中最重要而又最难办的事。为此不仅要用岗位竞聘来真正地选用能人,而且还要以实绩考核来适时、适当地调配或调整。

3 指挥

为了确保企业生产经营管理的顺利进行,以实现企业的既定目标,企业内部必须建立高度集中的生产经营管理指挥系统,以有机地组织和调度企业内部的各项事务和各类人员,并使其相互配合、协调发展。

为了确保企业生产经营管理中指挥的有效性和权威性,需要做好以下工作。

(1)在企业内部必须建立"逐级负责"的岗位责任制度,并严格执行"逐级管理、逐级负责"原则,既要使指挥或命令畅通无阻,也不能越级实施管理。

(2)加强企业职工的思想政治工作,既要强调执行命令的组织性与纪律性,以确保指挥或命令的有效实施,也要强调在"逐级管理、逐级负责"的原则下相互合作。

(3)指挥者在指挥之前应当深入实际、调查研究,既要预见各种可能发生的问题,及时果断地作出判断和决定;也要充分发扬民主,认真听取群众的意见和建议,正确处理民主与集中、自由与纪律的关系,确保指挥或命令实施的正确性,避免脱离实际情况的瞎指挥。

4 控制

所谓控制,就是根据企业预定的计划目标,对企业计划的实施情况予以监督和检查。倘若发现偏差,就要及时分析原因并立即采取措施纠正。只有严密的计划控制,才能确保原定计划的正确执行,才能保证实施结果符合原定计划要求。由此可知,计划是实施控制的依据,控制是实现计划的保证。

实施计划控制的基本条件有如下几点。

(1)必须相应建立各部门、各个人的工作标准(如建立健全岗位责任制度,建立健全各种安全技术操作规程、工艺规范和技术标准、技术经济定额和经济核算制度等),这是控制的依据。

(2)必须相应建立计划的监督检查制度,从而对计划实施最有效的监督和检查。

(3)根据计划监督检查结果,采取相应控制措施来纠正上述偏差,以实现原定计划目标。

5 协调

在企业生产经营管理的实际活动中,要完成各项计划任务,还需要企业内部和外部多方面多层次的联系和配合。但由于种种原因,有时难免会出现各式各样的人际矛盾,结果使原有工作程序发生脱节、原有计划协调遭到破坏,从而影响企业既定目标的最终实现,这时就需要"协调"。这种协调既包括企业内部关系的协调(例如,上下级之间的纵向关系协调,部门之间的横向关系协调等),也包括企业外部关系的协调(例如,与其他企业之间的协调、与政府主管部门之间的协调等)。企业内部关系协调的常用办法是:平时应加强政治思想工作,搞好人际间的公共关系,理顺并强化企业生产经营管理中的指挥权威;平常应多利用"现场办公"来现场揭露矛盾并理顺关系,以解决企业生产经营管理活动中的实际问题,协调彼此之间的人际矛盾。当无法再协调人际矛盾时,应该调整其人事结构,并平衡相应的纵横关系。

6 领导

企业管理有管事和管人之分,其中管事的职能通常称之为管理,而管人的职能通常称之为领导。

企业管理者并不都是企业领导,两者的区别见表1-1。

管理与领导的区别 表1-1

项　　目	管　　理	领　　导
管理对象	事务	人员
管理目标	企业的生产经营目标	企业的思想政治工作
管理手段	处理人、财、物、时、空的关系,以利用和挖掘各种物质资源的潜力	处理人际关系和上下级关系等,以利用和挖掘各种人力资源的潜力
管理范畴	依靠生产技术(业务知识或业务技术)处理生产经营业务,解决生产、技术与经济问题	依靠企业管理者的个人素质与领导艺术(公关艺术、做好人的工作)解决人事安排与组织保证问题

(1)就管理对象而言,企业管理的对象通常是具体事务,而企业领导的对象通常是企业员工。

(2)就管理内容而言,企业管理者只注重于企业生产经营管理目标的具体事务;企业领导则关心如何做好企业员工的思想政治工作,以便发挥人的主观能动作用去实现企业的生产经营管理目标。

(3)就管理手段而言,企业管理者必须具备企业管理的理论知识和实际技能,依靠其管理技能或生产技术去处理企业生产经营管理中的各项事务(如生产、技术与经济等);企业领导则凭企业领导者的个人素质和领导艺术,依靠公关去做好人的思想政治工作,从而解决好企业中的人事安排与组织机构,保证企业生产经营管理中各项事务的顺利进行。

(4)就管理目的而言,企业管理的目的是利用和挖掘企业内部的自然资源潜力(如人、财、物、信息和时空等),处理好企业内部生产经营管理的各种业务关系;企业领导的目的则是为了利用和挖掘企业内部的人力资源潜力,处理好企业内外的人际关系及思想动态等。

企业领导的基本职能,就是运用"指示、命令、考核、处罚"和"动员、启发、沟通、教育"等手段统一全体员工的意志,调动全体员工的积极性,以推动企业各项活动能按照既定目标要求前进。但在现代企业管理中,为了实施以人为本原则并实施人性化管理,以充分调动企业员工的主人翁责任心和工作积极性,企业领导不仅要学会做员工的思想政治工作,而且要多用"动员"和"启发"而少用"指示"或"命令",多用"沟通"和"教育"而少用"考核"或"处罚"。

由于企业领导的领导艺术都具有经验性、灵活性、创造性、鼓动性和不确定性等特征,且主要取决于企业领导者的个人素质、管理经验、管理能力和影响能力。而企业领导者的影响能力又取决于领导者的地位和职权、品德和威望、知识和专长、技能和艺术等。因此,领导职能是各项管理职能中最富有挑战性和艺术性的职能。要成为一个勇于改革、敢于开拓、受人尊敬、令人称职的企业领导，首先要重视自身气质和形象的修养；其次要注重自身领导艺术的修炼和提高，包括善于做好人的思想工作，善于培养、选拔和使用人才等；最后还要搞好企业的各项管理制度，做好职工待遇和奖惩等。

上述企业管理的六项职能，彼此之间相互联系又相互制约；既不可缺少也不可偏废，为此企业领导者应当学会与全面运用。

四 企业管理者的基本素质

1 企业管理者的分类

（1）按照企业管理者的管理层次——可分为高层、中层和基层三种。

①高层管理者位于企业管理机构的最高层（如公司董事会成员和总经理等），其主要职责是制定企业发展规划和经营方针、实施企业的重大决策，以及选配中层管理者等。

②中层管理者位于企业管理系统的中层（如各职能部门管理者与车间负责人等），其主要职责是根据企业高层所确定的经营计划和经营方针，在各自分管的部门内分解和执行其管理职能。

③基层管理者即现场管理者（如工段长与班组长等），其主要职责是根据企业中层的管理指令，直接指挥和监督企业的生产经营管理作业现场。

（2）按照企业管理者的素质结构——可分为经验型、知识型和能力型三种。

①经验型管理者（指从工人中提拔起来的管理者），尽管他们经验丰富，也善于处理日常事务，但由于知识不足，处理事务时常常依赖于他的经验与习惯。

②知识型管理者（指刚从学校毕业、或者刚从专业技术岗位走上管理岗位的年轻管理者），尽管他们有知识、有抱负，但由于缺乏实践经验，处理事务时常常依赖于书本理论知识。

③能力型管理者。他们不仅具有扎实的理论基础，而且具有丰富的实践经验。显然，成功的企业领导者应该属于能力型管理者。

2 企业管理者的基本素质

企业管理者的基本素质，应该包括品德素质、知识素质、能力素质、生理心理素质等。

（1）品德素质——企业管理者应该对事业具有强烈的责任心和敬业精神，必须对企业的资方、员工、用户和社会负责；在工作中具有良好的工作作风，尊重科学，重视民主，知人善任；在生活中具备必要的道德品质，严于律己，模范做人，包括作风正派、公正廉洁、平等待人，并自觉保护环境、自觉遵守公共卫生和公共秩序等。

（2）知识素质——企业管理者的知识素质包括文化知识、企业管理知识、企业产品及服务的专业知识，以及政治经济学和法律知识等。

（3）能力素质——企业管理者的能力素质主要是指对于企业生产经营管理活动的掌控能力，包括决策能力、组织能力和控制能力等。这也是企业管理者的核心能力，需要在日常工作中不断积累和提高。

①决策能力，即要求企业管理者能根据企业外部经营环境和内部经营实力的变化，凭借其观察、判断、分析及决断，适时正确地作出各种经营决策。

②组织能力，是指企业管理者在一定的内外部环境条件下，有效地组织和配置企业内现

存的各种要素（包括调整机构或组织人员）从而实现企业生产经营管理目标的能力。

③控制能力，是指企业管理者通过各种行政、经济和法律的手段，保证企业生产经营管理目标如期实现的能力，包括能否及时地发现企业中实际的生产经营管理活动与预定目标的差距（差异发现能力），并控制企业各种人力或物资，以实现企业生产经营管理目标的能力（目标监控能力）。

(4)生理与心理素质——企业管理者的生理与心理素质包括体力、智力、精力、心态和应变能力等。这不仅要求企业管理者身体健壮、智商高并精力充沛，而且要求企业管理者心态平和、应变能力强。这包括能应付各种突发事件，且意志坚强、处事冷静、应变自如、临危不乱，敢于面对各种困难和挫折，具有良好的生理素质和心理承受能力等。

第二节 企业管理的发展过程

企业管理是从第一次工业革命出现手工业家庭作坊之后才开始的，它随着工厂生产规模的迅速扩大和社会化大生产的高度发展，以及随着科学技术的飞速发展而不断发展的。企业管理的发展过程曾经历了以下三个阶段。

一、传统管理阶段

自从手工业资本家雇用工人办工厂开始，工厂便是资本家进行工业化生产的重要方式。资本家为了能使生产正常进行，并尽可能减少资本消耗以赚取更多的利润，不仅需要用机器来代替劳动者的手工作业，而且还需要把劳动者、劳动对象和劳动工具最有效地组织起来，从而需要对工厂加强企业管理。

传统管理阶段大约从18世纪后期到19世纪末（即从出现资本主义制度，到出现资本主义垄断止）历时100多年。在此阶段包括以下三个过程：

(1)资本家直接管理，即早期的工厂大多由资本家自己直接管理，一切都听资本家现场指挥，相当于我们所见的手工业家庭作坊。

(2)工头管理，即随着工厂生产规模的日趋扩大和工人数量的日益增多，资本家不可能再亲临现场直接指挥，于是出现了一批专职的企业管理人员（如工头、监工和领班等），即所谓的"工头管理"，由于当时企业管理者的指导思想始终认为工人是用钱雇来的劳动工具，因此大多采用家长式、独断专行的企业管理方式，对工人进行强制性监督管理，结果引起了尖锐的劳资矛盾。

(3)经验管理，即随着工厂生产规模的进一步扩大，生产技术进一步复杂，工厂开始聘用一批有技术、有经验的资深人士作为资本家的代理人而从事工厂的日常管理（如生产技术管理、成本管理、劳动工资管理等）。此时企业管理的特点是：工人凭"经验"或"习惯"操作（既没有统一的操作规程和技术标准，也没有明确的劳动定额和消耗定额）；管理人员则凭"经验"或"习惯"管理（既没有统一的管理办法，也没有明确的管理标准）；训练工人或训练管理人员则通常都采用"师傅带徒弟"的办法。由于这一阶段（特别是最后过程中）整个的企业管理都凭借着"经验"或"习惯"办事，因此这一阶段的传统管理称为"经验管理"或

"尽量管理"。

二、科学管理阶段

20世纪初期,随着工厂规模的日益壮大,资本主义生产高度发展,生产技术也日益复杂。倘若再采用工头管理以强迫工人劳动,劳资矛盾会十分尖锐,从而经常会出现一些不可调和的劳资冲突(如罢工等)。倘若再沿用过去的经验管理,显然不能适应现代企业生产力的发展和生产关系的变化。因此,如何对现代企业进行科学的劳动管理,以进一步提高企业生产力,必须改革企业中的生产关系;如何尽快将积累的管理经验系统化、标准化和理论化,这些都成为当时企业管理学家们研究的中心问题。

其中,最有代表性的是泰罗和法约尔等人。

以美国的泰罗为例,他于1911年发表《科学管理原理》,提出用科学管理原理来代替原来的传统管理来管理工厂(称为"泰罗制")。其主要内容有以下几个方面。

(1)实施操作方法的标准化——他通过对工人操作过程的研究,制订出各种劳动的标准操作方法。不仅要求工人必须按照标准操作方法进行操作,而且还要求用标准操作方法来挑选和训练工人,以代替传统的师傅带徒弟的训练方法。这是因为,传统的师傅带徒弟办法不仅时间漫长,而且在专业技能上,徒弟似乎不可能超过师傅;况且随着生产技术的日益复杂,师傅在很多方面也已经难以适应。

(2)全面实施劳动定额——通过对完成企业中基本生产过程的操作动作与消耗时间的研究,提出了在一定的设备条件下,为完成一定工作量,确定工人基本操作所必需消耗的工时标准(工人数×小时数),并以此作为合理劳动定额来考核工人的劳动成果。

(3)实行按劳取酬——泰罗提出在实施劳动定额的基础上实行有差别的计件工资制,并以不同的工时单价来计算工资。其中,凡能够按照标准操作方法、在规定时间内完成规定操作的工人,可按照较高工资率来计发工资,超额的还可加发工资;而对于完不成定额的不仅要按照较低工资率计发工资,甚至还要扣发工资。以实行"多劳多得、少劳少得、不劳不得",以此刺激工人的生产积极性。

(4)明确各自的岗位职责——泰罗要求企业中的管理层与执行层之间必须有明确的岗位分工(分出白领与蓝领),并明确各自的岗位职责,以提高其管理效率和生产效率。

尽管泰罗的科学管理制度产生于产品供不应求的卖方市场年代,它以执行生产任务为宗旨,用单纯的生产观念来研究企业管理制度(包括生产组织机构和规章制度等),从而属于内向型、封闭型、生产型的企业管理;但由于他确实能提高企业的生产效率并降低企业的生产成本,因而也为现代企业管理奠定了良好的基础。泰罗《科学管理原理》的出现使工厂企业管理从传统管理阶段迈进了科学管理阶段。为此,列宁曾指出:泰罗的《科学管理原理》一方面为资本家剥削工人提供了最巧妙和最残酷的手段,而另一方面却又对当代企业管理作出了最丰富和最杰出的贡献。由于泰罗《科学管理原理》的核心内容就是要实施劳动定额管理和制度管理,因此科学管理也称为"定额管理"或者"制度管理"。

法约尔等人则研究了企业中生产经营管理的组织及其功能。他提出:要搞好企业管理就要坚持以下14条原则:实行劳动分工、权责相当、统一领导、统一指挥、实行集中原则、严整组织层次、执行劳动纪律、维护生产秩序、个人利益服从集体利益、实行公平原则、以劳取酬、实现人员稳定团结、发扬首创精神、培养团队精神。他还强调,要在企业中建立高效而非个人化的层级式行政组织结构,必须保证每个岗位的权责分明,必须强调企业管理教育,一切按规章制度办事。

对现代企业管理作出巨大贡献的还有甘特、福特、丰田等人。其中,甘特提倡用"线条图"来制订生产作业计划,并借此控制生产作业计划的执行,从而奠定了现代"看板管理"的原形;福特创立了汽车生产流水线,运用流水作业来控制生产节奏,从而不仅极大地提高了劳动生产效率,而且也为现代工业的大生产方式(生产线自动化)创造了光辉的典范。但"福特生产方式"只适应于少品种、大批量的产品经济时代;丰田则适应于多品种、小批量的商品经济时代。丰田创立的"以销定产"的"丰田生产方式",它将企业管理由科学管理阶段逐步向现代管理阶段过渡。

三 现代管理阶段

第二次世界大战(20世纪40年代)后,资本主义企业的经济规模、科学技术和生产工艺都得到了极大的发展,企业规模越来越大(出现了很多跨国经营公司甚至跨国垄断公司),生产过程的自动化程度和连续性大大提高;技术和产品的更新周期也大大缩短。但由于产品的大量积压和市场的严重滞销,从而使产品紧缺经济(即计划经济)进入到商品过剩经济(即市场经济),由卖方市场转变为买方市场。

市场的剧烈变化和激烈竞争,不仅要求现代企业必须由"产品生产型"转变为"商品经营型",而且还要求现代企业的生产经营管理者必须从"面向工厂"转变为"面向市场"。为此,要求企业管理者在懂生产技术、懂企业管理的同时,更要懂得市场、懂得经营,由此都促使了现代企业管理制度必须由科学管理阶段向现代管理阶段过渡。

所谓市场,是商品与劳务相互交换的场所;从广义说,市场是实现商品与劳务交换关系的总和。市场是商品经济的产物,只要存在着商品生产与商品交换,就会存在着市场。

在科学管理基础上建立起来的现代企业管理,尽管企业的内部管理仍然须以定额管理为基础;但为了能适应市场竞争需要,还必须强调企业外部的经营和决策。正因为此,现代企业管理也称为经营型企业管理。这种经营型企业管理是一种外向型、开放式、侧重于市场经营和决策的企业管理。它要用市场营销的观点,市场竞争的战略思想,以为用户服务为基本宗旨,以销定产,最后实现企业的经济效益和社会效益。

1 现代企业管理的主要特征

(1)现代企业管理更突出"经营和决策"——现代企业管理必须关注企业发展战略的研究与应用。这是因为,在当今激烈的市场竞争中,倘若企业发展战略的经营决策(如产品结构调整、产品计划及开发、产品销售与服务、资金筹措与运用,对外联合与协作,以及企业扩建与改造等)出现失误,不仅将直接关系到企业的生存和发展,而且企业生产效率越高其经济损失就越为惨重。为此,现代企业管理的重心必须放在企业外部的经营和决策上。只有做好企业外部的经营和决策,才可能做好企业内部生产技术的结构调整,企业外部的"经营决策"比企业内部的生产技术更加重要。

现代企业管理不仅要根据国家政策法令以及企业自身条件自主经营和决策,而且还要通过正确的经营决策与管理理念来改造企业内部原有的管理模式,从而通过现代企业管理,把包括生产、流通、消耗和分配在内的生产经营管理活动全面系统地管理起来,把开发新产品、提高生产技术,并改进企业服务作为企业发展的核心,才能使现代企业面对现实的市场竞争。

(2)现代企业管理更强调"以人为本"的管理思想——现代企业管理明确提出:现代企业管理的竞争实质上就是人才的竞争,人是现代企业生产经营管理要素中的第一要素。因此,现代企业管理既要重视产品或服务的质量和数量,重视产品或服务的市场销售和市场研究,更要强调人的核心地位和主观能动作用,强调"以人为本"思想,强调人际关系,把人的因素放在现代企业管理的首位;重视研究与应用人的行为科学,注重人力资源的开发和管理,这就是所谓的现代企业管理的人本原理或人本管理。

人的意识是人的内在行为,如思想、感情、动机、思维能力等,而人的动作是人的外在行为。人的外在行为是人内在意识的综合表现。现代企业管理之所以要研究人的行为科学,其原因有如下几点。

① 在科技发展过程中,不管电脑如何发达,由于电脑仍然是由人所研制和操纵的,因此要进一步发展社会生产力,必须重视人力投资与人力开发。

② 通过人的行为科学研究,可以改善人际关系,从而缓和现代社会中的劳资矛盾,造就和谐社会。

尽管泰罗科学管理制度的基本原理都是正确的,但其致命弱点就在于它忽视了人的因素。为了使企业的产品或服务尽可能地满足市场需要和用户需求,从而实现企业的既定经营目标和经济效益,现代企业生产经营管理者必须运用市场经营观点,重视企业文化建设(企业形象及企业精神)。不仅要在人际关系上适当的"感情投资",以强调和提倡"群体利益"等,充分激发"人的主观能动作用",而且要重视对企业中各级业务人员的素质培训,以全面提高现代企业人员的综合素质,这乃是现代企业管理的基本指导思想。

(3)现代企业管理更突出企业的"管理效率"——凡实施了专业化生产与多种经营的现代企业,不仅要扩大市场营销,为消费者提供更多服务,并提高企业和产品的竞争力,提高企业的社会效益,从而实现企业的持续稳定发展,而且还要减少企业的资金占用和经营成本(如人力、物力、财力消耗),以提高企业的经济效益。为了提高企业的这两个效益,实现现代企业的既定经营目标,必须突出企业的管理效率,强调企业的经营效果。也就是说,在现代企业的生产经营管理活动中,将不管其主观动机而只看其最后效果。

(4)现代企业管理更强调现代社会的信息功能——现代企业要面对商品市场、提高企业的管理效率,就必须及时而广泛地收集和掌握各种瞬息即变的市场信息。为此必须要采用现代化的科学技术和管理手段来加强现代企业的信息管理,强调现代企业的信息功能。其中,特别是计算机、运筹学、信息技术和网络技术等。

(5)现代企业管理更重视全面管理——现代企业管理是建立在科学管理基础上并应用现代管理理念的企业管理。尽管它仍然要强调逐级负责并实施定额的管理体制,但却更重视全面的、全员的、全过程的系统性管理,包括全面计划管理、全面质量管理、全面人力资源管理、全面财务核算管理等。

科学管理与现代管理的区别见表1-2。

科学管理与现代管理的区别　　　　　　　　　表1-2

项　　目	科 学 管 理	现 代 管 理
出发点	把人当成机器；企业是经济人	激发人的能动性；企业是社会人
管理方法	执行有定额管理制度；就事论事	提倡企业文化和以人为本；培养群体意识和团队精神
管理范围	劳动工资管理；研究组织机构和管理方式	人力资源管理；研究人的感情与人的潜能

2　21世纪的企业管理

人类在经历了农业经济时代和工业经济时代以后，随着国际互联网的迅速发展和经济全球化进程的进一步加速，将使21世纪向着崭新的知识化、网络化和全球化的知识经济时代过渡。正是由于网络技术能够随时沟通每个用户，因此信息技术正在渗入现代企业管理的各个层面，为现代企业管理带来了全面深刻的革命。

21世纪的企业管理将是一个"没有管理的管理"，这也是企业管理发展的最高境界。到那时，人人都很自觉，人人都是管理者或被管理者，企业员工同心同德，都为同一目标而努力奋斗。通过企业不断地管理创新或创新管理，充分地尊重人性并充分地发挥个性，也使企业获得不断的、可持续的发展动力。

四　企业管理现代化的内容和要求

企业管理的现代化乃是工业现代化的重要标志，也是提高现代企业经济效益和社会效益的重要手段。所谓现代企业管理，就是根据市场经济的发展规律，运用科学发展的思想、组织、方法和手段，为企业生产经营管理活动提供最有效管理的全过程。

现代企业管理的基本内容有以下几点。
①战略管理。
②决策管理。
③信息管理。
④资金管理。
⑤成本管理。
⑥设备管理。
⑦技术与质量管理。
⑧人力资源管理。
⑨企业形象管理等。

要实现企业管理现代化，就要合理地组织企业中的生产力，正确地调整企业中的生产关系。具体而言，就是要使现代企业实现"管理思想现代化、管理组织高效化、管理方法科学化、管理技术电子化、管理人员专业化、管理方式民主化和管理模式特色化"。

1　企业管理者经营管理思想的现代化——是企业管理现代化的核心

人的行为取决于人的思维。企业管理者经营管理思想的现代化乃是企业管理现代化的核心。总结我国企业发展历史的经验教训就可知道：在计划经济时代，由于商品紧缺，企业管理者可以只讲生产而不讲经营，只看厂内而不看市场。但现在情况变了，因为现在的市场，商品不是紧缺而是过剩，市场经济体制也由计划经济转变为市场经济。在这种情况下，倘若企业管理者的指导思想仍然停留在原来计划经济模式下而只讲产量不讲质量、只讲生产而不讲服务；只懂内部管理而不懂外部经营，只懂计划执行而不懂竞争创新，就必然会产生错误的决策和错误的领导，从而使企业在当前市场经济条件下既不可能生存、也不可能发展。

现代企业管理必须是突出市场经营的企业管理。它要求现代企业管理者必须树立市场观念、服务观念、经济观念、竞争观念及创新观念，千方百计地将"产品"变为"商品"而推向市场，并设法牢固地占领市场和扩大市场，以最快速度和最好质量为用户服务，才能使企业获得生存和发展的动力，提高企业的经济效益和社会效益。

有些企业虽然名义上实施着现代化企业管理，但实际的企业管理模式却仍然是强调传统管理阶段的经验管理，或者强调科学管理阶段的定额管理和制度管理，却忽略了现代化企业管理的基本核心——人性化管理。究其原因，就是因为这些企业的主要经营管理者其思想观念还并没有真正的更新。倘若企业生产经营管理者的思想观念不能"与时俱进"而随之转变，就不可能改变企业生产经营管理的落后状况。

2 企业管理组织的高效化——是企业管理现代化的重要保证

为了适应市场经济的发展需要，提高企业的生产经营管理效率，就必须根据企业的实际状况，合理配置企业内部的管理机构和业务人员。既要精兵简政，也要建立健全必要的规章制度，以做到人尽其才和物尽其用，减少闲置和浪费，减少扯皮和矛盾，提高企业管理效率。因此，实现企业管理组织的高效化是实现企业管理现代化的重要保证。

3 企业管理方法的科学化——是企业管理现代化的基础

现代企业管理要求以法治厂，而不是以人治厂。所谓企业管理方法的科学化，就是指现代企业的各项管理都要达到"标准化、系统化、准确化、最优化"，这乃是企业管理现代化的基础。其中，企业管理方法的标准化是指企业中各项生产经营管理（如管理程序、管理方法、效果评价和目标考核等）都必须有章可循，事事有标准，人人都照章办事；企业管理方法的系统化是指企业中各项生产经营管理都要按照部门或系统进行分类分解和逐级管理，以做到秩序井然、有条有理；企业管理方法的准确化是指企业中各项生产经营管理都要凭数据说话，不能"大概"或"差不多"地模糊性办事；企业管理方法的最优化是指企业中各项生产经营管理都应该是最优的，而这些管理方法又都以获得企业最佳经济效益为目标的。

4 企业管理技术的电子化——是企业管理现代化的重要工具

随着现代企业生产经营管理活动的日趋复杂和电子计算机应用的日益普及，企业管理技术的电子化也是企业管理现代化的重要工具。所谓企业管理技术的电子化，就是在企业管理中最广泛地应用电子计算机、现代通信技术和网络技术，从而让电子计算机全面地参与企业生产经营管理的全过程中，并利用现代的通信技术和网络技术为企业建立信息网络，更好地为企业的营销和生产服务。

实际上，由于现代汽车的电子化及机电一体化，现代汽车维修企业中的性能检测和故障诊断早已使用了电子计算机。但尽管如此，在生产经营管理活动中却很少应用。有不少企业的生产经营管理至今没有配备电子计算机，有些企业即便配备了电子计算机，也只是用以替代办公的纸和笔，显然这是不够的。

5 企业管理人员的专业化——是企业管理现代化的重要保证

由于汽车维修企业具有点多、面广、规模小和技术密集等特点,因此要实现汽车维修企业管理的现代化,不仅需要有一支具有现代科技知识及操作技能的高素质技术队伍(即懂管理的技术人员),更需要有一批具有现代企业管理知识并具有丰富管理经验的高素质管理人才(即懂技术的管理人员)。企业的竞争实际上是企业人才的竞争,汽车维修企业管理人员的专业化乃是汽车维修企业管理现代化的重要保证。当然,这些专业人才的获得决不能靠挖墙脚(不道德)、或者用钱购买(不可靠),而是要靠现有汽车维修专业人才的使用和培养,靠汽车维修企业内部职工自身素质的普遍提高。

6 企业管理方式的民主化——是企业管理现代化的基本要求

要在现代企业管理中建立集中而高效的生产经营管理指挥系统,不仅需要有严密的规章制度和劳动纪律,更需要有民主的管理方式,以改善企业内部的人文环境和人际关系,充分发挥全体员工的主观能动作用和群体效益,企业管理方式的民主化是企业管理现代化的基本要求。在现代企业中实施民主管理,不仅仅只是为了反映员工意见,履行民主职责,行使民主权力,维护职工的合法权益,更是为了让企业员工能真正地关心和理解企业,并直接参与和支持企业生产经营管理中的每一项重大决策,从而将企业当作自己的家、将企业事当成自己事。根据我国宪法规定,在国有企业中实行民主管理,主要有以下三种形式。

(1)设置吸收工会主席和职工代表参加的企业民主管理委员会。
(2)实行企业职工代表大会制。
(3)建立班组民主管理制度——这是企业民主管理的基础。

7 企业管理模式的特色化——是企业管理现代化的发展方向

所谓企业管理模式的特色化,是指每个企业都必须具有能与其他企业相区别的独特管理模式。这是因为,随着现代科技水平的飞速发展,同类产品的品种差异及质量差异逐渐减少。倘若所有的企业都生产相同的产品并采用相同的服务,竞争到最后就只能是低层次的价格拼杀了。为此,只有依靠特色化的企业管理和特色化的产品及服务,才能做到"人无我有、人有我精、人精我廉、人廉我换……",才能在日益激烈的市场竞争中占有一席之地,争取本企业的生存和发展。企业管理模式的特色化乃是企业管理现代化的发展方向。

五 实现企业管理现代化的主要途径和基础工作

现代企业管理,通常包括行政、经济、法律和教育等方面。

1 实现企业管理现代化的主要途径

(1)要实现企业管理现代化,首先要求企业管理者的现代化——国外企业的经验证明,要实现企业管理的现代化,首先是企业管理者的现代化。这包括经营管理思想的现代化、经营管理组织的现代化、经营管理制度的现代化、经营管理方法的现代化和经营管理手段的现代化等。其中,特别是经营管理思想的现代化乃是整个企业管理现代化的基础。要实现企业管理者经营管理思想的现代化,首先是要实现企业管理者的年轻化、专业化、革命化、现代化,并要求所有企业管理者实现三大观念的转变,即从生产观念(生产执行者)转变为市场经营观念(经营决策者);从计划经济观念(行政长官)转变为市场经济观念(市场经营者);从办事交差观念(经验性管理)转变为市场竞争观念(现代化管理)。

(2)从实际出发,坚持改革,大胆创新——要实现我国企业管理的现代化,既不能依靠过去的先进管理经验(因为过去的只适用于过去),也不能照搬国内外现在的先进管理经验(因为国情和企情不同),而只能借鉴现在国内外的先进经验,坚持改革,大胆创新,逐步摸索出适合于本企业并具有特色的现代企业管理办法来。当然,要革除以往传统管理的积弊、冲击传统观念,在改革中必然会遭遇阻力,甚至可能寸步难行。这就要求企业管理者要有变革的勇气、积极上进和不怕艰难险阻的精神,从实际出发,坚持改革,大胆创新。

(3)加强教育培训,普及现代企业管理知识——我国企业与国外企业的主要差距在于员工素质存在着差距。因此,若要改变我国企业管理的落后面貌,其根本措施就是要加强职工的教育培训,大力培养人才,全面提升员工素质(特别是企业生产经营管理人员的综合素质),以尽快建立一支既能掌握现代管理知识,又有实际管理能力的企业生产经营管理队伍,实现我国企业管理的现代化。

2 实现企业管理现代化的基础工作

现代企业管理的基础工作,是指为实现企业经营目标和管理职能,加强企业生产经营管理中各项专业性管理所必需的日常性、基础性管理(如管理制度、管理资料和管理依据等)。具体包括以下内容。

(1)管理制度——包括企业管理基本制度(如企业领导制度、工作制度和责任制度等)和各类专业管理制度(如全面计划管理制度、全面质量管理制度、全面经济核算制度、全面人力资源管理制度等)。若要搞好各类专业管理,其核心就是要搞好企业管理基本制度建设。

(2)管理基础教育——如企业管理教育、思想政治教育、科学文化教育、业务技术教育等。

(3)企业标准化——包括管理标准(如管理规程、工作规范与工作标准等)与技术标准(如安全技术操作规程、工艺规范和技术标准等)的制订、执行和管理。

(4)技术经济定额——指企业技术经济定额(如工时定额、材料消耗定额、费用定额等)的制订、执行和管理。

(5)计量与检测——如计量器具与设备的检定和测试,检测诊断的技术和管理等。

(6)信息——如收集、整理、传递和储存所有对企业生产经营管理决策必需的资料与信息。

3 充分利用现代企业管理的计算机软件

为了提高企业管理的效率及档次,不少企业使用了电子计算机,并使用了 Windows 系统和 Office 办公软件;有的企业还自主开发了不少独有的管理软件,并初步实现了汽车维修企业内部的计算机联网。但可惜的是,有些管理软件其实并不实用。究其原因,是因为研发软件的不懂汽车维修企业管理,而懂汽车维修企业管理的不懂计算机软件。

当然,现代汽车维修企业在选择和开发管理类软件时须注意以下几点。

(1)软件内容不仅应适用于一般现代企业管理模式,而且更要适用于现代汽车维修企业管理模式。这包括企业外部客户群及信息管理,企业内部生产经营管理(如汽车及配件营销管理、汽车维修技术管理、人力资源管理、生产与质量管理、财务管理等）。

（2）管理软件应该具有较好的可靠性、稳定性与安全性。

（3）软件公司还应该有良好的后续服务，以保证管理软件的不断升级。

第三节 企业管理体制与企业管理制度

一、我国企业管理体制的发展过程

长期以来，我国国有企业的领导制度经历了一个创立、发展和逐步完善的过程。

1 新中国成立前

新中国成立前，除少数外国殖民工厂及官僚资本主义企业外，我国的民族工业几乎为零。

在国内革命战争到抗日战争时期，党在革命根据地创办的公营企业，实行的是由厂长、党支部书记和工会委员长组成的"三人团"制度，工厂生产过程中的问题通常由三人会议作出决定，当三人意见不统一时由厂长决定，这是我国公营企业领导制度的初期形式。

在解放战争到全国解放初期，革命根据地公营的企业虽然其规模都很弱小，但却得到了很大发展，也积累了不少企业管理经验。例如，坚持党的领导，加强思想政治工作，实行以生产为中心的民主管理，发扬艰苦奋斗的创业精神等。在此期间，我国公营企业还实行了"工厂管理委员会"领导制度，工厂管理委员会由厂长、副厂长或生产负责人以及一定数量的职工代表所组成（由厂长任主席），工厂企业中的重大问题由工厂管理委员会集体讨论决定。并规定凡200人以上的公营企业都必须在上级组织领导下建立职工代表大会制度，从而对工厂管理委员会的日常工作执行监督、批评和建议。但由于当时企业生产力很低，产品供不应求，企业管理明显带有手工业小生产方式，故在企业中大多实行供给制，不搞独立经济核算。

2 新中国成立后

新中国成立后，我国没收或收并了官僚资本主义企业，逐步建立全民所有制国营企业，从而开创了我国国营企业管理的历史。然而，新中国成立60多年来，我国国营企业管理体制和模式却经历了曲折的发展过程。

在1953年的第一个五年计划期间，我国开始了大规模的经济建设。由于产品稀缺，不得不在国营企业中实行计划管理，并开始建立生产责任制度和企业管理制度，推行生产作业计划、工艺规程、技术标准和劳动定额，加强国营企业的资金管理，开展群众性劳动竞赛和经济核算，以贯彻按劳分配。实践证明，当时实行的计划经济模式以及企业管理制度不仅符合当时的经济条件和形势需要，而且还使我国国营企业管理从传统的经验管理走上了科学管理的轨道。但遗憾的是，由于当时缺乏管理经验，又大干快上，抓了生产而放松了思想政治工作，使国营企业管理出现了不少新问题。例如，盲目学习苏联而推行"一长制"，片面强调厂长的个人作用而忽视企业的思想政治工作，官僚作风盛行，既不尊重党的领导，也不发扬职工民主。为此,1956年中央决定在国营企业中实行党委领导下的厂长负责制和职工代表大会制。1958年,毛主席又提出"干部参加劳动、工人参加管理,领导干部、技术人员和工人三结合"的新管理经验。但后来由于"共产风"的出现,夸大了人的主观能动性,否定了商品生产和按劳分配原则,不讲经济效益,推翻了已经建立起来的科学管理制度,结果使国营企业管理又出现了混乱。对此,1961年中央再次强调在国营企业中实行党委集体领导下的厂长负责制和职工代表大会制,并提出对国民经济实施调整、巩固、充实、提高的"八字方针";后又颁发《国营工业企业工作条例》(即工业七十条),在总结正反两方面经验的基础上具体规定了企业的性质、任务、基本制度和各项管理,并提出"工业学大庆",建立岗位责任制,试图让我国的国营企业管理走上全面科学管理的轨道。只可惜当时的"工业学大庆",并未真正贯彻;况且1966—1976年"文化大革命"的十年动乱,过分强调党的一元化领导,结果出现了由党政合一到党委包办,再次使我国国营企业管理陷入混乱。

3 改革开放后

1978年党的十一届三中全会后,我国决定改革开放,并将工作重点转移到社会主义现代化建设上来。为此,我们党系统地纠正了极左错误,要求我国的全民所有制工业企业贯彻执行国民经济调整、改革、整顿、提高的"新八字方针",并明确提出"党委集体领导、职工民主管理、厂长行政指挥"的企业领导原则,全面调整了国营企业管理的指导思想、组织领导和管理制度,从而使我国的企业管理再次走上科学管理的轨道。

1982年,党中央提出,全民所有制工业企业全面整顿的基本要求是:搞好企业领导制度、企业职工队伍和企业管理制度的"三项建设",达到国家、企业和个人三者利益兼顾好,产品质量好、经济效益好、劳动纪律好、文明生产好和政治工作好的"六项要求"。

随着我国经济体制改革的深入发展和商品的日趋丰富,也为了能适应社会主义市场经济体制的发展要求,1988年4月13日,第七届全国人民代表大会第一次会议通过的《中华人民共和国全民所有制工业企业法》,不仅明确规定了全民所有制国有企业要实行厂长/经理负责制的领导原则,规定了职工代表大会制度和党组织在国有企业中的地位和作用,并且还明确提出了国有企业的所有权与经营权分离(变"国营企业"为"国有企业")。这是我国企业领导制度的又一次重大改革,标志着我国国有企业开始由"生产型"向"经营型"转变,而我国国有企业的企业管理也将由"科学管理阶段"进入"现代管理阶段"。

通过上述的演变过程和几次反复,不仅说明了我国的企业领导制度和企业管理制度是随着我国的社会生产力发展、生产关系变化以及经济管理体制变革而不断变化的,而且也反映了我国政治经济体制对企业管理制度的影响。在生产力发展水平较低的计划经济时期,由于国营企业不可能涉及所有权与经营权问题,因而我国国营企业正常的生产经营管理活动经常会受到政府干预和政治运动的波及,客观地说,这是受当时条件所限。但是,既然中国要改革开放,国营企业也迟早要走向市场,为此必须解决好"企业是社会主义商品的生产者和经营者,厂长是企业领导者",从而必须让国有企业的生产经营管理者适应市场经济条件下现代企业管理的要求,主动地进入市场,自主地经营决策,并真正地负起社会责任来,抓住生产经营管理的最佳时机,集中统一地指挥,最终使企业在市场竞争中获得最大的经济效益和社会效益。特别是当前,我国国有企业还应该模范带头,转变生产经营管理的模式和体制,逐步转向高附加值而低能耗商品的生产,以适应当今世界潮流。

二 国有企业的体制改革

1 国有企业体制改革的基本要求

(1) 政企分开、两权分离——政企分开、两权分离,这不仅是现代企业制度的重要特征,而且也是建立现代企业管理制度的基本条件。政企分开、两权分离,不仅有利于建立企业法人制度,也有利于社会主义市场经济发展。

所谓政企分开,是指将政府行政管理与企业生产经营管理分开。所有的企业都具有法人资格,享有民事权利并承担民事义务,并依法自主经营、自负盈亏、自我发展、自我约束;政府部门不再直接插足企业,不得干涉国有企业的日常生产经营管理活动。

所谓两权分离,是指将企业的"资产所有权"与法人的"经营管理权"分离。不仅明确国有企业的资产所有权应该归于国家(即由政府国有资产管理部门管理),但国有企业的经营管理权应该归于企业法人;根据各方所投入的资本额度从而享有相应的所有者权益(包括资产受益权、重大决策权和管理者选择权等)。政府不得干预国有企业内部的日常事务;国有企业对资产所有者也应承担其保值和增值的责任,照章纳税;并享有民事权利,承担民事责任,依法自主经营,自负盈亏,自我约束,自我发展。

(2) 加强监督与激励——要建立现代企业制度,必须明确现代企业中的组织结构。不仅要建立企业的权力决策机构和经营执行机构,而且还要建立企业的监督机构,以便建立以激励和约束相结合的调控机制,明确各自的职责权限,相互独立,相互制约,合理地调节企业所有者、经营管理者以及劳动者三者之间的关系,防止国有企业的垄断与腐败。

2 国有企业的厂长/经理负责制

为了适应社会大生产,适应社会主义商品经济必须面向市场的客观要求,也为了适应国有企业体制改革和强化管理的客观要求,《中华人民共和国全民所有制工业企业法》规定了我国国有企业必须实施"厂长/经理负责制"。

所谓厂长/经理负责制,是指国有企业的厂长/经理应作为国有企业的法人代表并作为企业的行政领导人,受政府委托,对国有企业的生产指挥与经营管理全权负责。为此,国有企业必须建立健全以厂长/经理为首的生产经营指挥系统,以使厂长/经理在国有企业的生产经营活动中具有生产经营管理决策权、指挥权和行政干部任免权,从而实现国有企业的决策与执行、管理与用人的统一。当然,为了保证厂长/经理能正确地行使职权,还必须明确厂长/经理对企业生产经营管理行政工作的职责和权限。

国营企业的厂长/经理由政府任命,对政府负责;国有企业的厂长/经理则由企业中的职工民主评议或公开竞聘,对企业负责。但在今后,还将逐步改为由经过考核的职业经理人来担任,对企业负责。

(1) 国有企业的厂长/经理应当承担如下责任。

① 国有企业的厂长/经理应当对国家负责。坚决贯彻党和国家的方针政策,遵守国家法律与法规,在坚决维护国家利益的前提下,执行政府主管部门的指令和决定。

② 国有企业的厂长/经理应当对社会负责。严格履行技术经济合同,保证产品质量和服务质量、降低生产成本、改善环境保护,并正确处理好国家、企业和职工个人三者之间的利益

关系,及时缴纳税金。

③国有企业的厂长/经理应当对全厂职工负责。执行企业内部党委和职代会的各种决议,努力改善工人的劳动条件,做好生产安全,并在发展生产、提高效益的基础上,逐步提高本厂职工的生活水平。

④国有企业的厂长/经理应当以身作则,结合本企业实际情况,做好职工思想政治工作,并抓好企业文化建设,努力创建企业品牌和企业形象,积极协调好各方面关系,建立良好的企业内外部环境。

(2)国有企业的厂长/经理受国家委托具有如下职权。

①决策权。厂长/经理对本企业生产经营管理和行政管理中的重大问题(如经营决策、长远规划、年度计划、重大技术改造、工资调整、利润分配、组织机构变动和重要规章制度的建立、修改、废除等方面)具有决策权。

②指挥权。厂长/经理对本企业生产经营管理和行政管理工作实行集中领导和统一指挥,有权发布有关的命令和指示,并在国家相关政策规定范围内,对企业各类人员、各项资金和各种物资的使用具有调度权。

③任免权。企业各级行政领导都必须在厂长/经理的直接领导下进行工作,对厂长/经理负责;厂长/经理有权提出副厂长等厂级行政干部的任免名单,并有权管理、考核、使用和任免厂内中层行政干部。

④内部分配权。厂长/经理有权根据国家相关政策规定,提出本企业内部工资改革方案和奖励基金分配方案,并提交职工代表大会讨论。厂长/经理有权按国家相关政策规定在每年可实行的晋级面范围内给具有特殊贡献的职工晋级。

⑤奖惩权。厂长/经理根据国家和企业的奖惩条例,有权奖惩企业职工,包括晋职晋级、表彰嘉奖、记过、撤销行政职务、降职降薪、直至开除处分。

(3)国有企业的厂长/经理在国家相关政策规定的范围内,对企业中的人员、资金和物资具有调度处置权,并有权拒绝企业外无偿抽调企业的人员、资金和物资;有权拒绝对劳务、费用的不合理摊派等。

(4)国有企业实行厂长/经理负责制需要解决以下问题。

①要遵循各司其职的原则,正确处理好厂长/经理与党委书记、厂长/经理与职工代表大会之间的关系。

②要严格按照干部四化(年轻化、知识化、专业化、现代化)要求,配备好领导班子,特别是配备好厂长/经理与党委书记。

③为保证厂长/经理的集中统一指挥,应该建立健全以厂长/经理为首的生产技术、经营管理指挥系统。

④要搞好以岗位责任制与经济责任制为重点的配套改革,包括企业内部的组织机构、干部制度、工资分配制度和民主管理制度等。

3 国有企业的企业管理基本制度

国有企业的企业管理制度包括企业领导制度、企业民主管理制度与企业管理制度。

(1)企业领导制度与企业民主制度——在我国国有企业实施"厂长/经理负责制",其目的就是为了在国有企业中通过全面整顿,逐步建立一种既有民主、又有集中的国有企业领导体制。这是我国企业领导制度的重大改革。其核心就是要将国有企业的生产经营管理由厂长/经理全权负责,建立以厂长/经理为首的生产经营管理指挥系统。

要实施"厂长/经理负责制",首先是要抓好企业领导制度改革。例如,首先选好懂行的厂长/经理并实施厂长/经理负责制,并为其配备好精明强干的生产经营指挥系统;其次是要加强企业内部的民主管理制度建设,并根据民主集中制原则正确处理国有企业内部的行政、党委与职工代表大会三者之间关系,加强企业内部的民主与监督,防止厂长/经理的越权与腐败;最后还要在岗位责任制基础上普遍实施经济责任制,"以责定权、以责定利",以建立科学合理的组织机构和规章制度,努力提高企业的经济效益和社会效益。

国有企业中的企业领导制度与企业民主制度都属于现代企业管理的基本制度。要建立和完善企业领导制度及企业民主管理制度,其根本原则是:坚持"党的领导、厂长集中统一指挥、职工民主管理"的社会主义现代企业的管理模式。所谓"坚持党的领导"就是要坚持党在企业中的政治思想指导,而不是在生产经营管理中充当企业行政领导,干预企业行政管理或生产经营管理;所谓"厂长集中统一指挥",就是要在国有企业中强化厂长/经理的生产经营指挥系统;所谓"职工民主管理",就是要让企业职工有权当家做主,有义务主动参与并民主监督厂长/经理的企业管理,而不是干预厂长/经理正当的企业生产经营管理。

(2)国有企业中的企业管理制度——为加强对国有企业的现代企业管理,不仅要设置必要的企业管理机构,而且还要建立健全各项企业管理制度,以做到"人人有事管,事事有人管,人人有专职,事事有考核",保证企业各项管理工作都能高效、统一、协调地进行。企业管理制度是指企业中各机构或各员工应该统一执行的行为规范和办事准则,它包括企业工作制度与企业责任制度。

①企业工作制度。企业工作制度是按照企业生产经营管理活动的客观要求,对企业各种专项管理业务制订相应的规程和规范(包括管理范围、管理内容、管理程序和管理方法等)。以汽车维修企业为例,其企业工作制度应该包括企业业务办事程序和生产技术作业规程,前者包括业务部门办公制度、会议报告程序、业务报表程序、劳动人事管理制度、财务管理制度等;后者包括生产合同管理程序、车辆交接程序、车辆拆装程序、核料领料程序、生产管理程序、技术安全规程、技术管理规程、工艺规范及技术标准、质量检验及验收程序、设备管理规程及操作规程、技术责任事故处理程序、定额管理、成本核算及费用结算程序等。

为了强化企业管理,现代企业还须借用全面涉及、全员参与、全过程管理的全面质量管理办法,在人力资源、计划管理、质量管理、经济核算诸方面实施"全面管理"。例如,全面人力资源管理制度、全面计划管理制度、全面质量管理制度、全面经济核算制度等。其中,全面计划管理制度包括计划编制、技术经济指标管理、生产合同管理、市场营销与售后服务管理、统计报告管理等;全面质量管理制度包括生产技术管理、物资供应管理、质量管理与质量检验等;全面经济管理制度包括资产与资金管理,财务管理及成本核算等;全面人事管理制度包括劳动人事管理、定员定额、技术安全、劳动工资、考勤考核、劳动保护与环境治理、人力资源开发与全员职工培训等。

②企业责任制度。国有企业中的企业责任制度主要包括岗位责任制度及经济责任制度。

所谓岗位责任制度,是按照社会化大生产对劳动分工和协作要求,对每个企业员工在其工作岗位上应承担的义务、职权和责任的具体规定。例如，各级领导者的岗位责任制度、各业务职能部门以及各业务人员的岗位责任制度、各生产工人的岗位责任制度等。由于岗位责任制度能够把企业中每项工作落实到每个职工身上，从而保证了企业中良好的工作秩序和生产秩序，企业的各项技术经济指标也因此而得到落实。因此，岗位责任制度是一项综合性、基础性的管理制度。实践证明，企业管理较好的企业，其原因就在于岗位责任制度落实得较好。我国曾经的"工业学大庆"其核心就是要落实岗位责任制度。

所谓经济责任制度，是以岗位责任制度为基础，以提高企业经济效益为目的，以责任、权力、利益相结合为核心的生产经营管理制度。简单地说，经济责任制度就是在岗位责任制度的基础上明确其经济责任。其中，岗位责任制度是基础，经济责任制度是核心。

国有企业实施经济责任制度是国有企业管理体制中的重大改革，也是对国有企业中生产关系的调整和完善，使之更适合于并进一步促进企业生产力的发展。在国有企业中实施经济责任制度，并实行"所有权不变、经营权下放"，这不仅是扩大国有企业自主权的重要措施，而且也是充分调动国有企业生产经营管理积极性的重要手段。因为只有这样，才能将企业的效益与职工的收益结合起来，真正地体现"多劳多得"的社会主义分配原则，才能使国有企业职工真正成为国有企业的主人。

在我国，虽然经济责任制度的形式可能随企业性质的不同而不同，但实行经济责任制度的原则都基本一样。

①必须坚持"三个有利、三个不能"的原则。要有利于企业生产技术的进步与发展，有利于调动企业和职工的生产经营管理积极性，有利于企业能适应市场的变化；不能降低产品质量，不能提高产品成本，职工收入增长率也不能高于国家税收以及企业积累增长率。

②必须坚持"两个结合、两个加强"的原则。必须坚持责任、权力与利益相结合的原则；必须要在保证国家税收与企业积累的前提下实行个人增收与企业增收相结合的原则。为此，必须加强企业基础管理工作（如搞好原始记录及报表，搞好技术经济定额管理等）；必须加强职工思想政治工作，既要抓好企业物质文明，更要抓好企业精神文明。

市场经济是竞争的经济，遵从着优胜劣汰的规则。为此，所有企业（包括国有企业与非国有企业）都必须顺应现代市场经济规则，建立与生产力相适应的现代企业的管理制度。

现代企业管理制度的基本特征如下所示。

①开放性。随着现代企业的全球化，过去那种地域性的管理方式已被打破，改革开放乃是对现代企业管理的基本要求。

②创新性。现代企业为了能在激烈的市场竞争中保持可持续的发展，要求现代企业的管理者能在经营理念、管理体制及管理方式等方面都实现全方位、全过程的持续创新，以新制胜。

现代企业管理制度还具有个性化的趋势，即必须满足企业职工和服务对象的个性化需求。为此，现代企业管理必须突出以人为本的管理理念，关心人的需要，注重人的利益，发挥人的激情，体现人的意志、满足人的诉求，这也是现代企业管理能否成功的重要标志。

三 股份制企业的企业管理制度

股份制企业属于由若干股东集资兴办、按股份分成的企业，具有法人资格。它是非国有企业最基本的企业组织形式,也是国有企业组织形式今后的发展方向。

股份制企业普遍实施公司制度(包括有限责任公司及无限责任公司)。

1 股份制企业的设立与破产制度

为了保护股份制企业的公司、股东与债权人三者的合法权益,维护社会经济秩序,促进市场经济发展,国家对股份制企业的设立与破产都有着明确而严格的规定。例如,在设立公司时必须根据其《申请登记表》严格审查其法定股东、注册资本额、公司章程与名称、经营场所和经营条件、经营范围和设立程序等,且待批准后才能领取营业执照。倘若公司由于经营风险或经营管理不善而造成亏损,不能清偿到期债务而资不抵债的应申请破产。

2 股份制公司的董事会结构

对于大型股份制企业(包括有限责任公司及无限责任公司),股东大会是其最高和最终的权力机构。它由股东(企业资产所有者)、董事会(决策层)、监事会(监督层)和总经理(执行层)组成。股东会、董事会、监事会和总经理都明确有各自的职责,以便责权清楚、各司其职、各负其责、协调运转、有效制衡。

董事会是股份制公司中的关键决策机构,它负责公司的重大经营决策(包括聘任经营者,考核和评价经营者业绩等),以维护出资人权益,对股东会负责。其职能有如下几点。

(1)选聘公司总经理或者首席执行官,提名新董事(交股东大会通过)。

(2)参与制订并评估公司的战略与计划,监督和规范公司经营活动。

(3)审批公司人员聘任计划与薪酬计划。

(4)审核公司主要投资项目及主要经营项目;审计公司财务报表,评估公司财务表现,宣布公司红利分配方案。

(5)解决公司面临的各种危机等。

董事会下通常还设有各种专业委员会,例如,审计委员会、薪酬委员会、提名委员会、执行委员会等。其中,审计委员会主要负责监督和审查企业经营情况及财务情况;执行委员会的职责是在董事会休会期间执行董事会权力。其他还有财务委员会、薪酬委员会、提名委员会、环境事务委员会等。

3 现代股份制企业的组织制度

现代股份制企业的内部须设立权力机构、决策机构、管理机构和监督机构,并相应建立各自独立、权责明确、相互制衡的企业管理制度,从而为现代股份制企业内部的激励机制和约束机制提供组织与制度的保证。既为了保证所有者权益,又赋予经营者自主权,同时也为了调动生产者积极性。

4 现代股份制企业的财务会计制度

利益分配是现代股份制企业中最基本的经济关系。为了维护所有者、经营者、生产者及债权人的经济利益,必须保证股份制企业内部利益分配的公平、合理与公开性,为此必须建立健全、明确而严密的企业财务会计制度,以便监督股份制企业内外所有的经济活动,并维护社会的经济秩序。

5 现代股份制企业的人力资源管理制度

人力资源管理制度是现代股份制企业中最重要的企业管理制度。由于股份制企业的用人往往从提高劳动者效率出发,而劳动者就业又往往从满足个人需求出发,为使两者的目的达到平衡,现代股份制企业在人力资源管理上必须实行双向选择、平等协商、合同制约、动态使用,并且必须按贡献分配。为了保障劳动者合法权益,国家规定股份制企业必须与职工签定必要的劳动合同,并必须为职工购买相应的劳动保险,必须保证劳动者的人权与自由等。

第四节 汽车维修企业的管理机构

为了组织企业员工完成企业生产经营管理者的各项生产经营管理指令,并强化企业的内部管理,必须建立相应的组织管理机构。

一、设置企业管理机构的基本原则

1 管理跨度原则

人的精力总是有限的。所谓管理跨度原则,是指一个人能够有效管理下级的人员数量或者范围大小。实践证明,一个人能够有效管理下级的人员数量一般不多于12人。倘若人数再多或者范围再大,管理者就会顾此失彼,此时就需要由别人来协助管理。例如,军队司令不可能直接去指挥士兵,因此在军队里需要通过三三制或四四制的管理模式,逐层分级地进行管理。同样,凡多于30人的汽车维修企业,也需要在厂长/经理的集中统一领导下,由企业内部设置的各级管理机构(如职能部门和各生产车间、生产班组),逐层分级地、分门别类地履行各自的管理职能,以协助厂长/经理搞好企业的生产经营管理。由此可知,为了强化管理者的集中统一指挥并提高其管理效率,必须限制管理者所能直接管理的人员数量或范围大小。管理跨度原则是企业管理中设置组织管理机构的基本原则。

2 精简原则

企业是为了满足社会需求,从事商品生产或商品经营(流通或服务)等经济活动并获得盈利的基本经济组织。为了适应企业生产经营管理的目标要求,在设置各级管理机构时一定要注重实效,也就是要有利于提高企业管理的工作效率和经济效益,不仅要因事设职、因职设人,而且要做到能不设的尽量不设、能精简的尽量精简。以做到部门少、人员精,确保企业职能管理机构的精干、高效和节约。

3 逐级管理、逐级负责原则

在设置各级管理机构后,企业各项生产经营管理要在厂部的统一集中领导下,合理地解决集权与分权的问题,实行"层层抓、抓层层"的逐级管理、逐级负责的管理原则。大权独揽、小权分散。所谓大权,是指企业的经营原则与经营方向以及企业中人、财、物的处置权等,除此之外都属于小权。既不能权力过于集中而独裁专权,也不能权力过于分散而各自为政。为此,企业内部的各职能机构不仅应该合理分工,并加强纵向与横向联系,而且还要相应建立明确的权责关系,实行企业内部管理事务的标准化与程序化。例如,建立各项管理制度,包括建立岗位责任制度和经济责任制度,并明确管理程序、管理方法、考核标准、奖惩办法等,做到"事事有人管,人人有专职,办事有标准,工作有考核"。

二 汽车维修企业管理的组织机构

企业都是由人组成的,需要由人进行管理。为了使人力资源以最少的投入取得最大的效益,并充分挖掘所投入人力资源的效能,就需要建立适当的组织机构并设置相应的管理岗位。

汽车维修企业的管理机构和人员配置应根据企业规模与业务流程进行设计和优化。其基本程序如下。

(1)根据企业规模及经营目标,相应建立适当的组织机构。
(2)按照专业性质进行各部门的责任分工,并规定各部门之间的领导协作关系。
(3)确定各部门的岗位设置及权责范围,并配置适合人员。
(4)教育与培训各类人员,并建立考核与奖惩办法。

对于职工人数多于100人、可经营若干品牌的大型4S(整车销售、配件供应、汽车维修和技术服务)汽车维修企业,一般可实行集团公司、品牌公司/车间、销售维修点/班组三级管理。此时的集团公司各业务部门都属于非权力职能机构,对各品牌公司或车间进行业务指导,而品牌公司的经理/车间主任则代表集团公司总经理对各销售维修点/班组进行管理;各品牌公司/车间内的班组设置则主要根据该品牌车辆的整车销售和维修流程进行设计和优化。

对于职工人数少于100人、只经营某种单一品牌的中小型4S汽车维修企业,可实行品牌公司或厂部与销售维修点或班组两级管理。此时的品牌公司或厂部业务部门应视为权力管理机构,直接代表该品牌公司经理或厂长对各销售维修点或班组进行管理。

对于某品牌销售或维修店(如连锁经营店或快修店)而言,由于人数更少,一般只设置前台业务人员代表品牌销售或维修店店长进行直接管理。

某大型4S汽车维修企业的组织机构如图1-1所示。

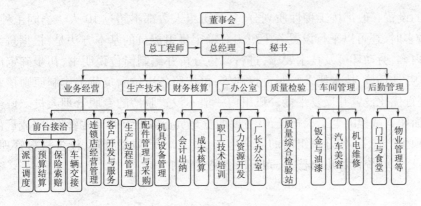

图1-1 汽车维修企业的组织机构图

1 集团公司业务部门

在大型4S汽车维修企业中,集团公司的最高领导层包括集团公司董事会与总经理,下设集团公司的生产经营管理的业务职能机构,包括以下机构。

(1)厂长/经理办公室。负责厂部的日常行政管理,人力资源管理和业务考核并承办厂长/经理交办事务。

(2)业务经营部门。负责汽车销售或维修业务的联系、前台接洽、预算结算,并承办车辆进出厂交接等。

(3)生产技术部门。负责汽车维修的过程管理,包括生产安全、生产调度、设备管理、配件供应及质量检验等。

(4)财务管理部门。负责企业的财务管理及成本核算。

(5)后勤管理部门。负责企业的后勤保障,如食堂、物业管理等。其中,除人力资源、财务核算等应直接归由正职管理外,其余业务可由副职管理。

2 下属品牌公司

下属的品牌公司是企业的中层权力管理实体单位,也是集团公司/厂部统一领导下具体组织实施企业生产经营管理的基本单位。品牌公司的经理应在集团公司总经理或总厂长的领导下,直接对集团公司总经理或总厂长负责。其主要任务是负责及协调本品牌公司/维修车间内的班组管理,并全面组织和指挥车辆的销售与维修,完成厂部下达的各项任务,努力提高服务质量,降低成本,保证安全,取得良好经济效益。

3 下属的销售部门及维修车间

下属的销售部门及维修车间,可根据企业的生产规模、品牌类型或工种类别来确定。例如,对于主要承担汽车销售及维修的大型现代品牌的4S汽车修理企业一般可先按品牌划分,再在各品牌内划分销售及维修两大部门,在汽车维修车间内按机电维修、钣金油漆、装饰快修等设置维修工段,并按工种划分为若干专业班组。

班组是汽车维修企业中直接从事维修业务的基本实体单位,也是汽车维修企业中最基础的环节。因此,搞好班组的建设和管理是搞好汽车维修企业生产经营管理的重要保证。

班组的设置一般都按工种性质划分,且每班组人数都不超过10人。当同工种人数(如机修工)较多时,还可以平行设置若干班组。确定班组成员的基本方法是:根据班组内各岗位的工作内容、劳动环境及技术要求,进行岗位分析并编制岗位说明书,初步确定应配备的岗位数量、劳动环境、技术要求与职责权利等;再按照各岗位满负荷工作制原则核对各岗位工作量,进行优化设置并反复平衡。班组内一般不设置脱产的专职管理人员。班组长通常由技术全面和有威望的老工人担任,其主要职责是负责本班组的日常管理,完成厂部或车间下达的各项生产任务,做好班组内的安全生产、派工调度、质量管理、设备材料管理;做好各项原始记录、工时统计和班组核算,完善班组民主管理等。

复习思考题

1. 什么是企业?什么是企业管理?
2. 企业管理者的基本职业素质是什么?
3. 什么是企业管理的两重性?它对现代企业管理有何启示?
4. 汽车维修企业管理的基本任务是什么?评价汽车维修企业管理状况的标准怎样?
5. 汽车维修企业管理的基本任务是什么?
6. 企业管理的基本职能有哪些?并试述各具体职能的含义。
7. 企业管理者的基本素质有哪些?
8. 试述企业管理发展的三个阶段及其基本特征。
9. 企业管理现代化的要求和内容有哪些?
10. 现代企业管理的主要特征有哪些?什么是21世纪的企业管理?
11. 实现企业管理现代化的主要途径和基础工作有哪些?
12. 国有企业体制改革的基本要求是什么?
13. 为什么要在国有企业实施厂长/经理负责制?厂长/经理的职权与责任有哪些?
14. 国有企业中的企业管理基本制度有哪些?
15. 什么是企业领导制度、企业民主管理制度与企业管理制度?
16. 国有企业的管理制度主要有哪些、股份制企业的管理制度主要有哪些?
17. 什么是岗位责任制度与经济责任制度?怎样实施?
18. 试述企业管理机构的设置原则有哪些。
19. 什么是股份制企业?什么是有限责任公司及无限责任公司?
20. 汽车维修企业的机构设置有哪些原则?举例说明某汽车维修企业的机构设置方法。

第二章　企业经营管理

随着汽车技术的不断进步、公路条件的不断改善和生活水平的不断提高,我国的汽车保有量正在高速增长。汽车运输在国民经济中起着极其重要的作用,汽车维修企业也在国民经济中占有十分重要的地位。

传统汽车维修业的主要任务是为汽车运输业提供服务,它通过各类汽车维修维持或恢复汽车的技术状况,从而尽可能延长汽车使用寿命。现代汽车维修业的主要任务既要为汽车运输业或车主提供汽车维修服务,还要为汽车制造业做好汽车销售的技术服务。

第一节　汽车维修企业的经营管理

现代企业生产经营管理活动中的企业经营,是在商品生产日益发展、科学技术迅速进步、市场范围不断扩大的条件下形成的。在计划经济时代,国家实行统购统销,当时企业厂长的主要任务就是完成上级下达的各项指令性生产计划,所得利润全额上交。在这种管理体制下,企业面对政府主管部门,企业管理的重点是搞好厂内生产管理。但在市场经济时代,国家实行了"政企分开",企业作为自主经营、自负盈亏、自我发展、自我约束的独立经济核算单位,不再面对政府而是面对市场。为此,现代企业生产经营管理的主要任务,不仅是要抓好厂内的生产管理,以生产适销对路产品,而且更要抓好厂外的市场经营,以把产品变成商品销售出去,满足市场和用户的需要,并回收资金及获得利润,由此实现企业的预定经营目标,维持企业的生存和发展壮大。

一、汽车维修企业的经营管理

现代企业要达到企业预定经营目标,首先要以市场为出发点及归宿点,通过市场调查和市场预测,掌握市场信息和用户信息(如产品需要量和持续性等),对企业生产经营管理活动作出正确的经营决策(如选定产品方向,制订企业发展规划,进行新产品开发等);然后再通过企业的生产经营管理活动去组织生产,并开展商品销售和技术服务来满足社会和用户需求,以商品销售和技术服务使企业获得良好的社会效益与经济效益。当然,上述的生产经营管理过程还需要不断地循环,即通过不断反馈市场信息和用户信息,根据市场和用户的新需求来不断调整企业的产品结构和营销服务,从而用更适销对路的产品及服务去投放市场。

由此可知，为了适应社会主义市场经济的内外部环境，现代企业的生产经营管理范围不仅已经从单纯的生产领域扩展到流通领域，从产品生产转变为商品经营，而且商品经营已成为现代企业管理中的重要内容。

1 汽车维修企业的经营管理

所谓经营型企业管理，就是在市场经济条件下，把市场经营理念作为现代企业管理的指导思想，把经营决策作为现代企业管理的重心和中心，把提高企业经济效益作为现代企业的核心追求目标，从而为实现企业原定经营目标所做的全部努力。

现代企业经营管理的内容可以包括很多，但按其性质，大致可分为对外经营管理和对内生产管理两个部分。前者简称为企业经营，其内容包括市场预测、商品销售和技术服务等；后者简称为企业管理，其内容包括产品开发与生产制造等。

（1）对外经营管理——是指对企业外部经营活动的管理。其目的是为了使企业内部的生产技术和经济活动能适应于企业外部的市场营销环境，如何将企业的产品变为适销对路商品，并取得良好销售业绩，取得良好经济效益。要搞好汽车维修企业对外的经营管理，首先应通过市场调研（如该市场中的汽车拥有量和增长趋势等），预测汽车维修市场的需要和变化，由此制定汽车维修企业的发展规划和经营目标，搞好经营决策；寻找车源开拓市场，尽力扩大服务领域（如开展快修服务等），调整企业的专业化服务方向，实现多种经营。

（2）对内生产管理——是指对企业内部生产技术活动的管理。其目的是为了解决好企业内部人、财、物、信息、时空等各种资源的最佳配合，生产出适销产品，并服务于市场及用户。要搞好汽车维修企业内部的生产管理，必须实施岗位责任制与经济责任制，并努力提高职工素质，改革工艺，精心组织生产，提高维修质量，缩短维修周期，降低维修成本，改善技术服务，从而以高质量、短周期、低价格、勤服务来提高用户满意度和树立企业形象等。

在市场经济条件下，汽车维修企业必须强调企业管理的重点在于对外经营，而对外经营的重点在于决策和管理。这是因为：要使企业获得更好的生存和发展并得到社会认可，必须依靠企业对外的经营管理来实现。只有将企业产品迅速地转换为商品销售，并通过提高用户满意度来扩展市场，才能满足社会日益增长的物质需求和精神需求。

2 企业经营与企业管理的关系

企业经营与企业管理是两个既有联系、也有区别的不同概念。

（1）两者的区别——企业经营比企业管理更广泛、更重要，且企业经营中包含着市场经营及企业管理。倘若比较企业经营与企业管理这两个概念时就可以发现，所谓企业经营是指企业外部的经营管理活动，其目的是开拓市场，并利用市场的销售及服务去实现企业的预定经营目标（具有方向性、长期性、战略性和决策性特点），如商务活动、财务会计活动等；所谓企业管理是指企业内部的生产管理活动，而其目的是为了根据企业外部的市场需求，为市场提供相应的产品及服务（具有具体性、战术性和执行性特点），如产品开发活动、生产技术活动及安全活动等。

（2）两者的联系——企业经营与企业管理两者联系紧密，且交织渗透、不可分割。企业经营中包括企业管理，企业管理中也包括企业经营。倘若用美国管理学家、心理学家和决策论主要代表人西蒙的话来说："管理就是决策，决策就是管理"。这是因为，倘若企业管理中没有明确的经营目标和正确的经营决策,企业管理就会失去方向;反之,倘若在企业经营中没有科学而有效的企业管理,再好的企业经营或企业决策也不能付诸实施,当然也就不可能收到良好的经济效益。因此,企业管理离不开企业经营,企业经营也必然会涉及企业管理。

3 汽车维修企业的经营管理观念

为了企业的生存(简单再生产)和发展(扩大再生产),同时也为社会发展多作贡献,必须预先确定汽车维修企业的经营目标。而要实现汽车维修企业的经营目标,汽车维修企业的生产经营管理者必须树立相应的企业经营观念。

(1)市场观念、自主观念与创新观念——在市场经济体制下,汽车维修企业首先应该树立以市场为导向、为市场提供服务、向市场要效益的经营理念,勇敢地面对市场。其次是要有自主观念(自主经营,不能依靠或等待)和创新观念(广开门路,努力拓展服务范围),坚持专业化维修和多种经营,并尽力做好各种服务,而不能因循守旧、继续过去那种守株待兔、来什么车就修什么车的维修经营理念。

(2)竞争观念、风险观念——市场竞争始遵循优胜劣汰法则,市场经济不仅是竞争经济,而且也是风险经济。为此,汽车维修企业不仅应该树立市场竞争观念,对外有市场竞争策略,以在市场竞争中不断拓展市场;对内有人员竞争机制,以充分发挥企业员工的积极性和创造性。然而,正是由于市场的竞争,到处都充满着各种风险,例如,市场风险(如供应风险、成本风险、销售风险、利率风险和汇率风险等)、社会风险(如政局变化、政府政策和管理制度的改变等)、自然风险(自然资源和气候变化等)等。为此,应该树立市场风险观念,及时分析各种风险的可能程度,采取积极的避险措施,以追求市场风险下的企业效益。

(3)人才观念、质量观念与信息观念——当前的汽车维修市场既有竞争也有机遇。这种竞争,表面上看是维修质量和服务质量(如维修价格、维修周期与维修服务)的竞争,但实质却是企业管理者经营理念的竞争,生产技术与经营管理水平的竞争,归根结底是人才的竞争。为此,汽车维修企业应该具有强烈的人才观念,充分重视人才、吸纳人才、科学使用人才;注重智力投资,加强人才培养,完善人才结构,建立各种人才的科学考核和激励机制等。汽车维修企业要在市场竞争中以维修服务及维修质量取胜,必须高度强调质量意识,这是加强企业竞争力的关键点。为此,必须采用现代化的质量管理手段和方法,把全员、全面、全过程的全面质量管理贯穿于企业生产经营管理的全过程中。汽车维修企业还应树立信息观念,重视各种信息的收集、整理及应用,从而将信息管理放在企业经营管理的重要位置。

二 汽车维修企业的经营思想

由于企业是人的企业,因此企业也像人一样,行动取决于思想,企业的各项生产经营管理都会自觉或不自觉地受着企业生产经营管理者某种思想的支配。这种体现在企业生产经营管理中的指导思想即称为企业的经营思想。一个企业经营得好坏,能否在复杂市场环境中取得成功,关键就在于企业经营管理者的经营思想是否正确。正确的经营思想可使企业获得健康的发展并不断取得较好的经济效益;错误的经营思想则只会使企业误入歧途。

正确的经营思想包括以下几个方面。

1 树立良好企业形象的经营思想

要树立良好的企业形象,首先要认真执行国家的方针政策、法规法纪和财经纪律,顾全大局,而不能违反国家的方针政策、法规法纪和财经纪律去从事各种非法活动;其次是要处理好企业与国家、企业与企业、企业与职工之间的关系,要适应市场环境而不要与市场环境相对立。当前,汽车维修企业已经星罗棋布,市场竞争也日益严峻,汽车维修行业正面临着新一轮洗牌。因此,要想在这个市场中求得生存和发展,不仅要适应市场环境,而且还要创建企业品牌,树立良好企业形象,在取得良好经济效益的同时,顾及良好的社会效益与社会形象。钱要赚,但要赚的心安理得,办企业也要讲诚信、讲良心。

要建立良好的企业形象,首先要积极开展企业的形象策划。为此,不少汽车维修企业都聘请有若干有名望、有实际经验和工作能力的生产经营管理专家,设立专家监督机构或专家咨询机构,定期或不定期地为企业培训各类专业人才,以启发思路,诊断企业所存在的实际问题,以提高企业员工的职业道德素质和业务素质(服务态度好、技术业务精)等,并帮助企业不断地提高和改善企业的生产经营管理水平。

2 实施多种经营与专业化经营的经营思想

所谓多种经营与专业化经营,就是在以汽车销售为主的4S汽车维修企业集团公司内部,先按照车型品牌分类,分别设置若干车型品牌的4S汽车销售维修公司,再在某车型品牌的4S汽车销售维修公司内部,以专业分类,分别设置该车型品牌的4S汽车销售及维修服务,以及与4S连锁经营的汽车快修、急救和专项汽车维修服务等。这样一来,企业集团公司实施着多等级、多品牌的多种经营;而下属的各车型品牌的4S汽车销售维修公司,则只负责某单一车型品牌的专业化销售维修服务。

所谓4S是指:整车销售(Sale)、零配件销售(Spare part)、售后服务(Service)、售息反馈(Survey)。其中,技术服务包括保险索赔、信息反馈、技术培训、旧车置换、旧车翻新和旧车改装等。

显然,上述的多种经营与专业化经营是相辅相成的。因为只有多种经营,才能广开门路、规避差异、以丰补歉;只有专业化经营,才能实施前店后厂的封闭式管理,广泛使用专业化设备和专业化工具,迅速提高某单一车型品牌汽车销售与维修服务人员的操作技能,从而提高汽车销售维修质量及服务质量,加快汽车销售与维修进度,降低汽车销售与维修成本。

3 树立为用户服务的经营思想

汽车维修企业若要面对竞争而赢得用户并占有市场,就要做到质优价廉、周期短、服务好,千方百计地提高用户满意度。所谓用户满意度是指用户对企业产品或服务的满意程度,它包括用户对企业经营理念、营销行为、外观形象、产品质量和服务质量等的满意程度。

在汽车维修企业中,无论是汽车的销售或维修,也无论是产品质量或服务质量,由于都必须围绕着用户的需求进行,最后都由用户满意度来评价,因此考核用户满意度乃是汽车维修企业中最重要的经营指标。

汽车维修企业的用户满意度,不仅取决于汽车维修企业能否为用户提供满意的产品或服务,更取决于用户在获得产品或服务的过程中经历怎样的感受。对于汽车维修企业而言,虽然产品质量是基础,但服务质量却是关键。要使用户在接受企业产品与服务的过程中都感到满意,汽车维修企业的经营思想必须从原来的为车辆服务转变为车主服务,并根据车主的满意程度来改进企业的生产经营管理。而要做到这一点,必须要求汽车销售人员与汽车维修人员不仅要提高其工作责任心,在进行汽车销售或汽车维修时一定要树立为车主服务的经营理念,以车主为对象,从满足车主的需求出发,千方百计地去满足用户各种需求,以车主满意为目标,而且还必须以车主的关注点去关注如何帮助与服务于车主。车辆卖得再好或者修得再好,倘若车主不能满意,则其服务效果仍等于零。因此,不能因只顾及企业利益或眼前利益而得罪车主,更不能只看到车辆而看不到使用该车辆的车主。

汽车维修企业在市场竞争中开展为车主服务的意义在于以下几点。

(1) 通过为车主服务,帮助车主正确地使用车辆,以充分发挥车辆的功能和效果,从而使车主感到物有所值。

(2) 通过为车主服务以增强本企业的信誉,就可以扩大市场,保住老用户、发展新用户。

(3) 通过为车主服务,可以广泛地接触车主,从而密切与车主关系,不仅有利于企业了解市场,更有利于改善企业的生产经营管理水平。

汽车维修企业为用户服务的常见形式有以下几种。

(1) 不断地改进企业的维修质量与服务态度,尽可能地满足车主需求。

(2) 由专人接待用户来访,认真处理用户投诉,重视用户信息反馈。

(3) 经常地联系和走访用户,开展用户联谊活动,广泛征求用户意见,当好用户参谋,并宣传本企业经营优势和新开设的服务项目等,从而与用户建立持久而广泛的公共关系。

(4) 编制汽车营销或汽车维修使用说明书;做好产品配件、备件、附件、专用工具的供应;明确制定企业收费标准并合理收费;积极开展技术咨询(或为车主举办各种技术培训班)等。

(5) 为每位用户建立车辆维修技术档案,建立企业技术服务网站,派专人定期巡回上门技术服务;根据车辆使用情况,针对本企业营销或维修的质量不足做好善后服务工作,定期提醒车主按期维修,以及实施对本企业产品质量实行包修、包换和包退的"三包"服务等。

在汽车维修企业中,维修质量的评价指标有一次检验合格率、返工返修率等,服务质量的评价指标有外部用户的满意度与投诉率、内部员工的忠诚度等。评测的方法既可以由企业自己使用《用户满意度调查表》进行调查评测,也可以委托第三方机构使用《用户满意度调查表》进行调查评测。当然,这里所称的用户既包括企业外部用户,也包括企业内部员工。倘若企业的产品与服务越能使企业外部的用户满意,则用户满意度便会越高;倘若企业的企业氛围及经济效益越好,则企业内部员工的忠诚度也会越高。当然,企业内部员工的忠诚度与企业外部用户的满意度有时也会相互影响。

汽车维修企业要面向市场,不仅要设置专业的市场经营部门直接参与市场经营活动,包括认真做好汽车维修市场的预测和调查,了解车源分布,主动走访用户,加强用户联系并建立用户档案等,而且还要积极主动地拓展服务范围,大搞多种经营,想方设法地满足用户的各种需求,从中寻找企业最好的经济效益点和社会效益点,包括开展免费检测、免费维护、免费救急与上门服务、免费提供技术咨询以及组织汽车俱乐部等。

4 开展正当竞争、互利共赢的经营思想

市场竞争的目的并不是为了挤垮别人,而是为了互利双赢。因此,企业之间的竞争应当是公正、公平、公开的正当竞争,而不是不择手段、你死我活的不正当竞争。

任何不讲诚信的欺诈行为都属于不正当竞争,包括以高额回扣拉拢客户,维修时使用伪劣配件或偷工减料,随意越级维修或超范围维修,随意越级改装翻新以及乱收维修费用等。

随着市场经济体制的逐步法制化和规范化,汽车维修企业不仅要自觉维护汽车维修市场的正常秩序,而且还要相互支持,共同反对任何形式的违法经营和不正当竞争。否则,这些维修企业不仅会因扰乱汽车维修市场而受到汽车维修行业管理部门的从严查处,而且还会因为树敌过多而自毁企业形象。

三 汽车维修企业的经营目标与经营方针

1 汽车维修企业的经营目标

所谓企业经营目标,是企业在一定时期内生产经营管理活动所希望达到的预期目标,包括企业发展方向、经济效益与社会效益等。

①战略目标,如企业的发展方向与发展规模、经营档次、品牌与信誉、所占市场份额、用户满意度等。

②贡献目标,如企业应上交税金和应尽社会责任等。

③效益目标,如企业要实现的产量、质量与服务等级、营业额与成本、利润与利润率、职工收入与福利等。

④时间目标,指实现上述各指标的时间要求。通过这些经营目标,不仅可明确企业生产经营管理的工作重点,而且还可提供企业绩效的考核标准。

(1)企业经营目标的制订原则——制订企业经营目标须遵循以下原则。

①整体性与系统性原则。企业在确定经营目标时,应该从整体性与系统性出发,充分考虑企业外部环境预测,并充分考虑企业内部能力条件,最后确定企业经营目标的期望水平。只有这样,才能制订出既符合于企业实际、又符合于大众期望,且能够通过努力实现的企业经营目标。企业外的环境预测包括宏观环境(国家相关的法律法规)、行业环境(汽车维修行业的发展动态和规章制度)、竞争对手情况以及原配件供应情况;企业内部能力评估包括企业经营理念、企业营销与维修能力以及企业人才能力及资金能力等。

②可行性与可量化原则。所谓可行性原则是指所制订的经营目标及措施不仅是必要的,而且也是切实可行的,是能够通过努力而达到的。既不能把目标订得太高,从而通过努力仍不能达到;也不要把目标订得太低,从而不需要努力便可实现。所谓可量化原则是指企业经营目标中所制订的战略目标、贡献目标、效益目标与时间目标都是可以量化的。因为只有可量化的奋斗目标才能更明确企业生产经营管理的努力方向,才能将经营目标中的各种指标层层分解、层层落实到每个责任人,在实施过程中做到"检查有依据、考核有标准"。经营目标越明确、越准确,所采取的措施越具体,就越能保证各项企业经营目标的最后实现。

(2)企业经营目标的实施——在企业经营目标的确定后,首先要将经营目标层层分解与层层落实,从而构成企业的年度、月度分目标,或者构成各部门、各岗位的分目标,并由此组成企业的经营目标体系。其次是要根据上述的总目标与分目标,明确各部门、各岗位在各个时期所要完成的实施细则、实施重点,实施时间和考核办法。建立企业的经营目标体系是企业战略管理中的重要环节。

当然,在企业经营目标的实施过程中,还需要做好以下工作。

①发展新客户、保住老客户。其中,发展新客户是为了拓展新市场,争取新车源,从而使企业获得新发展;保住老客户则是为了巩固原有市场(这是企业赖以生存的根本保证)。两者比较,保住老客户是其中最基本、最重要的方面。无论是发展新客户还是保住老客户,都需要企业主动出击,不仅要与有车单位或车主保持良好关系,而且还要确保每次汽车销售或维修的高质量与低费用,并保证提供每次汽车销售或维修的优质服务等。

②实施精品经营的特色服务。例如,采用高质量的正品配件,开展单车型或单项目的免费专业化检测与维修服务以及开拓精品经营的特色服务等。

③提高企业生产经营管理水平,完善企业生产经营管理制度,做好经营目标实施情况的统计考核与检查评比,开展项目竞赛等。要提高企业生产经营管理水平,就要根据汽车营销与维修的市场需求,搞好企业的硬件设施建设与人员素质培养,并在组织汽车营销与维修过程中充分发挥本企业的技术优势和内在潜力,努力开拓业务,以最低消耗、最优质量、最短周期、最好服务,营销与维修更多的车辆。

2 汽车维修企业的经营方针

企业的经营方针是企业生产经营管理活动的行动纲领。

(1)企业经营目标的规划与策略,包括企业经营方向与经营目标等。

(2)企业经营目标的实施细则与实施步骤,包括人力资源计划、资金财务与成本计划、市场营销与汽车维修计划;质量计划与服务计划等。

企业的经营方针不仅反映着企业的经营理念,也决定着企业的经营行为。不同企业或不同时期有着不同的企业经营方针。为此汽车维修企业要根据企业自身的经营特点、经营目标、经营任务与经营策略,制订出适合于本企业的经营方针。

企业经营方针的制订原则有如下几点。

(1)要符合国家与行业管理政策法规的原则,即首先要守法而不能违法,在国家与行业管理政策法规许可的范围内开展汽车维修企业的生产经营管理活动。

(2)要充分体现为车主服务以满足车主需求的原则。

(3)要以市场预测与决策为依据。在确定企业目标或采用相应竞争手段时,都要将企业长远利益与当前利益结合起来,权衡利弊,正确地制订企业经营方针。

四 汽车维修企业的经营策略

凡是未满足当前消费者需求的地方都可能存在着市场机会。市场机会总是会有的,关键是我们能否去发现。汽车维修企业为了获取更多的利润以实现企业的经营目标,就要积极地分析汽车维修市场,从中选准目标市场,并寻找和把握机会去积极地进入目标市场。

所谓企业经营策略,是企业为了适应激烈竞争的市场环境,实现企业既定经营目标所采取一系列方式方法的总和,包括市场开发、产品与服务开发、人力与技术开发、资源开发与管理开发等。在制定企业经营战略时,首先要明确企业的经营宗旨和发展方向,即要从社会主义商品生产的要求出发,树立一切为用户服务的思想。从社会主义制度的要求出发,把精神文明放在职业道德的首位;把企业的社会责任和义务与良心放在企业经营的首位。

由于现代汽车技术日趋复杂,对于汽车维修企业而言,既增加了挑战也提供了机遇。汽车维修企业要提高企业竞争实力,赢得用户并提高市场占有率,应做到如下几点。

①加强市场调研,了解用户需求,加强市场营销并努力开拓市场,不失时机地为市场提供新的产品和服务。

②扬长避短,发挥优势,争创品牌,开展特色服务,努力提高企业声誉。

③加大企业科技含量的投入,以强化企业竞争能力。

④处理好周边企业与内外部环境的公共关系。

汽车维修企业常用的经营策略有以下几种。

1 市场细分与市场开发策略

(1)市场细分策略——就是根据市场的发展变化,细分市场,选择其中适合于本企业进入的市场目标,并制订出合理而有步骤的市场开拓计划。这对于新成立而且只经营某单一品牌汽车销售维修服务的4S汽车维修企业尤为重要。

(2)专业化与差别化战略——就是在市场细分策略基础上还要实施专业化与差别化战略。所谓专业化战略,是指走专业化道路的战略。例如,专门为某一用户群开展某单一的专业化特色服务(如特约维修或专项维修等),以发挥自身特长,用最少代价获得最好经济效益,从而在该特定领域内赶超竞争对手。所谓差别化战略,就是以与别人明显不同的独特优势,有意识地在企业形象、维修工艺、客户服务和连锁经营等方面在汽车维修行业中形成差别并独具一格。

(3)市场渗透与市场开发策略——所谓市场渗透策略是指不依靠广告宣传,而依靠优质廉价、快速良好的服务,稳定保持老客户群的业务关系;借助于老客户群的宣传鼓动,增添新项目,逐步渗透并扩展新客户群,逐步提高企业的市场占有率。所谓市场开发策略是指依靠广告宣传,根据企业自身条件,积极开拓新项目或积极扩大老项目以开拓新市场,从而扩大新客户群(例如,由城市拓展至县城,由本地拓展到外地等)。显然,市场渗透策略的成本较低,而市场开发策略的成本较高。

2 连锁经营策略

一个人伸出单个手指并没有多少力量,倘若将手指并拢后伸出则力量要大得多,因为团结就是力量。

所谓连锁经营,就是将经营同类商品或同类服务的若干企业或店铺,以一定形式组成联合体。例如,汽车维修的连锁经营,就是利用某汽车的品牌效应,将多个企业或店铺联合组成协同作战的经营模式。由于这种模式以战略联盟的形式统一经营、统一规划,并实施集中管理和专业分工,就可以简化复杂的商务活动,获取共同的规模效益。由于这种模式可以使原来的竞争对手转变为战略联盟,且经营机制灵活,市场占领速度较快,因此不仅是国内维修市场竞争的必然结果,而且也是我国加入WTO、外资进入和全球经济一体化、国内企业走向国外的必然趋势。

连锁经营模式有直营连锁、特许连锁经营和自由连锁三种。

(1)直营连锁,是指各连锁公司的所有店铺均由总公司全资或控股开设,在总公司的直接领导下,对各店铺的商流、物流、信息流等实施集中管理、合理布局,统一经营,以充分发挥其规模效应。

(2)特许连锁经营,是指总公司将自己所拥有的商标、商号、产品、专利、技术,以及经营模式等,通过经营合同的形式并支付相应的费用,特许连锁经营者按规定的统一形象、统一管理、统一经营模式开展经营活动。

(3)自由连锁或自愿连锁,是指所连锁的各店铺虽然使用着共同的店名,但由于资产所有权关系仍然各自独立,因此只能根据自由或自愿原则,在总公司的统一指导下根据其签约合同与总公司共同经营。

汽车维修企业的连锁经营与超市和餐饮明显不同,也与汽车美容或轮胎油品经销明显不同。汽车维修企业的连锁经营一般根据城市规模和汽车保有量,在城市非繁华地段兴建1~2个具有相当规模和档次的总店(不仅具有一流的技术、设备、场地、人员,而且还具有一流的速度、环境、质量、服务),并实施各连锁店资金流、人流、物流和信息流的统一调配和统一管理;然后围绕着总店再合理布局,在城市繁华地段按统一模式兴建若干简化的连锁店(其组成方式既可由当地物业公司合作或介入构成,也可收购众多小型汽车修理店铺构成),以作为总店的终端服务机构,实施面对众多客户群的统一经营与服务。由于各连锁店的作业项目仅以快修与救急为主,占地面积少、规模小、投资少,可见缝插针,从而可在城市繁华地段、商务小区、豪宅花园、商住小区建立,且不必储备过多配件,品牌宣传、统一配送和远程诊断都可交由总店联网处理。这样,总店是各连锁店的强大后盾,而各连锁店是总店的不断延伸,两者命运息息相关。其优点是,既可发挥总店的低成本运作优势,又可发挥各连锁店的群体战术优势,开展与客户最近距离的门对门服务。

当然,要实施汽车维修企业的连锁经营,首先要明确企业连锁的最终目标。不管是自己兴建、还是合作共享或相互协作,为了突出经营特色或核心优势,从而实现规模化经营的规模效益,在连锁经营企业内必须组建以下五大支持系统。

(1)人力资源管理系统:包括连锁店人员的招聘、培训、调配等。

(2)客户管理系统:包括客户开发、档案管理、客户调研、形象宣传、品牌设计、售后服务、项目开发等。

(3)信息管理系统:包括网络兴建、数据库维护、外部商业情报和科技情报收集和企业策划,还包括跨地域的业务连锁经营等。

(4)配送管理系统:包括连锁配送、库存调剂、外部协作、物流网络建设等。

(5)标准化管理系统:包括企业形象的标准化、计量设备的标准化、生产技术与产品质量的标准化、服务内容与服务承诺的标准化等。

3 为用户服务、使用户满意的服务策略

现代企业要实施为用户服务、使用户满意的服务战略,其根本目标就是要提高用户对企业的满意度。这就要求企业要以用户为导向,从用户的需求和期望出发,处处为用户着想,随时应对用户可能提出的任何合理性需求。为此,汽车维修企业除必须保证其主要服务项目(汽车营销与汽车维修等)使用户满意外,还需要提供相应的额外服务。

(1)准备丰富的附件精品或赠品以满足不同层次的用户需求。

(2)建立和完善汽车销售或维修后的质量保证体系(如质量索赔和质量保证)。

(3)做好预约维修服务以做到维修无等待。

(4)在维修中提高故障检测准确率,降低返工返修率。
(5)建立维修后的电话回访制度以达到用户满意。
(6)定期开展用户满意度调查以认真听取意见,并根据用户意见不断改进企业管理。
(7)提供足够的营业时间并提供机动保障(例如,实行24h紧急救援或服务,提供接送和替换车服务等)。

4　价格竞争策略

由于用户总希望获得物美价廉的产品和服务,而企业总希望获得较高的利润。因此,任何的市场竞争通常都需要经历"产品竞争"、"服务竞争"和"价格竞争"三个阶段。其中,在商品稀缺时常为产品竞争,在商品较多时常为服务竞争,而在商品饱和时常为价格竞争。

随着汽车维修市场竞争的日益加剧,也随着现代车辆销售及维修业务的饱和及同化,汽车销售及维修的价格竞争将日益突出。汽车销售及维修的价格竞争将是汽车销售及维修企业市场竞争中最后的重要策略。因为汽车销售及维修价格不仅会直接影响到汽车维修企业的经济收入,而且也会影响到汽车维修企业在市场中的竞争能力,因此一定要把握好定价环节。

(1)定价的依据与方法——汽车维修定价主要应从成本、需求和竞争诸方面综合考虑。其中,企业的生产经营管理成本是定价的底线,而市场需求量及用户心理则是定格的上限,价格的浮动比例可根据市场竞争的程度确定。例如,当某品牌尚为稀缺且具有较强竞争优势时,可适当偏高定价,但倘若已经失去竞争优势时应及时调价,以免影响客源而形成滞销。

(2)定价策略——过去的汽车维修价格(特别是维修工时单价)一般都由汽车维修市场管理部门制定。但随着汽车产品价格的下调和服务价格的放开,汽车维修企业也必将随行入市、从而需要适当地制定或调整汽车维修价格。

汽车维修企业可采用的价格策略通常有以下几种。

①新项目定价策略。市场管理部门尚未定价的新项目,其定价可根据市场反应而定。倘若此项目目前其他的竞争者不可能立即跟上,或者此项目不可能坚持长久,企业可利用自身的优势,利用客户认为新项目价格高一点也合乎情理,且又独此一家,则可以先采取偏高定价以获得最大利润;否则,应采取偏低定价以实现薄利多销,以防止其他竞争者近期内介入。

②差别定价策略。为吸引特殊客源,对于个别项目或者对于不同客源(其中特别是对于某些特殊客源),应采取有差别的不同定价或特殊定价(例如,对长期老客户或忠诚客户应实行较低的优惠定价)。但对于本企业能做得特别优秀的某些项目,倘若偏高定价也不会影响客源时,应采取偏高定价。

③折扣定价策略。当客户能按期付款或者能提前付款(甚至能立即支付现金)时,由于资金回收较快,可采用折扣收款;对于大客户(包括分销商)或老客户(特别是关系较好的老客户),为鼓励大用户或保住老客户,也可以采取折扣收款。其中,包括现金折扣、数量折扣、现金提成返还等。

④心理定价策略。利用消费者总想购买优惠商品的心理状态,为此可采用馈赠礼品、结算时去零取整(只收整数不收零头)或取零去整(只收零头不取整数)等办法,以满足消费者的心理感觉,使其体验优惠或优待,从而使用户消费达到满意。当然也可采取有差别的特殊

服务,例如,开展对某些常规作业项目实行低价、免费检测(但不免费修理)等,以便招引客源,带动其他非低价、非免费项目的维修服务。

第二节 汽车维修企业的经营管理实务

为了更好地参与市场竞争,不管是为某轿车品牌服务的4S汽车维修企业(包括汽车销售、零配件销售、汽车维修、技术服务),还是其他汽车维修企业,都必须建立前台(即前店后厂),以负责开拓本企业汽车营销与汽车维修市场的日常业务。

一 市场营销理论

随着社会经济的不断发展和人民生活水平的不断提高,车辆品牌不断升级,私人买车不断增多,不仅汽车销售的额度大幅攀升,而且购车者或修车者的消费心理也出现出了多样化倾向,汽车营销或维修的竞争也日趋激烈。

汽车营销或维修的业务竞争主要取决于购车者或修车者的消费欲望与消费心理。为此,4S品牌汽车维修企业在研究汽车营销及维修业务的开拓策略时,不仅应注重汽车的产品品质与品牌效应,而且更应该分析和研究购车者或修车者的消费心理与消费行为,从而采取有效的营销战略和营销手段,刺激和影响购车者或修车者的消费心理与消费行为。

1 马斯洛的市场营销层次理论

根据美国著名心理学家马斯洛的《市场营销层次理论》,他将消费者的消费需求分为五个层次——生理需要、安全需要、社会需要、尊重需要、自我实现(图2-1);且消费规律一般是由低层次向高层次发展,即先满足低层次需要后,再产生高层次需要。

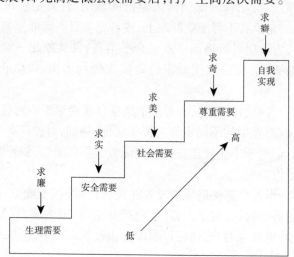

图2-1 消费者消费需求的五个层次

所谓低层次需要是指人的生理需要(求廉)及安全需要(求实);高层次需要则是指人的心理需要,包括社会需要(求美)、尊重需要(求奇)、自我实现需要(求癖)等。其中,生理需要是指维持人的基本生存需要。例如,饥饿时想吃饭,口渴时想饮水,疲倦时想睡眠等。尽管不同的人其生理需要也会不同,但总体来说,处于低层生活的人首先想到的是其生存需要与安全需要,因此他们的消费心理属于求廉与求实心理,总希望以最低的生活费用满足自己的生存需要,并防止自己免受伤害(生理安全)或免被别人误解(心理安全)。在解决了生理需要和安全需要后,出于人际交往的社交需要,并用以表明自己所属地位和阶层,常常需要装扮自己,甚至为了炫耀而追求名牌与档次,此时的消费心理属于求美;有些人为了引起周围人的注意而追求奇特,以争取所谓的"回头率",甚至愿意高价消费,此时的消费心理属于求奇;有些人则为了表现自己而希望受到别人尊重和羡慕,或者为了实现自己的理想以满足自己的癖好,为了取得某种成就感而不顾一切地消费,此时的消费心理属于求癖。

当然,人们的消费需要往往是无止境的,因而在实际的营销过程中,其消费需求也是多层次或混杂的,并不一定符合马斯洛市场营销层次理论所谓的逐层需求。但一般规律是,只有当消费需要因为条件所限而不能同时满足时,才会自觉或不自觉地按照上述层次逐层选择,即先满足低层次需要(物质满足的生理需要)以维持其生存;在低层次需要基本解决之后,再满足其高层次需要(精神满足的心理需要),然后才能强调自我表现及张扬个性,追求时尚潮流,从而使自己生活得更加美好。

2 消费者消费心理分析

市场营销理论通常将消费者的消费心理可分为理性消费阶段(物资满意层次)、感性消费阶段(精神满意层次)与情感消费阶段(社会满意层次)。

(1) 理性消费阶段(物资满意层次)——在商品紧缺的卖方市场中,由于商品紧缺且供不应求时,商家不愁销售而消费者购买发愁,因而此时的消费者大多比较关注产品与服务的实用质量、实用功能与价格,追求价廉物美。其消费心理包括以下几种。

① 急迫心理。例如,某种商品在正常供应情况下虽然可以随时买到,但倘若该商品因供不应求而凭票限购时,消费者心理就会感到压力,于是四处打听,只要遇上机会便会购买,甚至借钱也要购买。在这种急迫心理的支配下,特别是在受到周围环境的感染下,通常会对原来并不想购买的商品突然敏感起来,有些本来可以不买的商品也变成必须购买的商品,而不再考虑是否真的需要。

② 多占心理。在商品紧缺的卖方市场中,消费者通常怕以后买不到该商品而吃亏,于是作为备用或者投资,抢购或者多买,甚至只求数量而不求质量。但越是抢购或者多买,商品便会更加紧缺,于是市场中出现不少虚假与泡沫,商家也大量进货并哄抬售价,如此恶性循环。但由于消费者所抢购或多买的商品只是出于储存的目的,而并非真正消费,当该商品达到饱和而造成大量积压和滞销时,便会出现崩盘。

③ 攀比心理。有些消费者看到别人在消费,由于因羡慕或者炫耀需要而产生强烈的消费欲望,无意识地产生攀比心理,甚至不惜高价去追求更高消费。

(2) 感性消费阶段(精神满意层次)——在商品充裕的买方市场中,消费者的消费理念开始由理性消费阶段(物资满意层次)进入感性消费阶段(精神满意层次)。此时,消费者比较关注产品品牌及商家信誉,以追求商品的质量与舒适度。但由于此时商品已经过剩且供大于求,消费者不愁购买而商家发愁销售,于是消费者在消费时不仅处于主动地位,而且具有较大的选择权,其消费心理发生了很大变化。

①挑选心理。由于市场上商品供应充足，不仅经营者会积极主动地推销商品，而且消费者也心理放松，只要有时间都会货比三家，认真挑选、从容消费，从中挑选出性价比更高、有特色有新奇感的商品，或者挑选出更漂亮更上档次的商品（尤其是装饰品）。

②缓买心理。由于商品供应充足，商家竞争激烈，不仅名牌商品众多，而且同名牌商品之间也会出现价格竞争。此时的消费者只要感到不满意就会暂停消费，即使是急需品也只是买到够用为止，以减少盲目采购或延长消费周期。

③期待心理。由于商品供应充足，消费者处于主动地位，而消费者总希望商品的性价比更高（即性能更好而价格更低），于是消费者往往希望能购买功能更多、服务更多，且使用起来更加安全与方便的商品。

在商品充裕的买方市场中，随着人们生活条件的不断改善，消费者的消费理念最后由感性消费阶段（精神满意层次）转入到社会满意层次（情感消费阶段）。时尚消费潮流也开始流行。此时的消费者比较关注社会的认可与尊重，追求时尚和美感，追求产品与服务的新奇和时髦；讲究保健、崇尚自然、突出个性、讲究情趣等。虽然这种时尚潮流也会不断变化，但由于普通人消费都不属于专家型消费，因而经常会受到某些权威部门的提倡、某些专家或者某些明星偶像的鼓动，以及在社会环境、消费风气及时尚潮流的刺激下，在消费者求美、求奇、求癖消费心理的影响下，相互模仿或者相互攀比，从而激发消费者时尚消费的动机，形成某种商品短期内的消费热潮。时尚消费潮流的形成通常与年轻消费人群的审美观念、经济文化地位等相关。以时装为例，倘若提前5年穿戴会被认为是怪物，提前3年穿戴会被认为是招摇过市，提前2年穿戴会被认为是大胆行为，当年穿戴会被认为是得体，过1年后再穿戴就显得土气，过5年后穿戴就成了老古董，过10年穿戴会招来耻笑；但倘若再过30年后穿戴，人们又会觉得新奇，且被认为是有精神。经济越发达，其时尚潮流的变化速度越快。

3　消费者的消费行为分析

市场营销理论通常将消费者的消费行为或消费过程可分为期望、信息、评估、消费、评价五个阶段。

（1）期望——是指消费者的需要或欲望，正是由于这些需要或欲望才会产生消费动机。

（2）信息——倘若消费者有了消费动机，便会主动关注和收集相关的商品信息（有的来源于市场信息、有的来源于周边环境信息，也有的来源于消费者自身的经验或经历）。

（3）评估——在消费者获取各种信息后，还要对其进行综合地评估，从品牌、品种、性能、质量、价格、服务等方面加以比较和分析，并结合别人的消费评价从中确定消费方向。

（4）消费——通过评估与确定，倘若条件许可，便开始消费。

（5）评价——客户在消费过程中或消费之后，还要对此进行评价。以检验消费决策是否正确，并确认其满意程度，而且还要根据消费体会，传播满意或不满意的信息。倘若满意，则还会强化这种消费，从而以更积极的态度重复消费或扩大消费，甚至还会鼓励别人消费；倘若不满意，则不但不会重复消费，有时还会劝说别人不要消费。

显然，消费者的这种满意或者不满意，不仅取决于厂商所提供产品与服务的质量和性能，更取决于消费者的感受与心理。为此，汽车维修企业应根据对消费者消费行为的分析，加强企业的生产经营管理，在期望阶段如何刺激用户而产生消费心理；在信息阶段如何为用户提供信息；在评估阶段如何促使用户决策；在消费阶段如何为消费者服务，以保证消费者满意;在评价阶段如何增强消费者满意度,以防止消费者产生不满意度等。

4 消费者消费的基本期望值

通常,消费者不仅在消费之前、在确定消费之时,都已经确定本次消费的基本期望值(包括一般期望、理想期望、最高期望),而且在消费之后,还要将实际获得值与基本期望值比较,从而得出满意或不满意的结论。无论是汽车销售还是汽车维修,消费者总是期望汽车维修企业不仅能为其汽车销售或汽车维修提供最满意的质量并付出最少的代价,而且还期望着企业能为其提供最良好的服务和礼遇,并为此感到满足。

倘若汽车维修企业不仅能为其提供最满意的质量和较少的费用,而且还能为其提供最良好的服务和礼遇(包括提供不少优惠与折扣,如免费专项检测、赠送小礼品,以及费用折扣等);甚至还能为其增加额外服务(如预约服务、救援服务、质量保证与质量跟踪、旧件保管、接/送车服务,以及用户回访与技术咨询等),从而使用户的实际获得值远优于基本期望值,就会使用户感到超值的满意,即使该车在某些方面还有些不足,用户也会感到基本满意,并愿意自觉充当其业务宣传员而到处宣传本企业的好处。但倘若用户的实际获得值劣于基本期望值,例如用户对汽车维修企业所提供的车辆质量不满意,或者对汽车维修企业为用户所提供的服务质量不满意,都会使用户感到吃亏从而产生抱怨,并自觉充当业务宣传员而到处宣传本企业的不足。由此可知,顾客满意才是企业最好的广告。

当然,消费者的基本期望值还取决于消费者的性别、文化程度、所在年龄段,以及所在地域、社会地位、感性认识以及心理因素等。因此,不同的消费者有着不同的消费需求,并有着不同的基本期望值。要想使用户感到满意,不仅要改善消费过程,而且还要充分地了解各类消费者的不同基本期望值,从而根据不同类型的客户及其差别,分析其不同消费者的消费需求及基本期望值,实施有差别的服务方案,变被动服务为主动服务。

5 消费者消费行为的影响因素

在影响消费者消费行为的主客观诸多因素中,除客观因素(如社会因素及环境因素、市场供求情况及消费潮流等)外,主观因素是影响消费者消费行为的主要因素,包括消费者的性别、年龄、文化程度、所在地域、社会地位、个人经历(感性认识)及个人偏好(心理因素)等。但从消费者的基本期望而言也会有许多共性,即消费者在多占心理的作用下,总是希望其消费是最价廉物美的、最物超所值的,也是比别人最多占的。但由于消费者各人的侧重点有所不同,其基本期望值也会千差万别。有的偏重于质量,有的偏重于品种与式样,也有的偏重于价格等。因此,企业要为用户更好服务,就要投其所好,就要必须先经过周密的市场调查,充分掌握并正确理解各类消费者不同的消费需求及基本期望值,深入研究各类消费者不同的消费特征及消费规律,从而提高企业的生产经营管理水平,改进企业的生产经营管理决策,树立良好企业的商品形象和企业形象,满足不同消费者的消费要求,扩大商品销售,取得用户信赖,真正使消费者满意,也为今后的再销售奠定良好基础。

二 汽车维修企业的市场经营部

1 汽车维修企业建立市场经营部的必要性

现代汽车维修企业必须建立以前台服务为重点的市场经营部。

（1）建立市场经营部是开展市场服务竞争的需要——在计划经济时代，由于修车难，汽车维修企业并不愁无业务，因此不需要负责并开拓汽车营销与维修的前台业务，不必建立市场经营部；在经济体制转型时期，汽车维修企业为了找米下锅，开始组建前台业务而向驾驶员展示回扣或质量，出现了公务车辆送私人维修企业去维修（公车驾驶员图的是回扣）而私家车辆送国有维修企业去维修（私车驾驶员图的是质量）的现象；而在当今市场经济体制时期，由于各类汽车维修企业在改革开放后发展很快，汽车维修市场已经基本饱和，彼此之间的竞争加剧，且由于目前的送修车辆大多属于私家车辆，私家车主总是希望汽车维修企业能提供价廉物美的维修质量与良好的维修服务。为了开拓车源、提高企业经济效益和社会效益，也为了能积极参与市场竞争，汽车维修企业必须建立市场经营部。

（2）建立市场经营部是加强客户开发和管理，保证汽车维修企业可持续发展的需要——汽车维修企业的产品质量与服务质量最终都是由车主评判的。正所谓，"金杯银杯不如车主的口碑"，"金奖银奖不如车主的夸奖"。汽车维修企业要在市场竞争中得到长久的可持续发展，就要加强客户开发和客户管理，以不流失老用户，并不断开发新客户，最后保证本企业的可持续发展，这就需要汽车维修企业的长期努力。要提高车主对企业的满意度和忠诚度，必须建立市场经营部，并利用其规范的群体优势，建立良好的企业形象去感召客户。

例如，由过去单纯的车辆维修（只看到车辆未看到人）转向到现在既要注重车辆维修也要积极为车主服务的新思路；由过去的被动服务转向到现在的主动服务；由过去的产品竞争转向到现在的服务竞争与价格竞争。有些企业仅靠几个能说会道的市场经营业务人员，用所谓的私人关系和感情投资来拉拢客户，讨价还价、坑蒙拐骗，这是十分危险的。因为这些业务人员的短期行为不仅不会保持客户对企业的忠诚度，而且还会因为这些业务人员的反叛而使企业永久地失去这些客源。

现代的4S汽车维修企业通常都采用"前店后厂"的经营模式：即前台业务大厅用以销售汽车与接待客户，后台维修车间用以技术保障与维修服务。

现代汽车维修企业的市场经营部，其管理形式与服务内容是随着汽车维修企业的规模、客户服务理念以及企业实际情况变化而不断加深、逐步深化的。由于为某品牌轿车营销服务的现代4S汽车维修企业其汽车营销额通常较大，因此有些企业通常都以汽车营销为主、汽车维修为辅，他们将汽车维修隶属于汽车营销，汽车维修仅是汽车营销的售后服务部分。但应该看到：大多汽车维修企业不管其汽车营销额有多大，汽车维修业务总是汽车维修企业最长远而最稳定的业务；且由于汽车维修远比汽车营销复杂，投入或占用的人力及物力也多，因此从管理体制而言，或者应以汽车维修业务为主业，或者将汽车销售与汽车维修两者并列。

2 汽车维修企业的前台业务大厅

在现代汽车维修企业市场经营部的前台业务大厅内，主要业务人员可分汽车营销及汽车维修两类。汽车营销业务人员主要是销售人员，而汽车维修业务人员还包括汽车维修业务经营人员及汽车维修技术检验人员等。为此，须建立统一的市场经营部以统管前台各类业务。

汽车维修企业的前台业务大厅（市场经营部门）是汽车维修企业直接面向用户的关键性服务窗口，为此应予以重点规划，优化布局，以保持整洁美观，能充分展示本企业的企业文化、做好本企业的形象宣传。为此,无论企业规模大小,应做到"麻雀虽小,五脏俱全"。其业务大厅内不仅需要配备计算机、设立跟踪服务柜台及收银柜台、设立车辆销售及维修的用户档案卡、救援服务热线电话、保险代理服务、客户休息室等,而且还要充分展示所销售的汽车样品,充分展示所维修的经营项目、服务价格以及质量保证等。只有在无汽车营销业务的纯汽车维修企业,其前台业务大厅可不必过于豪华,但也应该设在车辆进出口的最显耀位置。

3 汽车维修企业前台业务人员的基本要求

凡在4S品牌汽车维修企业前台业务大厅内工作的业务人员(包括汽车营销业务人员、汽车维修业务经营人员及技术检验人员等)不仅都应统一着装,佩戴标志牌,并注意仪表仪容、保持良好精神面貌、主动热情微笑服务,而且都应从企业的整体利益和最终目标出发,以"为用户服务"的经营理念去指导各自的业务工作。例如,通过市场开发和客户管理,去研究客户的消费心理与消费行为,收集市场的需求信息与反馈信息,并提出切实可行的改进方案以实现企业经营目标;代表企业与客户交流(例如,随时听取客户反馈意见、定期组织客户交流的联谊活动等),从而与客户建立起密切而持久的良好关系,赢得客户的亲近和信任,提高客户满意度等。

汽车维修企业前台业务大厅的所有业务人员在日常工作中还应该注意以下几个方面。

(1)坚持使用文明用语及专业术语,充分尊重客户意见和客户利益,热情待客,并实事求是介绍情况;决不要似懂非懂或者自作主张,更不要胡乱许愿或者诽谤同行。

(2)必须坚持佩戴胸卡与相应证件,着装大方,微笑服务,助人为乐,友善待人,以充分展示本公司的企业精神与企业形象。

(3)勤于相互通气和汇报(例如,业务进度、质量反馈、销售或维修进度以及收费情况等)。

(4)保持前台整洁,且不要彼此闲谈或者私自会客,更不得私接业务或索要报酬等。

三 汽车营销实务

汽车营销步骤是汽车营销部门在现代市场营销观念指导下实施汽车营销计划的一系列过程,包括"了解用户、整车销售、售后服务、备品配件供应和信息反馈"等。

1 汽车营销的基本步骤

(1)了解客户——为确保汽车营销工作的正常进行,营销人员不仅应该明确本企业的主要服务对象——汽车零售网点的直接消费者或直接用户,而且应该理解这些直接用户的消费心理与消费行为,以及他们消费的基本期望值等。

在我国汽车的营销业务中,客户群已经发生了很大的变化。过去大多为公款购车;现在则大多为私人购车。对于私车消费,无论在选定车型、签订合同,还是在验车办证等方面,汽车营销企业都要做好销售服务工作,不仅要给予热情周到的销售服务(包括销售前服务、销售中服务及销售后服务等),而且还要在技术上及时帮助他们排除一些突发性故障,以提高他们的购车信心。另外,还需要特别注意团体购车者。例如,机关、团体、学校、企业、基建矿山工程、公交系统、旅游系统、金融系统、邮政电信系统,或者政府部门的公款购车。汽车营销人员应该深入这些购车团体,了解其用车情况,并通过各种渠道与购车团体或政府部门建立和保持长期的联系,做好长线的技术服务。

但须注意的是,汽车的营销活动必须以顾客为中心,以市场为导向。由于是顾客将钱送来,因而顾客是营销企业的衣食父母,且由于营销市场竞争必须公平、公开和公正,因而市场具有一种至高无上的力量。倘若汽车营销企业失去顾客、失去市场,就将威胁到企业的生存和发展。因此,要将生意做好做大,必须依赖于企业是否有"人气"。这将吸引更多的新老用户来光顾企业。只有企业聚集了更多的人气,企业才能开展更多的销售与维修服务。

(2)整车销售——整车销售是汽车销售业务的中心内容。在整车销售过程中,营销人员应充分体现出"热忱为用户服务、真正视用户为上帝"的观念,尽力满足用户要求,从而使用户满意,企业也从中取得合理的经济效益和良好的社会效益。

整车销售包括进货、验车、运输、存储、定价、促销、销售等环节。

① 进货。进货是汽车营销业务的首要环节。为了减少中间环节,降低进价,提高企业经营效果和降低风险,最好是从汽车制造厂直接进货(特别是紧俏品牌或紧俏车型)。为此应采用强有力的公关手段,严格履行产销合同,以建立企业的良好信誉,努力成为汽车制造厂的特约销售网点。

② 验车。所谓验车,就是检查和验收供货方所提供的商品车辆。此工作应指派既熟悉汽车理论又能实践操作的技术检验人员担任。检验时应首先按照有关手续,严格核查车辆编码、或发动机号及底盘号等,以检验其商品的真假,防止上当受骗;倘若是进口车,还应验证其是否属实,以防止国产机冒充进口机;倘若来自中间商,则应逐车检验验收,以免中间混有旧车。其次应检查车辆外观是否完好无损,各种装备附件是否齐全,操纵系统是否正常,各照明灯、指示,蓄电池是否完好,各连接软管和塑料件是否老化等;最后还应检查车辆合格证、说明书、维修卡等技术资料。

③ 运输。运输是将所购的商品车辆运回本企业。发货方式可以采用:委托生产厂预订铁路运输并帮助发货;委托当地储运公司负责发货;由本企业自雇车辆通过公路联运长途运送等。其中,最安全经济的办法是委托生产厂预订铁路运输并帮助发货。

④ 存储。存储是指存储所运回的商品车辆,既要避免风吹、日晒和雨淋,也要定期做好车辆的检查维护,以防止蓄电池失效和机件锈蚀。当自己无储运仓库而需要租订仓库时,要签订储存合同,约法三章,以防止换车或换件(以旧换新或以假乱真)或偷用商品车辆等。

⑤ 定价。目前,汽车的实际出厂价=(出厂价+消费税)×(1±10%浮动幅度)。国产车辆的实际出厂价大多已经包含消费税,此时的汽车销售价应由实际进货价加商品流通费(运杂费、营销费、管理费和财务费等),再加17%的增值税和销售利润确定。在用户购置车辆时,还应向车辆落籍地的交通征管部门交纳10%的车辆购置税和其他费用。

⑥ 促销与广告。汽车营销通常需要适时地采取相应的促销措施,例如,报纸、广播、电视和广告牌等。广告的作用不仅要告诉消费者车辆品牌、生产厂商及性能特点等,以引起消费者的消费欲望,而且还要为消费者购买提供相应的情报和资料(如销售商、销售地点与联系方式等)。广告设计的原则既要有吸引力、艺术性和新颖感,也要真实、简明扼要和经济(即正确衡量广告耗费与广告收益)。

⑦ 销售。汽车维修企业的汽车营销,倘若是个人购车的零售交易,交易时需要凭居民身份证,并做好项目登记,以便于日后联系;倘若是单位购车,则需要单位介绍信等。

(3) 商务谈判与签署合同——商务谈判是由交易双方就某一单项交易、为各自利益而进行洽谈的经济活动,以形成交易共识,并达到双方满意(实现双赢),最后由交易双方签署具有法律效力的协议或合同。

商务谈判时要友好协商,并坚持平等互利、协商一致、谋求合作、互谅互让的原则。

商务谈判的一般程序包括询价、报价、还价、认同、签约等过程。商务谈判的方式可以多种多样,其中特别是面谈。当然,为了谈判成功,在正式面谈前应预先用其他方式加强联系,以掌握价格变化、周密考虑、知己知彼,做好谈判的充分准备,直到相互沟通信息、双方意见接近时再通过面谈最后确认。面谈时既要讲究科学,也要讲究文明礼貌和艺术。不仅应严格遵守时间,注意仪容仪表、衣着整洁、热情好客、不骄不躁、不卑不亢,而且还要兵不厌诈,既要维护企业利益,也要做到互惠互利。在与外商谈判时还要注意谈判场所和谈判礼节,例如,对等选择接送车辆的规格和选派对等选择谈判人员的级别等。通过谈判达成交易后,还要由交易双方签订协议或合同予以确认(其中包括合同的附件、附录等)。

(4) 售后技术服务——现代汽车商品不仅属于高价位商品,也属于高新技术商品。由于一般人难于全面了解和掌握,因此售后技术服务便成了汽车销售过程中的重要环节,它是自汽车完成销售后即开始的。汽车售后技术服务包括提车时的服务(如协助购车者办理购车手续、办理临时牌照和车管所验车、购置车辆保险、交纳养路费与使用税,以及对用户的驾修人员进行技术培训等)、汽车使用中的备品配件供应,以及汽车使用后的维修服务,如质量保证期内的技术服务、质量保证期外的维修服务等。

2　汽车营销人员的基本素质

由于汽车营销人员需要直接面对购车者,为此必须了解汽车销售市场的供应情况及汽车的性能特点;必须了解本企业汽车营销的基本流程及技术服务情况。从而不仅为汽车制造厂及本企业汽车营销部门收集与反馈车辆销售信息,并及时采取措施提高销售服务质量,以拓展汽车营销市场等,而且还要为本企业汽车维修部门收集与反馈车辆维修信息,并及时采取措施,帮助提高车辆维修的服务质量,以拓展本企业汽车维修市场。

商场就是战场,现在的4S品牌汽车营销商店已经很多。倘若要在激烈的市场营销竞争中获胜,除了要销售良好的品牌汽车外,还要拥有一支训练有素的营销队伍。

汽车营销人员的构成已经经历了三个阶段。在汽车营销初期,主要是靠漂亮的模特进行促销(所谓美女香车)。但由于用户是买车而不是买人,因此这种促销办法最后只能用于新车展示;在汽车营销中期,主要依靠由市场营销专业毕业的、能说会道的营销人员进行促销。尽管他们并不懂汽车,但懂得顾客心理,因此其销售业绩也通常不错。但在汽车营销的后期,由于汽车营销后还通常要进行相应的技术服务,于是开始实行"谁卖车、谁服务"的一条龙服务原则,由懂技术的营销人员或懂营销的技术人员进行促销。由于这些人员既懂市场营销也懂汽车技术,容易实现汽车销售与技术服务的一体化。

在汽车营销团队的管理中,汽车营销人员的主要职责有如下几点。

(1) 负责汽车营销的市场调查,不断开拓汽车营销市场,并建立客户档案。

(2) 负责接待客户,了解客户需求,并通过俱乐部、救援活动、预约服务和售后服务,履行服务承诺,并同时宣传企业形象及企业文化等。

汽车营销人员必须具有较高的综合素质及熟练的业务素质。例如,必须了解国家的政策法规和规章制度;必须遵守汽车营销的业务规范和服务标准,熟悉汽车营销的价格及流程;要求汽车营销人员必须具有一定的汽车专业理论知识,掌握所销售车辆的驾驶操作技能并熟练指导客户试乘试驾。除此以外,汽车营销人员还必须熟悉汽车保险、质量索赔以及技术责任事故处理程序,还必须具备一定的计算机操作能力等。

汽车营销人员的职责就是销售汽车,因此不管采用何种策略或手段,其目标就是要尽可能多地销售汽车。为此,特别要求汽车营销人员的耐心、诚心、热心、信心、责任心。

这就是说,汽车营销人员应该是一个事业心很强的人,遇事百折不挠、坚韧不拔、不达目的誓不罢休;汽车营销人员应该是一个亲和能力、语言表达能力及应变能力很强的人,性格外向豁达,善于交际、善于沟通。不仅能诚恳热情,文明礼貌,认真负责并敢于承担责任,而且还要善于观察和善于理解客户心理,善于为用户着想,并善于控制自己情感,积极反思,准确处好与客户关系。汽车营销人员还应该是一个汽车爱好者,因为只有爱好汽车才可能钻研并精通汽车,才可能有兴趣和毅力去销售汽车。

汽车销售人员在接待客户时还应该学会针对不同的人群说不同的话。例如,对于普通蓝领或者老者买车,估计其购车目的只是为了代步,因此对他们应多介绍此车如何经济实用(价廉物美且经久耐用);对于年轻白领买车,由于他们的购车目的常常是为了玩车或炫耀,因而特别喜欢大排量的名车或跑车,对他们应多介绍此车不仅高档名贵,而且动力性极好,以满足他们的需要;对于中壮年白领男士(尤其是有钱者)买车,由于他们大多是成功人士,其购车目的也常常是为了显示他们的地位和成就,或者为了显示身份,因而他们特别喜欢高档消费,对于他们应多介绍此车是如何的高档豪华,其所处地位已经相当于某级首长等;对于中青年白领女士买车,其购车目的常常是为了表征她们的个性,以争取更多人的"回头率",因此对她们应多介绍此车是如何的稀缺与新奇。另外,对于不懂汽车技术的人买车,应多介绍该车的外观造型、装饰与性能等;对于懂汽车技术的人买车,应多介绍该车的新结构与新技术。总之,对于不算富有的人买车,应多介绍该车是如何的经济实惠;对于较富有的人买车,应多介绍此车是如何的高档豪华以及安全保障等。

四 汽车维修实务

1 汽车维修的业务流程

(1)建立客户档案与预约维修——凡经本企业销售或维修的所有客户车辆,都应用计算机分类存档,以建立客户车辆的维修档案。此维修档案不仅可查询车辆维修情况,而且可提醒客户按时维修。无论是客户预约还是本企业预约,都应做好车辆维修计划,并事先弄清楚该车辆的维修项目、预约工期与预计费用等。在与用户电话联络时,应遵守企业所规定的员工形象规范。例如,在预约时应仔细倾听用户需求并做好电话记录;在与用户协商时要全面考虑用户要求,并向用户讲清楚可能会出现的情况;倘若车辆预约后并不能立即进厂维修的或不能满足用户要求时,应事前及时通报用户。

(2)进厂接待——在车辆进厂报修时,前台业务人员不仅应热情接待、微笑服务,从而与客户建立极良好的关系,而且还应与客户一起清点物件,检查送修车辆的装备和车况,由此确定维修项目并完成车辆交接。最后根据车主的《报修单》填写《派工单》《汽车维修合同》,

并估算维修费用,承诺修竣交车时间等。

(3)掌握维修过程——前台业务人员应随时掌握车辆维修进度。倘若可能需要延期交车时应预先与车主商量;对于漏报而又需要追加的作业项目,以及需要更换重要基础件及贵重总成时,也应事先征得车主同意,并补入汽车维修合同。

(4)修竣交车及收费——在车辆维修竣工结束后,应在主修班组自检互检合格的基础上,由专职检验员负责车辆的竣工质量验收(检查所有报修项目是否漏项,车辆装备是否齐全,以及该车辆维修质量是否达到修竣出厂技术要求等)。当质量检验无误后,由专职检验员将修竣车辆移交给前台业务人员,并由前台业务人员通知客户接车。在通知客户接车时,不仅要告知维修费用及交车时间,而且还要事先办好费用结算(收费明细账单上应详尽记录所有的收费维修项目及免费服务项目,明细账单中所列条目或术语应该能使客户看懂,必要时还应予适当解释)。

为了贯彻汽车维修行业管理关于明码标价、诚信经营的规定,汽车维修企业的前台业务大厅还应以公告的形式,在用户易见位置将所有的作业项目及收费标准进行明码标价(结算时不得擅自提价)。

(5)汽车维修的后续工作——维修竣工车辆在出厂后1~3天内,前台业务人员应用电话与客户联系,做好跟踪回访,不仅要了解车辆的使用状况,还应征询维修意见,提供技术咨询服务,认真做好记录。在电话回访时应注意如下几点。

①不能让用户觉得他的车辆还有问题尚未解决。

②为取得用户信任,发音要友善自然,语速不要太快或太慢。

③多让用户说话且不要随意打断。在这以后,每隔一定时间,还要定期征询用户意见(包括服务态度、修理质量、修理费用等),预约下次维修。每月定期召开工作例会,以汇总各客户的反馈情况,检讨本企业的维修服务并提出相应的改进措施。

倘若发生客户抱怨或者投诉时,不仅要热情接待,认真听取并记录客户要求,而且还要承诺并及时认真处理,决不要竭力搪塞或者推卸责任,更不要发生争执。其基本做法是:立即指派得力的接待人员予以接待,先详细了解车主及车辆状况。接待时态度要诚挚,要让车主尽情倾诉。处理的程序为:若是本企业过失,要在详尽了解情况后立即向车主道歉,并建议回厂返修(实行优惠或免费);若是车主过失,要有礼貌地加以解释,并建议他今后做好车辆的日常维护等。在投诉的处理过程中,要学会换位思考,多为车主着想,及时处理。

2 汽车维修前台业务人员的结构组成及素质要求

汽车维修的前台业务人员,其结构组成在东、西方国家有所不同。东方国家常以业务接待人员的经营服务为主;西方国家则常以技术检验人员的故障检测为主。究其原因,是因为西方国家早已实现了汽车普及,车主来厂就是为了修车,而并不是为了接待。因此,我国汽车维修企业的前台业务人员目前大多也以业务人员的经营服务为主,但正在逐步向技术检验人员的故障检测为主而转变及过渡。

由于汽车维修前台业务人员的专业技术性较强,所承担的任务不仅要履行汽车维修企业日常的生产经营管理职责,而且还要代表企业去接待车主,因而其每个言行举止都代表着企业的素质与文化,代表着企业为客户服务的深度与广度,更代表着企业的技术实力与管理水平。为了树立汽车维修企业的良好企业形象,并提高汽车维修质量及服务质量,汽车维修企业通常都对前台业务人员要求很高并寄予了厚望。无论是人品与性格、思想素质与职业道德，还是技术业务素质，企业不仅常选派最优秀员工去充当前台业务人员，而且还要不断强化前台业务人员先期的岗位培训和后期的业务考核。

汽车维修的前台业务人员包括经营人员和技术检验人员。

（1）前台业务经营人员——在团队管理模式中，前台业务接待人员的主要职责如下。

①负责汽车维修的市场调查，建立用户档案，开拓汽车维修市场，走访用户，联系车源、接洽业务。

②负责客户接待，了解客户需求，创建企业文化、宣传企业形象，并通过俱乐部、救援活动、预约服务和修后服务，履行对客户承诺，开展为客户全方位服务活动等。

为此，要求前台业务经营人员具有较高的综合素质。

（2）前台技术检验人员——在团队管理模式中，前台技术检验人员的主要职责如下。

①负责车辆进厂维修登记、派工调度、维修合同管理、生产安全、生产进度与生产统计、维修技术指导、事故鉴定与车况鉴定、技术责任事故处理、修车业务的开票估价与结账。

②具有丰富的汽车维修经验及故障诊断能力，负责汽车的进出厂交接和进出厂质量检验等。

③了解相关的政策法规和规章制度；熟悉保险及索赔条例，负责车辆维修的索赔与保险。

④熟悉本企业的收费标准；熟悉专修品牌汽车的配件编码及价格。

⑤能熟练驾驶车辆，并具备一定的计算机管理软件、办公软件的操作能力。

为此，前台技术检验人员应具有熟练的业务素质，熟悉本企业汽车维修业务流程，并具有一定的汽车专业理论知识、生产管理及派工调度能力。

五 汽车维修企业的合同管理

汽车销售合同与汽车维修合同都属于技术经济合同。汽车销售合同属于技术经济合同中的购销合同，其内容包括成交车辆的车型、种类、数量与质量；合同总价、付款方式、交货地点、时间和方式；装运、检验和质量保证，以及技术资料、使用说明、违约责任及赔偿等。汽车维修合同则属于技术经济合同中的加工承揽合同，是承修、托修双方为某一项汽车维修业务而设立、变更或终止其民事法律关系（即承修方按照托修方要求维修汽车，托修方在维修竣工并质量检验合格后给予约定报酬）的有偿协议，其内容包括合同签订的原则、范围、要求和程序，合同的履行、实施与监督，以及合同的担保、变更解除、违约责任与纠纷处理等。

1 汽车维修合同的内容

为了加强汽车维修行业管理，维护汽车维修市场的正常秩序，保障承、托修双方当事人的合法权益，规范汽车维修合同的管理和使用，从而为处理汽车维修质量和价格纠纷提供法律依据，汽车维修行业的经营活动应严格依照《中华人民共和国合同法》，实施汽车维修的合同管理，并要求汽车维修企业应当使用本地工商局及税务局规定的《汽车维修合同示范文本》（GF 92—0384）（表2-1）。

汽车维修合同示范文本　　　　　　　　　　　　　　　表 2-1

合同编号：

承修单位：		地址：		联系电话：	
		开户行：		账号：	
托修单位/人：		地址：		联系电话：	
车牌号码		车型		车身颜色	
发动机号		车架/VIN 号		行驶里程	
送修方式		送修日期		进厂检验单号	
交车方式		预计交车日期		检验与接车人	
维修类别：□整车大修　□总成大修　□二级维护　□一级维护　□小修　□事故检修					
序号	进厂报修及进厂检验确定的维修项目		工时定额	需更换材料	客户确认
1					
2					
3					
4					
5					
6					
7					
8					
9					
10					
预计材料费		预计工时费		预计修理费	
序号	维修过程中发生需要增加的维修项目		工时定额	需更换材料	客户确认
1					
2					
3					
4					
5					
需增材料费		需增工时费		需增修理费	
验收标准			验收方式		
交车日期			交车地点		
检验员			客户确认		

注：表内材料费用中均含材料管理费。

（1）汽车维修合同的作用与适用范围——汽车维修合同的作用是，通过明确规定签约双方的权利和义务，从而将签约双方的经济活动纳入法制化轨道，防止非法交易，维护汽车维修的市场秩序。这不仅加强了汽车维修行业管理，保障了签约双方的合法权益，而且也规范了汽车维修企业的生产经营管理行为。汽车维修企业也通过汽车维修合同，提高维修质量和服务质量，提高企业的整体素质，促进汽车维修企业的专业化和横向联合，提高汽车维修企业的经济效益和社会效益。

汽车维修合同适用于在中华人民共和国境内已取得当地道路运政管理机构核发的"技术合格证"和工商行政管理机关核发的"营业执照"的各类汽车维修企业。承、托修双方必须签订汽车维修合同的范围包括如下几点。

①汽车大修。
②汽车总成大修。
③汽车二级维护。
④预算费用超过1000元的汽车维修作业。

(2)签订原则——汽车维修合同的签订必须由承修、托修双方遵照合法性原则(即符合国家的法规和政策)和权利义务的可行性原则(如平等互利原则、协商一致原则、等价交换原则)依法签订、签章生效。凡违背上述原则的汽车维修合同都为无效合同。

(3)主要条款——承修方与托修方的名称(都应是全称)、企业类别、签订日期与地点、合同编号。送修车辆的车种车型、牌照号、发动机号和底盘号。托修方送修类别及附加修理项目。送修日期、地点、方式;交车日期、地点、方式。质量保证期、质量验收标准和方式。其中,验收标准及方式栏应填写所采用的标准号和双方认同的内容、项目及所使用的验收设备等。预计维修费用以及费用的结算原则、结算方式与结算期限。违约责任与承担金额,合同纠纷的解决方式。双方商定的其他条款。

(4)合同签订的要求——承、托修双方必须按要求使用汽车维修合同示范文本。合同双方必须按照平等互利、协商一致、等价有偿的原则,并遵照合同签订的规定程序依法签订,承、托修双方签章后生效。承修方在维修过程中,当发现其他故障而需增加维修项目及延长维修期限时,应征得托修方同意。代订合同,要有委托单位证明,根据授权范围,以委托单位的名义签订,对委托单位直接产生权利和义务。

(5)签订程序——为使合同从签订时起就具有合法性和可行性,在签订时须遵循下列程序。

①主体、资信和履约能力审查:在准备签订汽车维修合同之前,合同双方都应事先审查对方的主体资格和资信履约能力。例如,托修方应出示资信证明,以取得资金信用;承修方也应说明其生产技术能力、设备工艺条件及维修质量等。

②要约和承诺:签订合同时,合同双方必须就合同的主要条款进行协商。此过程可分为要约和承诺两个步骤。即当一方提出"要约"时,另一方则根据要约人的立约要求提出修改意见或补充,并与要约人反复协商,直至达成一致。要约内容要具体,不能含糊不清或者有不同的理解。

③合同签署:最后将双方所达成的协议格式化为《汽车维修合同》,并由签约双方的当事人负责签署;倘若是代签,应有委托单位授权和证明,并根据其授权范围进行签署。

(6)汽车维修合同的履行——汽车维修合同经合法签署后便具有法律效力,合同双方都应严格按照合同条款履行各自的义务,任何一方当事人都不得擅自变更或解除合同。否则,若因其中一方不履行义务而发生违约时,另一方有权利要求索赔。双方的义务如下。

①托修方:应按合同所规定的时间,送修待修车辆或接收修竣车辆,同时提交送修车辆相关的技术资料和情况等,办理车辆交接手续;并按合同所规定的方式和期限支付维修费用。倘若由托修方提供原材料,则必须保证所提供原材料的质量合格。

②承修方：按照汽车维修技术规范和技术标准维修车辆，确证汽车维修质量；并按合同所规定的时间，交付经承修方自检合格并经托修方验收合格的维修竣工车辆，同时交付《汽车维修竣工出厂合格证》和车辆维修过程相关技术资料和使用注意事项等，保证在质量保证期和质量保证范围内履行其保修义务。按合同规定的收费标准及收费办法向托修方收取汽车维修费用，并提供工时清单、材料清单和维修费用结算凭证等。

（7）合同的组织实施与监督——由各地道路运政管理机构和工商行政管理机关负责。

（8）汽车维修合同的变更解除与违约责任——在汽车维修合同需要变更或解除时，必须经合同双方当事人协商同意（但不因此而损害国家或集体利益），任何一方都无权擅自变更和解除。否则由此而产生的后果应当由责任方负责违约性赔偿。只有当合同双方都严重违约，或者原合同所依据的法规已被上级主管部门修改或取消时，原合同才视为自行解除。

合同双方当事人为了保证合同的履行，保障其权益不受损失，经协商一致可以采取具有法律效力的保证措施——合同的担保。汽车维修合同的担保通常采用订金方式、抵押担保、名义担保和留置担保等。所谓订金，是指在合同未履行前先由托修方预付一定数额的货币作保证，以补偿倘若托修方不能履行合同而对承修方所造成的损失（此时托修方无权要求返还定金）；但倘若是由于承修方违约，则应加倍返还订金。倘若采用抵押担保、名义担保和留置担保等，应另立担保书作为《汽车维修合同》的附本。

（9）经济合同纠纷的处理——合同双方在合同履约的过程中倘若发生争议或争执，首先由合同双方当事人友好协商；倘若合同双方协商不成，则任何一方均可申请由各级经济合同仲裁机构进行协调、调解和仲裁。在仲裁时，仲裁机关也应先行调解，以查明事实、分清责任，促使当事双方在相互谅解和自愿履行的基础上达成调解协议书；倘若经上述调解仍未能达成协议，或者达成了协议后又翻悔的，可由仲裁庭出面仲裁。

汽车维修重大合同纠纷的仲裁程序如下。
①受理。由当事人向经济合同仲裁机关递交申诉书、提出申诉。
②取证。由仲裁机关调查取证。
③调解。在查清事实后由双方自愿达成调解协议，并由仲裁机关监督履行。
④仲裁。最后由仲裁庭裁决。仲裁费用原则上由败诉方承担，但也可以由当事人双方的败诉比例进行分摊。
⑤司法判决。倘若当事双方对仲裁不服，可直接向人民法院起诉，由人民法院对汽车维修合同纠纷依法进行判决。

（10）汽车维修合同的管理——汽车维修行业管理部门应建立健全汽车维修合同的各项规章制度（如台账登记制度、归档保管制度、汇总报告制度等）；加强对汽车维修合同的监督、检查和考核；汽车维修企业也应定期向汽车维修管理部门书面报送合同履行情况。

（11）倘若违反汽车维修合同实施细则，其处理规定有——凡属于汽车维修合同应签订范围而不签合同的，道路运政管理机构可对其予以警告和罚款；由此而引起维修质量或经济纠纷的，道路运政管理机构可不予受理。凡属于汽车维修企业不按规定签订的合同，道路运政管理机构可责令其整改。

2 汽车维修企业合同管理及注意事项

汽车维修合同是汽车维修行业管理的重要内容。严格的合同管理不仅可以约束合同双方的经济活动,规范合同双方的经营行为,而且还可以保护合同双方权益,减少或避免遭受意外损失。为此,汽车维修企业市场经营部应配备必要的合同管理人员,不仅要检查各合同的签订是否完善与合法,而且还要监督合同的执行情况。倘若在合同履行过程中出现问题或纠纷,应及时报告,并提出处理意见和采取补救措施。合同履行完后,由合同管理人员将所有合同收集、整理和归档。在签订汽车销售合同或汽车维修合同时须注意以下方面。

(1)签订合同时要做好对方资信调查——因为在现实的市场经济活动中欺诈行为时有发生。例如,在汽车营销合同中买方故意写错支票,结果提走了车辆而收不到车款。也有的供货方在买方付款后故意拖延供货,从而使汽车营销失去有利时机而造成销售困难。因此,对于重大的经济合同,市场经营主管要亲自审查和过问,甚至还要聘请常设法律顾问,以维护自身合法权益,协助处理相关的经济纠纷。

(2)签订合同时要谨慎地判定合同有效性——因为与无经营权单位签订的合同,以及违反国家法律法规的合同(例如,经营走私车、没收车、非法改装车、报废车等),都将视为无效合同。倘若维修或改装了不明来路的走私车辆或偷盗车辆,不仅视为无效合同,还将涉及违法。

六 汽车维修企业的用户管理

汽车维修企业在建立专门用以负责开拓汽车营销与汽车维修前台业务的市场经营部后,还要加强用户管理。

1 建立完整的用户档案

所谓用户档案,是经过收集、整理和规范的个人用户资料及企业用户资料。

(1)个人用户资料——个人用户资料应当尽可能详尽。其中包括:车主姓名及家庭地址、电话、电子信箱、出生日期、学历与专业、配偶情况、专业能力与特长,以及车主的单位名称及单位地址等。但由于诸多个人资料都属于个人隐私,因此决不能对外泄露。

(2)企业用户资料——包括基础资料:如名称、通信地址与电话、所有者与经营者、法人代表及所在区域人文特点等。客户特征:企业规模、经营特点、发展潜力、经营方向。业务状况:与本公司关系、与竞争者关系。交易现状:存在问题和优势、财务状况与信用状况、付款方式等。当然,汽车维修企业用户档案的完善也是一个发展的动态过程,为此应不断地收集用户信息,并不断充实与完善。

2 建立用户分级制度

建立用户分级制度的目的是,根据用户差异,确定忠诚用户,并加强与用户互动沟通。

由于能为汽车维修企业带来效益的并非所有用户,因此还要根据用户差异,找到能为企业带来效益的忠诚用户,发展其成为企业的合作伙伴,带动企业的用户管理工作。

与用户建立必要的沟通、关怀、尊敬和友谊,并了解用户在何时需要何种服务,这是赢得用户的关键所在。为此,汽车维修企业应定期召开用户座谈会或上门走访用户等,与用户坦诚沟通,提高用户的满意度。其原则如下。

(1)积极与用户保持沟通,这是消除隔阂的有效途径。

(2)经常与用户共同参加某些活动(如旅游、酒会等),以让用户感受与企业同呼吸、共命运。

(3) 给些小恩小惠,以增加用户的持续购买力。

3 建立用户投诉和建议制度

用户投诉是用户对于企业产品或服务不满意的反馈方式,也是企业弥补自身缺陷的重要机会,因此汽车维修企业应珍惜这种机会,以提高自身的产品和服务水平。

(1) 设立用户投诉机构及便捷的投诉方式——例如,建立投诉中心,公布投诉电话等。

(2) 建立用户投诉流程——包括记录投诉内容,如投诉人、投诉对象和投诉要求等。

(3) 判定投诉是否成立——若投诉成立,应根据投诉内容,确定相应的处理单位和负责人;倘若投诉不能成立,应婉转答复用户,以取得用户谅解、消除误会。

(4) 根据投诉情况和用户要求,分析投诉原因,并据此提出处理方案,提交主管领导审批。

(5) 实施处理方案,并收集用户反馈意见。

(6) 通过总结与评价,将投诉作为提高企业服务水平的重要内容。

第三节 公务车辆及其维修的政府采购

由于公务车辆及其维修服务的政府采购是公款消费,不仅数额庞大,而且档次较高;又涉及政府办事部门,这对于现代汽车维修企业而言具有较大的吸引力。

一 概述

1 什么是政府采购

政府采购是指国家机关、事业单位和团体组织使用财政性资金,集中采购依法制定的采购目录以内或采购限额标准以上的货物、工程和服务的行为。

根据《中华人民共和国采购法》规定,政府采购的招投标过程适用于《招标投标法》,政府采购合同适用于《合同法》。政府采购的监督管理部门是各级人民政府的财政部门。其主要职责有:编制政府采购预算、落实政府采购资金,申报政府采购计划,确定采购形式组织机构和采购方式,实施政府采购,签订政府采购合同,履约验收,支付资金,采购文件归档备案等。由监察部门及审计部门实施监督,以监督政府采购活动中的政府采购单位及被监察采购人是否违规。政府采购的目的和宗旨,是要规范政府的采购行为,提高政府采购资金的使用效益,维护国家利益和社会公共利益,保护政府采购当事人的合法权益,促进廉政建设。政府采购应当遵循公开透明、公平竞争、公正和诚实信用的原则。

2 政府采购的评审方法

(1) 综合评分法——根据招标文件事先规定的各项因素及配分(如价格20%~30%、技术40%、服务30%~40%)对各有效投标人进行综合评分,并以其得分高低来确定拟中标候选人。

(2) 性价比法——根据招标文件事先规定、除价格外的各项因素及配分(如主要技术参数及指标响应、企业经营状况及投标产品业绩、技术服务等)对各有效投标人进行综合评分,再除以各有效投标人的投标报价,以其商值(即最高性价比)来确定拟中标候选人。

(3)最低报价法——根据各有效投标人对于相同物品的最低报价来确定拟中标候选人。

3 政府采购的评审方式

(1)公开招标与邀请招标——公开招标是用招标公告方式,先公开邀请所有不特定供应商来参与投标;邀请招标则是从符合相应资格条件的供应商中随机邀请三家以上的供应商参加投标。两者相比,虽然招标方式有差别,但评标方式却都相同,即都由评审专家组采用"综合评分法"来确定拟中标供应商。公开招标是政府采购的主要方式。采购人不得将应当公开招标的货物或服务化整为零,也不得改用其他方式来规避公开招标。邀请招标则主要用于某些特殊的货物或服务,因为只能从有限供应商处才能采购;或者因为招标费用占该项目采购费用的比例过大时。

(2)竞争性谈判——先由评审专家组与三家以上供应商分别进行当面谈判,再采用"性价比法"来综合比较各供应商投标产品的价格、性能及服务,从中确定拟中标供应商。此方式主要适用于:

①虽采用公开招标,但无供应商投标,或者无合格标的,或者重新公开招标连续多次都不能成功的。

②因技术复杂、性质特殊而不能确定其详细规格或具体要求的。

③采用公开招标方式所需时间不能满足用户紧急需要的。

④不能预先计算价格总额的。

(3)单一来源采购——单一来源采购属于直接采购,由于缺乏竞争性,因而必须严格控制。此方式主要适用于以下几种情况。

①虽然欲采购的货物或服务其数额较大,但由于来源单一而不能从其他供应商处采购的(如自主创新首次制造的产品等)。

②为了保证原采购项目或原采购服务的一致性及配套性,需要继续从原供应商处添购而不能再从其他供应商处采购(如原采购合同的追加或后续扩充等)且添购资金总额不超过原采购合同金额10%的。

③因发生了不可预见的紧急情况而不能从其他供应商处公开采购的。

(4)询价——先由采购人向有关供应商发出询价通知并让其报价,再由评审专家根据各供应商的书面报价书进行综合比较,在同等产品、同等质量及同等服务的前提下采用"最低报价法"来确定拟中标供应商。此方式主要适用于货物的规格与标准较为统一,且货源充足、价格变化较小的政府采购项目。

4 政府采购的评审专家

政府采购的评审专家,是指符合规定条件和要求、持有政府采购评审专家资格证书并以独立身份参加政府采购评审或咨询的人员。每次参与政府采购评审的专家都由规定抽取人员在政府采购评审专家库中临时随机抽取。评审专家应承担以下职责与义务。

(1)遵纪守法,严格评审——根据政府采购的法律法规以及采购文件规定,不仅要严格审查各投标供应商的资格性及所投标物品的符合性,而且要对各有效投标供应商的投标物品从价格、技术及服务等方面进行严格评审,独立作出科学合理、公平公正的客观评判。

在政府采购评审过程中,评审专家有义务解答与政府采购评审相关的各种咨询,配合政府采购人员或者政府采购代理机构答复供应商质疑,并配合财政部门做好投诉处理等。

(2)廉洁公正、保守秘密——在政府采购的评审工作中,专家人员既不得透露政府采购招标文件、专家组成及其评审情况,也不得泄漏各投标供应商的投标文件及其商业秘密。

在政府采购评审过程中,倘若发现政府采购人员及政府采购代理机构在政府采购活动中有干预评审、发表倾向性和歧视性言论,或者有行贿受贿等违规行为时,应及时报告政府财政部门;倘若发现投标供应商在投标过程中具有不正当竞争或恶意串通等违规行为时,应及时报告政府采购管理部门并予以制止。

二 公开招标的评审

政府采购的评标委员会由政府临时召集的评审专家所组成。各评审专家在评审过程中须严格遵照政府采购的法律法规及招标文件规定,对各供应商的投标文件进行独立评审。

1 资格性审查

资格审查用以确定投标供应商是否具备投标资格。合格供应商的资格审查应包括以下方面。

(1)投标函及报价——投标函(原件)应包括所投标物品的名称、规格、数量,投标报价、交货日期与交货方式等。汽车维修投标报价应包括工时及材料的报价及其优惠率等。

(2)企业概况——企业规模及经营场所(地理位置及平面布置)、维修设备与计量器具;企业质量管理人员及从业人员资格;企业服务流程、服务承诺及质量保证;企业信誉与同类业务的经营业绩;企业获奖证书等。

(3)企业资质——营业执照、机构代码证、特种经营许可证、企业管理认证、企业法人授权书原件;企业近两年经审计的财务报告、纳税证明、社保证明、违纪记录及投标保证金等。

2 符合性审查

符合性审查用以确定合格投标供应商的投标物品是否符合招标文件的实质性要求,包括有效性、响应性和完整性审查等。其中的有效性也常划归于企业资格条件而提前审查。

(1)有效性——指所投标物品是否合法有效,包括所投标产品的制造商授权书原件;国家产品公告及注册目录;产品3C认证、质量认证、环保认证及产品试验报告等。

(2)响应性——指所投标物品的规格型号、性能指标、安装调试、质量保证及售后服务、交货期及付款方式等是否响应招标文件要求。为此,投标供应商应对照招标文件要求如实地作出商务偏离表及技术偏离表。其中,带*号的实质性项目若偏离招标文件要求的应予否决;不带*号的非实质性项目若偏离招标文件要求的,正偏离可以加分,负偏离应予以扣分。

(3)完整性——指所投标物品的技术资料是否提供完整,包括产品说明、产品图片等。

3 综合评定

在完成对投标供应商的资格性审查及对投标物品的符合性审查后,再由评标专家组对投标供应商的投标价格、技术能力、产品质量以及服务承诺等进行商务性和技术性的综合评估,顺序排列出拟中标的候选供应商,最后撰写评标报告并签字确认。

在评审过程中,倘若评标委员会发现招标文件中含义不明确、表述不一致,或者明显文字或计算错误的,或者还有其他事项需要招标采购单位补充说明的,可提请招标采购单位予以书面解释或书面纠正。当符合资格条件的供应商或对招标文件实质性响应的供应商不足三家时,或者出现了影响采购公正的违法违规行为时,或者因投标报价超过采购预算而采购人不能支付时,或者因重大变故而取消该采购任务时,应予以废标。

有些政府采购部门为了减少废标率,常代替评审专家组进行资格性审查及符合性审查,而仅委托专家组进行综合评定。这不仅剥夺了评审专家的权利,而且还有暗箱操作的可能。

三 标书的制作

各供应商所提交的投标书都应符合投标文件规定的格式要求,并经过印刷、胶粘而装订成册(同时提交电子版本)。投标书正本与若干份副本的内容必须相同,目录及页码与标书内容必须相符(特别是关键性证明文件)。原件或复印件每页都须加盖具有法律效力的单位鲜章。法人代表及被授权人都应亲笔签字,并附有法人代表及被授权人的身份证复印件。

四 公务车辆的定点采购与定点维修

公务车辆定点采购的招投标与大多数商品的招投标基本相同,也包括公开招标、邀请招标、竞争性谈判及询价等;其评审内容也包括资格性审查、符合性审查及综合评定等。

公务车辆定点维修的招投标则主要采用公开招标方式。

1 关于公务车辆的定点采购

在公务车辆的定点采购中,轿车采购必须强调其批准权限(须由政府主管部门把关);客车、货车、专用车辆及特种车辆采购不仅应强调其批准权限,而且应强调制造厂或改装厂资质,国家产品公告及注册目录,制造厂授权,以及产品3C认证、质量认证与环保认证等。

2 关于公务车辆的定点维修

公务车辆定点维修在选点时,通常要在同类(一类或二类)汽车维修企业中通过横向比较而评分确定。其评审项目主要包括汽车维修企业的管理制度、服务态度(如救急服务)、维修质量(如返修率)、收费价目(包括工时及工时优惠率、材料进出加价率)等。

公务车辆定点维修目前所存在的问题有以下几点。

(1)随着近年的工资增长,原定工时单价已经明显偏低而原定工时定额则明显偏高。

(2)由于公务车辆的定点维修也属于公款消费,且车辆维修项目、维修质量及服务态度最后都仅凭驾驶员认定,因而普遍存在着维修质量低劣,收费标准偏高而且收费项目混乱。例如,普遍以换件代替修理、以仿冒配件充当原厂配件、随意拆解维修项目而重复收费,超范围更换及超范围修理等(实际维修项目多于报修项目)。有的还将本不属于汽车维修的其他购置费、装饰及美容费都纳入汽车维修项目收费。

对公务车辆定点维修企业的考核应包括以下几点。

(1)工时费、材料费及其价格优惠率的检查。通过查验《汽车维修结算单》及《汽车配件进、出货单》,以检查汽车维修企业是否对公务车辆维修履行了价格优惠承诺。

(2)超范围修理的检查。通过查验《汽车维修进厂报修单》《汽车维修过程记录》及《汽车维修结算单》,以检查汽车维修企业是否存在着超范围修理、超范围换件,以及是否混杂着非维修类项目收费。

(3)服务质量的检查。通过查验《用户回访记录》《汽车维修过程检验记录》《车辆返修单》,直接用电话回访用户,以调查汽车维修企业实际的维修质量及服务质量。无论服务质量或产品质量,凡发生用户投诉的都应严肃处理。

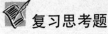
复习思考题

1. 什么是汽车维修企业的经营管理?试述其企业经营与企业管理的联系和区别。
2. 什么是汽车维修企业的经营管理?为什么要研究汽车维修企业的经营管理?
3. 什么是汽车维修企业的经营管理理念?
4. 怎样进行用户的消费心理与行为分析?
5. 什么是汽车维修企业的经营思想、经营目标与经营方针?
6. 汽车维修企业的经营策略有哪些?
7. 为什么说市场竞争将从产品竞争走向服务竞争与价格竞争?
8. 为什么现代汽车维修企业中要建立市场经营管理部门?
9. 试述汽车维修企业市场经营管理部门的人员构成。
10. 对业务大厅与业务人员的基本要求有哪些?
11. 试述汽车营销的基本流程,汽车营销人员的基本素质有哪些?
12. 试述汽车维修前台业务人员组成、基本职责及工作流程?其基本素质有哪些?
13. 试述业务人员的接待规范,如何做好汽车维修的后续工作,如何处理客户投诉?
14. 什么是汽车维修企业的合同管理?并试述其适用范围、签订原则和主要条款?
15. 试述签订汽车维修合同的注意事项。
16. 如何进行用户管理?
17. 什么是政府采购?政府采购的形式有哪些?
18. 政府采购评审专家的职责和义务有哪些?如何进行政府采购评审?
19. 汽车维修企业如何参与公务车辆的定点采购与定点维修
20. 目前的公务车辆的定点采购与定点维修存在着哪些问题?

第三章 汽车维修制度

第一节 汽车的预防维修制度

由于汽车结构复杂及使用条件苛刻,汽车的长期使用必然会造成汽车的机件损伤,例如,摩擦磨损(如磨粒磨损、黏附磨损)、腐蚀磨损(如化学腐蚀、电化学腐蚀、穴蚀)、机械变形(如弯曲或扭曲)、老化或疲劳断裂等,从而使汽车技术状况逐渐恶化。

为了维持或恢复汽车技术状况,就需要对汽车进行适时的维护或修理。车辆维修不仅是保持车辆良好技术状况的基础,也是保证车辆正常使用的前提。据资料介绍,目前我国汽车的年维修费用已经超过250亿元,约占汽车运输成本的25%。

按照《汽车维修术语》(GB 5624—85),汽车维修是汽车维护与汽车修理的泛称。尽管两者目的相同——都为了保证汽车运行安全,提高运输效率并降低运输成本,且都属于技术保障体系,但两者的任务和性质不同。前者是维护,后者是修复。因此两者不可偏废,既不能用维护来代替修理,也不能用修理来代替维护。

一 汽车预防维修制度的建立

1 机械零件的磨损规律

机械零件失效的常见形式是由于摩擦磨损,而摩擦磨损通常具有一定的规律性。
一对配合副(相同公称尺寸的轴与孔)之间间隙的变化规律称为机件的磨损规律。

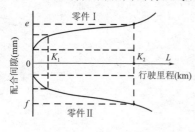

图3-1 两配合零件间隙的变化

例如,一对由孔形零件Ⅰ与轴形零件Ⅱ组成的配合副,其配合表面的磨损通常有三个阶段(图3-1)。在使用初期,由于两加工表面相对粗糙(有的还留有刀痕),因此两者相对摩擦的磨损速度较快,孔径被磨大而轴径被磨小,间隙随之增大。为了延缓磨损速度,需要在使用初期减载、减速并加强润滑,这一阶段称为磨合期(如图中$0 \sim K_1$段)。随着两机件配合表面逐步磨光,使用状态得以改善,磨损速度也相对减缓,这一阶段称为正常使用期(如图中$K_1 \sim K_2$段)。但随着汽车的继续使用,配合间隙还在不断增大,当间隙增大到极限程度时,原来正常的配合关系遭到破坏,从而两者之间出现撞击和异响。倘若再继续使用,不仅磨损速度明显加快,而且还会造成异常损坏,从而频繁引发各类故障,这一阶段称为故障期(如图中 K_2 以后)。进入故障期的轴孔配合零件就需要立即对其进行维护或修理,以尽可能恢复其配合间隙,延长其使用寿命。

倘若将轴孔配合零件中的轴或孔在不同使用条件下的磨损规律进行分析(图 3-2),则可发现磨合期对机械零件的使用寿命影响尤为明显。例如,曲线 1 在磨合期内及正常使用期内的磨损最小,其使用寿命最长;曲线 2 虽在磨合期内磨损最小,但由于不合理使用而在正常使用期内磨损较大,其使用寿命有所缩短;曲线 3 则是在磨合期及正常使用期内都不合理使用而都磨损较大,其使用寿命最短。

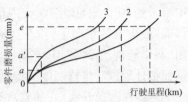

图 3-2 汽车使用对零件磨损的影响

由此可知,尽管机械零件在日常使用中其摩擦磨损是不可避免的,但倘若能加强技术管理,加强车辆在磨合期内及正常使用期内的技术维护(例如,在磨合期内减载、减速并加强润滑,在正常使用期内定期紧固各部连接螺栓、及时润滑各摩擦部位、及时检查和调整各部间隙、及时发现和消除故障隐患等),就能减缓其摩擦磨损速度,从而防止零件早期损坏,延长汽车使用寿命。

2 汽车计划预防维修制度的演变

我国汽车计划预防维修体系是在新中国成立后,在学习苏联及其他欧美国家经验的基础上逐步建立起来的。1954 年,我国首次颁布的《汽车运输企业技术标准与技术经济定额》(俗称"红皮书")就是当时汽车运输技术管理的法规性文件,它为我国汽车运输业车辆技术管理奠定了良好基础。该体系根据汽车机械零件的磨损规律以及汽车技术状况的变化规律,在预计将要发生故障之前,对汽车进行强制维护和计划修理,充分体现了"以预防为主"的指导思想。

该体系规定,汽车(主要指中型货车)的技术维护分为三级:例行维护、一级维护、二级维护。维护周期按汽车行驶里程计算。其中,例行维护为每天执行,一级维护行驶里程为每隔 1500~2000km、二级维护行驶里程为每隔 6000~8000km;汽车修理分为三类:小修、中修和大修。其中,除汽车小修为零星的临时性运行修理外,汽车中修与汽车大修也按汽车行驶里程的间隔计划进行。后来取消了汽车中修并增加"三级维护"。其作业周期执行"三三制",即三次一级维护后实行一次二级维护,三次二级维护后实行一次三级维护,而三次三级维护后实行一次汽车大修(9.6 万~12.8 万 km)。其中,在第二次三级维护时还可以大修一次发动机(相当于汽车中修)。

开始时的汽车维护作业都不含有修理。但由于当时资金短缺,车源不足,车辆使用强度较高,且企业又无力及时更新车辆,使车况逐渐变差,故障率增高。倘若仍然采用正常维护将很难维持起码的车辆完好率,为此在后来的技术维护作业中都增加了附加修理。

随着我国公路运输业的日益发展,早先的"红皮书"已经明显落后,于是交通部在 1964 年提出了"严格管理、合理使用、强调保养、计划修理"的十六字方针,要求加强汽车维护和修理的计划性,以保证车辆技术状况,降低故障频率,提高行车安全;在原"红皮书"的基础上吸收国内外先进经验，重新颁发两本新的"红皮书"，即《汽车运输企业技术管理规定》和《汽车运用技术规范》；1965年，又接着颁布了《汽车运用规程》和《汽车修理规程》，从此将计划维护制度分为四级：例行维护（每天）、一级维护（每周）、二级维护（间隔里程延长至1万~1.2万km）、三级维护（间隔里程延长至4万~4.8万km），并在汽车计划修理制度中正式取消中修。到20世纪80年代，交通部又在总结解放牌CA10B型汽车使用经验的基础上，再次修订旧"红皮书"，编印了《汽车运输和修理企业技术管理制度》和《汽车修理技术标准》，并提出"科学管理、合理使用、定期保养、计划修理"的新十六字方针，将强调维护改为定期维护，从而把计划预防维修制度又提高到崭新的水平。

然而在改革开放后，随着汽车保有量的持续增多、汽车技术的突飞猛进以及汽车电子技术的广泛应用，上述的汽车计划保修体系暴露出许多难以克服的缺陷。

（1）在原汽车计划保修体系中——各级保修计划的作业周期和作业内容主要依据于汽车机件的磨损规律。原是希望在机械零件达到极限磨损时进行维修，以预防潜在的故障隐患。但由于汽车故障的原因并非都是机械磨损，因而上述的计划性维护与修理并不能解决汽车实际使用过程中的随机故障，而且由于汽车众多的机械零件其磨损规律也并非一致，强制性的计划修理也必然导致有些机件因其使用寿命较长而修理周期过短，结果造成盲目拆卸，不仅增加了作业量，而且也加速了机件损坏；有些机件因其使用寿命较短而修理周期过长，结果又增加了途中故障，降低了汽车使用的可靠性。

（2）在原汽车计划保修体系中——各级保修计划的作业周期和作业内容主要依据于汽车的行驶里程。尽管汽车的磨损和故障确实与汽车行驶里程的长短相关，但汽车行驶里程并非是引起汽车机件磨损和故障的唯一因素。当汽车实际使用条件差异较大时，实际车况的差异也会加大。例如，有些车辆的实际车况因为使用条件较好而较好，但由于计划保修期已到而被迫修理，结果造成了人力与物力的浪费；有些车辆的实际车况因为使用条件较差而较差，但由于计划保修期未到而不能及时修复，结果又给行车安全带来了很大威胁。

（3）在原汽车计划保修体系中——各级保修计划的作业周期和作业内容主要依据于解放CA10B型载货汽车的使用经验而制订。但实际上，随着汽车产品的升级换代，特别是近年来进口轿车数量的猛增，轿车与货车不仅在制造质量上差别很大，而且在实际使用条件上也差别很大。显然解放牌CA10B型汽车的维修模式并不能适应于轿车。

尽管原"以预防为主"的汽车维修其指导思想并没有错，也尽管这一制度对我国的汽车技术使用曾起过积极的作用，但由于没有充分考虑各型车辆的实际使用条件以及实际使用工况的差别，计划性过强、间隔里程过短，结果造成了各型车辆使用维修不能兼顾的矛盾。

二 汽车预防维修新制度

1 汽车预防维修新制度的主要内容

根据1990年交通部第13号部令《汽车运输业车辆技术管理规定》，所谓车辆技术管理，是对运输车辆实行"择优选配、正确使用、定期检测、强制维护、视情修理、合理改造、适时更新与报废"的全过程综合性管理。要求管好、用好、维修好车辆，以提高企业装备素质。

现在的预防维修新制度与过去的计划保修旧制度相比,其区别在以下几个方面。

(1) 从汽车维护作业看——原来的汽车计划保修制度只是用加强维护来保持汽车原有的技术性能;而现在的汽车预防新维修制度将保养改称为维护,将过去的定期保养改为强制维护,不仅更加强调了车辆维护的强制性,充分体现了以预防为主的基本原则,而且还更加强调了车辆在维护时、在检测诊断的基础上附加必要的视情修理,从而有效地提高了汽车的使用可靠性,贯彻了以技术与经济相结合的基本原则。

(2) 从汽车修理作业看——原来的汽车计划保修制度其修理作业周期仅取决于车辆的行驶里程,其作业内容也只是完成各级保修类别所规定的作业项目。而现在的汽车预防新维修制度将计划修理改为视情修理(其中大多进行局部修理),并强调其修理间隔及作业内容都由修理前实际检测的车况所确定(并参照车辆行驶里程),从而不仅抛弃了原计划修理中那种大拆大卸的修理方法,而且纠正了原计划修理中由于保修计划与实际车况不符(或由于计划不周、执行不严)所造成的、因延误修理而导致的车况急剧恶化,或者因提前修理而导致的修理浪费,充分体现了以预防为主、技术与经济相结合的基本原则。在汽车预防新维修制度中,车辆维修前的定期检测是实施车辆强制维护及视情修理的重要保证。

2 汽车预防新维修制度的组织实施

由于汽车机件的磨损和故障不仅取决于汽车的行驶里程,还取决于汽车的结构类型、实际使用条件和实际使用工况等。由于我国地域辽阔,汽车实际使用条件和使用工况差别很大。因此在具体实施汽车预防新维修制度时,具体的作业项目和作业周期还需根据汽车的结构类型、实际使用条件和实际使用工况做相应的调整。

(1) 汽车结构类型和新旧程度的影响——不同类型的汽车具有不同的结构特点和设计制造质量,即使是同类车型也会由于新旧程度不同而车况不同。因此在实施汽车维修新制度时,既要考虑各类汽车的共性,也要顾及各类汽车的特殊性,其汽车维修的作业项目和作业周期应该根据其车型结构类型和新旧程度的不同而适当调整。

(2) 汽车使用条件的影响——实际使用条件(如地区、道路、季节和气候等)会对汽车实际性能产生明显的影响。例如,经常行驶在山区的车辆通常要求加强转向系和制动系的维护;在市内短途往返的车辆由于频繁变速而需要加强传动系的检查;在风沙地区使用的车辆通常要求加强三滤(空气滤清器、机油滤清器、燃油滤清器)的清洁;在炎热地区使用的车辆通常还要加强冷却系维护等。为此在实施汽车维修新制度时,其汽车维修的作业项目和作业周期应根据实际使用条件的不同而适当调整。

(3) 汽车使用工况和使用强度的影响——实际使用工况(如驾驶技术、行车速度、载质量与拖挂量、所用燃润料质量等)和使用强度(连续或间隔使用时间等)也会对汽车的使用性能和使用寿命产生明显影响。例如,经常在夜间行驶的车辆其灯光照明系统显得格外重要,经常重载或拖挂的车辆其汽缸极易磨损等。因此在实施汽车维修新制度时,其汽车维修的作业项目与作业周期也要根据其使用工况和使用强度的不同而适当调整。

目前,我国品牌轿车 4S 特约维修企业的轿车维修制度(如维修间隔里程与作业项目等)大多照搬国外模式(即完全根据原品牌轿车制造厂商的要求执行),不仅与我国的计划预防维修制度差别很大,而且还随着品牌与车型而各不相同,结果扰乱了我国既定的汽车维修制度。另外,原品牌轿车制造厂商所提出的维修间隔里程与作业项目并不一定适合于我国国情。外国品牌轿车引进我国,不仅在我国生产而且在我国使用,其维修间隔里程与作业项目理应当贯彻实施我国的汽车预防维修新制度及汽车维修技术新标准,并根据其结构类型和新旧程度、实际使用条件、实际使用工况与使用强度等进行有差别的适当调整。

第二节　汽车的维护与修理

所谓汽车维护,是指为维持汽车良好技术状况或工作能力而进行的维护性技术作业。

《汽车运输业车辆技术管理规定》强调:"车辆维护应贯彻以预防为主,强制维护的原则,以保持车容整洁,及时发现和消除故障、隐患,防止车辆早期损坏。"实践证明,只要掌握车辆运行规律,强制执行各级汽车维护作业,就能确保汽车良好技术状况。倘若重使用、轻维护,忽视车辆各级技术维护而以修理来代替维护,那么其后果无疑是杀鸡取卵。

汽车维护的作业类别可分两类:定期维护(包括每日维护、一级维护、二级维护)与特殊维护(包括走合维护、季节维护、环保检查维护 I/M 等)。其作业内容都包括:清洁、补给、润滑、紧固、检查、调整。其主要总成除了因故障而必须解体之外,一般都不得解体。其作业目的如下。

(1)通过维护保持车容整洁、车况良好,并及时发现和消除汽车运行的故障和隐患,不仅随时可以出车,而且不会因途中故障而影响行车安全。

(2)通过维护降低车辆使用过程中的运行材料消耗(如燃润料、轮胎及配件等)和环境污染。

(3)通过维护使汽车各部总成的技术状况保持均衡,以尽量延长汽车的大修间隔里程。

汽车维护属于强制性作业,各类车辆及各级维护都必须根据规定的运行间隔里程强制执行。当然在具体实施时,各类车辆及各级维护的实际作业周期及作业内容(其中特别是视情修理的附加作业)还应根据汽车的结构类型、使用条件、使用工况做相应的调整。

一　汽车定期维护

1. 汽车每日维护

汽车每日维护,是驾驶员在每日出车前、行车中、收车后所进行的例行性维护作业,故也称为例行维护、日常维护或行车三检制等。汽车的每日维护不仅是驾驶员爱车的重要内容,也是各级技术维护的作业基础。为此,必须教育驾驶员做好车辆的每日维护,管好、用好和养好自己所驾驶车辆。其主要作业内容有清洁、补给和安全检视等。

(1)出车前检查——检查并加注机油、燃料、冷却水;起动检查发动机和仪表工作情况;检查电器系统工作情况;检查传动系工作情况及连接情况;检查制动系及转向系工作情况及连接情况;检查行驶系工作情况,包括检查轮胎气压,紧固轮胎、半轴、钢板弹簧等的连接螺栓等;检查人员座椅、物资装载及拖挂连接情况;检查发动机及底盘各部有无四漏(漏水、漏油、漏气、漏电)等。

(2)途中检查——途中检查轮毂、制动鼓、变速器、分动器、差速器的温度是否异常和渗漏;检查机油、冷却水的液面高度是否异常和渗漏;检查转向和制动装置的各部连接件有无松脱;检查钢板弹簧有无折断、传动轴螺栓螺母有无松动;检查轮胎外表及气压,清除胎面杂物;货车应检查牵引装置和货物捆扎情况;客车应检查行李架、行李网是否牢固可靠等。

(3)收车后检查——收车后清洁全车;检查并加注机油、燃料、冷却水;检查照明、信号、刮水器等技术状况;检查发动机各皮带松紧度;排放储气筒内积水和油污;清洁蓄电池外部;检查转向装置各部连接;检查轮胎气压,清除轮胎胎面杂物;检查并紧固底盘外露部位螺栓螺母;根据规定润滑各润滑部位,并视需要调整油、电路等。

2 汽车一级维护

汽车一级维护,是在汽车每日维护的基础上,客货车行驶每隔1500~2000km,轿车行驶每隔4000~6000km(品牌轿车的一级维护由品牌轿车制造厂规定),由汽车驾驶员或者专业维修工对车辆所做的全车清洁、润滑、紧固和检查,并及时发现故障隐患,以补充汽车每日维护作业的不足(其作业项目也可穿插在汽车每日维护中进行)。

汽车一级维护的作业项目除了应完成汽车每日维护作业项目外,以清洁、润滑、紧固为主,并重点检查车辆底盘(如制动系、转向系、行驶系)等行车安全部件与驾驶操作机构的工作状况;检查及紧固全车外部各连接螺栓;检查各传动皮带及各附件装置;检查发动机、传动系及电器系统(如电源系、照明系、信号系等)工作情况;按汽车润滑作业要求润滑全车各润滑点;清洗三滤(空气滤清器、燃油滤清器、机油滤清器);清洗及调整油、电路,排除汽车运行故障。

3 汽车二级维护

汽车二级维护,是在汽车一级维护基础上,客货车行驶每隔1万~2万km,轿车行驶每隔4万~6万km(品牌轿车的二级维护由品牌轿车制造厂规定),由专业维修工对汽车所做的全面而系统的检查、调整、紧固及润滑,以检查和调整为主,并进行必要的附加修理,从而使汽车各主要机构都尽可能维持良好技术状况,达到汽车规定的安全性、动力性和经济性要求。

汽车二级维护的作业项目除了完成汽车一级维护作业项目外,还应增加以下内容。

在车辆二级维护进厂时,应做好车况的检测诊断与技术评定,并据此确定需要结合二级维护所进行的附加修理作业。

(1)发动机部分——由机修工测量汽缸压力,发现并消除发动机故障;拆洗三滤(空气滤清器、机油滤清器、燃油滤清器);检查及调整气门间隙,检查及调整油、电路;检查冷却系及润滑系;检查及调整各皮带松紧度,润滑水泵轴承,调整机油压力;检查及紧固发动机各部螺栓,排除四漏(漏气、漏电、漏油、漏水)。

(2)底盘部分——由机修工检查及调整离合器,拆盖检查变速器各齿轮及换挡机构工作情况,添加或更换润滑油;拆洗及润滑传动轴各万向节叉及轴承、里程表软轴;执行半轴及万向节定期换位;检查及润滑各钢板销,拆检及调整转向横直拉杆球头;检查四轮定位、最大转向角及转向盘松动量;调整制动效能(包括驻车制动),检查制动管路,添加或更换制动液(必要时更换皮碗及皮膜)。检查及紧固底盘各部的连接螺栓;润滑底盘各润滑点,排除四漏(漏气、漏油、漏水、漏电)。由专职胎工负责检查胎面,拆检、润滑或修补内胎,检查轮胎气压并执行轮胎换位。

（3）电气部分——由汽车电工检查蓄电池电压及电解液相对密度，并进行常规性充电；拆检发电机及起动机，清理电刷并润滑轴承，检查调整发电机调节器及起动机开关；检查灯光及仪表，清理线路，检修喇叭、转向灯及制动灯；清查电控线路及插接件等。

（4）车身部分——由铆锻工检查车架及横梁有无裂损变形，铆钉有无松动；钣金工检查车身表面有无裂损变形，必要时敲补修整，并检修门销及摇窗机；木工检修货箱，并紧固货箱螺栓及铁附件；漆工应在车身破损部位局部补漆等。

（5）质量检验——按二级维护作业项目技术要求进行综合性质量检验：检查各部有无漏报漏修项目，检查维修后的质量情况（并进行必要的路试检验）。

4 汽车三级维护（若有必要时）

随着我国汽车更新速度的加快，车辆成色普遍较新，道路条件也日益好转，汽车损伤程度减轻，且由于各有车单位及汽车维修企业都普遍加强了汽车的检测诊断，从而已将不少的汽车运行故障在汽车二级维护附加修理作业中排除，车容车况维护较好。为了避免不必要的大拆大卸，《汽车运输业车辆技术管理规定》中已经明确取消了原以各总成解体检查为主的三级维护作业。但尽管如此，我国的中西部地区仍有不少单位仍在执行三级维护作业，城市公共交通企业甚至还在实行以车身维修为主的四级维护作业。

究竟是否保留三级维护或四级维护，应根据汽车具体的结构类型、使用条件和使用工况，以及故障规律、配件质量、经济效果等具体情况来综合考虑和适当调整。

原定的汽车三级维护作业是当中型客货汽车每行驶4万~6万km后，以拆检各主要总成、消除其存在隐患为主，由专业维修工对汽车进行的更全面系统的检查、调整与维修。其作业项目是在二级维护作业的基础上增加以下内容。

（1）发动机部分——由机修工就车拆检发动机曲柄连杆机构，清降积炭积垢，测量汽缸磨损（修刮汽缸口），就车研磨气门并检查调整配气相位；必要时更换活塞销及活塞环，收紧曲轴轴承与连杆轴承等。

（2）底盘部分——由机修工就车拆检传动系及行驶系各总成（如离合器、变速器、传动轴、主传动器、轴头及轮毂、避振器及钢板弹簧等），检查轴距及轮距；更换离合器摩擦片；就车拆检转向系及制动系各总成（清洗管路，必要时更换皮碗皮膜），调校转向及制动（必要时更换制动衬片、包括驻车制动衬片）；由胎工修补轮胎、润滑内胎，并执行轮胎定期换位。

（3）电气部分——由电工检修蓄电池、发电机及起动机；检修仪表及灯光，清理线路总成。

（4）车身部分——由铆锻工就车检查车架及车身底骨架有无裂损及变形（必要时焊修校正，若铆钉松动应重铆）；由钣金工就车检查车头及驾驶室，就车敲补修整车身钣金表面的裂损和变形，并检修门锁、摇窗机及刮水器等；由铜工就车清洗冷却系水垢，检修散热器及水管、燃油箱及油管等；由缝工检修座垫靠背及顶篷等；由木工就车检修货箱及铁附件；由漆工就车局部刮灰补漆等。

（5）质量检验——按汽车三级维护作业项目的技术要求，对汽车做综合性质量检验，并按各项目的作业要求验收。检查有否漏报及漏修项目，并进行必要的路试检验。

二 汽车特殊维护

1 汽车的换季维护

在入冬或入夏时,为使汽车适应季节变化而实行的维护称为季节性维护(可结合二级维护作业完成);其主要作业内容是按季更换润滑油,调整油电路、检查维护冷却系统等。目前,轿车已经使用冬夏季通用润滑油,且电喷发动机也不需要调整油电路,故此换季维护已经淡化。

2 汽车的走合维护

走合维护是指对新车或大修车走合期实施的维护,即新车或大修车在竣工出厂后,在客货车行驶 1500～2000km、轿车行驶 2000～3000km 内(品牌轿车的走合维护由品牌轿车制造厂规定),除要求驾驶员特别注意做好每日维护作业外,还要求驾驶员在走合期内减载、减速、及时更换润滑油,并经常检查和紧固各部外露的螺栓螺母,注意各总成运行声响和温度变化,及时调整各部间隙等。在走合期满后,由原汽车销售点或原汽车维修厂的专业维修工做汽车走合维护作业。其作业内容除一级维护作业内容外,还增加如下项目。

(1)发动机部分——拆检活塞连杆组,检查汽缸壁及轴瓦,更换机油,清洗油底壳,拆除限速器(或限速片),重调油电路,检查并紧固各部螺栓,检查异响异热,排除四漏等。

(2)底盘部分——拆盖检查传动系中变速器及主传动器各齿轮走合情况,调整驾驶操作机构各行程间隙,检查并紧固底盘各部螺栓,排除四漏。

(3)检验部分——由质量检验员按新车或大修车出厂质量标准,重新检验及鉴定车况,处理大修返修项目。

但应当说明的是,原走合维护的目的是用以检查和评定新车装配质量和大修车修理质量的,因此便有拆检活塞连杆组,检查汽缸壁及轴瓦,以及拆盖检查传动系变速器及主传动器各齿轮走合情况等作业。但对于品牌轿车,由于汽车制造厂通常不相信汽车维修企业的技术能力而不允许再拆检,因此轿车的走合维护作业内容通常只等同于汽车一级维护。

3 环保检查/维护制度 I/M

汽车检查/维修制度 I/M(Inspection/Maintece)是从国外引进的一项先进制度。根据国外治理在用车排放污染的经验表明,这是最经济有效、科学合理且易于公众接受的排放控制对策。此制度主要是针对因汽车的系统故障而导致汽车的排放超标,从而对在用车辆采取的技术检查及维护措施。其工艺流程为:经检测诊断确定排放是否超标,倘若超标,即应进行系统故障排除,以改善其技术状况,使排放达到规定限值。

(1)国外的环保检查/维护制度 I/M——国外的环保检查/维护制度 I/M 可分为基本型、加强型和混合型三类。

①基本型的检查内容只包括怠速试验、油箱盖压力检查等。

②加强型的检查内容包括底盘测功,以及在简单加速模拟工况 I/M240 下进行排放试验、燃油蒸发性检测、供油系统压力检测和车载自诊断系统 OBD-Ⅱ 检查。

③混合型的检查内容则介于基本型和加强型之间,如以简单加速模拟工况 ASM 测试尾

气排放,并做预加载双怠速测试等。

汽油车的怠速排放检查应包括目测和机测两项。在用汽油车通常只检测低怠速排放(350~1100r/min),而装有三元催化转换器和氧传感器的汽油车除检测以上低怠速排放外还要检测高怠速排放(2200~2800r/min);柴油车则需要检测自由加速下的不透光烟度。检测时还要检查曲轴箱压力和燃油箱压力,以判断曲轴箱强制通风装置和燃油蒸发排放装置是否失效。在用汽车的排放检测周期一般为每年一次,载质量3.5t以下、使用年限超过4年的柴油车则每年检查2次。常用诊断仪器有:数字式万用表、解码器、示波器、温度表、压力表、真空度表、真空泵、气体流量计、汽缸压力表和汽缸漏气量测试仪、点火正时灯、废气分析仪、转速表、闭合角测试表等。

汽车的排放限值根据测试方法的不同而不同。例如,美国在怠速测试法时,其排放限值为 $HC \leqslant 100 \times 10^{-6}$、$CO \leqslant 0.5\%$、$(CO + CO_2) \leqslant 6\%$;欧洲在92/55/EEC指令和修订的77/143/EEC指令中所规定的排放限值见表3-1。

欧洲在用车排放标准　　　　　　　　　　　表3-1

汽车生产年限	怠速CO(%)
1986年10月前生产	≤4.5
1986年10月后生产	≤3.5
装三元催化转换器和装有氧传感器的车	标准混合气时≤0.3%(2000r/min)

在美国,凡承担车辆环保检查/维护制度I/M的检测维修单位都必须与汽车维修行业主管部门签订合同,并接受各级环保局直接管理(日本则完全由运输省进行管理)。其职能如下。

①汽车检查站主要负责新车和在用汽车的排放检测,对其中符合排放标准的可发放汽车排放合格证,但不做汽车维修。

②汽车维修站主要负责排放超标汽车的维修技术服务,以恢复其车况良好并使其排放合格,但不发放排放合格证。

③汽车试验站主要负责对新车进行一致性抽查试验和对排放控制装置的形式认证试验。倘若试验合格可以发放新车牌照和汽车生产许可证。

(2)我国的环保与检查/维护制度I/M——我国目前对新车的废气排放要求相对较松(只是检测样车),而对在用汽车的废气排放要求相对较严。例如,我国从控制在用营运汽车(如出租汽车、公共汽车等)的废气排放入手,利用现有交管所的汽车检测网络,依靠政府法规指令,强制对汽车执行二级维护(将汽车技术等级评定与车辆营运证发放和车辆审验合并进行)并实施检查与维护在用汽车的有害排放。与此同时,我国还出台了各种配套性的防治对策。例如,严格新车的排放法规、提高燃油质量、限制交通出行车辆、强制安装废气净化器,以及推广绿化工厂和治理固定污染源等。

我国在控制在用汽车的废气排放方面,以预防为主、定期检测、强制维护、视情修理的汽车维修新制度其实已经起到了很大的作用,并取得了良好的效果。这是因为:我国对在用汽车实施的二级维护,不仅其作业项目已经涵盖了大部分I/M内容,而且都加强了在用汽车在维护后的排放检测,从而使经过强制维护后的在用汽车不仅技术状况良好、有害排放明显降低,而且由于不要求对汽车做额外改造(如安装净化装置等),因而易被车主接受。

尽管我国的汽车维修新制度与国外的汽车检查/维修制度 I/M 在某些项目上十分接近,但毕竟由于两者的目的与手段不同(前者是为了维持汽车技术状况而进行的检查维修,后者则是专门为降低排放污染而设置的检查维修),因而两者并不能等同。为此,国家环保总局、科技部和机械局最近联合发布了《机动车排放污染防治技术指南》,以作为推行 I/M 的过渡,并要求实施与国际接轨的 I/M 计划。国家技术质量监督局还将 I/M 的工艺规范及排放限值列入国家标准《汽车维护、检测、诊断技术规范》(GB/T 18344—2001)中,以便在全国范围内普及和推广。

三 汽车修理

由于汽车在使用过程中的技术状况恶化将是不可逆转的,因此即使再加强维护,也只能是尽量保持其技术状况、尽量延长其使用寿命而已。当汽车技术状况恶化到完全丧失工作能力而不能再继续使用时,就需要对汽车进行恢复性修理。所谓汽车修理,就是为延长汽车使用寿命,用修理或更换零部件的方法,为恢复汽车完好的技术状况或工作能力而进行的恢复性技术作业。按照其作业对象和作业深度,正常的汽车修理有:汽车大修、总成大修、汽车小修和零件修理四类;非正常的汽车修理有:事故性检修和质量性返修两种。当然,为确保汽车修理质量,各级修理作业都应按照国家和交通部发布的相关规定和修理技术标准进行。

根据交通部第 13 号部令《汽车运输业车辆技术管理规定》:汽车修理应贯彻"以预防为主、视情修理"的原则。所谓视情修理,就是在加强检测诊断的基础上,根据车辆的实际检测诊断,视情地对某些易损总成,按照相应的修理范围和修理深度进行恢复性修理,从而提高汽车整体的使用寿命、减少停车损失。当然,视情修理的前提在于加强检测与诊断,而不是人为随意确定。既要防止拖延修理而造成的车况恶化,又要防止提前修理而造成的浪费。

1 汽车修理的作业范围

(1)车辆大修或汽车翻新——车辆大修或汽车翻新是指在用汽车在行驶一定大修间隔周期(间隔里程或间隔时间)后,由于车辆机件已经严重磨损或损伤,技术状况也全面恶化,根据检测诊断和技术鉴定的结果,用修理或更换零部件的方法,对在用汽车进行恢复性的修理或翻新。其工艺过程为:先经过检测诊断和技术鉴定;再整车解体(将汽车拆为总成、将总成拆为零部件)并对所有零部件(特别是基础件)进行分类检验(分为可用、可修、可换三类),并清洁可用零件、修理可修零件、更换可换零件;然后由零件总装为总成、由总成总装为汽车,以全面恢复汽车完好的技术状况和使用寿命。

(2)总成大修或总成翻新——汽车的主要总成包括发动机、车架、车身、变速器、前后桥等。总成大修是当某总成在行驶一定大修间隔周期(间隔里程或间隔时间)后,由于该总成的基础件和主要零部件已经严重磨损或损伤,从而必须对其进行恢复性的修理或翻新。其工艺过程为:先经过检测诊断和技术鉴定;再通过总成解体并对总成所有零部件进行分类检验(分为可用、可修、可换三类),然后清洁可用零件、修理可修零件、更换可换零件,最后总装为总成,以恢复其技术状况和使用寿命。

(3) 车辆小修和零件修理——车辆小修是指汽车在正常使用过程中,为消除因零件磨耗、间隙失调而发生的故障或隐患,通过技术调整或零件修理,从而保证或恢复车辆技术状况的局部性运行修理作业;零件修理则是纯粹是为了消除某个总成因为零件磨耗失效所进行的恢复性修理作业。车辆小修和零件修理都应遵循技术上可行、经济上合理原则,尽可能地修旧利废,以节约原材料、降低维修费用。除特殊情况外,车辆小修或零件修理都应该结合到各级汽车维护的附加修理作业中完成;凡结合到各级维护作业所做的汽车小修或零件修理都称为汽车各级维护的附加修理作业。

(4) 事故性检修和质量性返修——事故性检修是指由于操作不当、违章肇事,造成汽车局部机件严重损坏而需要的恢复性修理;质量性返修是指由于汽车维修不良、检验不严而在汽车维修质量保证期及保证范围内发生异常故障或损坏而需要的恢复性修理。

事故性检修及质量性返修都属于有人为损坏责任的恢复性修理,因此必须予以严格控制。一旦发生,应先经过技术鉴定、分清责任,并拟定修复方案后再安排抢修。

2 车辆和总成的送修规定与装备规定

(1) 汽车、总成送修前的技术鉴定——汽车大修间隔周期是根据汽车实际技术状况变化的统计规律而确定的。例如,客货汽车的大修间隔里程定额一般为25万~30万km,发动机的大修间隔里程定额一般为12万~15万km;轿车的大修间隔里程定额一般为50万~60万km,发动机的大修间隔里程定额一般为25万~30万km;无论是汽车大修或发动机大修,其后一次大修间隔里程定额应为前一次大修间隔里程定额的75%~85%,以次类推。

但是否确定汽车或总成真的需要大修,还须贯彻视情修理的原则,以汽车或总成实际检测诊断的技术状况是否符合汽车或总成的大修送修标志(或送修技术条件)为准(品牌轿车的大修间隔里程及作业项目由品牌轿车制造厂规定)。

由于汽车的结构类型、设计制造质量、使用条件和使用状况、日常维修状况、使用年限及新旧程度的诸多不同,汽车大修的间隔周期差别也很大。为此,车辆技术管理部门应对已经接近大修间隔里程定额的车辆,结合大修前最后一次汽车二级维护作业所进行的车况技术鉴定,确定该车辆是否继续使用或立即送修。倘若尚可继续使用,应确定尚可继续使用的行驶里程,以便在到达时再进行送修前的车况技术鉴定;对符合汽车大修送修条件的则应按视情修理的原则及时送修;对于尚未达到规定大修间隔里程的汽车,倘若因为实际车况不良,或者因为事故损伤而需要提前送厂大修的,在送厂大修前也应经过车况技术鉴定,以防止汽车或总成的盲目提前修理或者延后修理。挂车大修前的技术鉴定也可参照上述原则进行。

(2) 车辆和总成的送修规定——车辆和总成的送修规定如下。

①在车辆或总成送厂大修时,其承修、托修双方不仅应当面清点所有随车物件,填写交接清单,而且还应当面鉴定车况,签订相应的《汽车维修合同》,以商定送修项目、送修要求、修理车日、质量保证和费用结算,办理车辆交接手续等。汽车维修合同一旦签订后,合同双方必须严格执行。

②送修车辆必须在行驶状态下送修,且保证必要装备齐全(包括备胎及随车机工具等)不得拆换和短缺;发动机总成也必须保持在装合状态下送修,且保证附件与零件齐全,不得

拆换和短缺;必要时承修厂有权拆开检查。倘若因事故损坏严重、长期停驶,或者因零部件短缺等原因不能在行驶状态下或者在装合状态下送修的车辆,在签订《汽车维修合同》时应作出相应规定和说明,以作为非常规送修处理。

③车辆或总成在送修时,必须将汽车大修送修前的《车况鉴定书》以及相关车辆技术档案或技术资料随同送交承修单位。

3 车辆和总成的送修标志

(1)车辆的大修送修标志——根据交通部13号部令《汽车运输业车辆技术管理规定》,确定汽车大修的送修标志。

①客车以车身为主并结合发动机总成是否符合大修送修条件确定。

②货车以发动机总成为主并结合车架总成或其他两个总成是否符合大修送修条件确定。

③挂车以挂车车架(包括转盘)及货箱为主确定。

④牵引半挂车和铰接式大客车应同时按牵引车与挂车是否符合大修送修条件确定。

(2)主要总成的大修送修的标志。

①发动机总成:汽缸破裂或汽缸磨损超过使用极限(以其中磨损最大汽缸为准,最大柱度$\geq 0.175 \sim 0.250$mm、最大圆度$\geq 0.05 \sim 0.063$mm、最大磨损量$\geq 0.35 \sim 0.50$mm);且由于汽缸磨损而使发动机最大功率及汽缸压力比标准低25%以上,燃料和润滑油消耗量显著增加而需要彻底修复的。

②车架总成:车架断裂、锈蚀、弯曲或扭曲变形超限,大部分铆钉松动或铆钉孔磨损,必须拆卸其他总成后才能校正、修理或重铆修复的。

③变速器(分动器)总成:因壳体变形、破裂、轴承承孔磨损超限,变速齿轮及轴恶性磨损、损坏,需要彻底修复的。

④后桥(驱动桥/中桥)总成:桥壳破裂、变形、半轴套管承孔磨损超限,减速器齿轮恶性磨损,需要校正或彻底才能修复的。

⑤前桥总成:前轴裂纹、变形、主销承孔磨损超限,需要校正或彻底修复的。

⑥车身总成:客车车厢底骨架断裂、锈蚀或严重变形,蒙皮大面积锈蚀或破损而需要彻底修复的;货车驾驶室锈蚀、破裂或严重变形,货箱纵横梁腐蚀、底板、栏板破损而需要彻底修复的。

4 车辆和总成修竣后的出厂规定

车辆和总成修竣后的出厂规定如下。

(1)送修车辆和总成在修竣检验合格后,由承修单位签发《出厂合格证》,并将技术档案、修理技术资料和合格证移交送修单位。

(2)车辆或总成修竣出厂时,不论送修时装备/附件的状况如何,其常规性装备均应配齐有效,且在维修中不得任意更改,大修发动机出厂时应配装限速装置。

(3)车方应根据汽车维修合同规定,就车辆或总成的技术状况和装备情况等进行验收,倘若发现确有不符合竣工验收技术要求时,应交由承修单位立即查明并及时处理。

(4)送修单位必须严格执行车辆的走合期规定,在质量保证期内倘若因修理质量而发生故障或提前损坏时,承修单位应优先安排,及时排除,免费修理。倘若发生纠纷,应由汽车维修管理部门组织技术分析及仲裁。

所谓常规性装备,是指基本型汽车的原厂规定装备。它应该符合《机动车运行安全技术条件》(GB 7258—2012)、《客车结构安全要求》(GB 13094—2007)、《货运全挂车通用技术条件》(GB/T 17275—1998)和《货运半挂车通用技术条件》(JT/T 328—1997)等有关规定。不包括除常规性装备以外的所有临时性装备,例如,当车辆运输特殊物资(如超长、超宽、超高、保鲜、防碎、危险货物等),或者当车辆在特殊条件下使用时(如防滑、保温预热、牵引等)根据需要而配备的临时性装备或临时性设施等。

5 车辆的改装与改造、更新与报废

(1)车辆的改装与改造——所谓车辆改装,是指为适应运输需要而改变其用途的改装过程(如将货车改装为客车或其他专用车辆等)。所谓车辆技术改造,是指为改善车辆使用或延长使用寿命而改变其性能的技术过程(如提高发动机动力、加强底盘承载等)。车辆改装和车辆技术改造都必须在事前进行技术经济论证,符合技术上可靠、经济上合理的原则,且必须报请交通运输管理部门审查批准。重大的改装与改造还应经车辆主管部门鉴定。

(2)车辆的更新——以高效低耗、性能先进的新型车辆更换在用车辆,称之为车辆更新。车辆更新时应以提高运输经济效益和社会效益为原则。更新下来的旧车应根据国家有关规定进行处理。处理后的变价收入应用于车辆更新改造,不得挪作他用。

(3)车辆的报废——车辆经长期使用,由于车型老旧、性能低劣、超耗严重或维修费用过高等原因,倘若继续使用并不经济、不安全的应予报废。运输车辆需要报废时,由主管部门鉴定审批,报交通运输管理部门及时吊销其营运证。对于需要报废而尚未批准的车辆应予封存保管,禁止拆卸或挪用车上任何零件和总成。严禁用报废车的总成和零部件拼装车辆。

第三节 汽车的检测与诊断

车辆维修要实行"以预防为主、定期检测、强制维护、视情修理"的原则,其前提就是要加强定期检测。倘若不实行定期检测,则上述的视情修理便就是空话。为此,《汽车运输业车辆技术管理规定》明确指出:汽车的检测诊断技术是提高汽车维修效率,监督汽车维修质量和确保汽车行车安全的重要手段,是促进汽车维修技术发展,实现视情修理的重要保证。所谓定期检测,就是根据汽车类型、新旧程度、使用条件和使用强度等情况,运用现代的检测诊断技术,定期地检测与诊断车辆的实际技术状况。

一 汽车的检测与诊断概述

汽车的检测诊断技术,是指通过一定的检测设备或诊断仪器,在车辆不解体(或仅拆卸外围个别零件)的情况下,以确定车辆的工作能力和技术状况,或者用以查明汽车运行故障及隐患的技术措施。其中,前者称为车况检测,后者称为故障诊断。

1 汽车检测的分类

汽车检测可分为安全环保检测、综合性能检测和故障检测诊断三类。

(1)安全环保检测——汽车安全环保检测是指在不解体(或仅拆卸外围个别零件)的情况下,对汽车的安全、环保性能所做的技术检测,常用于车管监理部门。通过对在用车辆(及修竣车辆)的安全、环保性能的技术检测,做好车况技术鉴定,以监控其安全环保性能,确保其技术状况,保证其安全、高效和低污染使用。

(2)综合性能检测——汽车综合性能检测是指在不解体(或仅拆卸外围个别零件)情况下对车辆的综合性能和工作能力所做的技术检测,常用于汽车设计及制造部门对新车所进行的性能检测,也常用于汽车运输部门的车辆技术管理对在用车辆所进行的车况鉴定,以确定车况技术等级,保证汽车运输的完好车率;另外,汽车大修送修之前的车况鉴定则是为车辆的强制维护及视情修理提供必要的技术依据。

(3)故障检测诊断——汽车的故障检测诊断是指在不解体(或仅拆卸外围个别零件)的情况下,以检测为手段、诊断为目的,对在用汽车所存在的故障所做的检测与诊断,常用于汽车维修企业。

2 汽车故障检测诊断的目的和方法

汽车故障的检测诊断时机通常要与汽车的维修周期配合,安排在各次汽车维修作业的维修前、维修中和维修后。其中,汽车维修前的故障检测诊断,其目的是为了检测诊断在用车辆的所存在的技术故障,确定汽车是否需要修理以及如何进行修理(视情确定汽车维修的附加修理项目);汽车维修中的故障检测诊断,其目的是为了确诊汽车故障所在的部位及原因,以提高汽车维修质量及维修效率;汽车维修后的故障检测诊断,其目的则是为了鉴定汽车的维修质量。但由于汽车故障的检测诊断大多是在不解体(或仅拆卸外围个别零件)情况下进行的,因此只能采用较为间接的检测诊断方法,以根据故障现象(即故障的具体表现,例如烟色、振动、异响、异热等),以查明故障的部位和原因,最后进行有效的故障排除。

汽车故障的检测诊断方法包括人工经验诊断法、仪器设备诊断法、电控汽车自诊断法。

(1)人工经验诊断法——所谓人工经验诊断法,是凭借技术诊断人员的丰富实践经验和扎实理论基础,在不解体(或仅拆卸外围个别零件)的情况下,根据汽车故障现象,通过眼看、手摸、耳听等手段(或利用简单仪具),边检查、边试验、边分析,最后定性判断出汽车的故障部位和故障原因。由于这种方法采用着类似于中医的"望、闻、问、切",因此也称为中医疗法。这种方法的优点是:不需要专用仪器设备,可以随时随地应用,因而也是现代汽车维修企业中不可缺少的主要诊断方法。但其缺点是,这种方法需要技术诊断人员必须具有较高的技术水平和丰富的实践经验,且诊断速度慢、诊断准确性差、不能定量分析等,因而多用于中小型汽车维修企业或者用于汽车运输企业的故障诊断中。

(2)仪器设备诊断法——所谓仪器设备诊断法,是利用各种专用的检测设备或诊断仪器,在汽车不解体(或仅拆卸外围个别零件)的情况下对汽车进行性能检测,并通过对检测结果的分析与判断,定量确定汽车技术状况以及汽车故障的部位和原因。由于这种方法必须借助于各种专用的检测设备或诊断仪器,类似于西医检查,因此也称为西医疗法。这种方法的优点是：不仅诊断速度快、准确性高，而且还能定量分析，因而是现代汽车检测诊断技术发展的必然趋势，目前已广泛应用于汽车检测站和大型汽车维修企业。但其不足是：此法不仅设备投资较大，而且由于设备或仪器本身的原因，虽检测精度较高而诊断准确度不足，且检测诊断项目也不全（目前只能检测诊断可用传感器传感的项目）。有的即使具有专家诊断系统，其最后检测诊断结果也需要由技术诊断人员结合人工经验诊断法来综合分析与判断。

（3）电控汽车自诊断法——采用微机控制的现代电控汽车，由于其电控系统中都带有在线故障自诊断系统 OBD，因此当电控系统发生故障时，不仅可由故障警示灯给出警示，而且还可在维修时通过特定的操作方法来调取 ECU 中所存储的电控系统故障码，通过故障码并查阅该车系的《故障码表》，并结合人工经验诊断法来分析与判断，或借助于万用表对线路深入检查，最后确定该电控系统具体的故障部位和故障原因。这种方法的优点是：该故障自诊断系统 OBD 为电控汽车本身所附带，因而对诊断该型汽车电控系统故障更加专业、快捷和有效。但其缺点是：它只能诊断电控系统故障（如信号传感器、电控单元 ECU 及电磁执行器等）而不能诊断其他机械系统或液压系统故障，因而它只是一种辅助诊断。

在以上三种检测诊断方法中，虽然仪器设备诊断及电控汽车自诊断都为汽车故障的检测诊断提供了有效的帮助，但在利用中还不能完全代替人工经验诊断，人工经验诊断仍是汽车故障检测诊断中的重要方法。

二 汽车检测诊断技术的发展概况

从国外汽车检测诊断技术的发展历史看，特别是自跨入 20 世纪 70 年代后，随着国外汽车结构的日益复杂，汽车电子化程度的日益普及，检测诊断汽车故障的难度也日益增大。为了能客观地评价汽车产品质量，以帮助和指导汽车维修，迫切需要自动化的检测诊断技术。为此，各国纷纷都采用现代化的汽车故障检测诊断设备，不仅硬件设备日益增多，而且专家软件系统也发展很快，由此刺激了国外汽车检测诊断技术的迅速发展。

我国的汽车检测诊断技术起步较晚。但我国自 20 世纪 80 年代后，随着国民经济的迅猛发展和机动车保有量的迅速增加，特别是随着国外汽车的不断引进，为了加强我国汽车运输业在用车辆的技术管理，保证车况良好和安全生产，交通部于 1990 年颁发了第 13 号部令《汽车运输业车辆技术管理规定》，部令明确提出各级交通主管部门应该在坚持预防为主和技术经济相结合的原则下，对运输车辆实行择优选配、正确使用、定期检测、强制维护、视情修理、合理改造、适时更新和报废的全过程综合性管理。于是，1991 年交通部发布的《道路运输业车辆综合性能检测站管理办法》以及 1992 年发布的《汽车综合性能检测中心站认定规则（试行）》还明确规定了汽车综合性能检测站的职责、分级、认定和基本条件等；要求在各地也组建汽车综合性能检测中心站（服务性经营企业）；明确规定由各级交通主管部门实行行业管理，以建立车辆检测制度、监督实施汽车的综合性能检测（例如，受交通主管部门的委托开展车辆技术等级的评定检测，以及汽车二级维护及汽车大修的竣工质量检测、汽车维修质量仲裁，还接受其他相关部门的委托，开展某些专项检测）。1999 年，交通部又重新修订发布了《汽车综合性能检测站通用技术条件》，并以国家标准的形式对汽车综合性能检测站的检测项目、检测设备与人员、厂房与场地，以及管理制度等提出了规范性要求；还颁布了《汽车维修质量检查评定标准》《汽车技术等级评定检测方法》《汽车维护、检测、诊断技术规范》《营运车辆综合性能要求和检验方法》等国家标准或行业标准,为汽车的综合性能检测提供了具体的内容和方法,从而促进了我国汽车检测诊断技术的快速发展。

之后,国家各级车辆管理部门、大专院校、汽车研究所和汽车制造厂都从国外引进了不少的汽车检测设备(例如,交通系统在全国公路运输系统中筹建了150家汽车检测站,并由此组成了全国性的汽车检测网络;公安、石油、冶金、外贸等系统和部分大专院校也相应建立了汽车检测站),标志着我国汽车检测诊断技术的开始。

虽然我国汽车的安全环保检测发展很快,但汽车综合性能检测及汽车故障诊断却发展得仍然缓慢,且差距很大。这些差距的表现如下。

(1)我国新建的汽车检测站大多属于安全环保检测。既非汽车综合性能检测,也非汽车故障检测诊断。

(2)在现代汽车维修企业中,通常除了解码器外,尚未配备更多更实用的故障检测技术。

(3)我国的政府及企业目前都普遍重视硬件设备的引进,而忽略诊断软件的开发与实用,结果搁置的较多,实用的较少。因此,只能说目前我国的汽车检测诊断技术目前还尚处于发展过程中。

现代的汽车维修必须建立在汽车定期检测诊断的基础上。其中,汽车维修之前的检测诊断是为了具体确定维修项目和维修方法,汽车维修过程中的检测诊断是为了保证汽车的维修质量;汽车维修竣工之后的检测诊断则是为了检验汽车在维修后是否恢复了汽车技术性能,是否还存在着故障,以此来评价汽车维修质量。

当然,为适应现代汽车技术的高速发展,今后的汽车检测诊断技术还应该向智能化和网络化的方向发展。具体要求如下。

(1)加强汽车检测诊断的基础性技术研究,规范汽车检测诊断的技术标准。

(2)提高汽车检测诊断设备的使用性能,从实用出发、扩大其检测范围,提高其检测可靠性,并逐步提高其电子化和智能化水平。

(3)实现汽车检测诊断的网络化,通过网络技术进行全国联网,以利用远程故障诊断专家系统的专家指导,使众多的汽车维修企业及汽车用户获得更多的汽车故障诊断信息。

三 我国有关汽车检测诊断的规定(摘录)

交通部第13号部令《汽车运输业车辆技术管理规定》、第28号部令《汽车维修质量管理办法》以及第29号部令《汽车运输业车辆综合性能检测站管理办法》都对汽车的检测诊断技术、检测诊断制度以及检测站建设等均有明确的规定。

(1)车辆技术管理应该坚持预防为主和技术与经济相结合的原则,对运输车辆实行择优选配、正确使用、定期检测、强制维护、视情修理、合理改造、适时更新和报废的全过程综合性管理。

(2)车辆技术管理应该依靠科技进步,采取现代化管理方法,建立车辆质量监测体系,以能满足车辆在不解体情况下确定其工作能力和技术状况,查明故障或隐患的部位和原因。汽车检测诊断的主要内容包括汽车的安全性(制动、侧滑、转向、前照灯等)、可靠性(异响、磨损、变形、裂纹等)、动力性(最大车速和加速能力、底盘输出功率;发动机功率和转矩以及油电路状况等)、经济性(燃油消耗)及噪声和废气排放状况等。

(3) 车辆检测诊断技术是检查、鉴定车辆技术状况和维修质量的重要手段，是促进维修技术发展，实现视情修理的重要保证。车辆修理应贯彻视情修理的原则，即根据车辆检测诊断和技术鉴定的结果，视情进行修理，既要防止拖延修理造成车况恶化，又要防止提前修理造成浪费。例如，在车辆二级维护前应进行检测诊断和技术评定，以此确定附加作业或小修项目（结合二级维护一并进行）。

(4) 各级汽车维修行业管理部门应建立健全汽车维修质量监督检验体系，从而为汽车维修质量监督和维修质量纠纷的调解或仲裁提供检测依据，并经当地交通主管部门会同技术监督部门认定后，颁布《汽车维修质量检测许可证》。各级汽车维修行业管理部门还应制定并认真执行汽车维修质量检验制度，对维修车辆实行定期或不定期的质量检测，并将检测结果作为评定维修业户维修质量和年审《技术合格证》的主要依据之一。

四 汽车维修的检测项目与工艺布局

汽车维修的主要检测项目。
① 汽车安全性（如制动、侧滑、转向、前照灯等）。
② 汽车可靠性（如异响、磨损、变形、裂纹等）。
③ 汽车动力性（如最大车速、加速能力、发动机输出功率及转矩、底盘输出功率等）。
④ 汽车经济性（燃油消耗）。
⑤ 汽车噪声和废气排放状况等。

1 汽车维修的常用检测项目

(1) 发动机。
① 发动机功率检测。
② 汽缸密封性检测。
③ 汽缸磨损量检测。
④ 实际压缩比与实际配气相位检测。
⑤ 汽油机供油系统检测。
⑥ 汽油机点火系统检测。
⑦ 柴油机供油系检测。
⑧ 发动机电控系统故障检测。
⑨ 润滑油品质检测与冷却系统密封性检测。
⑩ 发动机异响检测。

(2) 底盘。
① 底盘输出功率检测。
② 传动系统检测。
③ 转向系统检测。
④ 制动系统检测。
⑤ 行驶系统检测。
⑥ 底盘异响检测。

(3)车身。
①车身损伤检测车身变形测量。
②安全气囊故障检测。
③汽车空调故障检测。
(4)汽车电气设备。
①电源系统检测。
②起动系统检测。
③仪表及照明系统检测。
(5)汽车废气排放检测、油耗检测与噪声检测。

2 轿车综合性能检测线的工艺布置

汽车维修企业综合性能检测线的设备配备,应根据汽车维修企业的主要维修车型确定。例如,对于轿车维修企业来说,宜选择≤3t的小型汽车综合性能检测线。其主要检测设备包括以下几项。
(1)侧滑、轴重、悬架、制动性能检测线。
(2)前照灯检测仪。
(3)废气分析仪和烟度计。
(4)声级计。
(5)制动试验台。
(6)发动机综合分析仪。
(7)底盘测功试验台。
(8)车轮定位仪。
(9)悬架性能检测仪。
(10)车轮动平衡机。

其他检测设备还有汽车底盘间隙检测仪、传动轴游动角度检测仪、探伤仪、汽车侧倾角检验仪、轮胎气压表、汽缸压力表、漆膜光泽测量仪、轮胎花纹深度尺、曲轴箱窜气量检测仪、测温计等。为了能将检测结果直接联网,要求所有的检测诊断设备都配有与微机联机的接口。

汽车维修企业综合性能检测线的布局(图3-3)主要应考虑其检测工艺流程。例如,可设置两条检测线,共8个工位。这8个工位如下。
(1)废气与烟度、轴重与车速检测工位。
(2)制动力、制动踏板力检测工位。
(3)灯光、侧滑、声级检测工位。
(4)底盘检查工位。
(5)底盘测功及油耗检测工位。
(6)发动机综合性能检测工位。
(7)转向参数测量、油质分析、车轮动平衡与车轮定位检测工位。
(8)底盘传动系游动间隙及汽车悬架性能检测工位等。

其中,第1~4工位属于第一条检测线,第5~8工位属于第二条检测线。

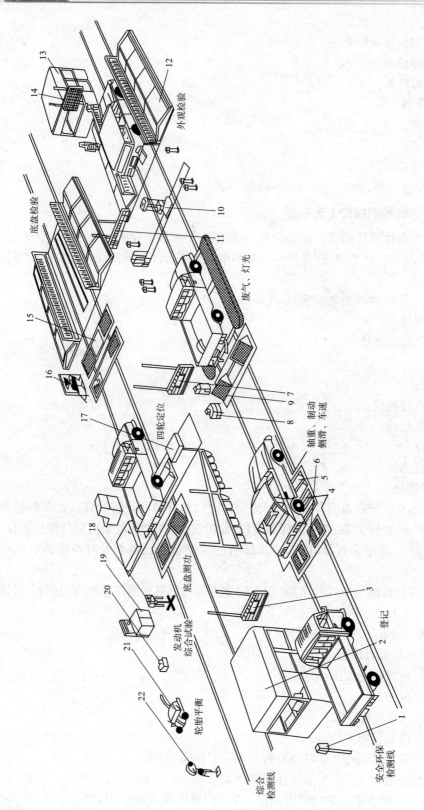

图 3-3 双线综合检测站

1-进线指示灯;2-进线控制室;3-L 工位检验程序指示器;4、15-侧滑试验台;5-制动试验台;6-车速表试验台;7-烟度计;8-排气分析仪;9-ABS 工位检验程序指示器;10-HX 工位检验程序指示器;11-前照灯检测仪;12-地沟;13-主控制室;14-P 工位检验程序指示器;16-前轮定位检测仪;17-底盘测功检测仪;18、19-发动机综合试验台;20-机油清净性分析仪;21-就车式车轮平衡机;22-轮胎自动充气机

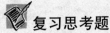 复习思考题

1. 什么是机件磨损规律？此规律说明哪些问题？
2. 试述我国计划预防维修制度的演变过程。
3. 试述我国汽车预防维修新制度的主要内容。它与旧制度相比，有何区别？
4. 如何具体实施我国的汽车预防维修新制度？
5. 什么是汽车维护？试述其作业目的、作业类别。
6. 什么是汽车修理？试述各级修理的作业类别、作业范围及作业要求。
7. 试述车辆和总成送修前技术鉴定与送修规定、送修标志和修竣出厂的车辆装备规定。
8. 什么是车辆改装与车辆技术改造？车辆更新及车辆报废的原则有哪些？
9. 什么是汽车的检测与诊断？
10. 试述汽车检测与分类，试述汽车故障检测的目的与方法。
11. 为什么仪器设备诊断法不能替代人工经验诊断法？
12. 汽车维修中常见的检测项目有哪些？其综合性能检测线如何布局？
13. 试述我国汽车检测诊断技术的发展概况。

第四章　生产技术管理

用户对汽车维修企业的期望通常是：希望能全面实现承诺，并主动热情、服务态度好。希望维修质量高、维修速度快、维修费用低（接近于预算费用），并能彻底排除车辆故障，避免返工返修。汽车维修企业汽车维修部分的核心服务就是为用户维修好车辆，其生产技术管理包括生产管理与技术管理两个部分。

第一节　汽车维修的生产管理

汽车维修企业的生产管理包括生产计划、生产调度、生产进度与生产统计、生产资料管理、生产安全及劳动管理等（图4-1）。对生产过程管理的基本要求如下。

(1)生产过程的连续性——所谓生产过程的连续性，是指产品在整个生产过程中的各个阶段、各个工序之间，在时间上紧密衔接并连续流动。

强化汽车维修过程中的连续性可使客户车辆在整个维修过程中始终处于紧张而有序的流动状态下，从而提高汽车维修企业的生产效率。为此，汽车维修企业在车间及工序布置上应充分考虑汽车维修工艺流程的基本特点，并配以先进的维修技术和先进的劳动组织。

(2)生产过程的协调性——所谓生产过程的协调性，是指在生产过程中，各工序或各工种之间的生产能力（如工种、劳动力数、技术等级、维修设备）始终保持比例协调，以消除生产薄弱环节，从而使生产流程有序而规律的进行。

(3)生产过程的均衡性或节奏性——所谓生产过程的均衡性或节奏性，是指在各生产环节中，生产安排与派工调度、产品投入与产品产出，以及劳动力配备等都能保持有节奏地进行，并要求各工序在相等时间内完成大体相等的工作量，从而使各工序的工作负荷基本保持均衡，避免出现忙闲不均。

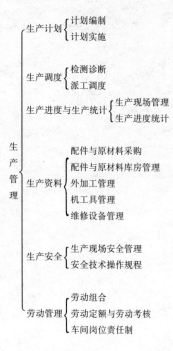

图4-1　生产管理

一 汽车维修企业的生产流程

企业的生产流程管理直接体现了企业的生产经营管理水平。汽车维修企业的生产流程管理不仅包括汽车维修过程的管理（如车辆维修进厂接待、签订维修合同、进厂检验及派工调度、维修过程管理、竣工检验及费用结算、车辆交付出厂等）；也包括车辆进厂前的维修预约与准备，以及车辆交付出厂后的用户跟踪与回访等。

1 维修预约

维修预约是指汽车维修企业与用户之间，就维修时间和维修项目等预先约定的过程，包括用户的主动预约与企业的主动预约。显然，企业的主动预约不仅可以体现企业对用户的关心，从而增进与用户的情感交流，而且还可以展示企业形象，增加维修业务，从而提高汽车维修企业的营业收入。

汽车维修企业的前台业务人员在维修预约时，应该讲究沟通技巧，认真地倾听，并做好预约记录。倘若必要，还应在预约期满之前及时提醒用户，以确认该维修预约是否按时进行。但预约后，企业必须履行承诺，并根据承诺进行相应的准备。汽车维修预约的内容。

（1）了解用户及车辆情况，如用户名称、联系方式、车辆牌照号、车辆型号、行驶里程数、以往维修情况，本次需做何种维修或者需解决何种故障等。

（2）预订车辆的维修计划及维修费用等。

2 进厂交接

前台业务接待人员在接车时要善于与用户沟通，并注重企业形象及礼仪，以体现业务接待人员的职业素质与专业素质。

客户车辆在进厂报修时，应由双方（前台业务人员会同车主）共同检查车辆（必要时还可邀请车间检验人员或主修人参加）并填写《车辆进厂检验单》。其内容如下。

（1）清点车辆的外观残缺，清点随车工具及附件、车内贵重物品、音响密码、维修记录、车辆行驶证等。

（2）检查车辆进厂时的技术状况（特别是故障情况、异响异热等），必要时进行路试检查。

在完成车辆进厂检验后即可拟定维修方案、预算维修费用、预计完工时间，并打印好维修任务委托书（请用户签字），最后与用户签订《汽车维修合同》，完成车辆的进厂交接。《汽车维修合同》是用户委托汽车维修企业进行车辆维修的加工承揽合同，也是客户领料、缴费与接车的原始凭证。其内容包括：客户信息（客户名称与联系方式等）、车辆信息（车辆编码、牌照号、底盘号、发动机号、车型、颜色、上牌日期、行驶里程等）、本企业信息（本企业名称与联系电话等）、本次维修信息（维修项目、进厂日期、预计完工时间等）、附加信息（用户是否自带配件，以及是否带走旧件等）、费用结算信息（费用结算方式、预计工时费及预计材料费、预计维修费用，以及违反合同的处罚方式等），最后由厂方与用户双方签字认可。

3 维修过程与过程检验

在前台业务接待人员接收待修车辆后，可根据车主的《报修单》开具汽车维修企业内部使用的《派工单》，随后将车辆送至维修车间并实施派工调度，或者委托专人将待修车辆送至指定维修工位。所有维修人员在上班到岗后都应先报到后就位并做好开工前的技术准备。

目前，有些汽车维修企业的前台业务人员由于只懂服务而不懂技术检验，因而只能充当二传手，将车主的《报修单》充当调度员的《派工单》直接下达维修车间。这种做法的弊端甚多：由于车主可能不懂汽车结构而常常漏报或错报，倘若将这种漏报或错报的《报修单》直接下达给维修车间，常使维修人员无法下手，既影响了维修进度也影响了维修质量。推卸了前台业务人员要执行进厂交接与进厂检验的岗位职责，增加了企业内部的人为矛盾。由于车主有理由进入维修车间，既不利于汽车维修，也不利于对维修车间实行封闭式管理。

为了保证车辆维修过程中的维修效率和维修质量，还应注意以下问题。

(1) 汽车维修人员在接到《派工单》后，应根据《派工单》所规定的作业项目及作业要求先对车辆进行必要的检测诊断，以判定故障原因、确定维修方法（其中疑难故障可委托技术检验人员会诊）；然后再及时、全面、准确地完成《派工单》所列的各项维修项目，不得超范围作业。倘若发现车主所报的维修项目与实际情况不符而需要超范围作业时，或者需要增减或调整维修项目时，或者将涉及更换重要基础件或贵重总成时，都应及时报请车间主管及前台业务接待人员，由前台业务接待人员及时通知车主，取得车主同意后重新估算维修费用及完工时间，更改《派工单》所指定的维修内容，并签字认可。

(2) 汽车维修人员在维修过程中不仅应严格遵守汽车维修的操作规程、工艺规范和技术标准，而且还应强调汽车维修过程中的维修工艺管理和维修过程监督，做好以工位自检与工序互检为主的过程质量检验。为此，当承修项目竣工时，主修人应做好各自的工位自检（并签字），各工序之间也应做好相互的工序互检（并签字）。另外，所有维修人员在汽车维修过程中都要爱惜客户车辆，注意车辆防护（如加垫护垫等）与清洁，做到文明维修。

(3) 在汽车维修竣工后，主修人及主修班组应及时清理车辆，做好车辆维修的收尾工作，并填报《派工单》，最后交由专职质量检验人员进行质量验收（并签字），维修竣工的车辆钥匙应交回生产调度室。其中，倘若需要路试的，由质量总检指派专职试车员负责路试。

在主修人交班或下班之前，也应清理及清扫维修场所，恢复设备原状并关闭电源等。

4 竣工检验与试车

在汽车维修作业结束后，要做好交车的准备工作，如竣工检验、车辆清洁与清理旧件等。

(1) 竣工检验——竣工检验是确保汽车维修质量、确保车辆行驶安全的最后保证环节，它应在维修人员自检与互检合格的基础上，由专职质量检验人员完成（并填写竣工检验记录）。

(2) 车辆清洁及清理旧件——在车辆竣工检验合格后，应由主修人员对车辆进行必要的清洁，并收集及清理将由客户带走的旧件，最后通知前台业务接待人员接车。

5 结算交车

前台业务接待人员在接车后，首先应该核对《派工单》所有的维修项目，看是否漏报漏修，是否还有故障等，做好车辆维修竣工项目的审查与验收。倘若验收合格，应完善维修记录，结算维修费用（附维修合同及主要配件更换清单），开具发票、办理出门证，清洁车辆并准备旧件，通知用户接车。倘若实际维修费用与预算维修费用差异过大，前台业务接待人员应主动向用户解释。交车时,前台业务接待人员还应告诉客户车辆修竣出厂后初次使用的注意事项以及下次维修的时间或里程等。

6 跟踪回访

汽车维修质量不仅取决于汽车维修企业各工位、各工序的维修质量,而且还取决于汽车修竣出厂后车主的使用质量,车主的使用质量对维修质量影响很大。

在车辆维修竣工出厂后,应在一周内对客户跟踪回访,以了解客户对本次维修服务的满意程度,了解本企业的维修质量与服务质量,并了解客户的使用状况。跟踪回访十分必要,这不仅表示汽车维修企业关心客户,更重要的是通过客户跟踪回访,利用客户的反馈意见来提高本企业的生产经营管理水平。

二 生产作业计划

汽车维修企业的生产作业计划是汽车维修企业中各项生产管理活动的行动计划。

汽车维修企业生产作业计划的分类,若按完成期限可分为,长期计划、中期计划、年度计划、月度计划、周计划、日计划等;若按指标形式,可分为产量(如销售台数及维修台数)与产值(销售额及维修额)、成品合格率与返修率、工资总额(及职工人数)与工时利用率、生产费用总额(维修物资消耗量与储备量)与劳动生产率、单位产品成本和利润率等。

当然,现代汽车维修企业要实施全面计划管理,不仅包括生产作业计划,而且还应包括企业整个生产经营管理活动中的所有作业计划,如人力资源计划、物资与设备计划、资金及财务计划、目标与信息管理计划等。

1 生产作业计划的编制

汽车维修企业生产作业计划通常由市场经营部前台业务人员根据已经预约的或者已经到位的汽车销售合同或汽车维修合同,按月或按周次下达执行。内容包括:所销售或维修的车型与台数、维修作业等级与生产进度要求等。编制要求:必须将所编制的生产作业计划尽可能地具体化和细化,以便能分解落实到每个车间、每个班组和每个生产工人。

汽车维修企业生产作业计划须采用"滚动方式"编制。所谓"滚动方式"编制,是指不仅包括本统计期(本年或本月)需要下达的新生产作业计划,而且也包括上统计期(上年或上月)尚未完成而需要继续完成的原生产作业计划。

2 生产作业计划的实施

汽车维修企业生产作业计划在编制完成后,应先由生产计划部门邀请生产经营管理系统中与产、供、销相关的各职能部门及各相关生产车间,召开生产作业计划联席会议,根据所编制的生产作业计划,提前做好各项准备,以保证在实施生产作业计划的全过程中,各生产环节能相互协调,生产节奏能均匀而有序。

在实施生产作业计划的全过程中,不仅要加强生产过程中的派工调度,而且还要加强生产统计和生产进度检查,以便及时地修正生产作业计划编制中的偏差。

汽车维修企业实施预约维修,这对加强汽车维修企业的生产作业计划管理十分有益,为此必须做好该项工作。然而,目前还有不少汽车维修企业由于预约维修做得很差,常常等米下锅而无法编制生产作业计划（即使编制也与实际情况严重不符），不仅人员各自为政、忙闲不均、均衡性极差，还常常需要临时性的突击及加班加点，汽车维修企业生产经营管理十分混乱。

三 生产调度

生产调度是汽车维修企业生产作业计划的具体实施者。

1 生产调度的基本任务

汽车维修企业生产调度/派工调度的基本任务如下。

根据生产作业计划，调度待维修车辆的进厂报修。

根据车主《报修单》的报修情况，通过对待修车辆的实际检测诊断，确定该车辆所需要的实际维修项目。

由调度维修人员向维修车间下达车辆维修指令。

汽车维修企业生产调度人员的基本职责是：为了能使承修车辆在维修过程中获得最好的维修质量、最短的维修过程、最低的耗时和耗费，生产调度人员必须合理地处理好汽车维修全过程中的各生产环节关系，既要均衡各承修班组的维修作业量（以避免忙闲不均），还要保证所派承修班组的技术水平与所承修的维修项目相适应。

2 生产调度方式——丰田生产方式

传统的生产方式都采用由前工序推动后工序的办法。由于前工序不了解后工序的需要量和需要时间，因此常常造成后工序在制品的积压或短缺，结果降低了生产线的生产效率。

"丰田生产方式"则采用了相反的流程，它采用工作传票来衔接前后工序，并采用由后工序向前工序领取所必需的零件数，而前工序只生产被后工序所领走的那部分零件数。这种由后工序拉动前工序办法的最大好处，就是不需要在制品中转库房。此法不仅加强了生产作业计划的相互衔接，而且还最大限度地减少了流动资金积压与库房管理浪费。

目前，国内的汽车维修企业所采用的生产调度方式通常有以下两种。

（1）派工单/传票制度——派工单传票制度具有以下两种形式。

①生产调度人员将维修项目、维修进度及质量要求等，都通过派工单的形式直接下达给承修车间、承修班组或主修人。由承修车间、承修班组或主修人根据派工单所要求的作业内容与作业要求进行维修，专职检验人员也凭派工单进行检验。由于派工单上已经详细写明了具体的作业项目、作业进度及质量要求等，因此不仅能起到生产指令的作用，便于汽车维修过程中各工序的交接，而且由于派工单随车下达，也方便了汽车维修企业的生产现场管理。

②生产调度人员将维修项目及维修的进度要求及质量要求等，不是直接下达给具体的承修车间、承修班组或主修人，而是以传票的形式悬挂于待修车辆上，在车间内随车或随工序移动，与之相关的承修车间、承修班组或主修人发现该车辆后，自觉地按任务单进行相应的维修作业。

上述两种办法相比，传票管理的形式效果不如派工单管理的形式。

生产调度人员派工调度所使用《派工单》的内容（表4-1）应包括承修班组、主要作业项目和作业要求、定额工时、要求完工时间等。生产调度人员在向各维修班组下达《派工单》时,还应交代详细而具体的承修要求和注意事项等。

派 工 单　　　　　　　　　　　　　　　　表4-1

车型_____ 车号_____ 维修类别_____ 承修车间_____ 承修班组_____ 工单号_____

序	主要作业项目	作业要求	定额工时	要求完工时间	主修人竣工签字	检验员竣工签字
备注						

派工员_____　　派工日期_____

(2) 生产任务公示制度——维修车间将本月或本周的生产任务所包括的作业内容与作业要求等均以《车间在修车辆维修进度表》的形式集中公示于维修车间的公示牌(表4-2),以公布当前所有在修车辆的汽车编号、维修类别、派工单号、主要作业项目与附加作业项目、要求完工日期、主修人,以及当前维修过程中所存在的问题等。

车间在修车辆维修进度表　　　　　　　　　　　表4-2

序	车型	车号	维修类别	派工单号	主要作业项目	附加作业项目	要求完工日期	主修人	目前存在问题

无论是派工单/传票制度,还是生产任务公示制度,生产车间或生产班组在具体执行生产调度指令时,为保证维修车间内正常的生产秩序和生产节奏,不仅要求各工位及各工序应在保证数量和进度的前提下做好自检与互检,而且要求生产调度人员深入生产现场,以便随时掌握生产进度,若有脱节或误差应及时调整。

3 生产现场调度会

除生产调度人员在生产现场执行日常性的派工调度外,在生产过程中还应该根据生产作业计划要求,以"现场办公"的形式定期召开生产现场调度会,在现场全面系统地部署、指挥和控制各项生产经营管理活动,并协调各职能部门工作,以保持生产秩序及生产过程的连续性、协调性和均衡性,尽可能避免经常性或突击性的加班加点。

生产现场调度会一般有厂部和车间两级。其中,厂部的生产现场调度会应由主管生产的厂长主持,由生产科长召集,并由与产、供、销相关各职能科室(如厂办公室、经营销售部门、生产技术部门、质量检验部门、材料供应部门、劳动管理部门、财务核算部门等)及车间负责人参加。车间的生产现场调度会则由车间主任主持,车间调度人员及与之相关的班组长参加(必要时可邀请厂部有关职能人员参加)。生产现场调度会的内容如下:

(1) 按照生产作业计划的进度要求,逐项检查计划执行情况(特别是检查上次生产现场调度会决议的执行情况);着重掌握偏离计划的程度和原因,解决计划执行过程中的各种困难和问题。

(2)下达新的生产作业计划,并检查督促和帮助各相关部门做好各项生产技术准备,包括调整劳动力和劳动组织、调整物资供应、调整生产技术工艺以及配备维修设备等。

四 生产进度与生产统计

1 生产进度检查

生产进度检查及生产现场调度是生产现场管理全过程中的重要环节。它要求生产管理人员要经常巡视在修车辆的维修进度情况,现场调度各维修班组及维修人员,现场调度各维修车辆、配件供应及外加工等,并督促和检查生产进度,及时发现问题和解决问题。

在现场检查生产进度以及现场执行生产调度时应侧重。

(1)按照生产作业计划,抓好竣工车辆收尾。

(2)抓住生产工艺流程中明显影响生产作业计划的薄弱环节与关键环节(如工序流程中生产效率较低或质量不稳定的环节)。

(3)抓好短线原材料及配件的供应,抓好外购件与外协件的供应。

(4)抓好先进生产劳动组织和生产作业计划新管理方法的试点和应用。

2 生产进度统计

生产进度统计,不仅是为了统计劳动成果,而且也是为了掌握生产情况及存在问题。因此,对生产进度统计的基本要求是:准确、及时、全面、系统。在生产进度统计中,派工调度所规定的定额工时数常用以车辆维修竣工的费用结算和成本核算,并用以对主修班组或主修人实施劳动分配,以实现多劳多得(同时也为单车核算、班组核算或个人核算提供依据);实际工时数则常用以考核劳动定额及劳动生产效率,主要用于日后劳动定额的修订与调整。

当承修班组修竣车辆并通过质量检验合格后,由主修人填报本次维修所实际消耗的工时数(并签字),然后将《派工单》交由生产统计人员负责统计。统计时,应分别以车辆为户头或者以主修班组或主修人为户头。其中,前者用于单车核算,以统计各车辆在维修过程中所消耗的总工时数(定额工时和实际工时);后者用于班组核算,以统计各主修班组或各主修人在本月所完成的总工时数(定额工时和实际工时)。

五 生产安全管理

安全为了生产,生产必须安全。安全生产是所有生产企业及所有劳动者的重要原则。

所谓安全生产,就是要保障日常生产经营管理活动中的职工人身安全及机器设备安全,保证企业生产过程的正常进行,防止出现人身事故或设备事故,避免财产损失。

企业员工既有依法获得安全生产保障的权利,也有依法履行安全生产职责的义务。安全生产是企业中每个职工的职业责任和职业道德,而遵章守纪应作为企业中每个职工的职业纪律。为此,所有企业的生产经营管理都必须遵守《中华人民共和国安全生产法》及其他有关安全生产的法律法规,实施全面、全员、全过程的安全生产管理,建立健全安全生产责任制度,积极参与安全教育、安全管理和安全监督;并加强安全生产的宣传、教育和培训,以提高其安全操作技能和完善其安全生产条件,确保企业安全生产。

1 安全教育与安全责任制

(1)开展安全教育,文明生产、安全生产——企业发生安全事故的原因有很多:既有企业管理、生产技术、设备设施等方面的原因,也有人员素质、安全意识和精神状态等方面的原因。倘若人员安全观念薄弱、麻痹大意、纪律松弛、或规章制度执行不力,就极易发生安全事故。为了搞好企业的安全生产管理,现代企业必须要坚持"安全第一、以预防为主"的方针。所谓"安全第一",就是要求企业的生产经营管理者必须始终把安全放在首位,抓生产必须首先抓安全,生产服从于安全;所谓"以预防为主",就是要将安全生产的管理从过去的事故处理型转变为现代的事故预防型,积极主动地采取各种防范措施,防止事故发生,而不是等到出了事故才去处理。为此,要求生产管理者在安排生产时不仅要同时开展安全教育(安全思想教育与安全技术教育),以教育职工遵章守纪和文明生产,保证生产安全,而且在检查生产时也要同时检查安全设施。当领导的一定要有强调安全的"婆婆嘴",讲不讲是你的事,听不听是他的事,安全教育不能松懈。

(2)建立安全生产责任制度——为了做好企业内部安全生产的监督与管理,不仅要建立安全生产责任制度与安全检查责任制度,以使企业各部门和各车间都能监督与管理各自职责范围内和工作区域内的安全工作,而且还应配备专职或兼职安全管理人员,检查、监督和管理日常的生产作业全过程,及时报告及处理可能存在安全隐患。逐层负责、逐级管理,组建企业内部的安全教育网及安全检查网,确保企业内部的生产现场安全和设备使用安全。

在建立安全生产责任制度时还应明确:各生产岗位的安全例检和安全责任应当由该岗位使用或保管的主责任人负责,如主车驾驶员、主修工或主操作人;企业的生产安全(包括安全教育、安全设施、安全检查、安全事故处理等)应由主管生产的各级行政领导负责,即生产责任人同时也为安全责任人。

2 严格遵守安全技术操作规程

汽车维修企业要制订和实施各工种、各工序、各机具设备的安全技术操作规程。安全技术操作规程包括:安全规程、技术规程、操作规程。其中,安全规程是指用以保证生产安全的管理规程;技术规程是指用以保证生产安全的工艺规范;操作规程是指用以保证生产安全,在操作机具设备或者进行施工时的操作程序。对于某些特殊工种,例如电气设备、起重、锅炉、受压容器、电焊、汽车驾驶、汽车修理等,操作者还要经过专门训练、严格考核后方能上岗操作。

根据国家相关安全规定:所有机具设备都应加装安全防护装置。

(1)电力电路、受压容器、驱动设备都应加装过荷保险装置。

(2)电气设备应经常检查其绝缘状况,并加装触电防护装置。

(3)机器传动的外露部位(如传动皮带、传动齿轮、传动轴、砂轮等)应加装防护罩。

(4)冲压设备的操作区域应加装联锁保护装置。

(5)危险地段和事故多发地段应加装信号警告装置。

(6)起重运输设备要规定其活动区域,锅炉及受压设备要设置安全隔离带。

(7)要保证机器设备的正确安装,并保持安全间距、设置安全通道,并加强机具设备的使用、维修与管理。

（8）抓好生产车间的防火与防爆工作。厂房设计应符合相关的防火标准，并严格规定其防火要求，配置适当的消防器材与必要的防爆设施等。

六 生产劳动管理

现代企业的生产劳动管理，包括劳动纪律、劳动组合、劳动定额、劳动考核、劳动工资、职工培训、劳动保护与劳动保险等。其中，劳动纪律与劳动组合由生产管理部门负责，其余由人力资源管理部门负责。

1 加强车间劳动纪律

车间是企业完成生产任务的关键部门，现代企业的车间管理应当遵循以客户满意为导向，以产品质量为导向，以企业效益为导向的三大原则。

汽车维修车间的劳动纪律如下所示。

（1）所有维修人员都必须遵守厂定的作息制度和劳动纪律，遵守岗位责任制，上班期间不得擅离岗位或串岗会客，且不得与客户洽谈业务或索贿受贿。

（2）所有维修人员应妥善保管承修工单、零部件及维修车辆上的客户物品。

（3）所有维修人员必须严格遵守安全技术操作规程，严禁野蛮违章操作。

（4）所有维修人员都不得随意动用承修车辆或擅自将客户车辆开出厂外，不准在场内试车和无证驾车。

（5）所有维修人员在上班时间必须佩戴工作证、穿戴劳保用品并严禁吸烟。

（6）所有维修人员在完成维修作业后应及时清除油污杂物，并按指定位置整齐堆放，以保持维修车间的现场整洁。

2 生产作业现场的"5S"管理

为了实施文明生产，堵绝地摊作业，汽车维修企业的生产现场必须实施"5S"管理。

（1）整理 Seiri：清理物品，将工作场所中所有物品分成必要保留和不必要保留两种，留下必要保留的，清除不必要保留的。

（2）整顿 Seiton：将必要保留的物品按指定位置摆放整齐。

（3）清扫 Seiso：清扫工作场所。

（4）清洁 Seiketsu：保持工作场所整洁。

（5）素养教育 Shitsuke：养好整洁的良好习惯，自觉地遵守各项纪律和规则，并培养积极主动精神等。在这"5S"管理中，素养教育 Shitsuke 是其中最为重要的管理。只有加强了素养教育，才能培养员工的日常习惯和工作作风，才能实现其他的各项管理。

对维修车间及停车场管理的基本要求如下。

（1）要管好汽车维修企业的生产现场管理，首先要管好汽车维修企业内的车辆停放。例如，维修车间内只能停放在修车辆、待修车辆、修竣车辆、封存停驶车辆、外单位临时停放车辆等则必须移出维修车间而分别摆放于停车场内。除外单位临时停放车辆外，其他所有在修、待修及修竣车辆的钥匙均由生产调度人员保管。

（2）停车场内所有车辆都应靠边停放、排列整齐，并留出必要的车距与安全通道，不得相互阻塞,且要求车头朝外(向着通道),以保证每辆汽车在必要时都能顺利驶出。其中,凡能行驶的车辆都应保持在随时可起动状态。

(3)维修车间及停车场内应按作业程序划区(例如,维修区、安全通道、杂物堆放区等),分类摆放、防止混杂,并要求维修车间及停车场内地面坚实平整。

(4)维修车间及停车场内的车速不得大于5km/h,且严禁试车或无照驾车。在维修车间及停车场内应设置有"停车P"、"限速5km"、"严禁鸣笛"、"严禁烟火"等禁令标志及安全停放指示标志。

(5)维修车间及停车场内应防火、防爆,例如,在维修车间及停车场内不得加注燃油、不得堆放易燃易爆物品、不得鸣放鞭炮及吸烟,并要求场内照明良好,配备消防器材(如灭火器、沙箱沙袋、消防水龙等)。凡装有易燃易爆物品的车辆应单独停放并实施专人看管。

(6)维修车间门口,以及企业门口都应设立门杆和门卫值班制度,门卫应对场内停放车辆负有安全保管的职责。凡进出车辆都应接受门卫的清点和检查,维修竣工车辆必须凭《财务结算单》及《维修竣工质量检验单》才能放行。

3 加强各级生产管理人员的岗位职责

(1)车间主管的岗位职责。

①模范遵守企业的各项规章制度,抓好本车间的派工调度,合理安排劳力,做到均衡生产;协调各班组及相关业务部门关系,积极完成厂部下达的各项生产任务。

②抓好车间内的安全生产和文明生产,抓好劳动纪律和安全技术操作规程,抓好车间内易燃物品管理、用电管理及防火防爆,各工位配备灭火器材并加强灭火器材的使用维护等。

③抓好本车间的质量管理,严格各工位的自检和各工序的互检;倘若发生返工返修,要及时鉴定分析并上报处理。

④抓好车辆维修的生产进度和工期管理。

⑤认真做好本车间的生产统计,及时上报各种报表,建立本车间的生产技术档案。

⑥负责本车间的职工培训和技术考核,以提高职工思想素质、业务素质和技术素质。

⑦抓好本车间的机具设备管理和辅助材料管理。

⑧有权对本车间职工提出表扬,批评和权限范围内的奖励和处分等。

(2)班组长的岗位职责。

①在车间行政主管的直接领导下带头遵守厂内各项规章制度,负责传达并组织实施厂部下达的各项生产行政指令。

②除了直接参与并直接指导本班组生产外,还要全面负责本班组其他各项工作,例如,本班组内生产任务的分配和交割、本班组的劳动安全、监督检查生产进度以及本班组维修质量的自检和互检。

③负责班组范围内的公用设施和承修车辆管理。

④负责本班组生产环境和文明建设,规范维修工艺,开展安全质量竞赛,搞好各工位清洁卫生。

⑤有权改进本职范围内工作,并有权提议对本班组职工进行表扬、奖励和处分等。

第二节　汽车维修的工艺管理

汽车维修企业之间的竞争,其实就是维修质量与服务质量的竞争。其中,维修质量是基础,服务质量是根本。之所以说维修质量是基础,是因为客户车辆进厂维修,图的就是车辆的维修质量,而车辆的维修质量最后又由用户评价。倘若维修质量太差,再好的服务也不能使用户满意。之所以说服务质量是根本,是因为倘若服务质量不好,用户也会不满,此时再好的维修质量也等于零。当然,汽车维修企业的维修质量与服务质量也是汽车维修企业各项生产经营管理活动的点滴积累,要搞好维修质量与服务质量,必须要讲究维修过程及维修工艺,且要求企业中每个员工都能严格要求自己,从小事做起、从今天做起、从我做起。

一　汽车维修企业的工艺管理

1　汽车维修工艺

所谓汽车维修工艺,是指在一定的人员素质和工艺装备条件下,汽车维修过程所必须遵守的工艺纪律、工艺规程、工艺规范与技术标准的总称。它主要取决于维修人员的技术工艺,原材料供应、工艺装备及设备、工艺方法及操作环境等。

(1)工艺纪律——为达到某规定质量验收标准而必须遵守的工艺制度和劳动纪律。

(2)工艺规程——为达到某规定质量验收标准而必须遵守的操作程序。

(3)工艺规范——为完成该工艺并达到某规定质量验收标准而必须规定并规范的具体操作方法,包括操作程序(工艺规程)、操作方法及操作过程(工艺路线及工艺流程)等。

(4)技术标准——完成该工艺后所应达到的质量标准,包括基础性技术标准、质量验收规程及质量验收技术标准等。

2　汽车维修工艺的作业内容

汽车维修过程应该是:先修复汽车零件,再由零件装配成总成、由总成装配成汽车。在汽车维修工艺过程中,应该以最低的消耗来尽可能恢复汽车的使用性能和使用寿命,即保证汽车的使用性能并降低汽车维修费用。

(1)汽车零件修复——为了保证汽车零件的修复质量,事先应根据零件的损伤及原因,选择适合于本企业的最佳修复工艺规范,并尽可能提高效率和降低成本。

(2)汽车或总成装配——汽车或总成的装配,应根据原厂规定的装配要求(如装配清洁度要求、螺栓松紧度要求等),制订本企业汽车或总成装配的最佳工艺方案或最佳工艺规范,以保证汽车或总成的装配质量,并尽可能提高效率和降低成本。

但须注意的是,汽车制造企业的装配过程都使用标准的新件来组装标准的新机器,而汽车维修企业的装配过程则是用经过修复的不标准旧件去组装不标准的旧机器。显然,汽车维修企业的装配工艺与汽车制造企业的装配工艺不仅有很大不同,而且更难掌握。例如,由于各配合副在使用过程中已经磨损且磨损程度不一,因此在汽车维修的装配过程中,为了均衡与匹配各配合副之间松紧度,必须分别考虑各配合副在本次维修中的实际适用间隙。正因如此，尽管各汽车维修企业所采用的维修工艺规范及维修技术标准从表面看似统一，但实际上却差别很大，从而使各汽车维修企业的实际维修质量也差别很大。本企业的维修工艺规范及维修技术标准往往是对外保密的。

随着科技的进步而不断更新，各汽车维修企业的维修工艺规范及维修技术标准也在不断发展。为此，汽车维修企业不仅要及时更新本企业的工艺装备与工艺技术，而且还要善于总结本企业的维修工艺规范及维修技术标准，由此不断提高职工的工艺技术水平。

二、汽车维修工艺流程

汽车维修工艺流程，包括汽车维护工艺流程与汽车修理工艺流程。

1. 汽车维护工艺流程

（1）汽车维护工艺流程——在较大规模的汽车维修企业中，其汽车维护工艺流程如下。

在车主进厂报修后，由前台业务人员做车辆进厂交接，并根据车主的《报修单》做好汽车的进厂检验，检测诊断故障，并确定具体维修项目和费用预算；然后向车间下达《派工单》，以明确该车辆维修具体的作业项目和定额工时。车间则根据《派工单》安排主修班组及主修人进行车辆维修、调校或故障排除。在汽车维修过程中，不仅由主修人或主修班组执行维修作业，而且由主修人或主修班组执行自检与互检。修竣后交专职检验员实施竣工检验。倘若竣工检验合格，则交回前台业务人员并向车主交车，前台业务人员则汇总该汽车的维修工时消耗和材料消耗，结算该车的维修费用。

（2）汽车快修工艺流程——由于我国目前所用轿车的成色较新，其维修业务也大多只是日常性的维护或小修，因此在目前4S品牌汽车连锁经营的轿车快修店中，出现了一种以前台业务人员为中心的团队式汽车快修工艺流程。其工艺流程为：在车主进厂报修后，由前台业务人员做车辆进厂交接与进厂检验，并由前台业务人员直接派工调度。车辆经维修工维修并经维修工自检互检合格后，直接交前台业务人员进行竣工验收，最后由前台业务人员根据维修合同进行费用结算及向车主交车。显然，这种快修管理模式明显增大了前台业务人员的管理权力（甚至替代了汽车维修企业中所有的生产经营管理职能），不仅精减了人员，简化了工艺流程及企业管理，提高了生产效率，而且还突出了快修的服务特色，节约用户等待时间，提高了用户满意度和企业竞争能力。但必须说明的是：这种汽车快修工艺流程仅适合于作业内容较为简单的日常性汽车维护及汽车快修，并不适合于作业内容较为复杂的大型汽车维修企业；况且目前大多数汽车维修企业的前台业务人员还并不具备实际的故障诊断能力和质量检验能力，因此要由前台业务人员来统管汽车维修生产的全过程，还需要大大提高前台业务人员的业务素质才行。

2. 汽车修理工艺流程

汽车大修的工艺流程为：待修车辆通过前台业务人员完成进厂检验和车辆交接后，向承修车间下达《派工单》，车间根据《派工单》安排主修班组及主修人进行车辆大修。

车辆大修开始后，先由主修班组将汽车拆解为总成、由总成拆解为零部件；再由主修人或专职检验员将所有零部件做零件分类检验，分出可用、可修、可换三类；然后由主修人清理可用零件、修复可修零件、更换可换零件（配件库房凭核料单将材料送到主修班组）后，由主修班组进行组装,即由零件组装为总成、由总成组装为整车;最后经过调试,完成结尾工作,交专职检验员做竣工出厂验收,同时由前台业务人员汇总该汽车维修的工时消耗和材料消耗,结算维修费用并向用户交车。

汽车修理的工艺方法包括就车修理法、总成互换修理法两种。

(1)就车修理法——就车修理法是指在汽车修理的全过程中,将所有零部件和总成(除了无法修复而必须更换的外)一律修复后装回原车的修理工艺(图4-2)。在采用就车修理法时,由于各零部件的损伤程度及修复工艺不尽相同,各总成修理周期也不一样,只有等修理周期最长的总成修竣后才能进行最后总装。因此,不仅会影响汽车修理过程的连续性,而且修理作业周期较长,只适用于车型复杂、规模较小的4S品牌汽车维修企业、快修店或急修店等。

(2)总成互换修理法——总成互换修理法是一种由综合拆装、专业化总成修理组成的修理工艺(图4-3)。它在汽车修理过程中,除车架与车身等重要基础件仍采用就车修理法外,其他待修总成均由综合性拆装组负责拆除并送往各专业修理班组修复(修复后的总成存入旧件库);综合性拆装组则从旧件库领出已经修好的旧总成(或从配件库领出新购总成),进行汽车修理的总装配及总调试。

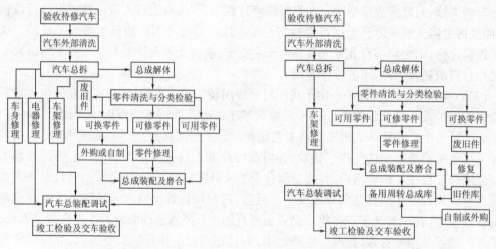

图4-2 就车修理工艺　　　　　　　图4-3 总成互换修理工艺

采用总成互换修理法的汽车维修企业还可实行流水作业法,即按照汽车维修工艺流程的先后程序和流水作业要求,将车辆所有的维修作业沿着流水线划分为若干工位,待维修车辆在流水线上依靠本身动力或者其他动力有节奏地连续或间歇地向前移动;各维修技工及各专用设备则分别布置在流水线两侧的指定工位上,每个工位只承担其中某一特定的维修作业(其专业分工的细化程度取决于汽车维修企业的生产规模)。这种流水作业法不仅能明显缩短修理周期,而且还可推广使用专用工具,从而提高劳动效率和维修质量。

由于总成互换修理法的专业化分工划分得很细,专业化程度很高。其中,拆装的只管拆装、修理的只管修理,从而不仅把汽车修理过程简化为综合拆装组的"拆拆装装",而且拆装作业相对简单,所需设备及所占场地也较少,从而有利于实现汽车修理的流水线作业,保证汽车修理过程的及时性和连续性,压缩修理作业周期(几乎不影响车辆出勤率)。另外,由于拆下后的总成都被送到各专业修理班组进行专业修理,因此既简化了过程管理,又确保了汽车的修理质量和修理周期。总成互换修理法所要求的工人操作技术较为专业和单一,不仅可提高工人单项作业的技术水平和工作效率,有利于推广采用专用工具,确保汽车的修理质量和降低汽车的修理成本,而且可减少技术工人的流动从而提高职工队伍的稳定性。但其缺点是:由于所要求零部件或总成的周转量较大,旧件库管理也比较复杂,不仅要求所互换的旧件质量和成色与原车车况尽可能匹配(否则会造成互换困难),而且还需要有机械化运输设备来运送笨重总成。因此只适合于车型单一、生产规模较大,且具有一定总成周转量的大中型汽车运输企业,例如城市公共交通企业。

在采用总成互换修理法时,车辆修理的停厂车日主要取决于备用总成的数量、各总成修理时间与车架修理时间。倘若 n 为修理企业的日生产纲领(即每天修车量),辆;n_0 考虑到由于某种特殊原因而引起生产中断所必须备用的总成数;t_1 为备用总成修理天数;t_0 为车架修理天数。则修理企业所需备用的总成数量应为:

$$N = n(t_1 - t_0) + n_0$$

3 汽车维修作业的劳动组合

汽车维修作业的劳动组合,是指汽车维修技工在一定的作业方式(如定位作业或流水作业)和工艺条件(如就车修理或总成互换修理)下的劳动组合方式,它通常由生产管理者根据本企业规模、企业特点、维修车型和人员素质等综合考虑。

汽车维修作业的劳动组合可有全能作业法和专业分工作业法两种。

(1) 全能作业的劳动组合——这种劳动组合是指除车身与车架维修(如钣金、油漆、锻焊、轮胎等)仍由专业工种完成专业修理外,其余机电维修作业(如发动机、底盘、电气设备等)均由 8~10 人的全能维修班组包干完成。但在这些全能维修班组内,仍需按照分桥定位和专业分工原则,按需分配到车辆的各个维修部位(例如发动机 3 人,前后桥 4 人,传动 2 人,电气设备 1 人),在额定的维修时间内平行交叉地各自完成所规定的维修任务,等到下次再相互轮换。这种劳动组合的优点是,企业管理与生产调度较为简单(即只需要班长协调,其余均由班组包干完成);机动灵活、占地面积较小,所需设备简单。但其缺点是,各班组内均需配备全能维修技工,不仅其技术水平要求较高,知识面较宽,从而不利于迅速提高技工的技术熟练程度,而且劳动强度大,维修周期长,修理成本高,修理质量也不易保证,因而只能适用于承修车型较杂、生产规模较小的中小型汽车维修企业。

(2) 专业分工的劳动组合——这种劳动组合是指将所有专业技工都根据分桥定位和专业分工原则,按需分配到车辆的各个维修部位(例如发动机 3 人,前后桥 4 人,传动 2 人,电气设备 1 人),每次汽车维修,其每个工人只固定承担其中某一项特定的维修作业而不实行相互轮换,专业分工的细化程度取决于汽车维修企业的生产规模。这种劳动组合的优点是分工较细,专业化程度较高,不仅能迅速提高技工的单项作业技术水平和操作技能,并可推广应用各种专用工具和工艺装备,而且还能迅速提高劳动生产效率、压缩停厂车日、保证维修质量和降低维修成本,并减少维修技工的频繁跳槽。但其缺点是,企业管理和工艺组织较为复杂,为了实现各工种之间的平衡交叉作业,要求企业协调好各工序进度,并做好生产现场的计划调度及零配件供应等,以确保其生产节奏,因而只适用于生产规模较大、承修车型单一的品牌 4S 特约汽车维修服务企业。

4 汽车维修工艺过程的统筹与优化

汽车维修的工艺过程通常由许多小工序组成。以发动机大修为例,在发动机解体清洗并进行零件分类检验后,通常可分三路进行:一路为汽缸体修理(如铣基准面、镗磨汽缸);一路为曲轴与凸轮轴修理(如修磨曲轴与凸轮轴的轴颈);一路为附件修理(如修理油电路、空压机等);然后镗瓦及发动机组装(包括活塞连杆组装配、曲轴与凸轮轴装配、配气机构装配等);最后进行发动机冷磨热试及质量验收。显然,要使汽车维修工艺过程获得最佳的维修质量、最高的维修效率和最低的维修成本,就要合理组织维修工艺过程。

汽车维修工艺过程的统筹安排或合理规划,通常要用统筹法或网络分析法。其基本做法是:先将整个汽车维修工艺过程视为一个系统,然后将其分解为若干工序,并分析和确定各工序之间的相互关系和先后顺序,然后汇编成表,再用网状图形式予以表达(图4-4)。用统筹图分析的好处是:由于统筹图能反映整个汽车维修工艺的全过程,因此可从图中抓住其关键路线及主要矛盾,有利于汽车维修工艺过程最佳方案的优化。

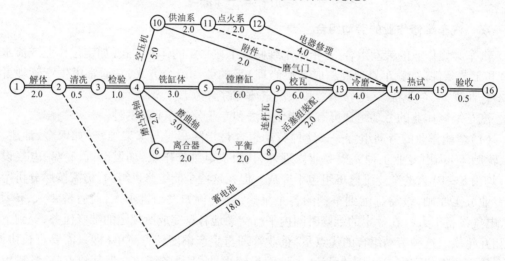

图4-4 发动机大修工艺过程的统筹与优化

统筹图由计划任务、结点和路线三部分构成。其中,用圆圈表示各工序的始点或止点;用箭线"→"连接各圆圈结点,以表示两前后工序之间的工艺流程及工艺路线;箭线上附写有所要完成的作业项目,箭线下附写有为完成该项目所需要消耗的持续时间。由于其中耗时最长的路线决定着整个工艺过程的完工周期,因而其中耗时最长的路线为关键路线。找出这些关键路线,并通过对网状图形不断组合与调整,尽可能优选出最优工艺方案,缩短工艺路线,最后付诸实施。

绘制统筹图应遵循的基本原则如下所示。

(1)在统筹图中不允许出现循环路线,即每条路线只能有一个始点和一个终点。

(2)相邻两圆圈结点之间只允许一条箭线相连,即从一圆圈结点开始、到另一圆圈结点结束;每根箭线的首尾必须都有连接点,即不允许出现无结点箭线。

(3)倘若在两相邻圆圈结点之间有几项作业需要同时进行时,由于所需时间不同,除了需用时间最少的作业可直接相连外,其余作业还须增加圆圈结点。

(4)圆圈结点的编号应沿着箭线所示方向由小到大顺序标出,且不允许重复出现。

(5)各工序所需工时的计算可分能直接确定与不能直接确定两种。凡不能直接确定的工时数可用下式估算:

$$t_e = \frac{t_a + 4t_c + t_b}{6}$$

式中,t_a、t_b、t_c 分别表示完成该作业最快、最慢和最大可能性的时间。

第三节 汽车维修的物资管理

汽车的维修过程并非是单纯的劳动服务过程,它还需要有各种维修物资的配合(如汽车配件、维修辅助材料、维修工具及检测量具等)。这些维修物资不仅品种、规格和数量众多,而且所占企业流动资金较大(约70%),汽车维修过程中所需的维修物资都属于汽车维修企业的生产资料,或流动资产。

一 搞好汽车维修物资管理的意义与任务

汽车维修企业的物资供应部门是汽车维修企业中所需维修物资的业务管理部门(包括维修物资的采购、库房管理及外加工等)。例如,在汽车维修全过程中,倘若维修班组需用维修物资而库房没有准备,就会造成停工待料(所谓停工是指由于缺乏人手或者由于停电等原因而造成停工;所谓待料是指由于配件或材料供应不足而造成的停工),从而直接影响汽车维修任务的顺利完成;但倘若维修物资有准备而不用,又会造成维修物资不必要的积压与浪费。因此,既要保证汽车维修物资的正常供应,又要减少维修物资的积压和消耗,还要提高汽车的维修质量,所有这些都需要加强汽车维修企业的生产经营管理,特别是要做好汽车维修物资的供应管理。

1 搞好汽车维修物资管理的意义

(1)由于汽车维修需要有充足的维修物资供应所保证。因此,搞好汽车维修物资管理,可以保证汽车维修业务的正常开展,防止汽车维修过程中出现停工待料。

(2)由于购置维修物资需要动用企业的流动资金,因此搞好汽车维修物资管理,也是加快汽车维修企业流动资金周转,提高企业经济效益的重要措施。例如,严格控制维修物资的库存量和采购量,严格执行维修物资的管理和发放,以减少物资消耗,降低企业生产成本,减少流动资金占用,从而提高企业经济效益。

(3)由于现代汽车所使用的维修物资多属于优质材料(有些还是贵重而紧缺的战略物资),而国家的资源储备总是有限的,且不少资源并不能再生。因此,搞好汽车维修物资管理,尽可能地修旧利废,以提高现有物资的利用程度,也是减少国家资源消耗,提高国家宏观社会效益的重要保障。

2 汽车维修物资管理及其主要任务

(1)汽车维修物资管理——在汽车维修企业的维修物资管理中,对汽车配件与汽车维修辅助材料等的管理,包括对内维修服务和对外销售服务两个部分。倘若以对内维修服务为主,则配件库房及采购人员在业务上应归属于生产部门管理,这样更有利于生产部门根据生产进度需要而直接调度物资供应,充分体现物资供应为生产服务的原则;但倘若以对外销售服务为主,则对外销售部分应在业务上归属于经营部门管理。汽车维修工具、汽车维修机具和汽车维修设备的日常使用维修都归属于生产管理,但其选型购置、更新改造、折旧报废等的全过程管理应归属于技术管理。

(2)汽车维修物资管理的主要任务——汽车维修企业维修物资管理的主要任务如下。

①搞好汽车维修物资的市场调查和统计分析,以掌握本企业维修物资消耗的品种、数量、质量、价格及供应渠道。

②根据本企业维修物资消耗的规律,编制供应计划和采购计划,积极合理地采购和储备,并配合生产技术部门检查、制订或修订汽车维修物资消耗定额。

③做好汽车维修物资的入库验收、储存保管、审核发放,以确保汽车维修顺利进行。

④做好库存物资的清仓盘点和回收利用,管好和用好汽车维修物资。既要减少物资流通时间、加速资金周转,也要做好修旧利废,尽可能减少资金占用。

二 汽车维修物资的分类、定额、需要量和储备量

汽车维修企业所用的维修物资品种繁多,为此首先要做好汽车维修物资的分类。

1 汽车维修物资的分类

企业所用物资若按其用途分类,可分为生产物资与基本建设物资等;若按其材质分类,可分为金属材料(如黑色金属与有色金属)、非金属材料(如化工品、橡胶品、木材等)、工作液及油润料等(如各类油品)。

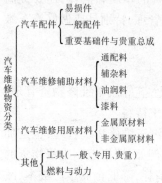

图4-5 汽车维修物资分类

汽车维修过程中所用的维修物资通常可分为汽车配件、汽车维修辅助材料、汽车维修用原材料及其他(图4-5)。

(1)汽车配件——汽车配件是指能直接装用于汽车的零部件制成品。它通常按其价值进行分类。其中包括如下内容。

①低值易耗配件(指汽车运行或汽车维修中常用的低值易损配件),如汽车灯泡、各类密封垫、火花塞、高压线等。

②汽车维修用一般配件(指汽车维修作业中必须更换的常用配件),如汽车大修时必须更换的活塞、活塞销、活塞环、曲轴轴承等。

③重要基础件及贵重总成。其中,重要基础件包括:汽缸体、曲轴、凸轮轴、连杆副、飞轮壳、变速器壳、前桥及后桥壳、车架等;贵重总成包括:发动机总成、喷油泵总成、喷油器总成、分电器总成、散热器总成、变速器总成、差速器总成、主传动器总成、前后桥总成、车架总成、驾驶室总成、仪表板总成、转向机总成、制动总泵总成、轮胎总成、发电机总成、起动机总成、蓄电池总成、电控单元总成,以及汽车专用特殊轴承等。

(2)汽车维修用辅助材料——汽车维修用辅助材料是指汽车维修过程中所使用的辅助性材料,它通常按品种分类。其中包括如下内容。

①通配料(指通用的机械零件或标准件),如轴承、油封、螺栓螺母、垫圈、开口销等。
②辅杂料(指维修用辅料或杂料),如铜皮、纸板、石棉线及其他维修用材料等。
③油润料(指燃油、清洗油、润滑油等)。
④漆料(指底漆或面漆的填料、溶剂、涂料等)。

(3)汽车维修用原材料——包括各种金属型材(如角钢、槽钢等)、非金属型材及原材料等。

(4)其他——包括汽车维修工具、燃料与动力(如电力)等。其中,汽车维修工具通常按其价值或用途分类,如一般工具、专用工具和贵重工具等。之所以要将维修工具、燃料与动力等都归入汽车维修物资,是因为它们都属于企业流动资金开支。

2 汽车维修物资的消耗定额

汽车维修物资消耗定额,是指汽车维修企业在一定的生产技术组织条件下,为维修每辆次汽车所必需消耗的各类物资数量标准,它综合反映了汽车维修企业的生产经营管理水平。

(1)编制汽车维修物资消耗定额的作用——企业本期的维修物资供应计划,由每辆次汽车维修作业的物资消耗定额乘以本期内企业所需要完成的汽车维修辆次数得到。因此,编制维修物资消耗定额是编制维修物资供应计划的基础。汽车维修物资消耗定额编制得越详尽、越合理,所得出的企业维修物资供应计划就越精确。维修物资消耗定额也是确定企业流动资金、进行经济核算、节约消耗、提高企业生产经营管理水平的有力工具。在实际的汽车维修作业中,只要将所发生的实际消耗量与合理的定额消耗量相比较,就可以判断实际消耗是超耗还是节约,或者所制订的消耗定额是先进还是落后。在此基础上积极开展企业的经济核算和劳动竞赛,就可以不断地提高企业的生产经营管理水平。

(2)编制汽车维修物资消耗定额的方法——编制汽车维修物资消耗定额要贯彻"平均先进"的原则。所谓平均先进的消耗定额应该是:在汽车维修企业现有的生产工艺条件下,在完成某项汽车维修作业项目时,要保证企业中大多数人都能完成(少数人还可能优先完成),只有少数人不能完成而还尚须努力的消耗量。当然,此平均先进定额的概念也是随着企业生产工艺条件的不断改善而不断调整的。因此,在编制并实施汽车维修物资消耗定额的过程中,不仅需要保持一定时期的相对稳定,不能朝令夕改,而且还需要根据具体实施情况,定期地修改,以不断降低消耗定额、降低维修成本。

汽车维修物资消耗定额的编制或修订方法常有以下三种。

①技术计算法或统计分析法。它根据汽车维修技术资料,通过工艺计算与技术分析,或者根据企业历年汽车维修物资实际消耗的统计资料,来综合编制或修订汽车维修物资的消耗定额。但由于前者工作量太大而且准确性较差,而后者需要有历年完整准确的统计资料,因而一般只适用于编制或修订重要基础件和贵重总成的物资消耗定额。

②对比参照法。根据类似汽车维修企业所实施的汽车维修物资消耗定额,对比本企业与该企业在生产工艺条件上的差异并适当调整,从而编制或修订本企业的汽车维修物资消耗定额。

③经验估计法和实际测定法:由具有汽车维修实践经验的定额管理人员深入实际的汽车维修过程中,根据现有生产工艺条件,通过经验判断或者实际测定,来编制或修订汽车维修物资消耗定额,但采用此法的准确程度通常会受到具体操作人员技术熟练程度及测试态

度的影响。

(3)汽车维修物资消耗定额的种类——汽车维修物资主要分汽车配件及非汽车配件两类。

①汽车配件。在汽车事故性检修、汽车小修以及汽车各类技术维护的附加修理作业中所消耗的汽车配件,通常不采用定额结算而按实际消耗结算;汽车大修以及汽车各级技术维护作业中所消耗的汽车配件,则通常根据所维修的车型类别及作业类别,按其规定消耗的汽车配件采用定额结算,为此应按其车型类别以及各级作业类别分别制定出规定消耗的汽车配件数量定额或费用定额,实行定额包干。

②非汽车配件(如汽车维修辅助材料、维修用原材料及其他)。由于这些材料的种类繁杂,且用量不多,一般很难逐项制订消耗定额。为此,除了个别能制订消耗定额的品种外,一般都根据其车辆类别及作业类别,定期地(例如按每月)根据企业为完成各类汽车维修作业所消耗材料的总费用,按每辆次进行平均摊派,以作为这些材料在当月各类汽车维修作业中的费用消耗定额。

(4)汽车自制配件的物资消耗定额——当汽车维修过程中需要批量性自制零配件时,也需要制订自制零配件的材料消耗定额,以限制在零配件自制过程中过多地消耗原材料。自制零配件原材料的消耗定额,可略大于汽车配件厂批量制造该零配件的物资消耗定额,包括净消耗、加工消耗及废品率等。其中,净消耗是指零配件制成品的原材料净重,加工消耗是指每加工一个零配件从投料开始到制成成品所消耗的原材料净重。

3 汽车维修物资的需要量和储备量

(1)汽车维修物资的需要量——汽车维修中所需要的物资品种繁多,而且消耗量也随着汽车维修类别的不同而差距较大。因此若要准确计算汽车维修过程中的物资需要量,通常应按其车型类别及维修次数、维修类别,以及各级维修所必需的实际消耗量,来计算汽车维修企业物资消耗的费用总量;再根据各维修类别中汽车配件与维修辅料的比例,分别计算出汽车配件和汽车维修辅助材料消耗的费用定额。

(2)汽车维修物资的储备量——倘若从汽车维修而言,为保障维修过程顺利进行,常希望能随时领到所需要维修物资的品种、规格和数量,由此总是希望库存量越多越好;倘若从物资采购而言,为了减少采购频次,并争取较低批发价格,也希望每次采购量越大越好。但倘若从减少企业流动资金占用出发,却要求尽可能地降低采购量及库存量。显然这是互相矛盾的。因此,若想既要够用又不浪费,就要作出合理的选择,即需要根据汽车维修物资的库存量与供应量,以及对日常汽车维修业务的影响程度,来正确制订汽车维修物资的合理储备定额。

汽车维修物资的合理储备定额不仅是组织物资供应、编制物资采购计划的重要依据,而且也是合理调节库存、节约采购费用及减少流动资金积压的有力工具。合理数量的物资储备定额通常可分经常性储备定额和保险性储备定额两种。

①经常性储备定额,是指某类物资在两次采购之间、为保证汽车维修正常进行而需要经常储备的最高定额。

    某类物资的经常性储备定额 = (库存最大储备量 + 库存最小储备量)/2

②保险性储备定额,是指某类物资为不影响汽车维修业务正常进行而应急储备的最低

定额。

某类物资的保险性储备定额＝保险天数×该类物资平均日消耗量

其中,某类物资的保险天数应由该类物资供应的准时性以及对汽车维修业务的影响程度综合确定。对于可以随时就地采购的物资,其保险天数可以为零。

三 汽车维修物资的采购及仓储

汽车维修配件及汽车维修辅助材料的采购与仓储是汽车维修企业生产经营管理中的重要环节。抓好汽车维修配件及汽车维修辅助材料的采购和仓储,不仅是为了保证汽车维修过程中汽车维修配件及汽车维修辅助材料的正常供应,而且也是为了能制订汽车维修物资的合理储备量,加速企业流动资金的周转。

1 汽车维修物资的采购与入库验收

汽车在进厂维修开工时,在清洗并解体后,首先要由主修人对其进行集中性的零件分类检验(核料),通过零件分类检验,将所有零件分为可用、可修、可换三类,将其中可换的汽车配件目录及数量报送汽车配件库房,或者由汽车配件库房集中发料,或者立即编制采购计划由采购人员立即采购。

为了既避免库房积压而造成浪费,也避免待料而影响汽车维修业务的正常周期,就要抓好汽车维修物资的采购管理和仓储管理(图4-6),包括维修物资的出入库管理以及定期的清仓查库等。

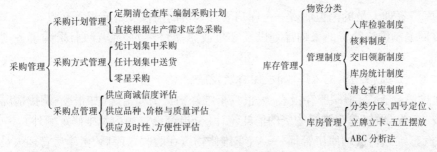

图4-6 配件采购与库房管理

在汽车维修物资的采购管理与仓储管理中,当汽车维修企业的维修物资采购及仓储管理主要对外经营时,其物资采购人员与库房管理人员应归属于市场经营部门单独设置的配件销售门市部管理;但当汽车维修企业的维修物资采购与仓储管理主要对内服务时,其物资采购人员与库房管理人员应归属于生产技术部门管理。

(1)汽车维修物资的采购管理——包括采购计划、采购方式和采购点的管理等。其原则是:除了零星材料可由生产部门直接通知采购人员实施临时性采购外,其余材料(特别是汽车配件)均应按零件分类检验后的核料单,或者经清仓查库后编报的采购计划实施计划性采购,并且要求买回即用(库房积压期或周转期不超过半年),不得多买与错买。

在市场经济条件下,对采购人员的管理,不仅是为了保证汽车维修业务的正常进行(保质保量地采购汽车维修物资),而且也是为了堵塞漏洞。这是降低汽车维修成本的重要措施。为了防止不法商家贿赂采购人员从而购入假冒伪劣物资及无用物资,一是要选派素质较高的人员负责采购,自觉杜绝回扣;二是要加强汽车维修物资的入库验收,防止假冒伪劣物资入库。

汽车维修企业必须要控制好汽车维修物资的采购环节。为此,在建厂选址时,或者在选择供应商而准备定点供应时,不仅要选择距离最近、交通最便利、供货速度最快、质量最正宗的供应商,并与之建立良好而长久的合作关系,而且还要随时掌握汽车维修物资的市场供应商情,搞好市场预测与市场调查,不断地比较与选择,货比三家,从中选择最好的供应商及最佳的供货方式。对于企业需用量较大的汽车配件,占用资金量较多的重要基础件及贵重总成,还可以选择定点供应及期货供应,或者利用电子商务由汽车配件商直接供货等。当然,无论是期货供应或直接送货,所采购的汽车维修物资必须保证其质量正宗和价格低廉。

(2)入库验收——采购回来的汽车维修物资在入库之前必须经过入库验收(由库房检查和验收),它是库房管理的重要基础,也是管好汽车维修物资供应的先决条件。入库验收的主要内容如下。

①根据购货发票和认购合同,核查和验收所采购的汽车维修物资数量、品种及规格等。

②根据技术标准或合同规定,核对和验收汽车维修物资的产品与质量。其中,一般原材料或辅料可由库房自行检验;汽车配件(特别是重要基础件和贵重总成)以及特殊维修辅助材料可委托技术检验部门进行专职检验。库房在进行汽车维修物资的入库验收时,一定要把好数量、质量、单据三个关,坚持"四不收"制度,即凭证不全不收,手续不齐不收,数量不符不收,质量不合格不收。

2 汽车维修物资的库房管理

(1)库房管理人员的岗位职责——库房管理人员的岗位职责有以下几点。

①负责编制维修物资的采购计划以及零星或急需材料的采购计划,采购事务则由采购人员负责。

②负责汽车维修物资的入库验收、保管及发放。

③通过清仓查库,编制库存报表,编报汽车维修物资消耗情况(如报废、调拨情况等)。

④按"车头"做好单车维修物资的消耗统计(分出维修定额内及维修定额外)。

(2)汽车维修物资的库房管理——汽车维修物资在验收入库后,由库房管理人员根据维修物资的理化性能、体积大小、包装情况等进行分类保管。汽车维修物资库房管理的基本要求是:摆放科学,数量准确,质量不变,消灭差错。其中,特别是对于有毒、易燃等危险物资应该严格按照国家的保管条例进行仓储。

汽车维修物资的库房管理要做好"十防"(防锈、防尘、防潮、防霉、防腐、防磨、防水、防燃、防变质、防漏电等);同时,要做到不短缺、不损耗、不变质、不混号(规格和型号)及账卡物相符。为此,要学习推广大庆所创造的"分类分区"、"四号定位"、"立牌立卡"、"五五摆放"等一整套科学管理办法。具体含义如下。

①分类分区,就是根据维修物资类别、合理规划维修物资的固定存放区域。

②四号定位,就是按库号、架号、层号、位号四者统一的编号存放(并标记在物资账卡上)。例如,2A23 表示为 2 号库房、A 号货架、第 2 层、第 3 货位。

③立牌立卡,就是对存放定位并已经编号的各种维修物质建立料牌卡片。料牌卡片上应写明维修物资的名称和编号,以及记录维修物资进出库数量和结存数量等,以便库管人员

掌握该维修物资的进、出、存情况。

④五五摆放,就是按照各类维修物资的形状,以五为基数,五五成行、五五成方、五五成串、五五成层,以方便于计点库存维修物资的数量。

(3)汽车维修物资的ABC管理法——在库房管理中,汽车维修物资还要实施ABC管理法,即重点管理法或分类管理法(表4-3)。它要求将库存的每种维修物资按其单位价值、消耗数量及其重要程度等进行分类。其中,必须严加控制单位价值较高而消耗数量较少的A类物资(如汽车重要基础件及贵重总成等),以尽可能减少库存量;适当控制价值中等、消耗数量中等的B类物资;而对于较低价值而消耗数量很大的C类物资由于其占用资金较少,可以在资金控制和采购周期上适当放宽,适当减少采购次数。其管理重点是研究A、B两类的消耗规律,以合理控制库存资金。

ABC 分 类 表 表4-3

类别	品　　种	品种所占百分比(%)	资金所占百分比(%)
A	各种贵重总成与重要基础件	8~15	70~80
B	一般汽车配件	20~30	15~25
C	低值易耗材料、维修辅助材料	50~60	5~10

3 汽车维修物资的发放——核料领料制度与交旧领新制度

汽车配件及汽车维修辅助材料管理是汽车配件库房管理的重要环节。为此,不仅要在汽车维修过程中建立健全领料与核料制度并建立健全交旧领新制度,而且还要面向生产、面向基层,不断提高库房管理的工作质量和服务质量。

(1)汽车配件的管理——汽车配件管理须实行汽车配件的领料与核料制度,即在汽车或总成解体后,应由主修人或专职核料人员对所有已解体的汽车零部件进行一次性分类检验。经过核料,将所有已解体的汽车零部件分为可用、可修、可换三类,并由此填写《核料单》;汽车配件库房则凭此经过审核的《核料单》进行一次性发放,或一次性送货服务到车间。所谓发放制度,就是指汽车配件库房在发料时,规定凭审核人员签证发放的制度。

①凡属于该车该次维修作业中规定应换的或者可换的一般性配件或材料,且属于该级汽车维修费用定额包干的,可经过核料后由主修人报领,由配件库房凭《核料单》进行定额发放,其实际消耗量计入该车该次维修作业的实际材料成本中。

②凡在该车该次维修作业中一般不应更换,或超出了该车该次维修作业规定的作业范围或材料消耗定额,即不属于该车该次维修作业中费用定额包干的配件或材料,应作为附加材料处理,此时应按照企业的领料审核制度,经技术检验部门审核签证后才能凭证限额发放。其中,属于低值易耗材料或一般配件的,可经车方同意,由主修人鉴定并审核、主修人报领;凡属于重要基础件或贵重总成的,可经车方同意,由专职技术检验人员鉴定并审批、主修人报领。凡未按照规定程序核料和审批的,库房有权拒绝发放。

③在需换新的汽车维修物资中,凡具有回收利用价值的,均应实行交旧领新制度。

④发料时应贯彻先进先出原则,以避免库存物资存放太久。

⑤库管人员应对所发出的维修物资实行质量三包。

汽车配件库房在发料时,应根据《核料单》,按照"车头"或"人头"审核单车领料记录,倘若发现多领或错领应及时追查原因并予以纠正。在汽车维修过程结束时,汽车配件库房还应将该车全部的领料记录交主修人或专职核料员再次审核,并将所发配件或材料分为该车该次汽车维修费用定额中所包干或不包干两类,最后送交财务结账及成本核算。

(2) 汽车维修辅助材料的管理——汽车维修辅助材料包括油润料(如燃油、润滑油/脂、制动液、防冻液等)、通配料(如通用标准件)、辅杂料(如纸板棉纱等)、漆料(如底漆、面漆等)。这些材料都可由相应的维修车间或维修班组按每月维修量及每车消耗定额预领一批,至每月底成本核算时按实际消耗量汇总核销。

汽车维修企业需要消耗的燃油(汽油和柴油)包括办公用油、采购用油、试车用油、清洗用油四类。其中,办公用油应凭厂部办公室签发的《派车单》发放,采购用油应由供应部门签发,且派车单上应注明行驶里程及发油定额,以限定其行驶里程及用车计划。试车用油及清洗用油应根据各汽车维修类别的发油定额由生产管理部门签发,并执行内部油票制度,以限定其试车里程及试车次数,严格限制清洗用油,尽量用碱水或清洗剂清洗代替。

各种金属及非金属型材等原材料,可按实际消耗量由使用人报领。其中,凡用于车辆维修的应落实到"车头",列为该车的维修成本中,竣工后由专职核料员核销;凡用于其他项目的应列为该项目的材料成本,竣工后由该生产技术部门核销。汽车维修辅助材料的消耗一般均采用摊销办法处理。但为了避免浪费和便于考核,在经过对各种物料消耗具体测算和查定分析的基础上,也应制定原材料消耗费用定额,并以此对车间班组进行成本考核。

(3) 工具与量具的管理——其中,汽车维修作业中的常用工具及低值量具可由汽车维修工报领;易损易耗工具(如钻头、板牙、锯条、锉刀、砂布砂纸等)可根据以往消耗量制定暂行的消耗定额,由使用人报领。属于机具设备或汽车的随机随车工具,应由机具设备或汽车的使用人报领。特殊量具、贵重量具、精密量具和测试仪具应由技术检验部门领用保管,专机专用、公用工具、电动工具及贵重稀缺工具统一由工具房保管,使用者一律凭票借用,并限期归还。以上均应由工具库房按领用人或保管人建账立卡,其中属于自然消耗的可计为企业生产成本(但领用时应交旧领新);属于异常性损坏的应视情况赔偿。

4 汽车维修物资的清仓盘点、回收利用与信息反馈

(1) 清仓盘点——汽车维修企业必须经常或者定期地做好库房仓储的清仓查库工作(一般为日清、月结、年盘点)。其盘点的主要内容有:检查账、卡、物是否相符;检查物资收发是否有差错;检查各类物资是否超储积压、变质或损坏;检查库房及安全设施等有无损坏等。倘若发现库存物资盘亏或盘盈、超储积压、变质损坏的,不仅应查明原因并采取补救措施,而且还应按规定申报,经企业主管审批后才能核销或处理。

(2) 回收利用——汽车维修企业更换下来的所有废旧零配件原则上退还给送修单位,倘若送修单位不要时,则均为维修企业所有,应由生产部门统一处理(处理残值上交财务)。为此,汽车维修企业配件库房应附设旧件库,以便将旧件分类集中管理,搞好废旧物资的回收利用工作。搞好废旧物资的回收利用是降低汽车维修企业生产成本的主要措施。为此,首先要明确各种废旧物资的回收范围和标准,从而把各种散存废弃物资尽可能分门别类地集中起来。为此,应建立交旧领新制度和奖惩制度,并有计划地开展修旧利废工作。

① 把回收的废旧物资经修复后直接用于汽车维修。

② 把废旧的原材料及边角料进行拼修、改制或加工成小件。

③本单位无法利用的废料可按国家规定出售给其他单位再去利用。

在汽车维修过程中,凡有修复价值且应该修复而未修复、领用新件的,在结算材料费时应扣除其旧件修复费用20%(无旧件修复价值的除外)。在修旧利废中,修复的旧件应经技术检验合格后由旧件库统一保管,在汽车维修核料和领料时应优先发放修复件(若该旧件修复属于该车正常修理范围的应视为总成互换,不得另行加费;但若是修复件出售,则可根据其修复难度,按其新件价格30%~70%收取)。修复件的质量由修复人负责,实行三包,修复人所创造产值可按所修复旧件的10%计费提成。

(3)信息反馈——在汽车维修物资仓储管理中所产生的信息,是汽车维修企业物资供应部门编制物资采购计划的重要依据,也是了解企业中主要或重要物资流动情况的重要方法。以根据库房信息反馈,及时补充、调整或控制库存,既要杜绝停工待料,也要杜绝库存超储,保证汽车维修企业整体经营目标的实现。为此,汽车维修企业应完善建立库房管理中的信息反馈岗位责任制,并将此纳入企业信息网。

第四节 汽车维修的技术管理

汽车维修企业是由多工种、多工序构成的服务性工业企业,虽然规模一般较小,但由于维修车型和维修技术日益复杂,各工种及各工序有着各自不同的操作规程、工艺规范和技术标准,各工种及各工序在汽车维修过程中又彼此交叉,因此每一工种或每一工序的工作质量都会直接影响到汽车的维修质量,这就需要加强汽车维修企业的技术管理。

现代汽车维修企业一般都设置有技术管理部门,以配合生产管理,进行技术指导和技术培训,监督和协调企业内部所有的生产技术业务,为汽车维修企业的生产经营管理服务。为此,汽车维修企业在建立厂长/经理负责制的同时,本着精简和效能的原则,还应建立以总工程师(年大修能力500辆以上的汽车维修企业)、主任工程师(年大修能力300辆以上的汽车维修企业)或技术负责人(年大修能力300辆以下的汽车维修企业)为首的技术管理机构,并配备少量精干的技术人员,明确技术岗位职责,由此建立汽车维修企业的技术管理体系。

一、技术管理的基本任务与岗位职责

1 汽车维修企业技术管理的基本任务及岗位职责

为了保证客户车辆的维修质量,保证客户车辆维修竣工后的行驶安全及节能减排,实现汽车维修企业的经济效益与社会效益,汽车维修企业技术管理的基本任务如下。

(1)建立技术管理组织机构——为加强汽车维修过程中的技术领导,除建立汽车维修企业的技术管理体系外,各车间技术负责人、主修人及专职检验人员在技术业务上也受总工程师、主任工程师或技术负责人的直接领导。总工程师、主任工程师或技术负责人应在厂长/经理的直接领导下具体负责本企业的技术管理工作,对厂长/经理负责。

(2)建立技术管理制度及技术责任制度——执行上级颁布的技术管理制度,建立健全本企业各级技术管理部门的技术管理制度及技术人员的技术责任制度。例如,车辆维修制度、

机具设备管理制度、材料配件管理制度、全面质量管理制度及质量检验制度、技术教育培训制度、技术档案管理制度、技术经济定额管理制度、技术责任事故处理制度等。

(3)坚持技术为生产服务的原则——汽车维修企业技术管理的基本原则,就是要坚持技术为汽车维修生产服务的原则,坚持以提高汽车维修质量为中心的原则。

①根据企业实际情况,分析汽车维修工艺过程,抓好汽车维修过程中的技术管理与质量管理(如零件分类检验、过程检验及总成验收,开展QC全面质量管理活动等)。

②采用先进合理的汽车维修技术工艺;改进汽车维修的技术和工艺,提高车辆维修质量,解决汽车维修过程中的疑难技术问题。

③解决本企业生产经营管理中存在的疑难技术问题和质量问题。

④努力提高产品质量,并努力降低产品成本。

(4)搞好汽车维修的机具设备管理——根据"择优选配、正确使用、定期检测、强制维护、视情修理、合理改造、适时更新和报废"的原则,结合企业实际生产过程,不仅应选用生产上适用、技术上先进、经济上合理、可靠性好、信誉度较高的汽车维修设备及汽车检测诊断设备,而且对汽车维修企业已有的运输车辆及维修机具设备进行全过程综合性技术管理,并正确地使用车辆更新改造资金和大修理基金。

(5)搞好修旧利废与技术革新——推广现代化管理方法,推广应用新技术、新工艺和新材料,提高生产劳动效率,减轻工人劳动强度;积极开展修旧利废与技术革新,促进企业技术进步,努力降低修理成本。编制并实施本企业的科技发展规划和年度技术措施计划(包括企业设备购置和维修计划),搞好本企业的技术改造和技术革新工作;推广新技术、新工艺、新材料、新设备;开发新产品。

(6)搞好技术教育和技术培训——领导并组织本企业的科技工作和技术培训工作,做好本企业技术职务的评定和聘任;积极开展职工技术教育、质量教育和质量评比,配合人力资源部门做好职工的技术教育和技术等级培训。

(7)做好技术管理基础工作——切实做好本企业技术管理的各项基础工作。

①建立健全各级技术责任制度。

②建立健全生产技术管理过程中的各种原始记录和技术文件(包括生产用图纸资料、各工种各设备的安全技术操作规程,汽车维修工艺规范以及各类企业技术标准等)。

③参与制订与实施企业各项技术经济定额。

④搞好技术资料与技术档案管理。

⑤参与技术责任事故处理等。

2 车辆技术管理中的技术经济定额

车辆技术管理中的技术经济定额有:

(1)行车燃料消耗定额——是指汽车每行驶百车公里或每百吨公里所消耗的燃料限额。根据《载货汽车运行燃料消耗量》(GB/T 4352—2007)和《载客汽车运行燃料消耗量》(GB/T 4353—2007)规定,汽车行车的燃料消耗定额应按其车型、使用条件、载质量/载客量、燃料种类、试验规程(如等速试验或多工况试验等)分别制定。

(2)轮胎行驶里程定额——是指新胎从开始装用,经翻新直至报废的总行驶里程限额。应根据车型、使用条件以及轮胎的性能等分别制定。

(3)车辆维护与小修费用定额——是指车辆每行驶一定里程,因维护与小修所耗工时及材料的费用限额。应按车型和使用条件等分别制定。

(4)车辆大修间隔里程定额、发动机大修间隔里程定额——前者是指新车到大修或者两次大修之间行驶的里程限额,按车型和使用条件等分别制定。后者是指新机到大修或者两次大修之间所需使用的里程限额,应按机型及使用燃料等分别制定。

(5)车辆大修费用定额——是指车辆大修所耗的工时及材料总费用的限额,按车辆类别和形式等分别制定。

(6)完好车率——是指完好车日占总车日的百比。

(7)车辆平均技术等级——是指所有运输车辆技术状况的平均等级。

$$车辆平均技术等级 \times 车辆总数 = (1 \times 一级车数) + (2 \times 二级车数) + \\ (3 \times 三级车数) + (4 \times 四级车数)$$

车辆技术状况的等级划分如下。

①一级/完好车:新车行驶到第一次大修间隔里程定额的2/3和第二次大修间隔里程定额的2/3以前,汽车各主要总成的基础件和主要零部件坚固可靠,技术性能良好;发动机运转稳定,无异响,动力性能良好,燃润料不超过定额指标,废气排放、噪声符合国家标准;各项装备齐全、完好,在运行中无任何保留条件的车辆。

②二级/基本完好车:车辆主要技术性能和状况或行驶里程低于完好车的要求,但符合《机动车运行安全技术条件》(GB 7258—2012)规定,能随时参加运输的车辆。

③三级/需修车:送大修前最后一次二级维护后的车辆和正在大修或待更新尚在行驶的车辆。

④四级/停驶车:预计在短期内不能修复或无修复价值的车辆。

(8)车辆新度系数——是评价运输单位车辆新旧程度的指标。

$$年末单位全部运输车辆固定资产净值 \times 车辆新度系数 = 年末单位全部运输车辆固定资产原值$$

(9)小修频率——是指每千车公里所发生小修次数(不包括各级维护作业中的附加修理)。

(10)轮胎翻新率——是指统计期内经过翻新的报废轮胎数占全部报废轮胎数的百分比。

二 汽车维修企业的科技管理

1 科技活动的内容

(1)科技发展规划——汽车维修企业的科技发展规划是汽车维修企业关于技术管理系统开展科技活动的发展规划。

①企业科技活动发展方向、奋斗目标及技术措施。

②生产工人及技术人员业务培训计划。

③机具设备更新添置计划。

④技术改进及技术改造计划。

⑤科技经费计划。

(2)科技小组与科技活动——汽车维修企业中的科技小组应当参加当地汽车工程学会的科技活动。

①了解当前汽车维修行业的科技发展动态,交流科技情报和科技资料,确定科技活动的具体项目和措施。

②研究企业当前生产经营管理活动(特别是质量管理)中所存在的问题和改进措施(合理化建议)。

③企业机具设备的技术改造。

④企业职工的技术教育和技术培训。

2 技术改进与合理化建议

技术改进包括技术革新、技术推广、技术改造和技术改装。其中,技术革新是指改革汽车维修机具与维修工艺的;技术推广是指推广应用维修机具与维修工艺的;技术改造是指改变维修设备的性能结构达到挖潜目的的;技术改装是指改变维修设备用途而不改变设备性能结构的;合理化建议是指为实现汽车维修技术改进而提出的建议。

技术改进与合理化建议都应围绕着汽车维修企业生产经营管理活动的实际项目开展。例如:

(1)改善企业生产经营管理。

(2)改进生产工艺方法、改进产品结构、提高产品质量、提高工作效率和提高经济效益。

(3)改革工具或机具,实施设备改造,改进检测手段与检测方法。

(4)改善生产劳动条件,实现文明生产及安全生产。

(5)实现节能、消除公害,实现环境保护。

按技术改进与合理化建议的形式,提出科技项目的名称、实施方案、实施依据及预期效果等,由技术管理部门汇总并审议。对于其中效果较好并可以立即实施的可报厂部审批。被批准科技项目的实施,由生产技术管理部门牵头,以提出人为主成立"项目攻关小组"。在项目实施完成后,应由项目负责人写出总结报告,汇同项目技术资料交生产技术管理部门验收,技术资料统一归档。被批准实施的科技项目经费在业科技经费中列支。在完成后应经3~6个月的实际运用试验,确实证明可行并确有成效的,企业应对于该项目突出贡献者给予单项奖励。奖励的原则是精神奖励与物质奖励相结合,以精神奖励为主。

3 科技资料与技术档案

科技资料与技术档案都是生产技术人员进行日常工作的重要资料。其中,所谓科技资料,是指并非在本单位生产经营管理活动中产生的,如外购的各类科技图书和技术资料手册;订阅的各类科技杂志;交流的各类科技情报等。科技档案则是指在本单位生产经营管理活动中产生的,经过整理归档的技术资料。

(1)技术档案的分类——包括生产类,如企业营业执照及批文、生产经营合同或汽车维修合同,技术经济定额及技术经济报表等。技术类,如科技发展规划、技术管理制度、技术规程、技术规范、技术标准等。科技类,如技术改进及合理化建议;技术教育培训及技术考核;科技活动记载等。设备类,如车辆及机具设备技术档案。基建类,如基建工程项目、房地产文件及其他。

(2)技术档案的基本要求——完整。档案中所记载的各种资料应全面完整(全过程记载)。准确。档案中所记载的各种资料应真实可靠和准确。系统,即各类文件资料在归档时应分类编号,建立索引目录,明确系统和归属。方便。除原始文件外,所归档原始资料应由专人按规定格式重新复制和整理,以保证归档材料字足迹工整、图样清晰、查找方便。安全。对具有机密性质的科技档案应有保密措施,对重要档案应使用复制件而保存原件。

(3)需要归档的原始材料——包括企业重要的生产经营管理文件。如营业执照、房地产文件、生产经营合同、各类技术经济定额及技术经济报表、企业管理制度及技术标准等。汽车维修原始技术资料,如大修前技术鉴定记录,汽车维修进出厂检验记录、维修过程检验记录、换料记录及车辆返修记录,技术责任事故处理记录等。车辆及设备在管理、使用、维修、改造等方面的全过程记录。技术改进与合理化建议等。

(4)归档制度与阅档纪律——为保证归档材料的安全,应建立归档制度,明确阅档纪律。
①归档的原始材料均来自于企业的日常生产经营管理活动中。因此,要求把档案材料的形成、积累、整理和归档均纳于企业各职能部门的日常工作程序中,作为各职能部门的职责范围和考核内容。
②待归档的材料必须保证在工程项目竣工验收前完成归档手续,否则不予验收。
③借阅技术档案应履行档案借阅手续,并限期归还。
④借出的档案材料不得涂改和变动。需要对其中内容进行更改或补充时,应作为附页(应有附加人及批准人签字)附在档案中。

(5)技术资料的储备和借阅——随着现代汽车的电子化和智能化,汽车维修技术也日益复杂起来,从而使汽车维修日益依赖于技术资料。目前,市场上汽车类技术书籍和技术资料很多,但大多质量不高,因此在选择时要注意比较和鉴别。应当尽量多找一些出版信誉较好且作者水平较高的新图书。汽车维修企业收集技术资料的方法很多,其中网上查询是最全面、最便捷、最省时的途径。因此,利用计算机管理和建立信息网络是现代汽车维修企业管理的重要组成部分。

(6)技术资料的管理——应由技术部门指定专人、按门类统一管理(其中特别是要妥善保存的企业内部技术资料和重要资料)。应尽可能采用计算机保管技术资料(并留备份);印刷品应注意防火、防盗、防水、防霉、防虫,电子品应注意防磁化。应制定企业技术资料相应的借阅、查阅办法。

三 技术责任事故及处理

1 技术责任事故的定义

由于技术状况不良,或岗位责任失职所造成的事故,统称为技术责任事故。其中包括:行车交通事故;机电设备事故;维修质量事故;经营商务事故;工伤事故等。

常见技术责任事故主要表现在:
①不符合安全规程,未采取必要防范措施,由于管理不善、指挥失误或滥用职权、擅自处理而造成的事故。
②由于未经培训合格或检验合格,违章操作或操作失误、无照开车或无证操作、超载超

速或冒险运行而造成的事故。

③由于失保失修、漏报漏修或者维修不良、偷工减料或粗制滥造，岗位失职或混岗作业而造成的事故。

④在应检或可检范围内，由于检验不严或错检漏检而造成的事故。

⑤在销售、生产、供应和财务业务往来中发生订货错误、合同错误、收支错误，以及服务差劣等造成的事故等。

事故损失费用包括直接经济损失及间接经济损失；当在计算上发生争议时，由负责处理该事故的处理人裁决。

（1）直接经济损失——包括修复设备或车辆损伤部位所发生的修理费用；损坏其他车辆、设备及建筑设施的赔偿费用；引起人员伤亡所发生的补偿费用；处理事故现场所发生的人工机具费；由于商务事故直接造烦恼生产经营损失的费用以及直接造成浪费或亏损的费用。

（2）间接费用——包括在修复设备或车辆的事故损伤部位时，牵涉到其他未损伤部位的拆装费和维修费；伤亡者及其他有关人员的交通费、住宿费、工资奖金及其杂费支出；由事故造成的停工停产和生产经营损失的费用。

确定事故等级应以直接损失为依据。但在事故统计和经济处罚时应以事故的总损失（包括直接经济损失及间接经济损失）为依据。技术责任事故的等级划分，主要根据该事故造成的伤亡人数以及当地规定的直接经济损失额确定。

2 技术责任事故处理

（1）技术责任事故的责任划分——事故责任分为全部责任、主要责任、次要责任及一定责任四类。

①凡管理不善、指挥失误或岗位失职造成的事故，由管理者、指挥者或岗位失职者负主要责任。

②凡属操作者无视安全操作规程，违章操作或操作失误，或无视工艺纪律及质量标准，偷工减料、粗制滥造而造成的事故，由主操作人负主要责任。

③凡在应检及可检范围内经检验合格，在质量保证范围及质量保证期内发生质量事故，由检验员负主要责任；凡未经检验合格，或属检验人员无法检验无法保证的部位发生事故，由主操作工负主要责任。

④凡在汽车维修过程中若发现问题而有可能危及安全或质量时，在生产经营管理中或商务活动中若发现问题而有可能危及企业利益时，经请示而获批准继续使用或继续执行而造成的事故由批准人负主要责任；应请示而不请示，或虽经请示而未获批准，擅自决定继续使用或继续执行而造成的事故，由擅自决定者负主要责任。

（2）技术责任事故的处理原则——凡发生技术责任事故，无论事故大小、责任主次或情节轻重，事故者都应：首先保护现场，救死扶伤，并及时如实地报告，采取有效应急措施，做好善后工作，听候处理。

凡发生立案事故，应由厂部负责部门登记申报、现场勘察、责任分析及事故处理。

事故处理的负责部门如下。

①道路交通事故由车队技安人员负责配合交通警察处理。

②设备事故由设备管理部门负责。

③质量事故由质量管理部门负责、厂长监督。
④商务事故由经营管理部门负责、厂长监督。
⑤工伤事故由人力资源管理部门负责,工会监督。

立案事故的处理程序如下。

①由事故人申报事故经过及事故原因,并由证人作证,填写《事故登记表》上报事故处理部门。

②事故处理时应召开由事故单位召集、事故处理负责人主持、事故人参加的"事故分析会"进行事故分析。事故分析会后应由事故处理人填报《事故处理裁定书》,处理决定报主管厂长批准。《事故登记表》、事故分析记录、《事故处理裁定书》以及对工伤者的"劳动鉴定书"都应归档存查。

事故处理必须坚持四不放过原则:即事故原因不查清不放过,事故责任者未得到处理不放过,事故整改措施不落实不放过,事故教训未吸取不放过。

(3)技术责任事故的处罚办法——不立案事故由事故所在单位适当处罚。立案事故的处罚规定是:全部责任者应赔偿损失75%~100%;主要责任者应赔偿损失50%;次要责任者应赔偿损失25%;一定责任者应赔偿损失10%。以上的赔偿损失是指按上述比率根据事故总损失费用进行赔偿,包括直接经济损失及间接经济损失。赔偿额由财务部门根据《事故处理裁定书》从工资中扣赔。扣赔数较多时,每月只保留一定的生活费用,从出事的次月起连续扣赔,直至扣赔完为止。行车交通事故由交通监理部门负责处罚。发生伤亡事故可根据《厂矿企业劳动安全条例》进行处理。其中,当发生重大事故或重大恶性事故,并由本企业负主要责任或全部责任的,除事故本人应按规定给予处罚及必要行政处分外,事故单位的各级领导和相关业务管理人员也应给予相应的处罚。

第五节 汽车维修的设备管理

现代汽车维修企业要进行汽车维修作业,不仅需要凭借汽车维修技术及资料,而且还需要依靠汽车维修用各类机具设备,以及工具与仪器仪表等。这些汽车维修设备都是汽车维修作业必不可少的基本手段,因而也是汽车维修企业中重要的生产力,它属于企业的固定资产。

一 汽车维修机具设备的分类

汽车维修用的机具设备可分为通用设备和专用设备两类,如图4-7所示。

1 汽车维修用的通用设备

汽车维修用的通用设备,是指其他行业也通用的设备,它分机械冷加工设备和机械热加工设备两类。汽车维修企业中的通用设备,应按照本书第九章"汽车维修行业管理"中的企业开业条件进行配置。其分类可按照《金属切削机床 型号编制分类》(JB 1838—1985),可分为车床、钻床、镗床、磨床、齿轮加工机床、螺纹加工机床、铣床、刨床、拉床、电加工机床、切断机床和其他机床12类。通用设备的型号由汉语拼音字母（分类）、阿拉伯数字（型号）以及特性代号（表示该机床具有与普通型不同特性）等组成（表4-4）。

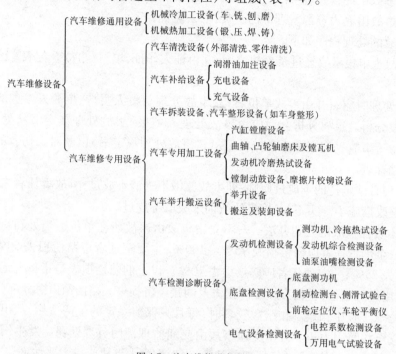

图4-7　汽车维修设备分类

通用机床的类别及分类代号　　　　　　　　　　　　　　　　　　　表4-4

类别	车床	钻床	镗床	磨床			齿轮机床	螺纹机床	铣床	刨床	拉床	电加工机床	切断机床	其他机床
代号	C	Z	T	M	2M	3M	Y	S	X	B	L	D	G	Q
读音	车	钻	镗	磨	二磨	三磨	牙	丝	铣	刨	拉	电	切	其

2　汽车维修用专用设备

汽车维修用专用设备是指只能用于汽车维修行业的非标准设备。尽管这些非标设备目前尚无国家统一型号编制标准而只有生产厂商编制的规格型号，但大多数仍参照通用设备的编号规则，用汉语拼音字母代表其制造厂名，阿拉伯数字表示机器型号。

汽车维修用专用设备也分通用型与专用型两类。前者是指可以适用于多种品牌型号汽车的设备，而后者是指仅能适用于某种品牌型号汽车的设备。

目前，我国的汽车维修专用设备可按照其功能分为18类产品：如汽车清洗设备、汽车补给设备、汽车拆装整形设备、汽车专用加工设备、汽车举升运输设备和汽车检测诊断设备等（表4-5）。而按照其用途还可分为如下几点。

①汽车清洗设备。

②汽车举升移动设备。

③汽车拆装设备。

④汽车整形设备。

⑤汽车喷烤漆设备。
⑥汽车检测设备。
⑦汽车辅助加工设备。
⑧汽车维修机具和专用检测仪具等。

汽车维修专用设备与检测诊断设备的分类　　　　表4-5

代码	类别名称	代码	类别名称
A	汽车检测诊断设备	K	汽车电气设备及车用辅助装置维修作业设备及工具
B	汽车发动机检测诊断设备	L	汽车车身维修整形设备及工具
C	汽车发动机检测设备及工具	N	汽车维修喷涂电镀设备及工具
D	汽车发动机维修作业设备及工具	P	汽车清洗除尘设备及工具
E	汽车发动机维修加工设备及工具	Q	汽车举升吊运设备及工具
F	汽车底盘检测设备及工具	R	汽车润滑加注设备及工具
G	汽车底盘维修作业设备及工具	S	汽车过盈配合件拆装设备及工具
H	汽车底盘维修加工设备及工具	W	汽车检测维修设备微机控制系统
J	汽车电气设备及车用辅助装置检修设备及工具	Z	摩托车及其他机动车检测维修设备及工具

(1)汽车清洗设备——汽车清洗设备可分为汽车车身外部清洗设备、汽车内饰清洗设备和汽车零件清洗设备三类。

①汽车外部车身清洗设备适用于清洗客车和轿车的车身外表,它有喷射式和滚刷式两种。前者依靠高压水清洗污垢;后者则依靠滚刷清洗污垢。为了节约水源,目前已有无水洗车机出现。

②汽车内饰清洗设备,主要有吸尘器、蒸汽清洗机等。它们利用真空原理抽吸车内的尘土或积水,清洁地毯和座椅内饰板并消毒等。

③汽车零件清洗设备,通常在清洗剂配合下喷洗汽车零件表面,以清除其油污和污物。目前,国内的汽车零件清洗机若按其清洗室结构可分为通道式(多用于大型汽车维修企业)和转盘式(多用于中小型汽车维修企业)两种,且大多采用碱洗。

(2)汽车补给设备——用以在汽车维修中做补给作业。

①加油设备。按照其油品可分为柴油加油泵、润滑脂加注器、润滑油加注器等;按其动力方式可分手动、电动、气动等。

②充电设备。可分为普通充电器、快速充电器和多用途充电器等。其中,普通充电器只适用于蓄电池的常规充电;快速充电器则适用于常规充电及快速充电;多用途充电器则有多种用途,如汽车起动、充电、电焊等。

③充气设备。如汽车轮胎充气机等。

(3)汽车拆装、整形设备——包括汽车拆装设备。主要用于拆装汽车总成或零部件。如电动或气动扳手、气动冲击扳手、半轴套管拉压器、半轴套管拆装机、轮胎螺母拆装机、骑马螺栓螺母拆装机、全自动轮胎拆装机、门式油压机、手动液压专用拉器、齿轮轴承拉器、差速器轴承专用拉器等。汽车车身整形设备。主要用于校正车身或车架变形。例如,液压机、车身矫正器、车身修复机、轿车车体矫正及测量系统,车身整形系统等。汽车喷烤漆设备。主要有无尘干磨机、喷枪与红外线烤灯,以及汽车喷烤漆房等。

(4)汽车维修专用加工设备——主要用于在汽车维修过程中机械加工汽车的重要基础件。其种类较多,但通常都按加工部位分类。

①汽缸体镗磨设备。如卧式镗磨机、立式精镗床、汽缸研磨机、发动机缸孔或缸套激光加工系统等。

②曲轴、连杆及轴瓦加工设备。如曲轴磨床或曲轴修磨机、汽缸体轴瓦镗床或拉瓦机、连杆衬套绞压机、连杆瓦镗床、曲轴激光加工系统等。

③配气机构加工设备。如气门修磨机、气门座镗床、气门挺杆球面磨床等。

④制动系统加工设备。如立式镗制动鼓机、制动蹄片镗削机或修磨机等。

(5)汽车举升或搬运设备——常用的举升设备。目前,汽车维修企业中应用较多的举升设备是汽车举升器,而不是传统的维修地沟。这些举升器根据其举升传动方式可分机械举升、液压举升、气压举升三类,其中液压举升最常用;根据其举升对象可分整车举升和部件举升两种;根据其举升特点可分为固定式和移动式两种。例如,剪式举升机、埋入式液压汽车举升机、双柱固定式汽车举升器、四柱移动式汽车举升机,以及液压千斤顶、单臂手动液压吊、发动机翻转磨合架、汽车变速器拆装小车、前桥作业小车、汽车后桥拆装小车等。常用的搬运设备有:叉车、随车吊和各种自制的运输小车等。

(6)汽车检测诊断设备——汽车检测诊断设备主要用于维修前的故障诊断、维修过程中的零部件检验、修竣后的性能检测,以及汽车使用过程中的车况鉴定等。

汽车检测设备可分为发动机检测诊断设备、底盘检测诊断设备、汽车电气设备检测设备、零部件检测诊断设备等。

①发动机检测诊断设备。主要用以检测发动机的性能或故障,可分为综合性能检测和单项检测两种。综合性能检测仪包括发动机总成检测和发动机综合性能检测两类,其检测项目较多,包括发动机点火系统、起动系统、充电系统,以及发动机转速、功率、配气相位、供油提前角、单缸动力性能等。单项检测仪则只能检测某单项的发动机性能,例如测功机、汽车无负荷侧功表、汽缸漏气量检测仪、汽缸压力表、汽车电气设备性能测试仪、发动机异响分析仪、汽车废气分析仪、柴油车烟度计、油压测试仪、涡轮增压检测仪、喷油泵试验台、喷油嘴试验器,润滑油质分析仪等。

②底盘检测设备。主要用于检测汽车底盘的性能状况,例如四轮定位仪、汽车侧滑检测台、汽车五轮仪、汽车制动检测台、汽车速度表检测台、底盘测功机、轮胎动平衡机、减振性能检测仪、自动变速器检测仪、制动防抱死检测设备等。

③汽车电气设备检测设备。主要用于汽车电气设备的性能检测,例如汽车电气设备万能试验台、前照灯检测仪、电控系统故障检测仪(分专用型与通用型两类)等。

随着汽车保有量的大幅度增加,为了实施加强检测、强制维护、视情修理的汽车新维修制度,更为了确保汽车的行驶安全、节约能源和保护环境,汽车制造业、汽车运输业和汽车维修业都需要配备性能更好、更经济实用的汽车检测诊断设备。为此,近年来汽车检测诊断设备获得了极大发展。现在的汽车检测诊断设备大多属于由信号传感器检测并由微处理器进行实时处理的智能型检测设备,其明显的技术发展趋势将是全自动化(例如自动校准、自动显示、自动输出等)与全智能化(能在线分析、在线控制等)。正是这种全自动化与全智能化,也为今后的汽车维修检测诊断设备的系统化全参数测试、双向测试和全过程测试的在线分析和在线控制奠定了良好的基础。

二 汽车维修设备管理

汽车维修设备属于汽车维修企业的固定资产,汽车维修企业应对汽车维修设备实行专门的管理(技术管理与经济管理)。

①设备技术管理。由技术部门对设备的实体从技术的角度进行管理,包括设备的选型购置、安装调试、使用维护、修理改造、直至更新报废的全过程管理,当然也包括对使用说明书、技术资料、维修配件的管理,以及对使用操作人员的技术培训和技术指导等。但其中汽车维修设备的使用维修由生产部门负责,汽车检测诊断设备的使用维修由质量检验部门负责。

②设备经济管理。由财务部门对设备的价值从经济的角度进行管理,包括建立设备账册,负责设备购置费用、设备维修费用、设备大修理基金、设备折旧费用的提取,以及更新改造资金筹措等。

1 汽车维修设备管理的意义和任务

(1)汽车维修企业设备管理的意义——汽车维修企业的现代化,从硬件上说主要是维修手段的现代化。加强汽车维修企业设备管理的意义在于以下几点。

①现代的汽车维修作业已经离不开汽车维修设备的密切配合,因此只有加强汽车维修企业的设备管理,合理使用、精心维修、保持良好机况,才能保证汽车维修作业的正常进行,并通过提高汽车维修的机械化程度,加快维修进度,减轻操作者劳动强度并提高操作者劳动效率,实现汽车维修企业的现代化。

②只有加强汽车维修企业的设备管理,保持汽车维修设备的良好机况,才能确保汽车的维修质量,并确保汽车维修设备的安全使用,从而保证汽车维修的安全优质生产,减少安全事故和返工返修。

③只有加强汽车维修企业的设备管理,才能减少设备维修费用并延长其使用寿命,最终提高企业的经济效益。

(2)汽车维修企业设备管理的任务——国务院《全民所有制工业交通企业设备管理条例》指出:企业设备管理的主要任务,应以促进企业的技术进步,提高企业的经济效益为目标。坚持以预防为主的方针,坚持技术与经济相结合、专业管理与群众管理相结合、依靠技术进步和促进生产发展相结合的原则,从而对设备进行全过程综合性管理(包括择优选购、合理使用、精心维修、合理改造、适时的报废更新),以不断改善和提高企业的技术装备素质,保持设备状况完好,并充分发挥设备效能,使企业取得良好投资效益。

为了实施汽车维修企业的设备管理任务,应在生产技术管理部门内配备必要的专职或兼职的设备管理人员,以实施设备的专人管理、合理使用、定期维护、视情修理。

汽车维修企业设备管理人员的岗位职责。

①建立健全设备管理制度。例如,宣贯安全技术操作规程;推行技术操作证制度;建立定机、定人、定岗的三定管理制度等。

②负责设备的日常管理,做好设备管理的基础工作,并建立设备技术档案和台账及卡

片,登记设备的调入调出等。

③指导设备操作人员合理地使用设备,并积极开展技术教育培训和技术考核工作;积极地开展红旗设备及爱机能手的竞赛活动,以提高设备的完好率和利用率。

④制订设备维修计划,认真组织实施设备的维护修理,及时恢复设备的技术状况和使用效能,并搞好机具设备的机况评定和年度检修,尽可能延长设备的使用寿命。

⑤做好设备的改造、报废及更新工作。

⑥负责机具设备的技术责任事故处理等。

2 汽车维修设备的合理选择与购置

汽车维修企业应根据维修业务的实际需要,配备相应的维修设备。由于现代汽车的电子化进程,汽车维修设备的技术档次也在提高。为了防止盲目采购,合理地选购设备是汽车维修企业设备管理中的重要环节,为此在选购前一定要做好设备购置的技术经济可行性论证。

(1)选购设备的一般原则——选购设备的一般原则如下所示。

①生产上适用(所选购设备应符合汽车维修企业的开业条件,与企业维修的主流车型、企业维修能力、动力及备件供应等相适应,并具有较高的设备利用率)。

②技术上先进(所选购设备的基本性能不仅应具有较高的生产效率,而且应具有较高的产品质量)。

③经济上合理(即售价低、维修费用少、性价比高)。

④具有较好的安全性(如具有自动断电、自动停车、自动锁止、自动报警等功能)、可靠性(无故障或少故障)、维修性(便于维修)、环保性(符合环保要求)和耐用性(具有较长使用寿命)。

⑤尽可能就近购置(即优先选购国产设备或本地设备),且要求设备供应商具有良好的售后服务。

(2)申请购置设备的基本程序——选购设备的基本程序一般可分为预选、细选、决策三步。即首先根据所选设备的生产适用性、技术先进性、经济合理性等由设备管理部门进行综合评价和粗选;再经过企业各业务部门对该设备的投资和效益进行综合性评议和细选,最后由企业主管评定和决策,由设备管理部门统一订购。其中,通用类设备由设备管理部门选型申报;专用类设备由生产技术部门选型申报;检测诊断类设备由质量检验部门选型申报。

购置设备时,不仅应采用公开招标的办法,从中选择信誉较好、实力较强、在相同质量及相同服务前提下售价最低的供应商,而且还要签署必要的售后服务合同,并采用分期付款的办法(即预留质量保证金),切忌一次性全款付清。

(3)设备的安装调试和交付使用——外购设备都应在选型并购置后,由设备管理部门负责其运输、保管、开箱检查及安装调试(包括自制装备),经鉴定验收后由设备管理部门统一管理,立卷归档、建立台账卡片、统一登记编号,编制设备安全技术操作规程、使用纪律及维修制度,以及规定该设备的使用年限和折旧费率等;交付使用部门验收及使用。

在设备的使用维修过程中,所需用的附件与备件由设备管理部门编制、供应部门采购、使用部门验收和保管;所需用的工具、刃具、夹具、模具、计量器具和机具也应由使用单位申请,生产部门编制计划,经企业主管审批后由供应部门采购,交工具室或计量室管理。

(4)设备技术状况的分类标准——设备的技术状况经技术鉴定后可分以下四类。

①一类/完好设备,是指技术性能及经济状况优良,能确保产品质量;各部机件、附件、仪表及工装夹具齐全完整、可随时投入使用的设备。

②二类/尚好设备,是指主要机件或主要基准面虽然已经磨损、技术性能及经济状况也可能达不到原厂出厂标准,但尚能安全可靠运行、尚能保证加工精度,且机件附件及工装夹具也基本齐全、尚可投入正常使用的设备。

③三类/待修或在修设备,是指技术性能及经济状况已经显著恶化、超耗严重、不能正常使用、不能保证安全运行或加工精度的待修或在修设备。

④四类/待报废设备,是指损伤严重、无法修复使用或者无修复价值的设备。

3 汽车维修设备的合理使用

汽车维修设备的合理使用,是保持设备处于良好技术状况、充分发挥其工作效率,延长其使用寿命,并保证汽车维修质量、降低汽车维修成本的重要环节和管理基础。为此,汽车维修企业必须根据设备的使用特点,建立设备的合理使用制度。

(1)开展爱护设备的宣传教育——为了改善汽车维修设备的管理和使用,充分发挥设备的技术性能,避免误操作,迫切要求提高设备操作者的爱护意识和操作技能。为此,不仅要求配备与此设备相应的、具有相当专业知识和操作技能的设备操作人员,而且要求其养成爱护设备、维护设备的良好习惯。合理使用设备的四项基本要求是:整齐、清洁、润滑、安全。设备管理部门还应积极开展爱护设备的宣传教育;在管好、用好设备的基础上定期开展以机况鉴定为主的红旗设备以及以日常使用维护为主的爱机能手竞赛活动。

(2)遵守设备的合理使用规定——汽车维修设备在经过长时间使用后,都会因机械摩擦而逐渐磨损。为了保持设备的工作能力与工作精度,必须合理地使用设备,必须要加强汽车维修设备的日常使用管理。

①实行定机、定人、定岗的三定岗位责任管理制度,以贯彻谁使用、谁保管、谁维护的原则,保证设备的技术状况良好和附件齐全有效。其中,对于已经实行三定制度的专用设备,其日常的管理、使用和维护都由主操作人负责;其他人倘若未经该设备主操作人同意都不得擅自操作;倘若主操作人更换岗位,应做好交接班或岗位交接(如交代机况,交接设备使用维护记录、清点附件、工装夹具、工具、技术资料等);对于未实行三定制度的公用设备,其日常使用维护则应由负责该设备管理的班组负责。

②合理配备操作人员并进行岗前培训。在设备交付使用时,首先应由主管部门根据该设备操作要求相应配备该设备主操作人(特殊工种或特殊设备还应实施由国家劳动安全技术部门考核发放的操作证制度),并明确该设备的日常管理及使用维护应由主操作人负责。为此,应严肃操作纪律,实行持证上岗,严禁无证操作及混岗操作。

③严格执行设备的使用纪律。为此,在设备投入使用时,设备管理部门应对设备主操作人进行岗前应知应会的技术教育、技术培训及技术考核(在主操作人技术培训及技术考核尚未合格前,设备不得投入使用),以要求其具有三好(管好、用好、维护好);四会(会使用、会维护、会检查、会排除故障;四懂(懂原理、懂构造、懂性能、懂用途)的基本功。严格执行设备使用的五条纪律(凭操作证使用设备、经常保持设备清洁、遵守设备交接班制度、管理好工具和附件、发现异常立即停机),以掌握设备结构特点、技术性能、操作要领和日常使用维护,

严格按照设备使用说明及安全技术操作规程进行规范操作和定期维护。设备主操作人还应在设备管理部门的指导下,完善在用设备的使用过程记录等。

④在设备使用过程中,还应根据设备的技术性能和结构特点适当安排任务,严禁精机粗用和违章操作,严禁超速超荷及带病使用。倘若设备发生故障时应立即停机检查和排除。

(3)实施设备安全技术操作规程——安全技术操作规程的内容除包括设备管理规程、安全规程、技术规程及操作规程外,还包括设备润滑注油规定、设备使用维护注意事项、使用设备的严禁事项和事故处理紧急步骤等。设备的安全技术操作规程应由设备管理部门与工艺管理部门拟定。设备使用单位不仅应在每周的安全学习中宣传贯彻设备的使用纪律及安全技术操作规程(并悬挂在设备旁),而且每年度还要定期进行安全技术操作规程考核和应知应会技术考核,否则不得继续上岗操作和转正定级。倘若发生技术责任事故的,应救死扶伤、保护现场、听候处理。

(4)搞好设备使用环境的清洁文明,为设备提供良好的环境条件,以延长设备使用寿命、保证设备的安全使用。为此,应根据汽车维修设备的不同要求,提供适宜的使用环境。例如,厂房要清洁、宽敞和明亮;精密检测设备或仪器还应根据其使用说明书规定配备必要的工作间,并有防尘、防潮、防腐、保温和通风装置等。

4 汽车维修设备的维护修理

维修设备同车辆一样,也要实施"定期检测、强制维护、视情修理"的原则,以确保维修设备的完好率。

(1)强制维护——设备的强制维护可分为日常维护、一级维护(季度维护)和二级维护(年度维护)三级,其维护周期可根据设备的分类及其使用率而定。

①日常维护。维修机具设备的日常维护是设备日常使用维修的基础,为此应做到经常化和制度化。维修机具设备的日常维护应由主操作人负责,可分每班例行维护及每周例行维护两级。其作业项目包括:在使用前认真检查机况,并清洁、润滑和试运转,以确保设备状况良好;使用中严格按照安全技术操作规程使用设备,若发现故障应及时排除;使用后认真清洁、润滑、紧固、调整、试运转检查及排除故障等。认真做好日常运行记录和交接班记录。

②一级维护/或季度维护。当设备累计运行450~500h(单班制运行3个月)时,应以设备主操作人为主,机修工为辅对设备进行一级维护(定额时间1~4h),其作业内容除了包括日常维护作业内容外,还要对设备按维修计划进行局部或重要部位的拆卸和检查,例如清洁各部、疏通润滑油道、润滑各润滑部位、紧固各部连接螺栓、调整各部机件间隙,局部拆检,并检修传动系统及故障部位等。

③二级维护/年度维护。当设备累计运行2400~2500h(或单班制运行一年)时,应以机修工为主,主操作人配合,结合年度性机况鉴定及年度性检修,对设备进行二级维护(定额时间2~6h),作业内容除包括一级维护作业内容外,还要对设备局部进行解体和检修,以更换易损件、修复磨损件、调整装配间隙、恢复其性能和精度,并拆检润滑系统、传动系统及电器系统等。

(2)视情修理——汽车维修设备的视情修理可分为小修、项修、大修及事故性检修。

①小修,是指设备在日常使用过程中由于自然原因损坏而进行的故障排除及零星修配,其目的是恢复其使用性能。设备小修原则上由主操作人负责完成,但若主操作人有困难时

也可由机修工协助完成。日常维修记录由主修人填报,并归档存查。

②项修,对于精密设备和重要关键设备还要进行有针对性、预防性检查调整和修理(例如刮研导轨,校正坐标等),以恢复设备的使用性能和精度。对于与使用安全密切相关的重要设备和仪表也要进行季节性的重点检修,如压力容器的耐压试验、供电设备的绝缘试验、起重设备的满负荷试验、化工设备的安全预防试验、安全指示仪表的计量精度试验等。

③大修,设备大修属于彻底恢复性修理。大修时应做好以下工作:全部解体并进行零部件分类检验;修复可修件,更换可换件,清洗和调整可用件。修复基础件(如床身、导轨等),修整基准面,调整基准坐标及配合间隙。整理检修或更换电器线路,维护及检修电机。总装配后进行试运转及磨合试验,配齐必要附件和全部安全防护装置,修饰外表及防锈,从而使设备尽可能达到原出厂技术标准,达到规定的形位公差及公差配合要求,彻底恢复机况(如精度、性能和效率等)。

为了尽可能延长设备的大修间隔,应做好设备大修送修前的机况技术鉴定和技术措施准备(包括实施方案及费用预算等)。设备大修计划和材料准备应由设备管理部门负责编报,经主管领导审核批准后,由机修班负责修理或者送外大修;大修后应由设备管理部门与使用单位共同鉴定验收。

④事故性检修,是指机具设备因使用或操作的技术责任原因而发生异常损坏所需要的修复。一旦发生事故性检修,必须严加控制。不仅应按《技术责任事故及处理》追查原因、分清责任,而且不要随意扩大修理范围。

(3)年度性机况鉴定与检修——设备管理部门应在每年底对企业中所有设备进行一次年度性机况鉴定,以年度清查设备和评定在用机具设备的机况等级(如设备大修前技术鉴定)。对其中需要检修的,可安排年度性检修(以替代设备中修)。其作业项目有以下几点。

①拆检机况不良的零部件,视需要修复或更换易损件,调整各部配合间隙,保证主要工作精度。

②检修传动系统,维护电机,检修润滑系统、液压系统及其他工作系统,消除渗漏,保证使用可靠。

③结合年度检修,进行一次机具设备的年度机况鉴定。对其中需要大修的,由设备管理部门编制设备大修计划、预算大修工料费用,并准备附件及零配件等。设备年度机况鉴定由设备科负责,年度检修由机电修理组负责。年度机况鉴定及年度性检修的记录均应存档。

5 设备台账、卡片和技术档案

为了便于清点、保管、统计和核对设备,汽车维修企业还必须建立设备台账、卡片和技术档案。它是汽车维修企业管理的重要手段。

(1)设备台账——设备台账是企业用以记录设备资产、用以反映设备资产增减情况的账目。设备台账的记录形式如下。

①按设备类别(如车床、钻床、镗床等)逐一登记。

②按车间或班组逐台登记,以便掌握全厂或各车间、各班组的设备装备状况和分布状况。

(2)设备卡片——设备卡片是企业设备管理人员使用的、用以登记设备资产的活页卡片(也称固定资产卡片)。一台一卡,便于查阅。设备卡片上应记载有设备简要档案,并按设备分类和编号统一顺序装夹。为了更好地掌握设备的动态情况,设备上也应悬挂设备卡片,并用各种卡片材质(硬纸板、铁皮、铝皮)来表示设备类别、用颜色表示设备状况(如红色表示完好设备、黄色表示带病设备、蓝色表示正修理设备、黑色表示待报废设备)。

(3)设备技术档案——设备技术档案是用以反映设备技术性能和基本状况的重要资料。其内容包括:设备名称、规格、型号、厂牌、出厂时间、原出厂编号和本企业编号;设备主要技术参数和性能;设备原有的附件、配件、随机工具、量具、刃具、模具的名称和数量;设备分属使用单位及使用人、保管人等;各次设备维修情况及换件记录;各次设备检查签订结论;所发生过的技术责任事故或重大故障的次数、原因、责任人和处理结果等记录。为使设备技术档案资料具有全面性和系统一性,汽车维修企业不仅要建立健全设备技术档案和管理制度,还要指定有关部门或专人管理。

6 设备的改造、报废和更新

设备在使用过程中必然会产生"有形磨损"和"无形磨损"。设备的有形磨损是指由于自然磨损而引起的机械性损耗,它可通过设备维修来局部修复或补偿;设备的无形磨损则是指由于技术进步而使原有设备降价或者由于货币贬值而引起的价值损耗。设备的无形磨损通常要用技术改造以增加其附加值而进行局部补偿,但倘若要完全补偿则只有报废更新。

(1)设备改造——设备改造的目的是通过改变设备的局部结构,提高设备使用性能、增加其附加值。其改造途径有以下几种。

①为降低生产成本的技术改造,如节约能源、节约材料、降低消耗等。

②为改进产品结构、提高产品质量的技术改造,如使产品升级换代、提高产品质量和使用性能等。

③为合理利用资源的技术改造。

④为保证安全生产和环境保护的技术改造。

设备技术改造(包括自制的机具设备)属于企业科技项目管理范畴,应由技术改造的实施依据、实施方案及费用预算的项目申报、立项审批、计划实施等步骤(即在技术改造前,需要对在用设备的先进性、经济性、实用性、维修性以及运行安全、能源消耗、环境污染做综合评价(技术经济可行性分析),以力求用最经济最有效的手段达到改造目的。凡列入固定资产的机具设备在未经申报批准前不得擅自改装或改造。

(2)机具设备的报废与更新——为了汽车维修企业的技术进步,应对那些状况不良、效益不佳,又无使用价值或改造价值的机具设备应及时报废更新。机具设备的报废须经设备管理部门做技术鉴定,并由主管领导签字批准。在未正式批准报废前,不允许拆卸零部件,以保持其装备的完整性。

机具设备的报废条件如下所示。

①型号陈旧、效率低下、使用期限已超过报废年限的。

②主要结构部件已严重损伤而严重影响使用,虽能通过大修理或技术改造但又得不偿失的。

③因灾害或意外事故造成设备主要基础件严重损坏而无法使用、无法修复或无法技术改造的。

④自制的非标准设备经使用验证或技术鉴定确已不能再使用、也无法修复、改装或出

售的。

⑤因严重污染环境而又无法治理的。机具设备的报废要严格掌握和谨慎处理。因为有些设备(因本企业技术进步或维修车型改变而淘汰的设备)虽然在本企业已不能用,但在其他企业尚可使用,故不应报废而应转让。

机具设备的更新是指用新设备更换旧设备。其更新条件如下所示。

①损耗严重、性能和精度已不能满足使用要求的设备。

②型号老旧,性能低下,满足报废条件而再次修复得不偿失的设备。

③严重污染环境,危害人身安全和健康的设备。

设备更新可以是原型号更新,但更应是顺应当代技术进步新设备更新。

三 固定资产的折旧

由于设备在使用后期逐渐老化而直接影响其使用效果,不仅力学性能严重恶化,精度、安全性和可靠性明显下降,而且使用维修费用也会大幅度增加。为此,汽车维修设备的报废更新应选择在最佳时期进行,以确切了解其合理使用寿命,保持其良好技术性能,提高汽车维修企业的经济效益。

1 车辆与维修设备的合理寿命

车辆与维修设备从投入使用到报废更新的整个时期统称为使用寿命。它包括技术寿命、经济寿命和合理寿命三种。

①技术寿命,是指车辆与维修设备从投入使用、直至其主要结构严重损伤或磨损,主要性能参数不能再修理恢复的使用期限。

②经济寿命,是指车辆与维修设备从投入使用、直至其主要消耗(如使用费与维修费)严重超标,从而使其继续使用已不经济的使用期限。

③合理寿命,是指以经济寿命为基础,虽然车辆与维修设备已经严重超耗,但由于机况尚可继续使用,因此其使用寿命多长、是否立即报废更新,还要根据其实际技术状况和更新资金来源等合理制定。

显然,技术寿命较长,经济寿命较短,而合理寿命长于经济寿命而短于技术寿命。

近年来,随着汽车制造技术及汽车维修技术的迅速发展,各种更先进的新型车辆与新型维修设备不断出现,这就加快了旧车辆与旧设备的淘汰率,使其经济寿命和合理寿命日益缩短,更新换代速度日益加快。其中特别是车辆,决定其合理寿命的主要因素已不再是损伤或磨损,而是其能耗与排放。车辆与维修设备的合理使用寿命一般可由其低劣化程度进行确定。所谓低劣化是指随着车辆与维修设备使用年限的延长,由于有形磨损和无形磨损的加剧,不仅使车辆与维修设备的使用价值不断折旧,而且使维修费用和燃料动力费用不断增加。

假设车辆与维修设备的原始价值为 K_0,在经过合理使用寿命 n 年后,其残值为 L。则每年的折旧费用为 K_0/n。则车辆与维修设备的合理寿命:

$$n = (K_0 - K)/\lambda$$

式中,K_0 为车辆与维修设备原值;K 为车辆与维修设备净值;λ 为低劣化的年增长率。

2 固定资产的折旧

所谓固定资产折旧,是指固定资产由于正常使用损耗而转移到产品成本中去的价值。为了弥补这部分耗损价值,在固定资产的日常使用中就要根据其物质形态的使用年限和损耗情况,提取一定比例的大修理基金和折旧基金,以便积累成为大修费用和报废更新的购置费用。为了弥补固定资产在客观上存在的有形损耗和无形损耗,就必须加快固定资产折旧。为此,必须考虑如何正确选择在用设备折旧的计提办法。

固定资产价值可分原始价值、重置价值和净值三种。其中,提取折旧的主要依据是固定资产的原值。提取范围如下。

①房屋和建筑物。
②在用机器设备、仪器仪表、运输车辆。
③季节性停用或大修理停用的设备。
④农村企业的经济林木。

不提取折旧的范围如下。

①土地。
②通过局部轮番大修实现整体更新的固定资产。
③未使用和不需用的设备。
④已经提足折旧的固定资产。

目前,世界上流行的固定资产折旧方法有三种,直线法(恒量递减法)、净值法(余额等比递减法)、等差法(等差递减法)。

(1)直线法——直线法是目前我国大多数企业采用的,按使用年限平均比例恒量递减的计提方法(其折旧费率为直线状)。其特点是计算简便(只用购进原值减去处理残值,再除以规定使用年限),但其缺点是由于计提的折旧额是个固定数,没有顾及无形损耗及货币贬值因素。结果折旧基金虽然已经全部提完,但由于同型设备已被淘汰而新设备已经涨价,从而使设备更新困难。这种折旧计提办法只适用于以手工操作为主,且资金构成较低的企业。

$$第 n 年的折旧额 = 应计提固定资产净值 \times 年折旧率$$

$$年折旧率 = 1 - \sqrt[n]{残值率}$$

(2)净值法——净值法是以固定资产原值减去已提取折旧费额后的余额(净值)为基础、按余额等比递减的固定比率计提法。由于固定资产的净值将随着使用年限增加、不断折旧而逐年等比降低,因此折旧数额也将逐年等比递减。若 n 为使用年限,则:

$$(1 - 年折旧率)^n = \frac{第 n 年的净值 - 残值}{原值}$$

这种用净值法计提的折旧费率呈指数曲线规律变化。虽然在固定资产的使用初期应用此法后将使固定资产折旧得较多而使成本较大,但在使用后者的成本却会迅速降低。这种方法比较适用于由较高资金构成的高新技术或新兴工业,或者设备更新周期较短、要求集中大量建设资金的企业。

(3)等差法——等差法是依据上年度折旧额为基础,减去定额级差(等差递减)的折旧计提办法。由于该法是按每年度折旧数额等差递减的,因此只要计算出第一年应计提的首次折旧额,以后各年度减去定额级差数即可,计提也很方便,折旧效果介乎于前两种方法之

间,其折旧额呈直线倾斜下降,特别适用于中等资金构成的行业。其计算公式为:
$$设备折旧额 = 上年折旧额 - 级差$$
为了应用方便,此法也可将设备的原值直接折算为首次折旧率和级差率。
$$首次折旧额 = \frac{设备原值 \times 2}{使用年限 + 1} - 残值$$

$$定额级差 = \frac{首次折旧额 - 残值}{使用年限}$$

上述三种方法比较起来,第三种"等差折旧计提法"具有很多优点。
①可以加速固定资产折旧,从而加速更新改造资金的积累。
②可以使更新周期与使用年限更为接近,一旦提前更新或延后更新也可进可退。
③对于不同使用年限的设备,其折旧基金的提取有自动补充调节作用,如使用年较短的固定资产其递减率高、级差大;使用年限较长的固定资产其等差递减率较低、级差小。
④它与净值法相比,由于它在开头几年对成本影响较小,企业易于承受。因此在科技迅猛发展、车辆或设备急需更新,而企业承受能力有限的情况下,等差折旧计提法值得设备管理部门重视。

固定资产折旧基金是更新改造基金的主要来源,它可以与大修理基金结合使用,但必须专款专用。折旧基金的使用范围。
①机器设备的更新和房屋建筑的重建。
②机器设备的技术改造。
③试制新产品措施。
④综合利用与治理三废措施。
⑤劳动安全保护措施。
⑥零星固定资产购置。

四 固定资产的大修理

固定资产的大修理,是指对属于固定资产的设备或房屋等进行局部或全部的大修理(包括更换和修复它的主要基础件或重要总成),以恢复其使用性能、延长其使用寿命。一般而言,固定资产大修理的范围越大,修得越勤、修理范围越宽且每次的修理时间越长,其修理费用越多。正因为此,如果实时地将每次发生的大修理费用直接计入修理期成本,必然会引起成本的大幅度波动。因此为了保证大修理资金的正常开支,又能均衡各期的维修成本,通常要将全部大修理费用由设备全部使用期间内的产品成本来分担。这样,随着产品的销售在没有大修理时其产品成本中也计入大修费用,以逐步积累大修理基金。实际所发生的大修理费用则从所提存的大修理基金中开支。

预提大修理基金是根据固定资产的大修理提存率计提的。其计算公式为:
$$大修理基金年提存率 = \frac{预计使用年限内大修理费用总额}{固定资产预计使用年限 \times 固定资产原值} \times 100\%$$

$$固定资产大修理基金月提存额 = 固定资产原值 \times 大修理基金月提存率$$

在上述的固定资产原值中,既可以是单项或单类固定资产原值,也可以是全部固定资产原值。按现行制度规定,属于设备大修理基金开支的使用范围有:机器设备的大修理费用以及结合大修理而进行的小型技术改造费用(较大的技术改造费用应在更新改造基金中开支)。翻修房屋建筑物和改善地面工程所需费用。但倘若推倒重建的属于全部更新,应在更新改造基金中开支;若是增加楼层和扩大面积的应在基本建设投资中解决。

为了管好大修理基金,除了应明确使用范围外,也应加强计划管理。正确地编制和执行大修计划,合理安排大修项目,并尽可能提高大修质量、缩短大修时间,减少大修费用。

五 汽车维修企业的动力设备与能源管理

可持续发展需要由能源来保证。为此必须尽力降低能源消耗,以尽可能节约能源。

动力设备是指汽车维修企业中的能源转换设备,如变电站、配电房、空压站、水泵房、锅炉房等。动力能源设备及能源是汽车维修企业进行汽车维修的重要物质基础,为了管好动力,节约能源,需要特别制定汽车维修企业的动力设备及能源管理制度。

1 汽车维修企业动力能源设备的管理

(1)汽车维修企业中的动力设备及其能源管理,与上述设备管理一样,应由设备管理部门统一管理,而其日常运行和使用维修由生产部门或生产车间统一管理。

(2)汽车维修企业中的各动力能源站,其运行工人必须执行定机、定人、定岗的三定操作制度,并严格执行安全技术操作规程及操作证制度。其运行操作工人由人力资源部会同设备管理部门、生产技术部门进行应知应会的岗位考核合格后确定。

(3)汽车维修企业中的各动力能源站的运行操作工人应实行值班作业制度。在值班期间,不仅应负责为配合生产所必需的日常运行和日常使用,填报动力能源站的运行值班记录及能源消耗记录,而且还应负责所管辖范围内各种机具设备的日常维护,确保动力能源站机具设备的完好率和出勤率。

(4)当动力能源站中的机具设备发生故障或损坏而当班运行操作工人又无法检修及排除时,应报请设备管理部门安排检修。若发生技术责任性事故时则按技术责任事故的处理规定,保护现场,救死扶伤,及时上报,听候处理。

2 汽车维修企业动力能源管理的组织机构和工作职责

(1)为了搞好企业的动力能源管理——企业应成立节能领导小组(由主管领导任组长、设备管理部门及各车间主任任副组长,专职节能员参加),以负责动力能源的日常管理工作。其工作职责如下。

①宣传和贯彻国家能源政策和法规,制定本企业能源管理制度及实施细则。

②审定全企业能源消耗计划和统计,审定能耗定额,制定节能技术措施,布置和检查全企业的节能工作。

③研究和推广节能新技术和能源计量新技术。

(2)为了搞好企业的动力能源管理,企业内可成立由企业专职节能员及各部门各车间的兼职节能员组成的节能管理网,在业务上归属于设备管理部门。其工作职责如下。

①宣传和贯彻本企业能源管理制度及实施细则,并检查和监督本企业能源管理制度及实施情况,提出考核办法及奖惩办法。

②编制全企业能耗计划和能耗定额,执行能耗统计,推行能源计量,并通过企业能量平衡分析,提出节能整改措施,负责能源的日常管理,负责节能工作的总结和规划。

③研究和推广节能新技术和能源计量新技术。

3 汽车维修企业中几种主要能源的管理

(1)用电管理——用电管理由专职节能员(由交流电工兼)直接负责,包括用电计划申请,用电实耗统计,以及节电措施实施等。其中,生产用电应按车间分别计量和考核,50kW以上的用电设备要单独计量和考核,用电设备的投产和供电线路的改造要经过负责用电管理的专职节能员审核和主管领导批准;负责用电管理的专职节能员有权根据供电局限电情况和本企业用电情况合理安排和限电调整本企业生产用电。生产用电和生活用电要严格分开计量和考核。其中,生产用电由生产科管理,生活用电由行政科管理,电耗的计算和考核由专职节能员负责。

(2)燃油管理——汽车维修企业的车辆耗用燃油,可根据国家营运车辆油耗标准和企业油耗标准实行定额发油和考核。其中,厂部小车用油由厂办公室管理;生产运输车辆用油由供应科管理,实际行车公里由派车人核定,凡节油部分可按定节油奖励办法实行奖励。洗件用油及试车用油按厂定油耗标准实行定额发油和考核。其中,洗件用油及试车用油由生产管理部门管理,凡节油部分可按厂定节油奖励办法实行奖励。竣工出厂的大修车及新车所用燃油,本地车辆定额发放 10L,外地车辆定额发放 20L。超出部分可按议价计费,由业务经营部门管理。

(3)其他能源(如水、蒸汽、煤、焦炭、乙炔及压缩气体等)——其中,生产能耗由生产管理部门管理,生活能源由后勤管理部门管理。能源的计量和考核由专职节能员负责。生产耗能与生活耗能应严格分别计量和考核,生产耗能应按车间分别计量和考核。其中,对耗能大的(或耗能集中的)设备或区域进行单独计量和考核。能源计量器具的配备和检定由计量室负责。

复习思考题

1. 汽车维修企业生产过程管理的基本要求有哪些?
2. 如何编制汽车维修企业的生产作业计划?
3. 试述生产调度的基本要求与基本方式。
4. 汽车维修企业为什么要强调生产安全?怎样才能安全生产?
5. 如何搞好汽车维修企业的生产现场管理?
6. 什么是汽车维修的作业方式与劳动组合?其分类与特点怎样?
7. 试述汽车维修企业的生产流程。
8. 什么是汽车维修工艺?什么是工艺纪律、工艺规程、工艺规范、技术标准?
9. 试述汽车维修企业的汽车维护工艺流程及快修工艺流程。
10. 试述汽车维修企业的就车修理工艺与总成互换修理工艺。
11. 试述汽车维修企业的工艺流程。其中,汽车快修店应该建立怎样的工艺流程?
12. 怎样进行汽车维修工艺过程的统筹与优化?
13. 试述汽车维修物资管理的意义和任务。

14. 汽车维修物资通常如何分类？为什么？这些物资在领料时有何区别？
15. 为什么要制订汽车维修材料消耗定额？怎样制订？
16. 怎样计算汽车维修物资的需要量与储备量？
17. 为什么加强汽车维修配件和维修辅助材料的采购与入库验收？
18. 怎样搞好汽车维修配件和维修辅助材料的库房管理？怎样体现为生产服务？
19. 为什么要实施交旧领新制度？怎样开展修旧利废工作？
20. 汽车维修企业技术管理的基本任务与岗位职责有哪些？
21. 车辆技术管理中有哪些主要技术经济定额？
22. 汽车维修企业的科技活动有哪些内容？
23. 什么是科技档案？怎样建立科技档案？
24. 什么技术责任事故？处理技术责任事故的基本原则是什么？
25. 汽车维修设备怎样分类？
26. 试述搞好汽车维修企业设备管理的意义和任务。
27. 怎样进行汽车维修企业设备管理？
28. 怎样合理选择购置汽车维修设备？
29. 怎样合理使用与维修汽车维修设备？
30. 怎样进行设备的改造、报废和更新？
31. 怎样计算固定资产的原值与折旧？怎样提取折旧基金与大修理基金？
32. 如何搞好汽车维修企业的重要能源管理(电力、燃油、其他能源)？

第五章　质量管理与质量检验

第一节　汽车维修质量管理概述

质量是企业的生命。汽车维修质量与服务质量不仅关系到所修竣汽车行驶的安全性和经济性，也关系到汽车维修企业的信誉和效益，决定着汽车维修企业的生存和发展。

汽车维修企业属于技术密集型企业。汽车维修企业的维修质量与服务质量不仅取决于企业的维修技术，更取决于企业的人员素质与工作质量，它是企业各项生产经营管理的综合反映。因此质量管理乃是汽车维修企业生产经营管理的中心环节。

一　质量与质量管理

1　产品质量与服务质量

所谓质量，是人们用以评价产品或服务优劣程度的概念。用户所要求的质量，不仅要求产品价廉物美，而且还要求厂商能信守合同，并提供良好的技术服务等。

根据 ISO 9000 国际标准，质量是"产品、过程或服务满足规定或潜在需要的特征和特性的总和"。由于产品质量和服务质量都是在产品或服务形成过程中逐步形成的，因此产品质量及服务质量不仅包括最终质量，也包括过程质量。只有提高过程质量，才能提高最终质量。

为了叙述方便，这里将"过程"分解为产品过程及服务过程，并将其中的产品过程归属于产品、服务过程归属于服务。于是上述的"质量"包括产品质量与服务质量。倘若再将"满足规定或潜在需要的特征和特性"统称为满足用户需要，则上述的质量定义可简化为："质量是产品或服务满足用户需要的总和"，产品质量与服务质量都以能否满足用户需要来衡量。

（1）产品质量——狭义的产品质量仅指产品使用价值的质量特性；广义的产品质量除了上述狭义的产品质量外，通常还包括产品的服务质量。

要使产品质量最大限度地满足用户需求，首先就要使产品具有一定的外在质量特征和内在质量特性。其中，产品外在质量特征指的是产品外观的质量特性，而产品内在质量特性指的是以下几个方面。

①产品使用性能(该产品性能是否适合于使用要求)。
②产品使用寿命(该产品能够正常使用的期限)。
③产品使用可靠性(该产品在规定使用期及规定使用条件下不出现故障的能力)。
④产品使用安全性(该产品在使用过程中是否会危害使用者健康或者污染环境)。
⑤产品使用经济性(该产品在制造和使用过程中的性能价格比)等。

(2)服务质量——服务质量是指产品为满足用户需要,由产品服务者在产品销售及使用过程中进行服务的质量特征或质量特性,属于产品服务者的主观努力。

服务质量包括:服务态度,服务技能,服务及时性等。

并非只有服务业才有服务质量。在市场经济条件下,生产企业为了满足用户需要而生产制造的产品最终都要通过市场而变为商品,如何销售和使用商品都有一个如何开展服务的问题,因此服务质量对于所有企业来说都是普遍存在的。狭义的服务质量,仅指产品或者服务在售前、售中或售后服务过程中所开展的所有服务工作;广义的服务质量则除了狭义服务质量外,还包括企业内部、在整个生产经营管理过程中所有服务工作的总和。在企业内部,也有上级为下级服务、后方为前方服务等问题,他们都是为了一个共同目标而相互服务的。

2　工作质量

所有的产品质量都是由人做出来的,而不是检验出来的,服务质量也一样。因此,所有的产品质量和服务质量归根结底都取决于企业中每个员工的工作质量。狭义的工作质量仅指企业对外所做的全过程服务质量,而广义的工作质量则不仅包括对外所做的全过程服务质量,也包括对内所做的全过程服务质量(既包括纵向(上下级之间)的服务质量,也包括横向(同级之间)的服务质量)。而这些,都源于企业员工为保证产品质量或服务质量的工作态度,也是企业生产经营管理的工作基础。为此,企业若要生产优质产品或者提供优质服务,以满足用户需求,必须要做好形成产品质量或服务质量过程中所有相关的各项工作,全面提高企业生产经营管理活动中各项业务的工作质量。

3　质量管理

由于企业的产品质量及服务质量是企业内部各项生产经营管理活动工作质量的最终综合反映。因此,要提高企业的产品质量及服务质量,必须把影响产品质量及服务质量的各种因素全面系统地管理起来。

所谓质量管理,就是企业为使产品或服务达到规定质量要求而进行全部管理活动的总称。包括在企业各项生产经营管理职能中,围绕着企业的质量方针,建立质量管理机构,制定质量管理制度,并根据产品技术标准和工艺规范,对影响产品质量及服务质量形成的各个环节进行全面的预防和全过程的控制;用最经济有效的手段使产品或服务达到规定的质量要求,从而为用户提供满意的产品和服务等。

之所以要加强企业的质量管理,是因为企业的中心任务,不仅要为用户提供产品及服务,更要为用户提供优质的产品及服务,为此必须保证企业产品或服务的质量。

以质量求生存、以品种求发展,提高产品及服务的质量,不仅是企业参与市场竞争的需要,也是企业提高企业收益、降低消耗的基本途径。没有质量也就没有数量。要谈及企业产品或服务的"数量",首先要谈及企业产品或服务的"质量"。倘若不能保证产品或服务的"质量",粗制滥造,服务低劣,再大的"数量"也只是浪费。

汽车维修企业倘若不能保证车辆维修质量及服务质量,接连不断地发生质量返修事故,就不仅是浪费,而且也影响企业的声誉,到头来还不如不修。

4 质量职能与质量责任

所谓企业管理的质量职能和质量责任,是指在实现产品质量及服务质量的全过程中,企业各部门所应发挥的职能与所应承担的责任。

由于产品或者服务的最终质量都有一个产生、形成和实现的过程,因此要提高企业产品和服务的最终质量,就必须明确企业中各工位、各工序的质量职能和质量责任,搞好企业的全面质量管理。当然,企业质量管理的最高责任应由企业的最高领导人承担。企业的最高领导人应当制定和实施企业既定的质量计划与质量方针,开展企业工作质量(工作程序、工作规范、工作标准)的成果评价(质量评审和检验),不仅应建立一整套以客户为中心的工作质量服务标准(包括服务项目、服务程序、服务行为等),而且应建立一套以客户信息反馈为中心的工作质量服务标准,以"客户忠诚度"来检验企业的工作质量(产品质量与服务质量)。

二 质量管理的发展情况

质量管理曾经历了质量检验、统计质量控制、全面质量管理三个发展阶段,它几乎与企业管理的三个发展阶段相对应。

1 质量检验阶段

质量检验阶段是质量管理发展的最初阶段(1920—1940 年)。当时,人们对质量管理的认识还只局限于对产品外观或内在质量的检验上。雇用并依靠几个质量检验人员,在产品生产过程中或者产品出厂时,根据产品质量验收标准,用各种检测仪具从制成品中挑选出残次品,从而把好产品出厂的质量关。这种方法虽然可以保证产品的出厂质量,但由于是事后检验,并不能预防和控制不合格产品的产生,因而并不能解决生产过程中由于企业管理落后或者技术工艺落后而导致的产品质量低劣和产品成本较高等问题。况且,对于大批量生产的企业来说,要对所有的出厂产品都做 100% 的检验,不仅经济上不合理,技术上也几乎不可能。

2 统计质量控制阶段

随着工业生产的不断发展,产品批量越来越大。特别是在第二次世界大战中,美国的不少民用品生产企业都转向军用品生产。当时所面临的主要问题就是由于产品单一、批量太大,根本无法逐件检验。而产品的高废次品率又直接影响着产品的交货及成本。为了能预防废次品的产生,以减少企业经济损失,美国休哈特于 1924 年提出了统计质量控制方法及系统质量管理理念。它在加强生产过程中质量检验的基础上,抓住产品的各个生产环节的质量控制因素(如原材料供应、零部件制造工艺、半成品与产成品的竣工质量等),用数理统计图表来找出其质量的波动规律,并努力消除废次品的产生原因(抓住产品薄弱环节),从而使整个企业的生产过程或生产系统都处于良好的质量控制状态下,以保证企业能最经济地生产出符合用户要求的合格产品。由于此能充分体现"以预防为主"的思想,可明显提高产品质量并明显地降低产品成本,因而在大型企业中得到了广泛的应用。但在中小企业中,由于推广者过分理论化,过分强调数理统计,从而使产品质量的控制方法变得神秘莫测,使中小企业管理者无法适从,最后只好仍然依靠技术检验部门实施最原始的质量检验,造成了数理统计与质量控制相互脱节。

3 全面质量管理阶段

1950年后,随着现代工业生产规模与社会生产力的不断发展,随着市场竞争的日趋激烈,产量不断增大、品种也频繁更新换代,从而对产品质量提出了更高要求。于是,产品安全性和产品可靠性被引进产品质量的管理理念,新的质量管理理论便逐步形成。许多企业管理者都认为:企业不仅要从产品全过程(从原材料供应、产品设计制造和产品销售,扩展到产品使用,甚至扩展到产品更新换代)中全面提高产品质量,以努力创造出高质量的名牌产品;而且还要在企业生产经营管理全过程中全面改进服务质量,以树立崭新的企业形象,借以扩大产品销路,提高企业的市场竞争能力。

美国的费根堡和朱兰等人则提出了"全面质量管理"的理念,即若要贯彻企业的质量方计,就必须以生产使用户满意的产品为目的,采用生产经营管理、专业技术与政治思想相结合的系统管理,对企业生产经营管理活动实施全面的、全员的、全过程的质量管理,从而把整个企业构成一个完整的质量保证体系,全面地控制和保证企业的产品质量和服务质量。这种全面质量的管理理念,既强调了质量控制,也强调了质量检验,从而全面保证了企业能用最经济的方法生产出用户最满意的产品。

随着现代工业企业管理的不断改革和不断完善,1960年后,上述的全面质量管理在全球得到了广泛的应用和推广,并成为所有工业企业提高产品质量、改善企业素质、增强企业竞争能力的最有效方法。

例如,许多美国企业都认为"产品质量是事关公司销售额和利润、事关企业信誉和成败的大事",而"以质量求生存、以品种求发展"也成了欧洲各企业的经营指导思想。它们不仅努力地提高产品的质量以保持其品牌地位,还不断训练职工,推广科学的质量管理方法"。日本则为了生产世界上质量第一的产品,明确提出了"产品质量是日本民族的生命线"。它们不仅从美国引进全面质量管理方法,而且还结合了日本国情,更加突出了人的因素,强调在企业中开展各种类型的质量管理教育和质量管理小组活动,从而创造了一个既通俗易懂、又能发动群众的企业管理方法,充实了现代工业企业全面质量管理的内涵。它们认为,既然产品质量是人做出来的、而不是检验出来的,倘若企业仅靠几个少数管理者来管理产品质量,不仅搞不好产品质量,甚至也管不好企业。为此它们强调:必须促使企业全体员工(从公司总经理、技术管理人员到全部工人)、全过程地、全面地参与到企业的质量管理活动中。

回顾质量管理的发展历史可以看出,作为企业管理中的重要组成部分,全面质量管理不仅是企业管理和质量管理发展的必然产物,而且也是现代企业管理的中心环节。

第二节　全面质量管理与质量保证体系

一、全面质量管理

1　全面质量管理的基本概念

现代工业企业中的质量管理并非是狭义的质量检验,而是广义的全面质量管理。

所谓全面质量管理,就是从系统控制论的概念出发,把企业作为生产产品质量的整体,组织和依靠企业全体员工(全员参与)、参与到企业产品质量管理的全过程中(从产品开发设计、生产制造、使用维修到售后服务的全过程),并全面地管理和控制所有影响产品质量的因素(将经营管理、生产技术、政治思想教育全面结合),通过各种的质量保证,以最优生产、最低消耗、最佳服务,为用户提供最满意的产品(质量管理目标)。

简言之,所谓"全面质量管理",就是通过全面的、全员的、全过程的质量保证体系,最经济地为用户提供最满意质量的产品和服务的一整套质量管理的体系、手段和方法。

2　全面质量管理的基本特点

全面质量管理的基本特点就是"三全一多",即全面的、全过程的、全员的,而管理方法可以是多种多样的。

(1)全面的质量管理——全面质量是指广义质量,包括产品质量和服务质量。全面质量管理的内容不仅涉及企业对外的产品质量和服务质量,而且也涉及企业内部的产品质量和服务质量,涉及企业生产经营管理活动的所有方面,包括生产技术、经营管理和政治思想教育等。全面质量管理与事后质量检验相比,不但要对产品质量进行全面管理,而且更要对人的工作质量与服务质量进行全面管理。以4S品牌汽车维修企业的全面质量管理为例,不仅要做好整车销售与备件销售,而且还要做好车辆维修及技术服务等。

(2)全过程的质量管理——要确保产品和服务的最终质量,必须要严格控制所有可能影响产品质量和服务质量的各种因素。为此,全过程的质量管理,必须着眼于过程,从而对产品质量与服务质量形成的全过程(从市场调查、设计制造、使用维修、销售及售后服务)进行具体而连续的全面质量管理。全过程质量管理与事后质量检验相比,不仅要对产品的竣工质量进行检验,更要对产品形成的全过程进行质量管理。以4S品牌汽车维修企业的全面质量管理为例,不仅要抓好车辆进厂、维修过程、修竣出厂的质量检验,而且也要抓好汽车维修全过程中的工位自检与工序互检,抓好汽车配件的采购入库、发放和装配使用等。

(3)全员的质量管理——由于产品质量与服务质量都是由人做出来的,最后都归结为企业员工(上至厂长、下至工人)的工作质量。因此,所谓全员的质量管理,不仅要强调以人为本,强调人的主观能动作用,而且还要强调全员参与。全员质量管理与事后质量检验相比,企业的质量管理不能只依靠少数几个检验人员,而必须要依靠企业中的所有员工都参与质量管理,甚至还要对相互关联或相互作用的所有要素都进行全员管理。

(4)全面质量管理方法的多样性——由于影响企业产品质量和服务质量的因素是多方

面的。其中,既有企业的内部因素,也有企业外部的因素;既有物质的因素,也有人为的因素,以及技术因素与管理因素等。总之,目的只有一个,就是要提高企业的产品质量与服务质量,但方法却可以多种多样,要根据企业具体情况采用相适应的质量管理方法。

3 全面质量管理的基本宗旨与指导思想

(1) 全面质量管理的基本宗旨——全面质量管理的基本宗旨,与企业经营管理的指导思想一样:"为用户服务,使用户满意"。这是因为:企业要在市场经济的竞争条件下获得生存和发展,必须要为用户提供最满意的商品,让用户享受到最好的服务。根据这一经营理念,企业的生产经营管理就要坚持"质量第一"的方针,从而把用户的需要和利益放在产品生产的首位;在评价企业的产品质量及服务质量时,也应该从用户的立场去客观评价、用数据说话。

汽车维修企业全面质量管理的基本宗旨,就是要在汽车维修的全过程中,全面地贯彻技术标准,动员全体职工都来关心和保证产品质量与服务质量,对用户负责,从而为用户多、快、好、省地提供优质服务,并售好或修好车辆。为此要求:汽车维修企业的生产经营管理者一定要学会换位思考,处理问题时不要老是"自我辩护",评价本企业各项生产经营管理活动是否有缺陷时要站在用户立场上去思考。

(2) 全面质量管理的指导思想——全面质量管理的指导思想如下。

①强调质量第一。由于现实市场竞争中不是拼数量,而是拼质量。因此,现代企业必须以质量求生存、以质量求发展,强调质量第一。

②以用户满意为目的。全面质量管理必须体现"为用户服务,使用户满意"的经营管理思想,用"用户满意度"来评价我们产品质量和服务质量的优劣,才能真正地提高我们的产品质量和服务质量。

③持续改进的理念。全面质量管理还必须根据用户的需求强调持续地改进质量。只有持续地改进质量,才能满足不断攀升的用户需求,才能使企业在严峻的市场竞争中不断发展壮大。

由于质量是人做出来的而不是检出来的,且产品质量与服务质量又分布于企业生产经营管理的全过程中,因此要管好企业全员工作质量,全面质量管理必须要突出人的因素。不仅要求企业中各部门、各层次的全体员工都要参与,而且还要明确分工,明确各自的质量职能与质量责任,确保各自的工作质量,从而将全面质量管理演变为更加积极主动的企业管理。

4 全面质量管理的基本方法

全面质量管理与单纯的产品检验不同,也与单纯的数理统计不同。它不仅要将过去的单纯产品检验转变为现在的全过程检验及全过程管理,而且还要把过去的管结果转变为现在的管因素。其常用方法有:

(1) PDCA 管理循环——全面质量管理通常采用 PDCA 管理循环来进行控制和管理。

整个的全面质量管理过程可分为一个过程、四个阶段、八个步骤。一个过程,是指企业在不同时期具有不同的质量目标和质量管理任务,因此围绕着每个阶段的质量目标与质量管理任务,每个质量管理活动都有一个从计划、实施、检查到总结的全部过程。四个阶段,是指上述过程是按照 PDCA 循环的四个阶段进行管理的。首先是根据市场需求,结合企业的自身条件,以经济效益为目的,制订具体的质量奋斗目标和质量实施方案(为用户服务、满足用户需求),这是计划阶段 Plan;接着根据质量计划所定质量奋斗目标和质量实施方案去实施和执行,即组织实施阶段 Do;再接着根据质量计划的实施情况,去检查实施结果和效果,由此发现问题,即检查效果阶段 Check;最后通过归纳,总结成功的经验和失败的教训,并把成功经验纳入标准予以推广,并采取措施持续改进;对于尚未解决的问题留在下个循环继续完成,即总结处理阶段 Action。八个步骤,是指 PDCA 管理循环的具体实施过程。

①分析现象,查找所存在的质量问题。
②分析产生质量问题的原因。
③从中找出主要原因。
④对主要原因制订质量改进计划。
⑤执行质量改进措施计划。
⑥检查改进效果。
⑦总结经验,巩固成绩并将工作结果标准化。
⑧找出尚未解决的问题,并将存在问题计划到下个循环中。

上述的 PDCA 循环,不仅是全面质量管理的基本方法,也是现代企业管理的基本方法。它适用于现代企业生产经营管理活动的各个环节和各个方面。其特点如下。

①它将整个企业的质量保证体系构成为一个较大的 PDCA 管理循环,各级、各部门又有各自的 PDCA 管理小循环;再具体落实到各个班组和各个个人,依次又有更小的管理循环,从而形成一个综合的质量管理体系和质量保证体系。上级管理循环是下级管理循环的根据,下级管理循环又是上级管理循环的组成和保证,从而构成一个整体。大循环套小循环,小循环保大循环,一环扣一环。通过各个小循环的不断循环,推动上一级循环乃至整个企业循环的不断前进,最后实现企业预定的总质量目标。

②PDCA 每循环一次,企业的生产经营管理水平、产品质量和服务质量就会提高一步,如此不断"波浪式的前进、螺旋式的上升"(图5-1)。

③全面质量管理 PDCA 循环的四个阶段,其划分不仅是相对的,也是相互联系和相互交叉的。

PDCA 管理循环不仅是综合性的质量管理循环,而且是一个无休止的质量提高

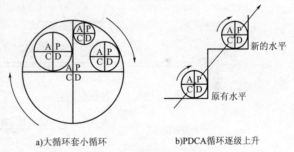

a)大循环套小循环　　b)PDCA循环逐级上升

图 5-1　全面质量管理的 PDCA 循环

过程,在实施过程中还会经常地发生边计划、边执行、边检查、边总结,接着又边计划的情况。

(2)数理统计——有效的决策应该是在充分了解企业实际情况并在实事求是的基础上,用科学的态度对数据和信息进行合乎逻辑的分析,最后得出科学的结论。由于在全面质量管理中会涉及大量的数据资料,因此有时也需要进行必要的数理统计和分析。最常用的数理统计方法有:排列图、因果分析图、直方图、分层图、相关图、控制图及统计分析表等。

①排列图。排列图是将影响质量的各种因素用直方高度条的形式横向排列在横坐标上（按影响程度自左至右地顺序排列），左侧的纵坐标标以影响程度（如不合格数量、所耗金额、所耗工时等）；右侧的纵坐标标以各影响比率（%）及累计不合格率（%）（该因素加前因素的累计数）。通过排列图（图5-2）就可以找出影响产品质量的主要因素，并以此提出解决的质量措施。其中，不合格率最多、影响产品质量程度最大的为主要因素；不合格率其次、影响产品质量程度中等的为次要因素；不合格率最少、影响程度最小的为一般因素。通常，影响产品质量的主要因素一般只有1~2个，最多不超过3个，以便抓住主要矛盾去切实提高产品质量。

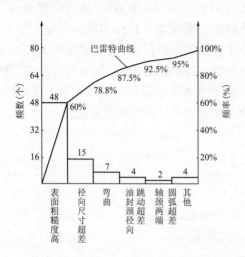

图5-2 某厂曲轴主轴颈加工的不合格品率数据统计图

②因果分析图。因果分析图是用于质量分析或故障诊断的最简便而最有效的方法。它从结果（故障现象）出发，逐层分析各种原因（故障部位及故障原因），再否定其中所有不可能的原因，找出其中最可能的主要原因。有因必有果、有果必有因，如此不断以次类推、步步深入，直到找到最终原因。图5-3所示即为连杆轴瓦烧毁的因果分析图。

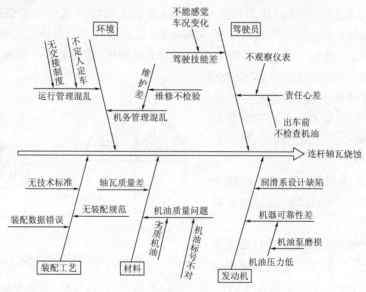

图5-3 全面质量管理的因果分析图——连杆轴瓦烧蚀分析

5 全面质量管理的基本要求

全面质量管理是企业生产经营管理中的重要内容，为此必须采用全面质量管理的系统理念，持续地进行质量管理与企业管理。

为使全面质量管理真正取得实效而不流于形式，就要根据企业的实际情况，选择适当的质量管理方法。其基本要求如下。

①尊重客观事实,并用数据说话。

②要以预防为主,遵循 PDCA 工作循环。

③广泛采用先进的技术检测手段和质量管理方法。

④建立明确的质量验收办法与质量验收标准,并建立完善的质量测评制度与质量管理激励机制(如物质奖励和精神奖励等)。

但无论采用何种方法,都应做到如下几点。

(1)关注用户——企业的生存和发展都依存于用户,为此,企业应当理解各种用户当前的和未来的需求,以充分满足用户需求,力争超越用户期望。其中,外部用户包括本企业的直接用户及分销商,内部用户包括各生产经营管理部门和全体员工。

(2)领导表率——任何企业都必须强调领导的表率作用,其中特别是最高管理者。为此,企业的最高管理者必须要采用系统而透明的领导方式、积极务实与以身作则的领导态度,根据本企业的服务宗旨和发展方向,策划未来,激励员工,协调运作,努力为企业的全面质量管理营造一个宽松、和谐而有序的内外部环境。

(3)抓好质量管理教育和技术业务教育。要保证企业的产品质量和服务质量,就是动员企业的全体员工都自觉地参加质量管理活动中来,不仅要树立全面质量的思想和意识,而且还要学会全面质量的管理方法,努力提高他们的工作质量。

(4)制定质量责任制度。制定企业内部各部门、各类人员的质量责任制度,并强调企业内部各部门、各类人员在产品质量与服务质量中的质量保证,建立一套完整而严密的、以质量责任制为核心的质量考核办法和质量管理制度,才能做到"事事有人管、人人有专职、办事有标准、工作有检查"。

(5)广泛开展群众性的 QC 质量管理小组活动,这是解决企业质量、提高企业素质的最有效办法。而要开展群众性的 QC 质量管理小组活动,就要有明确的针对性、严密的科学性、广泛的群众性和高度的民主性,才能充分发挥广大职工的聪明才智和主人翁精神。

二 质量保证体系

决定企业产品质量与服务质量的主要因素有:企业员工的人员素质及其工作质量,企业机具设备,所选用的材料、工艺规范及生产环境等。尽管企业员工的人员素质及其工作质量并不能像产品质量那样可直观地用产品特征(如优质品率)来表示,但它可以通过员工的工作态度、工作效率和工作成果,最后通过具体的产品质量和服务质量体现出来。

企业员工的人员素质及其工作质量是产品质量与服务质量的重要保证。也就是说,所谓质量保证,是企业员工的人员素质及其工作质量对产品质量与服务质量的保证。

1 质量保证

"质量保证"起源于美国。在 20 世纪 50 年代末,美国国防部为了约束军火承包商的质量控制,制定了军用质量保证规范 MIL-Q9858-59(后改为 MIL-9858A-63)的《质量大纲要求》,并要求所有军火承包商都能够根据此文件建立一整套的标准体系,从而为军方提供质量保证。1968 年,北大西洋公约组织 NATO 也对承包商的质量控制提出了明确要求,并制定了质量保证的系列标准。于是"质量保证"的概念逐渐由军品扩展到民品,并得到了越来越广泛的应用。20世纪70年代后,质量保证趋势便成为一种潮流,各工业发达国家都纷纷制定本国的质量保证标准。其中,一类是在质量形成过程中所使用的通用系列标准(即一般性规定),另一类则是需方针对供方要求,用于不同质量阶段和不同质量等级的多级质量保证系列标准。但由于各国的立场和用途各自不同,所制定的质量保证标准体系也差异较大。

随着生产发展和技术进步,产品种类日益复杂,对产品质量的要求也日益提高。为此,联合国在《关税及贸易总协定》的标准守则中规定:为消除各国之间的技术壁垒,在国际贸易中必须采用国际标准。因为只有产品质量的国际化,才可能实现质量管理和产品标准的国际化,才可能促进正常的国际贸易。为了使产品质量具有统一的技术要求、技术规格、技术规范和技术标准;必须要求产品企业在质量管理方面(如质量管理人员的技术和能力)制定统一的技术标准。于是,国际标准化组织ISO(International Organization for Standardization)为了协调和解决各国之间在质量保证标准方面的矛盾,开展了国际质量体系的标准化工作,并于1979年9月批准组建质量管理和质量保证技术委员会ISO/TC 176,专门研究国际质量保证体系中的标准化问题,并负责在各国国家标准的基础上制定相应质量体系的系列国际标准。

该质量管理和质量保证技术委员会ISO/TC 176于1987年和1994年分别发布了1987年版与1994年版ISO 9000系列国际标准。其中包括:ISO 8402《质量术语》、ISO 9000《质量管理和质量保证标准选择和使用指南》、ISO 9001《质量体系设计开发、生产、安装和服务的质量保证模式》、ISO 9002《质量体系生产和安装的质量保证模式》、ISO 9003《质量体系最终检验和试验的质量保证模式》、ISO 9004-1《质量管理和质量体系要素指南》。

由于ISO 9000系列国际标准能为供需双方提供质量评价的通用标准,于是各国也相继宣布采用这套国际标准。例如,美国的三大汽车公司GM、Ford、Chrysler于1994年8月联合出版、1995年2月再次修订的《QS 9000质量体系要求》,它以ISO 9001内容为基础,考虑到汽车行业的具体要求,以用户的身份对供货方提出质量保证要求。国际标准化组织ISO也于1997年在总结ISO 9000—1994系列国际标准的基础上提出了质量管理原则(以顾客为中心原则、领导带头作用原则、全员参加原则、全过程实施原则、全面实施原则等),并分别于2000年、2004年、2008年正式发布了ISO 9000—2000版系列国际标准、ISO 9000—2004版系列国际标准、ISO 9000—2008版系列国际标准。

我国在改革开放并加入世贸组织WTO后,随着我国经济的全面腾飞,出口贸易额迅猛发展。为了能与世界系列标准ISO 9000接轨,我国在1987年3月决定等效采用系列国际标准ISO 9000,并于1988年12月10日正式发布参照国际标准ISO 9000制定的国家推荐系列标准GB/T 10300.1~GB/T 10300.5《质量管理和质量保证》。这套国家推荐系列标准GB/T 10300包括以下几方面。

①等效采用ISO 9000.0的国家推荐系列标准GB/T 10300.1《质量管理和质量保证标准的选择和使用指南》用以说明企业质量管理的目的和基本术语,即由质量控制来保证产品质量,以满足用户规定的要求或潜在需要;由企业内部的质量保证使企业领导相信本企业能保证达到和维持预定的产品质量要求;由企业外部的质量保证使需方相信本企业所提供的产品能达到预定的质量要求(必要时可将这种能力要求订入合同中)。

②等效采用 ISO 9001～ISO 9003 的三个国家推荐系列标准 GB/T 10300.2～GB/T 10300.4 分别明确了三种质量保证模式,即等效采用 ISO 9001 的国家推荐系列标准 GB/T 10300.2《质量体系、开发设计、生产、安装和服务的质量保证模式》叙述了供方在开发设计、生产、安装和服务各阶段应保证符合规定的要求;等效采用 ISO 9002 的国家推荐系列标准 GB/T 10300.3《质量体系、生产和安装的质量保证模式》叙述了供方在生产和安装阶段应保证符合规定的要求;等效采用 ISO 9003 的国家推荐系列标准 GB/T 10300.4《质量体系、最终检验和试验的质量保证模式》叙述了供方保证最终检验和试验阶段应符合规定的要求。

③等效采用 ISO 9004 的国家推荐系列标准 GB/T 10300.5《质量管理和质量体系要素指南》则提出了质量管理体系的基本要素,即要求各企业能根据市场情况、产品类型、生产特点、用户需要等具体情况,选择相应的质量要素和采用这些要素的程度。此标准适用于产品/过程的生产企业(开发设计和生产安装),其他单位可参照使用。我国还在原国家推荐系列标准 GB/T 10300 的基础上于 2000 年、2008 年直接参照 2000 版、2008 版 ISO 9000 系列标准修订出我国新的国家推荐系列标准:如 GB/T 19000/ISO 9000《质量管理体系基础和术语》、GB/T 19001/ISO 9001《质量管理体系要求》、GB/T 19004/ISO 9004《质量管理体系业绩改进指南》等,从而直接以 ISO 9000 系列标准对我国制造企业、对外服务企业与出口外贸企业的产品及服务,并对企业的质量保证体系进行实质性的质量认证。

我国国内的制造业、对外服务业以及出口外贸业,由于需要出口外销,因而需要对其产品及服务通过 ISO 9000 系列标准的质量认证与质量保证。但我国国内的汽车维修企业则由于尚未开展对外服务,因此目前还尚不急需通过 ISO 9000 系列标准的质量认证与质量保证。但由于 ISO 9000 系列标准质量认证的基本要点是通过质量认证来强化企业的质量保证体系,这对于汽车维修企业提高产品及服务质量、提高企业信誉及效益也是十分重要的,因此仍应参照执行。当然,倘若要搞 ISO 9000 系列标准的质量认证,还需要解决如下问题:搞 ISO 9000 系列标准质量认证的关键在于如何实现质量保证,而不是搞所谓形式认证,虽然形式上通过了认证,可产品质量并无丝毫提高。倘若通过了 ISO 9000 系列标准质量认证,其关键在于今后如何持续地开展企业的质量保证活动,并使质量保证活动成为实现汽车维修企业经营目标的有效手段。

2 质量保证与质量保证体系

所谓质量保证,是指完成该产品或该服务的人对用户所做的质量承诺;而所谓质量保证体系,是指企业为用户确保某一产品、过程或服务能够满足规定的质量要求而必须实施的质量管理的全部活动。质量保证体系涉及的基本概念包括:质量方针、质量目标、质量体系、质量计划、质量保证、质量控制、质量监督、质量审核与质量体系审核等。

(1)质量方针、质量目标与质量计划——其中:质量方针(指企业质量管理活动中所必须遵守的企业行动指南和质量发展方向)。质量目标(指企业根据质量方针所要达到的质量预期效果,例如企业质量标准等)。质量计划(指为了实现质量目标所做的具体计划、实施程序与措施等)。

企业最高管理者应确保企业的质量方针与企业宗旨相对应(包括制定质量目标、承诺持续改进、满足用户要求等),并在企业内部达到沟通和理解的基础上进行持续的评审。

例如,某企业的质量方针为"诚信守法、满足顾客需求、增强顾客满意"。此质量方针,不仅明确了企业的经营宗旨(诚信为本、守法经营),体现了企业的质量改进方向(满足顾客需求,增强顾客满意);而且还建立了质量的目标框架(包括顾客满意率、合同履约率、服务跟踪率、顾客投诉有效处理率等)。

(2)质量管理体系、质量保证、质量控制、质量监督——其中:质量管理体系,包括为实施质量管理而需要组建的管理机构、岗位职责与管理程序等。质量保证,是企业的产品与服务满足某规定的质量要求从而向用户的质量承诺。质量控制,是为了满足某规定质量要求所必须采取的全部质量活动。为了保证产品质量和服务质量,就要控制企业中的工作质量,从而把形成产品质量和服务质量的全部技术活动都处于受控状态之下。质量监督,是为了保证满足某规定的质量要求,对企业中所有的质量活动进行连续监督,并按照规定要求进行质量分析和验证。

质量监督通常采用用户反馈或第三方认证的办法,以保证实现所要求的质量合同。

(3)质量审核与质量体系审核——所谓质量审核,是指为确定的质量活动及其结果是否符合质量计划,以及质量计划能否能到有效贯彻,并能否达到预期目标,从而对企业质量要素、质量体系,以及产品和服务质量所做的检查和评定。所谓质量体系审核,是指为确定企业质量体系是否符合企业标准,各项企业规定是否有效贯彻,并是否达到质量目标而进行的系统而独立的检查。质量审核和质量体系审核都可分为企业内部审核与企业外部审核。需方审核及认证机构审核。为体现公平,质量审核与质量体系审核都应由与企业被审核产品或服务无直接责任的人员负责。

3　质量保证体系的基本活动

质量保证体系是依靠企业全体员工参与的,实施全面质量管理的组织体系。为了能发现产品质量及服务质量所存在的问题,除了采用现场调查及现场处理外,还要利用及时的用户信息反馈等。例如,在某汽车维修企业的质量保证体系内(图5-4),为了实现企业的质量目标,不仅要求用各工位自检来确保每个工位的产品质量,而且还要求用各工序互检来确保所有工序的产品质量。

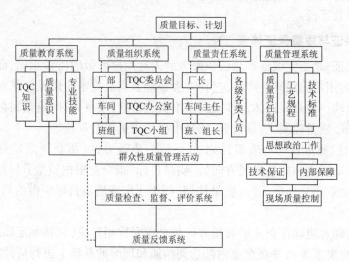

图5-4　某汽车维修企业的质量保证体系

企业的质量保证,既不是抽象概念,也不是广告宣传。它必须要落实于企业每项的具体生产经营管理活动中,并要有明确的计划、制度和措施。企业的整个质量管理情况通常需要通过《质量手册》和质量图表等来反映。当然,质量保证体系也可以有多种形式,既有按企业或部门建立起来的质量保证体系,也有按产品种类、生产环节或者按某个重要零部件建立起来的质量保证体系。但无论建立何种质量保证体系,其最终目的都是为了企业的产品质量和服务质量能满足用户要求的全面保证。

质量保证体系活动由产品质量形成过程中的各个阶段(如市场调查阶段、计划设计阶段、生产准备阶段、生产过程阶段、销售阶段、售后服务阶段等)、各个环节中的所有技术活动和管理活动所构成。以汽车销售及维修的质量保证为例,应包括汽车销售的前后阶段以及汽车维修的前后阶段。其中,特别是售前的质量保证,售后的质量保证只是售前质量保证的补充。

企业要实施全面质量管理,其重要手段就是要建立健全企业的质量保证体系。为此,必须在企业的组织机构上、规章制度上,以及方法程序和工作过程等方面,为确保产品质量目标、确保用户利益,以形成企业内部产品质量与服务质量的保证体系,保证企业产品质量与服务质量的稳定和提高,这就必须要明确企业内部各部门、各个阶段和各个环节的质量职能和质量责任,并把企业的质量保证活动加以系统化、标准化和制度化,从而把企业的全面质量管理体系统一地组织起来。

三 质量管理体系文件的编写及实施

为了有效控制企业质量管理体系的实施过程,不仅需要通过 ISO 9000/QS 9000 质量保证体系的质量认证,而且还需要编制质量管理体系文件,从而将企业的质量管理过程以文件形式固定下来。

1 质量管理体系文件的编写

在 ISO 9000/QS 9000 质量保证体系中,实用的质量管理体系文件可按照文件层次,分为《质量手册》《产品与服务控制程序》《作业指导性文件》三类。其繁简程度由企业产品及服务在质量管理过程中的复杂性及员工素质而确定。其基本要求是:简明扼要、切实可行。

为此,在质量管理体系文件的编写过程中需要遵循 5W1H 原则,即明确谁来做 Who、何时做 When、在那里做 Where、做什么 What、为什么做 Why、怎么做 How。

(1)《质量手册》——《质量手册》是企业在建立并实施质量管理体系的过程中使用的,用以说明和阐述企业质量管理体系及质量管理标准的文件,它是企业中全面质量管理的法规和准则。内容包括:企业的质量方针、质量目标、质量体系以及质量实践,如组织机构、岗位职责、质量保证、工作程序等。《质量手册》包括《质量管理手册》《质量保证手册》。其中,前者用于建立与实施企业内部的质量管理体系(按 GB/T 10300.5 编写);后者用于向企业外部用户提供质量保证(按 GB/T 103002～GB/T 103004 质量保证模式和用户要求编写)。其写法如下。

①前言。介绍企业概况、企业的产品与服务、企业的经营规模和经营理念。

②发布令与任命书。其中,发布令用以由企业的最高管理者明确本企业建立质量管理

体系的目的,并发布本质量手册,号召全体员工执行(签字及日期)。任命书则根据企业的质量管理标准要求,建立、实施和持续改进企业的质量管理体系,特任命×××为管理者代表,并明确管理者代表的职责权限(最高管理者签字及日期)。

③术语和定义。用以说明本质量管理体系中所使用的术语及采用标准等。

④质量管理体系及组织机构图。先介绍企业质量管理体系的组织机构图,并在此基础上详细阐述企业的质量管理体系,包括概述及正文。其中,概述用以说明为什么要建立企业质量管理体系;正文用以阐述本企业对"为用户服务"的理解和手段;阐述企业的质量方针与质量目标,阐述企业质量管理体系的策划过程(例如确定质量管理者代表、确定质量管理体系与组织机构等),并阐述质量管理体系文件与记录的具体形式与内容(包括目的、适用范围、岗位职责、控制程序和评审程序等),以及质量管理体系文件与记录的传递与沟通过程。

⑤在质量管理体系及组织机构图的基础上,介绍企业质量管理体系中的质量管理程序及各级各岗位职责权限。

⑥企业现有资源。如企业环境及基础设施,以及企业现有人力资源等。

⑦企业产品与服务的实施过程。

以汽车维修企业为例,包括:企业产品与服务的策划过程;现行的法律与法规;阐述外部用户对本企业产品及服务的质量要求和沟通方式(包括广告宣传与热线电话、维修合同与前台接待,用户满意度调查与用户意见处理等);阐述在整车销售过程中的车辆防护与服务质量控制;阐述汽车维修过程中的维修质量控制程序;阐述车辆故障的检测诊断控制程序;阐述外购件及外协件的采购与供应控制程序等。

⑧质量分析与质量改进。先阐述总则(如质量分析与质量改进的目的,顾客满意度调查的有关规定等)。再分别阐述:如何建立企业内部的质量审核及控制程序(以查明企业内部质量管理体系是否符合规定要求并是否持续有效,包括企业内部质量管理体系中的所有的过程质量监控方法,以及设置关键工序或工位监检点情况等);如何控制及处置不合格品(如返工返修的控制与处理等)。如何持续改进企业的质量方针、质量目标、质量控制与质量审核等,并如何采取预防及纠正措施以达到规定条款要求;如何策划及实施、整改及跟踪质量控制的全过程。

在编制企业的《质量手册》后,还要分别编制各业务系统的《质量手册》。

(2)《产品与服务控制程序》——《产品与服务控制程序》属于《质量手册》的支持性文件,用以表述和规定企业在产品与服务实现过程中的具体活动及控制过程。其写法如下。

①控制目的。控制企业产品与服务的全过程,以满足用户要求。

②适用范围。适用于企业产品与服务的全过程(对各个过程加以概述)。

③职责权限。规定各级质量管理人员(如生产技术总监、各服务经理、索赔员及车间主管等)各自的岗位职责及权限。

④控制程序。详细阐述企业对产品与服务实现过程的控制程序。

以汽车维修企业为例,其控制程序包括如下几方面。

a. 预约维修服务规定(包括建立用户档案,确定各类维修作业项目,确定用户需求,并签订汽车维修合同等)。

b. 车辆维修前的技术准备(包括诊断车辆故障,维修车辆的派工调度与维修作业项目控制,专用工具及专用设备的使用规定,维修车辆的停放规定,以及维修车辆的交接与检查等)。

c. 汽车维修质量的控制(包括零件分类检验的规定,维修过程中的工位自检、工序互验以及竣工检验的规定,车辆特殊维修的规定,以及车辆外派维修的服务规定等)。

d. 客户投诉处理及维修车辆的返工返修控制。

e. 车辆结算和交付规定。

f. 维修后的服务跟踪,包括对维修合同单位的定期回访,对维修车辆的跟踪回访,以及客户满意度调查表的编制、发放、回收与分析等。

⑤相关文件,包括企业对产品与服务控制程序所涉及的所有文件。

⑥相关记录,包括企业对产品与服务控制程序所涉及的所有记录。

(3)《作业指导文件》——《作业指导文件》是对《质量手册》和《产品与服务控制程序》的具体实施作出更详细的规定。

以在汽车维修企业为例,其《作业指导文件》应包括:《汽车维修服务规范》《汽车维修服务前台人员的业务规范》《汽车维修检验规程》《汽车维修资料目录》《工具资料室管理规定》《检测仪具维护和操作规程》《焊接作业操作规程》《喷漆、烤漆作业操作规程》《危险品仓库管理制度》《用户意见反馈表使用规定》《安全卫生管理办法》《各类人员岗位资格标准》《质量目标统计计算方法》《计算机网络维护与操作规程》等。

2 质量管理体系文件的实施

(1)质量管理体系文件的发放——质量管理体系文件的发放要严格按照《质量手册》中文件控制程序的有关规定执行,以确保相关文件都能发放到每个相关人员的手中,从而为企业质量管理体系的全面实施创造条件。在企业质量管理体系文件发布之后实施之前,需要对企业全体员工进行培训,并采取必要措施,以保证良好的培训效果。

(2)质量管理体系的实施与审核——企业质量管理体系的实施要加强以下工作。

①加强引导与培训、加强督促和检查。企业质量管理体系的建立需要企业的全体员工共同努力。为此,最高管理者不仅要有强烈的决心和信心,而且还要积极引导与培训、加强督促和检查。

②建立实施记录。企业质量管理体系在质量培训、质量分析等实施过程中,不仅要建立相应的记录或录像,而且要按规定予以收集、整理和存档。

③内部质量审核与质量分析。在质量管理体系实施过程中,企业应进行内部质量审核。

所谓内部质量审核,是由企业内部审核人员根据企业标准、质量手册、程序文件及指导文件,通过现场审核,以检查企业质量管理体系的运行效果是否达到了规定要求。

为了保证企业质量管理体系的持续有效运行,企业最高管理者要根据企业的内外部环境变化,组织企业管理人员对企业的质量方针、质量目标和质量管理体系进行内部审核与评审,以便及时地调整经营方向。在组织内部审核与评审时,应对所发现问题(特别是用户满意度、企业经营业绩与预期目标差距等)进行深入细致、全面的质量分析。内部审核评审每年至少进行一次。倘若企业机构发生重大调整,或出现重大质量投诉,或经营业绩停滞不前时,可增加评审次数。平时在质量管理体系的运行过程中,应根据手册规定定期召开质量分析会,对质量管理体系运行中的返工返修、顾客投诉等进行汇总和分析,提出纠正措施和预防措施。

④质量认证审核。在企业经过内部审核和评审后,若认为质量管理体系已能正常、持续而有效的运行,就可向质量认证机构提出申请。质量认证机构则应检查各种实施证据,提前指定熟悉企业生产活动和人员配置情况的引导员,根据企业标准和质量体系文件确定出其中的不合格项。倘若其中有一项严重不合格,则认证不能通过,应要求企业整改,直至全部整改合格后,质量管理体系认证和审核才能宣告结束。

3 质量管理体系的认证

要搞好企业质量管理,应建立质量管理体系,编写相关质量管理文件,并通过相应的质量管理体系认证。其认证步骤如下。

(1)选择质量认证咨询机构。

(2)由认证咨询机构了解企业基本情况及运行情况。

(3)由企业与认证咨询机构一起,根据企业需要,讨论并确定所需要建立的质量管理体系标准;提出评定费用估价。

(4)由认证咨询机构通过培训,帮助企业建立质量管理系统文件(如质量手册、产品与服务控制程序文件、作业指导文件等)。

(5)由企业正式发布质量体系文件,并组织培训与正式实施。

(6)由企业向质量认证机构申请对质量管理体系进行审核与认证,并向质量认证机构提交质量管理文件。

(7)由认证机构做好审核安排,向企业下达审核计划并进行现场审核;公布审核结果,并对审核中的不符合项提出纠正要求。

(8)企业根据要求,对不符合项进行整改。

(9)由审核组长肯定整改结果并推荐注册;最后由认证机构确认并批准注册、颁发认证注册证书(有效期3年)。

(10)监督审核。由质量认证机构根据评定规则,每隔3年对企业质量管理体系进行重新评定,以监督审核企业的质量管理体系,以证实体系运行符合有关要求。

4 质量管理体系的质量培训

质量管理体系的建立需要有全员参与。为使全体员工都能树立"质量第一、为用户服务"的思想,并持续改进质量管理体系,需要对企业全体员工进行质量意识的全员培训。

全员质量培训的内容应根据企业质量管理体系中各岗位职责进行差异性培训。

(1)特别是对高层领导的质量培训,应使其了解质量管理的发展过程,了解领导者在质量管理体系实施和保持过程中的领导作用,要求他们必须直接参与、策划和持续改进质量管理体系的活动。

(2)对企业内部质量审核人员需要进行全面深入的质量培训,不仅要使其熟悉全部的标准内容,还要结合本企业经营情况与经营特点,深入理解这些标准的各项条款,从而对企业内部质量审核人员的文化程度、工作经验和实践能力等提出了更高的要求。

(3)对重要岗位人员(如部门经理、技术主管及质量检验员等)的质量培训应根据具体章节逐条进行,以使其理解岗位职责范围内的质量标准及其应用。

（4）对于一般岗位人员的质量培训则可以采取集中而浅显的讲解（也可以根据岗位特点和部门分工分别讲解），只需要他们了解本岗位的质量标准即可。

5 质量管理体系的保持与改进

质量管理体系的保持比建立更为困难，质量管理体系的持续改进乃是一项长期工作。为保持与改进质量管理体系，需要做好以下工作。

（1）领导带头、全员参与——企业最高领导对质量管理体系的重视程度和认知程度是质量管理体系在企业中能否真正彻底贯彻执行的关键，因此必须领导带头、全员参与。只有领导带头，才能督促有力、检查到位，才能积极参与和策划推行质量方针和质量目标，监督和检查各个部门质量管理体系的运行情况。

（2）引导全体员工为用户服务，以提高用户满意度的理念——由于汽车维修企业的维修质量及服务质量最后都由用户来评价，因此，企业的最高管理者应该通过建立质量管理体系，通过质量评审和质量分析等形式，组织研究如何为用户服务，如何提高用户的满意度，并从中找出差距、提出纠正措施。

（3）全面提高企业的质量管理水平——要提高企业的质量管理水平并使用户满意，就要实现全面质量管理。其中，包括企业中所有业务的规范化和流程化，并抓住质量管理体系和程序控制，坚持规范化业务流程，以保证业务流程的有序进行，并为用户提供高质量的服务。而要保证企业质量管理体系的持续改进，应该通过质量方针的建立和实施，营造一个激励持续改进的氛围和环境。

四 以全面质量管理来整合现代企业管理

尽管汽车维修企业不同于产品制造企业，因而没有必要照搬 ISO 9000 系列标准进行所谓的质量管理体系认证。但由于汽车维修企业同样面临着用户，也有质量保证的问题，因此 ISO 9000 系列标准关于质量保证的概念对于汽车维修企业来说仍然十分重要。在汽车维修企业中建立质量保证体系，对用户承诺质量保证，不仅是推行汽车维修企业全面质量管理的重要工作，而且也是保证汽车维修企业全面质量管理取得长期稳定效果、巩固和扩大企业管理成果的关键所在。

全面质量管理既是现代质量管理的重要方法，也是现代企业管理的重要手段。由于全面质量管理不仅在思想观念、管理方法和管理手段上与现代企业管理十分相似（例如都需要树立"质量第一、为用户服务"的观念），而且全面质量管理（全面、全员、全过程的质量管理）的内容几乎全部覆盖了整个的现代企业管理，因此完全可以用全面质量管理来整合现代企业管理（这是整合的可能性）。倘若企业的全面质量管理与现代企业管理脱节，两者各自为政，将会干扰现代企业管理（这是整合的必要性），这在我国是有历史教训的。

用全面质量管理来整合现代企业管理，关键是要强调企业内部的质量保证体系。"管理要讲管理质量、产品要讲产品质量、服务要讲服务质量、工作要讲工作质量"，从而将全面质量管理的理念完全融合于现代企业的日常生产经营管理中。

以全面质量管理整合现代企业管理的通常做法如下。

（1）领导带头——这是建立质量保证体系的先决条件。这是因为全面质量管理将涉及企业中的各个部门、各个岗位及每个员工,涉及整个企业的生产经营管理活动。因此,将全面质量管理办公室的全部职能由厂长/经理办公室兼任,才能在组织机构上保证企业领导的带头作用,企业领导也才能充分重视和直接参与,从而实现全面质量管理与现代企业管理的全面整合。全面质量管理办公室的主要职责如下。

①编制明确的质量方针、质量目标和质量计划。

②组织和协调、检查和督促企业质量计划的执行过程。

③协助厂长执行日常的全面质量管理工作,包括开展全面质量管理的宣传教育,组织QC全面质量管理小组活动;研究推广先进的质量控制方法;负责质量信息的反馈和控制等。

(2) 建立严格和配套的质量责任制度与质量考核制度——这是建立质量保证体系的重要措施。因为只有这样,才能使企业中每项质量管理都做到事事有人管、人人有专责、办事有标准、工作有检查;才能做到职责分明、功过分明,落到实处,从而在企业内部形成严密的质量保证系统。

(3) 用全面质量管理的理念,实施企业管理业务的标准化和程序化——这是整合企业管理体系的着眼点。要用全面质量管理来整合现代企业管理,必须要实施各项企业生产经营管理业务的标准化和程序化。所谓管理业务的标准化,就是将企业管理中经常重复出现的管理业务,按照要求分类归纳,并制订成相应的工作规范和工作标准,再纳入企业规章制度,以作为每个员工的行动准则。所谓管理业务的程序化,就是将日常的业务流程和办事程序,制订成相应的工作规程,并不断地使之条理化、合理化、程序化和规范化,以简化企业管理,理顺业务流程,提高企业管理的工作效率。为此,不仅需要对企业中每项生产经营管理事务相应制订其管理职责、管理规程、管理规范和管理标准,而且还需要对企业中每个员工落实各自的岗位职责,并实施必要的质量监控。

(4) 开展群众性的QC质量管理小组活动——这是整合企业管理体系的有效方法。这是因为,企业产品和服务的最终质量都是通过众多的生产经营管理环节逐步形成的。因此,只有动员全体员工,相应建立自检和互检,相应建立各自的质量保证,才能确保企业最终质量。为了考核全面质量管理的成效,还要对质量保证体系进行有效性综合评审(如管理流程是否合理,管理环节是否衔接,管理责任是否落实,管理信息是否通畅等),从而对企业管理实施最有效的监控和督促。

(5) 建立高效灵敏的质量信息反馈系统——这是整合企业管理体系的重要形式。在整个企业生产经营管理活动中,产品的流动既是产品质量的形成过程,也是厂内外质量信息的形成过程。为此,应及时而广泛地收集信息,并通过信息的反馈和分析,有效地控制企业产品和服务的最终质量。

第三节 汽车维修企业的全面质量管理

搞好汽车维修企业的全面质量管理,不仅要保证维修质量,而且要保证服务质量。

一 汽车维修企业的质量目标与质量计划

1 汽车维修企业的质量目标

汽车维修企业的质量目标(如汽车维修竣工出厂检验一次合格率、返修率等),是汽车维修企业的产品质量目标。为了实现此质量目标,质量管理部门应当深入汽车维修的全过程中,既要按照汽车维修质量的检验规范和验收标准进行全面的质量管理,也要根据汽车维修过程中实际的维修工艺和维修技术不断地提出改进意见。为此,汽车维修企业要遵照汽车维修质量管理中的政策法规、技术标准与管理制度等,制定必要的质量目标,并明确各项质量管理的基本职责和工作要求,特别是要开展汽车维修企业工作质量(工作程序、工作规范、工作标准)的成果评价(质量评审和检验)。建立一套以客户为中心的工作质量服务标准(包括服务项目、服务程序、服务行为等);建立一套以调查客户信息反馈为中心的工作质量服务标准,以客户忠诚度来检验企业的工作质量(产品质量与服务质量)。

当然,在制定汽车维修企业质量目标时应考虑以下因素。

(1)用户的质量要求——根据汽车维修企业的服务宗旨,满足用户使用要求是确定汽车维修企业质量目标的主要依据。为此,汽车维修企业的质量管理部门应该通过市场调查和用户访问,了解企业所维修车辆的使用效果和用户要求,针对用户使用要求确定质量目标。

(2)维修行业的质量情报——汽车维修企业质量管理部门应当经常收集企业内外关于汽车维修的质量情报,以了解企业内外的汽车维修质量水平,更好地制定本企业质量目标。

(3)维修企业的实际能力——为使企业质量目标制定得更加切实可行,还必须考虑本企业的实际维修能力(如装备能力和员工技术水平等)能否保证本企业汽车维修质量,并达到企业的既定质量目标。

(4)汽车维修的性价比——汽车维修企业既要保证产品质量和服务质量,也要努力降低维修成本和维修费用,以获得最好的经营效果。为此,在制定企业质量目标时也应考虑企业产品与服务的性价比,在选择维修方案时应遵循技术上可行、经济上合理的原则。

2 汽车维修企业的质量计划及实施

汽车维修企业不仅要制订生产计划,以作为企业生产经营管理的奋斗目标,而且还应制订明确的质量计划及相应的实施措施,以落实企业的质量计划与质量目标。

(1)加强全员质量教育,提高质量意识,做到人人关心质量、个个保证质量。

(2)建立健全企业技术管理和质量管理的规章制度,落实岗位责任制和质量责任制,以做到检验有标准,操作有规范,优劣有奖惩,不断提高质量管理水平。

(3)积极推广和应用新技术、新工艺、新材料、新设备,不断提高维修质量和维修效率。

(4)积极推广全面质量管理经验。

(5)加强职工技术业务培训,不断提高职工技术业务水平和操作技能。

3 汽车维修企业的质量控制

汽车维修企业的质量控制,是指为保证和提高汽车维修质量所采取的一系列技术活动。汽车维修质量的控制过程包括以下几个步骤。

(1)确定评价和衡量汽车维修质量控制的对象和方法,确定、衡量和评价维修汽车的各项技术性能指标。例如,汽车二级维护,应使发动机功率(动力性)不小于额定功率的85%。

(2)制定汽车维修质量控制的依据和标准;评定维修车辆实际车况,并说明与控制标准的差异。

(3)找出差异的原因,采取纠正措施。

二 汽车维修企业的质量管理机构及质量管理制度

1 汽车维修企业的质量管理机构

为了保证汽车维修质量,根据交通部颁布的《汽车维修质量管理办法》,汽车维修企业质量管理的机构设置,应根据精简与效能相结合的原则(既要精兵简政,更要责任明确),应在厂部设置与企业生产规模及生产工艺相适应的质量管理部门,并在厂长的直接领导下单独设立质量检验部门。汽车维修企业质量管理机构的主要岗位职责如下。

(1)贯彻执行上级有关部门制定的关于汽车维修质量管理的法规制度和方针政策,并贯彻执行国家和交通部颁布的汽车维修技术标准和质量标准。

(2)制定本企业的汽车维修的质量管理制度和质量责任制度。

(3)加强企业产品和服务质量管理的基础工作(如开展质量教育、企业标准化、计量与检测、质量信息、质量责任制、QC质量管理小组活动等)。

(4)建立健全汽车维修企业内部的质量保证体系,并掌握质量动态,进行质量分析和质量评审,搞好维修后的技术服务,推行企业的全面质量管理。

(5)加强汽车维修全过程的质量检验(如汽车进厂检验、零件分类检验、维修过程检验、总成验收、汽车竣工出厂检验以及交接等),并明确各级质量检验人员的质量责任。

2 汽车维修企业的质量管理制度

汽车维修质量管理制度是企业质量管理机构为贯彻质量管理方针和目标,依据有关法律法规与技术标准而制定的规章制度,它是汽车维修质量管理的行为准则,以明确质量管理的方针与目标,落实质量管理岗位职责及质量检验制度等。质量管理制度如下。

(1)汽车维修企业的质量保证制度与质量返修制度——汽车维修企业应当实施以工位自检、工序互检为基础的质量保证制度,以从根本上确保汽车维修质量。质量保证期的长短可根据维修类别及作业深度确定。在质量保证期内,倘若因维修质量而造成汽车故障或损坏,应由主修人或主修班组主动安排返工返修,并承担全部返工返修费用,其中包括因维修质量而造成的机械事故及经济损失。

(2)汽车维修企业的专职质量检验制度——汽车维修企业的专职质量检验制度包括汽车维修进厂检验制度、汽车维修过程中零件分类检验制度及过程检验制度、汽车维修竣工检验制度及汽车维修竣工出厂合格证制度等。

《汽车维修竣工出厂合格证》由汽车维修行业管理部门统一印制和发放。汽车维修企业只有通过考核认定的专职质量检验人员才有资格进行汽车维修竣工检验,并签发《汽车维修竣工检验出厂合格证》。为此,汽车维修行业管理部门应当实施专职质量检验人员的培训考核制度,做好各汽车维修企业质量检验人员的培训考核和资格认定;定期或不定期地抽查汽车维修企业的维修质量,以加强汽车维修质量的日常监督与管理。

(3)汽车维修配件材料的检验审核制度——汽车维修企业作为承修方,不仅应承担施工的质量责任,而且应承担配料的质量责任。为此,汽车维修企业应加强外购配件材料的采购和入库验收,而且应加强自制配件材料的质量验收,从而加强汽车维修过程中的零件分类检验,承担在汽车维修中由于使用不合格配件材料而引发的质量事故责任。

(4)强化汽车维修过程中的质量检验签证制度——为了强化汽车维修过程中的质量检验,必须强化汽车维修过程中的质量签证,为此还应重视汽车维修及质量检验过程中所使用的计量器具与检测仪器的管理与鉴定,做好汽车维修及质量检验过程中的原始检验记录。

三 汽车维修企业的质量管理方法

汽车维修企业全面质量管理的一般方法是,根据汽车维修质量目标,针对汽车维修过程中的质量薄弱环节,从操作技术、维修工艺、操作者心理等方面分析原因,在汽车维修工艺的组织管理上采取相应的改进措施,并有效地控制所有影响汽车维修质量的各种因素,以最经济的方法为用户提供最满意的维修技术服务。当然,在解决了主要质量问题后,原来的次要质量问题有可能上升为主要质量问题,为此应重复上述过程,不断地解决问题,不断地追求更高的质量目标。

由此可知,汽车维修质量的管理过程,就是要用全面质量管理的基本方法,对汽车维修过程中出现的质量问题进行计划、实施、检查和处理的过程(即 PDCA 循环)。

1 汽车销售前或维修前的质量保证

为了使用户对企业的产品质量和服务质量产生信任感,也为了使产品质量与服务质量满足用户需求,在确保产品质量与服务质量的基础上,首先要做好售前质量保证。包括宣传本企业产品或服务的质量保证条件及质量保证服务形式,制订必要的产品使用说明、产品技术标准和工艺规范等、制订必要的产品验收规范和质量验收标准,并明确质量保证期限(或保证里程)及质量保证范围等;必须明确企业内部各级的质量职能及质量责任;必须制订必要的产品质量计划和产品质量措施,并对产品实行质量跟踪及质量信息反馈;必须针对质量薄弱环节提出质量整改措施等。

2 汽车维修过程中的质量管理

这里所述的汽车维修过程,是指从汽车进厂直至汽车出厂的汽车维修过程。

(1)组织文明生产——组织文明生产是加强汽车维修工艺过程质量管理的重要条件,也是提高生产节奏、实现均衡生产、合理组织汽车维修过程的基础工作。在日本企业中盛传的"5S"作业现场管理(清扫、清洁、整理、整顿、素质)实际上就是在强调企业的文明生产。因为生产实践表明,倘若维修车间不讲究文明生产,缺乏良好的工艺秩序和整洁的工作场所,往往是造成维修质量隐患的重要原因。为此,不仅要经常开展安全教育及质量教育,而且还要做到如下几方面。

①在汽车维修工艺过程中要有严肃的工艺纪律,要求操作者必须遵照安全技术操作规程进行操作,并遵守工艺规范及技术标准等。

②保持生产车间良好的工艺环境及工艺过程,各工位合理布局,各工序成线排列;车间

内物品(如成品、半成品、在制品、毛坯和零部件等)堆放有序,并保证工作场所整洁、装备完好等。

(2) 强化汽车维修过程中的质量管理——由于质量是人做出来的,人是质量保证中的关键因素,而汽车维修过程又是一个多工种、多工序相配合的复杂工艺过程,因此汽车维修过程中的每个工种或每个工序都可能会影响汽车维修的最终质量。为此,在整个汽车维修过程中不仅必须要强化企业的质量管理制度,做好企业员工的质量教育及技术培训,加强汽车维修过程中的工艺管理,强化工艺纪律和劳动纪律,强化工艺规范及技术标准,并严格执行安全技术操作规程等,而且还必须要调整工艺组织,强化汽车维修过程中的质量管理,做好各工位自检与各工序互检,严格控制汽车维修工序质量,以防止因操作过失或失误而造成返工返修,不断提高汽车维修的最终质量。

(3) 强化汽车维修辅助过程中的质量管理——汽车维修过程不仅包括汽车维修本身,还包括汽车维修的辅助过程,例如维修配件供应、维修工装夹具及设备保障等。

① 加强汽车维修配件供应的质量管理。由于汽车维修质量也取决于所使用的汽车维修配件质量(包括外购件和外协件),因此必须加强汽车维修配件供应的质量管理。汽车维修配件的质量管理包括对外及对内两个部分。对外,要求确保所购进维修配件的产品质量,这就需要将提供维修配件的外部企业质量保证体系看成为本企业质量保证体系的重要组成部分,不仅要求它们对所提供产品进行质量保证,而且还要对它们进行必要的技术指导与技术培训、进行质量诊断与技术鉴定。对内则要加强本企业维修配件的入库质量检验,加强库存配件的仓储管理和收发制度等。不仅要求库房对所发出维修配件要实行质量三包,而且还要求主修人领用时也要进行认真的质量验收,以保证所供应物资的质量符合规定的技术标准。除此之外,汽车维修配件库房还要提供良好服务,例如及时供应,简化领发料手续,实行送货上门等,以在确保汽车维修的前提下减少物资储备并加速流动资金周转。

② 加强汽车维修设备与检测诊断设备的质量管理。由于汽车维修的最终质量也取决于汽车维修设备和汽车检测诊断设备的使用质量,因此不仅应加强汽车维修机具设备和检测诊断设备的选型购置、安装验收、维修改造和直至报废的全过程管理,而且还应特别加强汽车维修机具设备和检测诊断设备的日常使用管理。包括加强操作者的正确使用与技术维护、专职维修人员的日常检查、定期检修与精度调校(做好日常使用维修记录)等。

由于汽车维修过程中所使用的机工具和计量器具也是汽车维修质量保证体系链中的重要环节。因此除专用工具、非标工具和重要工装可由生产部门或供应部门直接管理外,凡属计量器具都应归由技术部门管理,并统一进行入库保管、建立工量具卡片,实行暂借使用制度。若有人为损坏应追查责任,并视需要集中更新报废。

3 汽车维修过程中的质量检验

作为质量保证的另一种手段,要实行全面质量管理,也要发挥专职检验人员的质量检验职能,根据质量验收标准加强汽车维修过程中的质量检验,以严格把关,保证不合格工件不加工,不合格零部件不组装,不合格产品不出厂;掌握质量动态,严格控制返工返修,确保汽车维修的最终出厂质量。

汽车维修过程中的质量检验制度包括:汽车进厂交接与检验制度;汽车维修过程中的质量检验制度(包括零件分类检验制度、工位自检与工序互检制度、外协外购件的入库检验与收发制度、计量器具与机具设备管理制度、过程专职检验与重要总成验收制度等);汽车维修竣工出厂合格证制度和质量保证制度。其中,特别要强调各工位的自检和各工序的互检,以强调汽车维修人员自身的质量保证。

4 汽车修竣出厂后使用过程中的质量管理

汽车在修竣出厂后,汽车的使用情况(特别是走合期使用)不仅考验着,而且也影响着汽车维修企业的最终质量。因此汽车维修企业的质量管理必须延伸到车辆修竣出厂以后的使用过程中。汽车修竣出厂后使用过程中的质量管理包括以下几点。

(1)积极做好汽车修竣出厂后的技术服务。如提供必要的技术资料和备品备件,设立技术服务站;开展技术培训,传授产品使用和维修技术等。

(2)调查汽车修竣出厂后的使用效果,征求用户意见,以对本企业产品质量及服务质量情况提供必要的信息反馈,并了解用户使用情况和使用要求。

(3)对用户提供必要的售后技术服务和质量保证。倘若汽车在修竣出厂后使用过程中出现质量问题,不管责任是否属于企业,企业都应该积极采取措施、做好技术服务工作。其中,凡属企业维修质量的,不仅应负责包修、包换和包赔,而且还应做好技术责任事故处理。

四 汽车维修企业的质量管理基础工作

汽车维修企业全面质量管理的基础工作包括:质量教育、企业标准化、计量检测、质量信息、质量责任制度、QC质量管理小组活动等。

1 质量教育

由于汽车维修的产品质量和服务质量最后都归结于人的工作质量,为此要搞好产品质量和服务质量,就必须要抓好全体员工的质量教育。这包括关于质量管理的思想教育和技术业务教育。

(1)质量管理的思想教育——开展质量管理思想教育的目的,就是要教育企业员工增强质量意识,树立"为用户服务、质量第一"的思想。质量管理的思想教育可以分层次施教,其中特别是对于企业领导者的质量教育,因为他们对提高企业产品质量起着关键的作用。通过教育,要求他们重视产品质量,并掌握全面质量管理的基本理论和组织方法,以进行最有效的质量管理。对技术人员主要是进行系统的质量教育,要求他们掌握全面质量管理的原理和方法。对工人则主要是加强质量意识的教育,因为工人的责任心和操作工艺是保证汽车维修质量的基础。

质量管理思想教育的方法,通常是让企业员工进行"换位思维"。如果我是用户,希望得到何种服务和何种质量,如何才能使用户满意等。为此,应做到如下几点。

①要使企业全体员工明白,为什么要保证产品质量和服务质量,为什么要使用户满意,以此来教育员工增强质量责任感,并有100%的质量保证。

②要让企业员工了解汽车维修市场,了解汽车维修业同行的产品质量和服务质量,从中找出差距。

③要在企业中树立样板,以什么样的产品质量和服务质量才能使顾客满意,由此培养企业员工的主人翁意识,培育企业员工的团队精神和敬业精神。

(2)质量管理的技术业务教育——汽车维修质量还取决于企业员工的技术业务水平。从目前大多数汽车维修企业来看,其企业管理基础工作薄弱,汽车维修技术水平落后。因此,要提高汽车维修质量,不仅要加强质量意识教育,而且还要搞好企业员工的技术业务培训。其内容包括:

①对于企业领导者和技术管理人员,主要是进行业务进修,以更新知识,迅速提高其管理水平和业务水平。

②对于新工人主要是进行岗位基础技术训练,以使他们能迅速地掌握最基本的汽车维修技能。

③对于在职老工人,则主要开展技术业务的业余教育,例如举办各种类型的专题技术培训班,以提高他们的主要技术业务水平。

2　企业标准化

(1)企业标准——随着社会发展和企业竞争,企业的管理内容、服务种类、产品品种和规格日益繁杂。为了简化产品种类,规范产品的设计制造及使用维修等,在规定领域或范围内,用规定的方法进行统一,由此制定并实施的规范化文件就称为标准。

标准的等级是根据发布者的等级及实施范围的不同而划分的,包括国家标准、行业标准或地方标准、企业标准三级。其中,国家标准由国家发布,在全国范围内实施;行业标准由行业协会发布,在该行业范围内实施;地方标准由地方政府发布,在该政府所管辖的范围内实施;企业标准由企业发布,仅在本企业范围内实施。其中,国家标准的级别最高,由于它的适用面较宽,其要求最低;企业标准的级别最低,但为了提高产品性能及质量,提高市场竞争力,其要求却最高。根据《中华人民共和国标准化管理条例》《工业企业标准化管理办法》,所有的企业不仅要全面贯彻国家标准、行业标准及地方标准,而且还要在这些标准的基础上积极制定不低于国家标准、行业标准及地方标准的、只在本企业内部执行的企业标准。制定企业标准及企业标准化实施细则,是企业技术管理和质量管理的重要基础工作。

所谓企业标准,是企业就需要统一的企业生产经营管理活动中的各类对象(如经营管理、生产技术、经济活动等)。企业标准包括企业管理标准和企业技术标准两类。其中,企业管理标准包括管理制度、管理程序、岗位职责及考核标准,以及产品服务标准及管理标准等;企业技术标准包括:基础技术标准;操作规程、工艺规范、产品标准与质量验收标准等。其中,产品标准包括产品质量的标准化、品种规格的系列化、零部件的通用化等。例如,产品使用说明书、产品维修手册等就是产品生产厂的企业标准。当然,所有的标准,都是随着时代的发展、技术的进步而不断发展和完善的。

(2)企业标准化——所谓企业标准化,就是制定并实施企业标准的全过程。企业标准化可以提升企业的服务质量和产品质量。企业的标准化工作应由具体负责企业全面质量管理的主管厂长/经理直接组织和领导。其工作内容包括如下几个方面。

①宣贯和实施国家标准、行业标准及相关技术标准。

②制定和实施企业技术标准(其中,企业工作质量标准由厂长/经理办公室负责制定和实施;服务质量标准由生产经营部门负责制定实施,产品质量标准由生产技术部门负责制定、质量检验部门负责实施)。

③负责企业生产经营管理中各项业务的标准化审查。

(3)企业标准的制定和实施——企业标准既是企业组织经营管理、生产技术、开展全面质量管理活动的基础、依据和业务准则,也是衡量企业汽车维修服务质量与产品质量的尺度。

制定企业标准的要求如下所示。

①科学性,即要参照国家标准或行业标准,结合本企业实际和用户需要,科学合理地制定或修订出不低于国家标准或行业标准的企业标准。例如,国家标准:《汽车维修术语》(GB/T 5624—2005)、《汽车维护、检测、诊断技术规范》(GB/T 18344—2001)、《机动车运行安全技术条件》(GB 7258—2012)、《汽车修理质量检查评定方法》(GB/T 15746—2011)等。

②成套性,即在各类企业标准中,各项标准应相互配套。其中,特别是汽车维修服务标准与汽车维修质量验收标准(如外购件外协件验收标准、零部件分类检验标准、维修过程中的修配标准及总成验收标准、整车竣工出厂质量验收标准等)。

③严肃性。在执行企业标准时要保证严肃性,即在企业标准制定后,一定要严格执行,不得随意改动;倘若发现标准有误,也要经过必须审批进行修订。

企业标准的制定与修订应由企业标准化人员主持,会同相关专业人员共同商讨确定,并经一定范围的专业会议讨论通过,经主管领导定稿、批准及申报实施,并报地方政府标准化行政主管部门和行业主管部门备案。

企业标准的编写形式应符合《标准化工作守则 第1部分:标准的结构和编写》(GB/T 1.1—2009)的规定,要求文字简明扼要,意义完整确切,并力图避免繁琐和含糊、空洞和不切实际。对于目前尚无国家标准、部颁标准及相关标准可供参照时,也可在不影响服务质量及产品质量的前提下制定企业暂行标准。企业标准在颁发后,企业的各相关部门必须严格贯彻实施,任何部门和个人都不得擅自更改或降低。倘若在企业标准的制定和实施过程中发生争执时,应由主管的厂长/经理负责裁决。企业标准一般每隔3年应复审修订一次;当上级指令性标准发生更改而使原有企业标准不再适用时,也应及时复审、修订或废除,修订程序与制定程序相同。

(4)企业标准化规划——企业标准化规划属于企业发展规划,也是企业开展标准化工作的总纲。应由企业主管部门起草并审核,主管领导批准并组织实施,并报上级主管部门备案。

(5)表彰和奖励——企业标准化工作贯穿于整个企业的生产经营管理活动之中,涉及面广、工作量大。因此,企业内各业务部门都要主动与企业标准化人员密切配合,共同搞好企业标准化工作。对开展企业标准化工作成绩显著的部门或个人应给予表彰和奖励。

3 质量责任制

质量责任制是汽车维修企业质量管理中的重要基础工作。

所谓质量责任制,就是在汽车维修企业中,在明确岗位责任制的基础上明确其质量管理中的具体任务、职责和权力,并做到职责明确和功过分明。其主要内容有如下几点。

(1)各级企业管理者的质量责任制——在质量管理中,企业高层管理应侧重于质量决策和各部门的组织协调,以保证企业总管理目标的实现;企业中层管理应严格执行其管理职能而完成其具体的业务管理;企业基层管理应要求员工严格遵照操作规程、工艺规范、技术标准和相关规章制度办事,以完成具体的工作任务。

在汽车维修企业中,汽车维修的服务和产品的质量评定与质量检验应由行政主管负责,而汽车维修的服务和产品的质量保证应分别由经营主管与技术主管负责。另外,企业各级生产经营管理者以及质量管理人员需要经常听取企业外部用户和企业内部员工对于本企业产品与服务质量的反馈意见,定期分析产品和服务质量状况,并负责处理职责范围内关于汽车维修服务质量与产品质量的重大问题和技术责任事故。

(2)质量职能管理机构的质量责任制——要提高汽车维修的服务质量与产品质量,不仅要求质量管理部门履行其质量管理职能,还要担负起相应的质量责任。为此,各级职能机构(如生产技术、材料供应、人才资源、财务和教育等)都要相应建立明确的质量责任制,以组织好本部门的质量管理工作,不断提高本部门的工作质量,互通情报,研究质量保证,把好工作质量关,并把工作质量考核列入质量责任制和经济责任制中。

(3)质量检验员的质量责任制——汽车维修企业必须配备适当数量的质量检验人员,且经当地汽车维修行业管理部门专业培训,考试合格并持证上岗。汽车维修企业技术检验员应在其应检和可检范围内对经其检验合格出厂的车辆在质量保证期和质量保证范围负主要责任。

(4)主修车间、主修班组和主修人的质量责任制——汽车维修企业中的主修车间主任,主修班组长和主修人应对其所维修车辆的竣工质量负直接责任。为此,一定要严格执行安全技术操作规程、工艺规范和技术标准,认真做好汽车维修过程中的工位自检和工序互检(为了质量保证,应在自检和互检合格后签字交工)。

另外,还应在汽车维修的关键岗位、关键工位或工序设立重点质量控制点,抓住薄弱环节、抓住重大质量事故,分析原因、妥善解决、并重点突破。

主修车间、主修班组及主修人的质量责任如下。
①熟悉本岗位的应知应会,认真执行安全技术操作规程、工艺规范及技术标准。
②虚心接受技术检验人员的指导和监督。
③认真做好主修部位的自检和互检,应对主修部位的维修质量和安全使用负主要责任。
④协助技术检验部门做好车辆维修过程中的各种原始记录。
⑤主修车间、主修班组及主修人应对其主修部位的产品质量在质量保证期和质量保证范围负直接责任。

4 计量与检测

搞好计量器具和检测诊断设备的管理,并保证计量器具与检测诊断设备的量值准确,是确保各类技术标准贯彻执行、提高汽车维修质量的重要手段,也是企业技术管理中的重要基础工作。其目的就是为了能对汽车维修的产品质量进行定量检测和定性分析,以控制和保证产品质量。对计量器具与检测诊断设备的基本要求是:配备齐全、维修及时、量值准确、性能稳定。

企业的计量检测工作应由质量管理部门负责,其岗位职责有如下几点。
(1)执行上级颁发的计量检测管理工作条例,建立企业计量器具和检测诊断设备的管理制度(如制定管理目录、维护守则、周期检验规程及管理办法等)。
(2)宣传贯彻计量检测标准及计量检测基础知识,指导计量器具和检测诊断设备的使用维护;开展计量器具和检测诊断设备的技术教育和责任教育,并严格管理、正确操作、合理使用和保证正常的使用环境。为此,应建立健全和严格执行计量检测器具的安全技术操作规程与管理规章制度,努力提高操作者使用计量器具与检测诊断设备的操作技能。

(3)负责计量器具和检测诊断设备的申报、采购、鉴定与维修;负责计量器具和检测诊断设备的技术管理与资产管理(包括清理、登记和编号等),管好本部门使用的计量器具和检测诊断设备。

(4)严格执行计量器具与检测诊断设备检定规程。包括:入库鉴定、入室鉴定、周期鉴定及返还鉴定等。所有的计量器具与检测诊断设备都必须经过计量鉴定合格,且具有合格证及合格标志才准投入使用。所有的仪表、仪器、文件、记录及报表等均使用标准计量单位。

(5)及时修复或报废已经磨损损坏的计量器具和检测诊断设备,即该换则换、该修则修、该废则废,及时解决。

(6)改革落后的计量器具与计量测试技术,逐步推广现代化的计量技术和检测手段。

5 质量信息

质量信息须反映汽车维修企业的质量管理效果,包括质量管理信息(如企业质量方针和质量目标、岗位责任制与质量责任制度、质量管理体系和质量保证体系等);工作质量信息(如工作标准、服务标准与技术标准、工作质量考核记录等);产品质量信息(如国家标准、行业标准与企业标准,产品质量检验记录、返修记录及用户信息反馈等)。

由于企业的产品质量信息通常产生于产品质量的形成过程中,为此必须掌握产品质量的影响因素,提出相应的质量整改措施。为了掌握企业的产品质量信息,须做好以下工作。

(1)资料调查。完善汽车维修过程中所有的原始记录与检验记录(包括汽车维修进出厂检验记录、汽车维修过程中自检互检记录、总成验收记录及质量控制点记录、汽车配件及维修辅助材料入库检验记录、计量器具与检测设备使用维修记录等)。

(2)企业内部调查。通过调查企业中维修人员、检验人员或生产技术人员的意见,了解本企业汽车维修质量情况,从而为本企业的质量管理提供最直接、最可靠的依据。

(3)用户意见调查。通过用户满意度调查,收集用户质量反馈信息。

(4)市场质量情况调查,以了解国内外同行关于汽车维修的质量信息。其中,应特别重视用户的满意度调查,因为这是最重要的质量反馈信息。

6 业务例会

为保证企业的产品质量和服务质量,在企业内部应在班组或科室负责人的召集下,组织开展由班组或科室人员参加的业务例会,从而通过业务例会来开展群众性的QC质量管理活动。这既是群众性全面质量管理活动的有效形式,也是企业员工参与企业民主管理的新发展。

群众性QC质量管理小组既可以通过班组或科室的业务例会形式建立,也可以通过自愿参加方式建立。群众性QC质量管理小组的人数一般为3~10人。倘若通过自愿参加方式建立,则组织群众性QC质量管理小组的关键在于确定其组长人选和骨干成员。为此,要求其组长不仅要有开展QC质量管理小组活动的热心,还应该具有较强的专业技术和组织能力,并熟悉全面质量管理基本知识。QC质量管理小组成立后要逐级进行注册登记。其主要任务如下。

(1)围绕着企业的质量方针和质量目标,抓好质量教育,提高质量意识。

(2)以全面质量管理的 PDCA 为主要手段,围绕着所在岗位所存在的质量问题,开展质量预防和质量改进,并不断巩固和提高质量管理的成果率。

(3)强化班组建设,抓好质量管理的基础工作。

群众性 QC 质量管理小组的类型有管理型、攻关型、现场型三种。其中,管理型 QC 质量管理小组或攻关型的 QC 质量管理小组应由部门领导、技术人员及工人三结合组成,其主要目标是为了解决某企业管理中的某些疑难问题,以提高企业的工作质量,或者攻克某关键技术,以提高企业的产品质量;现场型 QC 质量管理小组则通常以各部门、各班组、各工种或各岗位的生产技术骨干和质量管理积极分子为主,并聘请少数技术专家组成,其主要目标是为了提高企业的产品质量或者降低消耗。

群众性 QC 质量管理小组活动的开展应围绕着某些专题进行,例如典型事例、薄弱环节、关键问题或者用户需要等。选题的依据应根据企业的质量方针与质量目标进行。选题的范围应包括企业管理与班组建设;产品质量与安全技术、劳动效率与生产成本,以及节能环保、机具设备、销售服务等。选题的原则是,要求所选专题既要有典型性,有目标值;而且要能解决,先易后难、注重实际需要。群众性 QC 质量管理小组的活动过程可采用 PDCA 循环进行。在计划 P 阶段进行找问题、查原因(特别是主要原因)、制订措施和计划;在执行的 D 阶段实施;在检查 C 的阶段进行检查;在总结 A 的阶段进行总结经验教训,并提出下阶段 PDCA 循环。

开展群众性 QC 质量管理小组的目的是要出成果。为此,应由上级部门根据评分标准和成果水平,以及基础资料和现场检查等,对群众性 QC 质量管理小组的成果作出综合评价,并对其中优秀的给予奖励;对其中常年无活动或无成果的应予解散或注销。

7 专业维修技术人员的考核与管理

交通部 2005 年第 7 号令《机动车维修管理规定》第 35 条规定:各级道路运输管理机构应当加强对机动车维修专业技术人员的考核与管理。

(1)一、二类汽车维修企业应当至少配备 1 名技术负责人和质量检验员。技术负责人应当熟悉汽车维修业务,并掌握相关的政策法规和技术规范;质量检验员应当熟悉各类汽车维修检测的作业规范,掌握汽车故障诊断和质量检验相关技术,熟悉汽车维修收费标准及相关政策法规和技术规范。技术负责人和质量检验员总数的 60% 应当经过全国统一考试合格。

(2)一、二类汽车维修企业应当至少配备 1 名从事机修、电器、钣金、涂漆的技术人员,并要求他们能熟悉所从事工种的维修技术和操作规范,了解汽车维修及相关的政策法规。机电、钣喷维修专业技术人员总数的 40% 应当经全国统一考试合格。

(3)三类专项维修企业应当按照其经营项目配备相应的专业维修技术人员。其中,凡从事发动机维修、自动变速器维修,车身维修、电气系统维修等,不仅应当配备能主持专业维修的技术人员和质检人员,而且技术负责人、质量检验员及机电、钣喷专业人员总数的 40% 应当经过全国统一考试合格。

为汽车维修企业配备合格的检验人员是汽车维修质量管理的根本保证。各级道路运输管理机构应做好对各维修企业质量检验人员的培训、考核和资格认定,并建立档案加强管理。

第四节 汽车维修企业的质量检验

在汽车维修质量管理中,汽车维修质量检验是监督检验和最后保证汽车维修质量的关键工作。汽车维修质量检验部门应在厂长/经理的直接领导下,以代表厂长/经理行使质量检验职能,最终对用户负责。

所谓质量检验,就是根据质量检验规范及质量验收标准,借助于各种检验手段(如人工经验诊断、设备仪器检测及随车自诊断等),对被检测对象的质量特性进行检测和诊断,并将实际检验结果与质量验收标准比较,以判定质量验收是否合格(同时做好原始记录及信息反馈)。其中,倘若质量验收合格,则标志着汽车维修顺利完成;倘若质量验收不合格,则提出相应处理意见并进行返工返修,直至质量验收合格为止。

一、汽车维修质量检验的分类及内容

保证汽车维修竣工出厂质量是汽车维修企业质量检验人员的中心工作。要确保汽车维修竣工出厂质量,就要落实质量检验的岗位责任制和质量责任制,提高质量检验人员的工作质量。其中,包括质量检验人员的工作责任心,以及从严把握汽车维修质量检验过程中的质量检验规范与质量验收标准等。除此以外,还要求质量检验人员在检验过程中必须做好质量检验的基础性原始记录,认真填写、及时整理并妥善保管,最后入档。其中,包括《汽车进厂检验单》《汽车维修过程检验单》《汽车竣工出厂检验单》(注:上述三单的格式和内容可由汽车维修企业根据需要自行印制,但项目必须齐全有效、表达清晰易懂)。

汽车维修质量检验通常按检验工艺过程分类(分为汽车进厂检验、汽车维修过程检验、汽车竣工出厂检验三级)。其中,首先是汽车进厂检验(包括送修车、返修车及事故车鉴定检验等);当维修车辆经过进厂检验并经过派工调度而进入维修过程后,将由主修人将汽车拆解为各总成,由各总成拆解为各零件。再由主修人或专职核料检验人员进行零件分类检验(即分为可用、可修、可换三类)。然后由主修人按照汽车维修工艺规程、工艺规范和技术标准修复可修零件、更换可换零件,与可用零件一起由零件总装为总成、再由总成总装为汽车,最后进入竣工调试并移交出厂检验,由专职检验人员做汽车维修竣工出厂检验。

在汽车维修过程中,汽车维修质量检验还通常按检验职责分类(分为工位自检、工序互检、专职检验三级)。另外,若按质量检验的对象分类,还可分为汽车维修质量检验、自制件及改装件质量检验、原材料及配件入库质量检验等。

汽车维修质量检验的工艺程序大致如下。

1 汽车进厂检验

送修车辆的进厂检验可由质量检验部门的专职检验员配合前台业务人员,或直接由前台业务人员完成。其职责是代表厂方验收进厂待修车辆;其目的是为了检查送修车辆的装备残缺和鉴定送修车辆的实际技术状况,从而为汽车维修过程提供详尽的纲目和清单,确保汽车维修过程的顺利进行。进厂检验的内容如下所示。

(1)审视和查核驾驶员的报修项目,查阅该车技术档案和上次维修技术资料。

(2)检测和诊断送修车辆在进厂维修前的实际技术状况,填写《汽车进厂检验记录》,确定汽车维修项目、附加修理作业及其维修方法,签订《汽车维修合同》,并下达汽车维修《派工单》。对于大修车辆,还提前至车辆送修前最后一次二级维护时,对送修车辆预先进行综合的性能检测和鉴定车况,以确定汽车大修是否按期进行。

(3)清点汽车进厂送修时的装备残缺情况,以及清点随车物件及存油等,做好送修车辆的进厂交接,填写进厂交接清单并办理进厂交接手续等。

2 汽车维修过程检验

汽车维修的过程检验可分为:汽车维修过程中的零件分类检验、汽车维修过程中的维修工艺监督检验、汽车维修过程中关键工序的质量检验与总成验收等。

(1)零件分类检验——由于零件分类检验(俗称核料)会直接影响汽车的维修质量和维修成本,因而是汽车维修过程中最先的重要工序。所谓零件分类检验,是指在汽车全部解体(整车拆成总成、总成拆成零件)并清洗后,为了便于移工配料及安排具体维修计划,由核料人员根据零件损伤程度和零件分类检验规范,对所有零部件进行集中性的检验分类——分为可用、可修和可换三类。零件分类检验的依据由汽车维修技术规范中规定的"大修允许"和"使用极限"确定。倘若零件损伤尚在使用允许范围内则视为可用件;倘若零件损伤超过使用允许值,但仍可修复使用的视为可修件;倘若零件损伤严重已经无法修复或者修复成本太高的则视为可换件。其中,一般性汽车配件由主修人核料;贵重总成和重要基础件则应由专职核料检验员核料。

(2)汽车维修过程的工艺监督及检验——汽车维修过程的工艺监督及检验是指从汽车解体、维修、装配,直到修竣竣工出厂全过程中的质量检验与质量监督。由于产品质量是靠人做出来的而不是靠检验出来的,因此汽车维修过程的工艺监督及检验是汽车维修质量保证中的最重要环节。甚至可以说,倘若能抓好汽车维修的过程检验,则汽车维修竣工出厂检验可以简化、甚至免检。

在我国汽车维修行业中,汽车维修过程的质量检验与质量监督目前普遍采用三级检验的质量保证制度,即工位自检、工序互检和专职检验。

①工位自检,是指由操作人员严格按照汽车维修的工艺规程、工艺规范及技术标准,对自己工位所承担的操作或工作进行实事求是的自我质量评定和自我质量保证,从而确保整车维修质量,因而是汽车维修过程中最直接、最全面、最重要的检验。

②工序互检,是指工序交接过程中的相互质量检验。互检的重点在于关键维修部位(可实施质量抽检),以免在维修竣工后造成返工返修。

③专职检验,是指为了有效地控制汽车维修过程质量,及时发现及解决汽车维修过程中的技术质量问题。专职检验人员还要对汽车维修过程中的关键工序和生产现场的质量控制点的实施重点检验。例如,对于质量容易波动且对产品质量影响较大的关键工序(如缸体、曲轴、车架校铆等主要基础件的整形及精加工工序)、关键总成(如发动机及驱动桥等),或者检验手段或检验技术较为复杂,仅靠自检与互检尚不能保证产品最终质量的重要检验以及生产过程中的首道工序检验(汽车进厂检验、材料配件入库检验、外购外协件质量检验)或末道工序检验(如车辆维修竣工出厂检验或者出厂后难以再检的项目)等。

要落实自检、互检和专职检验三级检验制度,关键在于要明确自检、互检、专检的各自的责任范围,为此必须建立各工位与各工序的岗位责任制和质量保证制度,并明确各自的检验方法和检验标准,提供必要的检测手段,做好检验记录和交接签证,严格把握质量关。

当然,汽车维修过程中的工序互检或专职检验都必须在主修人及主修班组各工位自检合格的基础上进行,以保证整个汽车维修过程中各个阶段的质量保证。或者说,汽车维修过程检验须贯彻以主修人及主修班组的自检和互检为主,即贯彻上工序自检、下工序复检,主修人自检、班组长复检、边修边检、边检边修,再辅以车间技术人员的质量指导和监督、专职检验人员的巡回抽检,凡不合格的零部件和总成都不得流入下工序,也不得作为备用品。

对于采用《派工单》作业制度的汽车维修企业,由于其《派工单》相当于维修过程的工艺卡片,因此在从接车开始到竣工出厂的所有中间工序中,都应随着《派工单》的交接,不仅应有各维修项目主修人或主修班组的竣工签字,而且还要有各维修项目专职检验员的检验签字。这样做既可简化汽车维修工艺流程,还可保障汽车维修各工序的维修质量。

汽车维修过程中必须专检的关键项目。

①发动机部分:如汽缸的镗磨质量(包括汽缸圆度、柱度、直径互差及表面加工质量等);曲轴与凸轮轴各轴颈的修磨质量(如圆度、柱度、直径互差、弯曲度等);装配后的活塞偏缸程度、活塞高度及飞轮偏摆度等;发动机冷磨热试质量(缸壁间隙、活塞变形量)及总成试验性能。

②底盘部分:如变速器(各轴平行度、各齿轮齿面啮合情况);驱动桥(圆锥主被动齿轮的啮合情况);车架(纵梁平面度、轴距差、转盘连接等);转向系(如转向机构探伤情况);制动系(各轮制动性能,汽车跑偏量);汽车总装质量(如前轮定位、传动轴连接、转向机构连接、车身连接及车轮的偏摆等)。

③电气设备部分:如蓄电池、发电机与起动机、前照灯、仪表与信号等。

④车身部分:如驾驶室、车门及门锁等。

3 汽车维修竣工出厂检验

汽车维修竣工出厂检验属于成品检验,它是汽车维修竣工出厂车辆汽车技术状况(如动力性、可靠性、安全性、经济性和环保性等)的综合性检验,也是对汽车维修竣工后鉴定汽车维修质量的综合性考核。汽车维修出厂竣工检验不管汽车进厂时的车况和残缺如何,也不管汽车维修过程是如何进行的,只按照汽车维修类别所规定的作业项目及所应达到的技术要求和质量验收标准来验收车辆,以确保汽车维修的最终质量。

汽车维修竣工出厂检验应由专职总检验员总检验员负责,以代表用户验收车辆。汽车维修竣工出厂检验可分初检、复检和路试三个阶段。初检通常由车间检验人员负责,初检中所发现的问题只作为汽车维修过程中的收尾问题(不作为返工返修),由车间检验人员及调度人员督促完成;完成后由出厂质量检验人员进行复检,复检中所发现的问题应责令主修人或主修班组予以返工;最后的复检及路试由出厂质量检验人员会同用户共同进行,并代表厂方向用户交车。最后复检及路试过程中所发现的问题应作为汽车维修过程中的质量问题,责令主修人或主修班组予以返修。

竣工车辆的路试检验可分为路试前、路试中、路试后三个检验验收阶段。

(1)路试前检验——在汽车路试前,应进行车辆外观的静态检查和发动机空载起动检验。其内容包括如下几个方面。

①检查汽车外观整洁,装备齐全良好。例如,检查整车各总成附件是否符合规定技术条件,各部装备(如后视镜、门锁等)上否齐全有效;各部连接及支撑垫(如散热器、发动机、驾驶室等)是否连接牢固;各种润滑嘴是否装配齐全有效,各润滑部位是否润滑正常等。

②检查油、水、气、电是否加足,有无四漏等。

③起动发动机空转试验,以检查是否起动容易、怠速平稳;在各种转速下是否运转正常,无异响、油电路无故障、工作温度及机油压力也正常等。

④检查灯光、仪表、信号系统及其开关线路是否安装正确、卡固良好,标志齐全有效,开关反应灵敏等。

⑤检查轮胎气压是否正常。

(2)路试中试验——道路试验主要检查整车在各种行驶工况下(如起步、加减速、换挡和滑行,以及紧急制动等)其加速性能、滑行性能、制动性能是否良好,发动机及底盘各部是否异响;操纵机构是否灵敏轻便,百车公里耗油是否超耗,噪声和废气排放是否超标等。

(3)路试后的检验和验收——汽车在路试检验后,复检在路试中所发现的异常现象(如异响和异热),并由主修人负责排除经路试检测所发现的缺陷和不足。在排除故障、重新调试后并复检合格后,由出厂检验员作出明确的质量鉴定;否则,应重新检验汽车各部的维修及装配质量,并按汽车维修竣工检验规定重新检验。最后应使车辆达到外观整洁,机件齐全可靠,操纵灵活轻便,动力性和经济性良好,技术性能达到规定指标,使用户满意。

在竣工检验和验收后,应由总检验员填好出厂检验记录,签发《竣工检验出厂合格证》,并收集该汽车在维修过程中发生的所有原始记录及技术资料(如进厂检验记录及交接清单、派工调度记录、工时及材料消耗记录、维修过程记载、总成装配测试记录及验收记录、出厂检验记录等),签发《汽车出厂合格证》,并在向车方交车时(应有车方或用户指定的第三方代表参加验收),代表厂方办理车辆出厂交接手续。

二 汽车维修质量检验的基本要求

1 汽车维修质量检验工作的基本要求

(1)汽车维修的质量检验应该贯穿于整个汽车维修的全过程中,并必须明确检验员的岗位职责,不仅要使检验员有责有权,而且还要对检验员有相应的考核办法。

(2)汽车维修的质量检验应该制度化和规范化。不仅要有严格而明确的检验规范及验收标准,而且整个过程检验都必须以《汽车维修技术标准》为依据,整个竣工检验都必须以《汽车维修质量检验标准》为依据;另外,还必须强调质量检验过程中的原始记录与质量签证。质量检验记录必须完整、准确和清晰(不得随意涂改与弄虚作假),并应该标准化和数据化(包括名词术语规范化,计量单位和符号代号法定化等)。为此,必须加强原始记录的收集整理、统计分析和整理归档。

(3)严格控制汽车维修质量的返工返修,并强化技术责任事故分析和相应处罚等。

(4)汽车维修质量检验的目的不仅是要检出不合格品,更重要的是收集和积累质量信息,从而为加强质量管理、控制产品质量做好参谋。

(5)汽车维修企业还要配备必须的检测诊断设备和仪器仪表,以使检验手段仪器设备化。

2 汽车维修质量检验人员的素质要求与质量职能

由于质量检验人员的业务素质直接影响着汽车维修企业的维修质量和企业声誉,为此必须严格选拔(由办事认真、敢于负责且具有汽车维修技术的人员担任),慎重任用。

(1)汽车维修质量检验员的任职资格——汽车维修质量检验人员的任职资格如下。

①具有大专以上文化程度;责任心强,办事公道,身体健康。

②熟悉汽车维修企业管理,并掌握全面质量管理基本知识。

③熟悉汽车结构原理、公差配合与技术测量等基本业务知识,熟悉汽车维修的工艺规范、技术标准及质量验收标准。

④能熟练掌握汽车维修的检测诊断技术,正确使用检测诊断设备和仪器仪表并不断钻研汽车维修技术、提高其检验技能。

⑤必须经过汽车维修行业主管部门许可、培训与考核,并取得汽车维修质量检验人员任职资格证书。

⑥路试检验员还须具有与准驾车辆相符的正式驾驶执照。

(2)质量检验员的质量职能——质量检验员的质量职能主要有以下几点。

①保证职能,即通过判断被检验对象是否合格,以保证不合格的原材料(包括外购、外协件等)不投产,不合格的半成品不流入下道工序,不合格的成品不出厂。在汽车维修企业,即保证不合格的总成或零部件不装车使用,不合格的竣工车辆不放出厂。

②预防职能。质量检验除了检验车辆质量外,还要及时发现质量隐患,并及时找出原因,采取相应预防措施,改进汽车维修质量。

③信息职能。质量检验还要在质量检验的同时,及时反馈质量信息,为加强质量管理和质量监督提供必要的依据。

在质量检验过程中,质量检验人员要尽职尽责地根据《派工单》逐项核对、逐项检验,不要错检或漏检。对检验中所发现的质量问题要及时反馈和责令返修,不得拖延交车时间。

(3)汽车维修企业总检验员的质量职能——汽车维修企业总检验员的质量职能除了应负责管理好企业内部的质量检验队伍外,其质量责任如下所示。

①坚持汽车维修的质量验收规程、质量验收规范和质量验收标准,坚持原则,做好质量检验工作(在质量检验后应及时明确地作出质量鉴定结论和处理意见,并保留检验记录)。这包括负责汽车维修竣工车辆的最后鉴定检验,认真填写汽车维修竣工检验单,签发《汽车维修竣工出厂合格证》。

②抓好关键工序的质量检验及重要总成的装配验收;并深入、指导和监督汽车维修全过程,严格执行安全技术操作规程、维修工艺规范和维修技术标准,做好汽车维修全过程中的技术参谋。

③鉴定和处理车辆返修及技术责任事故,分清事故责任、采取补救措施,认真填写《汽车返修记录》。

三 汽车维修质量的评价与考核

1 汽车维修质量的评价

汽车维修企业的产品质量包括汽车销售质量、汽车维修质量、零件制造质量及旧件修复质量等。汽车维修质量通常以零件修复质量、总成装配质量与汽车装配质量来评价。其中,零件修复质量是基础。

(1)零件修复质量——评价零件修复质量的主要指标录如下所示。

①形位公差。例如,汽车零部件(其中特别是基础件)在修复后的形状位置公差,由于它决定着汽车或总成在装配后的工作状况和工作性能,因而它是评价零部件修复质量的重要指标。

②结合强度。这是评价零件修复层质量的基本指标。倘若修复层结合强度不足,便会在使用中出现修复层脱离和滑圈等,从而引起新的故障。

③耐磨性。修复层的耐磨性通常以车辆的单位行程磨损量来评价,它视修复方法的不同而不同。倘若修复层的耐磨性较差,就会降低零部件的使用寿命。

④疲劳强度。由于汽车零部件大多工作在交变载荷及冲击载荷下,因此修复层的疲劳强度也是考核零部件修复质量的重要指标。但由于影响修复层疲劳强度的因素较为复杂,且通常都会降低,因此对于修复的汽车零部件,其疲劳强度只有通过实际使用后才能确定。

⑤平衡程度。平衡程度是旋转零部件修复质量中的重要指标,它决定着汽车或发动机的工作平稳性和使用可靠性。

(2)总成装配质量——评价总成装配质量的主要指标。

①装配清洁度,通常以被检总成的被检部位在装配后清洗下来的杂质总量计算,包括金属屑、尘土及其他杂质等。

②装配精度,指按规定技术要求装配后,各配合副所能达到的尺寸精度,包括配合精度、形状位置精度和动平衡精度等。

③储容件密封性,指凡用以盛装液体或气体的零部件及其管路在装配后的接合面密封程度。倘若密封性不良,就会出现漏气、漏水或漏油,从而影响总成的工作状况和技术性能。

④承载能力,指总成内机件承受载荷的工作能力,它取决于总成装配后的磨合完善程度。

⑤振动和噪声,指总成因装配间隙调整不当或者因零件动不平衡而运转时出现的振动和噪声。

⑥功率损耗,指总成在运转时因机械摩擦而引起的功率损耗。它取决于总成内各配合副的装配状况和磨合状况,是评价总成装配与调试质量的综合性指标。

⑦发动机的排放浓度,指发动机有害排放物浓度,它与发动机的装配质量和调整质量相关。

(3)汽车维修质量的评价——评价汽车维修质量的主要性能指标可详见汽车大修竣工出厂标准。例如,动力性、燃料经济性、滑行性能、安全性(如制动性能、转向性能与侧滑、前照灯与车速-里程表等)、噪声与排放、车容及其他等。

2 汽车维修质量的考核

考核汽车维修企业产品质量与服务质量的常用指标是返修率和在厂车日或车时(指维修车辆自入厂至修竣出厂所经历的日历天数或小时数),而考核汽车维修企业内部工作质量的常用指标是返工率与一次检验合格率。

(1)返工率——是指在汽车维修过程中,因工序互检不合格而造成的返工次数,占工序总移交次数的百分率;返工率指标主要用以考核汽车维修企业内部工序质量的指标。

(2)返修率——是指在汽车维修竣工出厂后,在质量保证期内,由于汽车维修质量或汽车配件质量而所造成的返修次数,占汽车维修企业同期维修车辆总数的百分率;返修率指标常用于月、季、年度质量考核。

$$车辆返修率 = \frac{返修辆次}{当期维修总辆次} \times 100\%$$

(3)一次检验合格率——是指在汽车维修过程中或汽车维修竣工时,交付专职检验"一次合格"所占的百分率。一次检验合格率是考核汽车维修企业工作质量的综合性指标。

$$车辆维修一次检验合格率 = \frac{一次检验合格辆次}{当期维修总辆次} \times 100\%$$

3 汽车维修质量检验人员的工作质量考核

汽车维修质量的考核指标通常有:产品合格率、项次合格率、一次检验合格率与返工返修率等。其中,产品合格率与项次合格率属于产品质量指标,用以考核汽车维修企业整体产品质量;一次检验合格率与返工返修率等属于汽车维修企业内部员工的工作质量指标,用以考核汽车维修企业汽车维修人员及质量检验人员的工作质量。

尽管一次检验不合格的车辆通过返工返修及复检,一般也能达到合格出厂而不影响汽车维修企业的整体产品质量,但正由于返工返修及复检,因而它也是衡量汽车维修人员和质量检验人员工作质量的重要指标。为此,对于汽车维修人员的工作质量可通过一次检验合格率与返工返修率进行考核;而对于质量检验人员的工作质量除一次检验合格率与返工返修率考核外,还可通过其检验完整性(无漏检)、检验准确性(无错检)、检验及时性及检验记录完整性等进行考核。在考核汽车维修质量检验人员时,一般都是考核汽车维修质量检验人员的工作态度及业务能力而不考核其工作量,因为工作量越大并不等于其工作质量越好。

对于质量检验人员漏检错检率的考核,一般常用由于质量检验人员的漏检错检而造成的工时损失进行衡量,或者用检验准确率 z 或漏检错检率 e 进行考核。例如,设某检验员初检时的检验产品总件数为 n,其中检出不合格产品数为 a,这些不合格产品经过返工返修及复检后,从中检出合格产品数 k、从中检出的不合格产品数为 b。则:

$$检验准确率\ z = \frac{(a-k)}{(a-k)+b} \times 100\%$$

$$漏检错检率\ e = (1-z) \times 100\%$$

4 汽车维修质量的分析

汽车维修企业要开展经常的、全面质量分析活动,既分析企业内部因素,也分析企业外部因素;既要分析造成汽车维修质量不合格而返工返修(或质量事故)的原因及其责任者,以便有针对性地采取技术组织措施并使责任者接受教训,也要分析汽车维修质量合格的原因和责任人。通过鼓励先进及总结经验,进一步改善和提高汽车维修企业的产品质量。

质量分析的方法,不仅应通过日常质量检验记录及资料进行分析,深入维修现场各工序各工位进行质量调研,或者召开质量事故现场分析会进行现场处理等,而且更应重视用户的质量反馈信息。为此,汽车维修企业应对维修竣工车辆出厂后进行满意度的跟踪调查、经常走访用户,及时收集和反馈用户意见等。

第五节　汽车维修竣工出厂规定与验收标准

一、汽车维修竣工的出厂规定

车辆或总成在维修竣工后的出厂规定如下所示。

(1) 车辆或总成在修竣出厂前,不论送修时的装备与附件是否残缺或状况如何,均应按照原制造厂规定配备齐全,工作有效;发动机在修竣出厂时应配装限速装置;彻底完成车辆维修竣工的收尾工作,做到在交车时不再补修或补装。

(2) 车辆或总成修竣出厂时,承修厂必须按照汽车或总成修竣出厂的质量检验规范和质量验收标准进行检验、验收和交接。例如,做好路试前、路试中和路试后的质量检验,以使修竣出厂的车辆完全符合汽车维修技术标准中的修竣出厂技术要求,确保汽车维修质量。

(3) 用户应根据汽车维修合同规定,就修竣车辆或修竣总成的技术状况和装备情况进行验收,倘若发现不符合竣工验收要求时,应交由承修单位查明及处理;用户也可以查阅该车的检验记录及换件记录,甚至还可以要求重试;对不符合出厂验收标准的部分可以拒收。

(4) 凡经整车大修、总成大修、二级维护而竣工出厂的车辆或总成,在质量验收合格后必须由承修方签发《汽车维修竣工出厂合格证》,并向托修方提供相应的维修技术资料。其内容包括:汽车维修过程中的主要检测数据、主要零件更换记录、汽车维修竣工出厂后的走合期规定、汽车维修竣工出厂后的质量保证项目及质量保证期限,以及关于返修处理的规定和质量调查等。《汽车维修竣工出厂合格证》既是车辆维修质量合格的标志,也是承修方对托修方质量保证的标志。

(5) 送修单位在车辆或总成大修竣工出厂后必须严格执行车辆走合期中的使用规定,在走合期内减载减速并勤检查勤维护等。倘若在质量保证期出现因维修质量而造成返工返修,承修单位应优先予以安排、免费修理。倘若发生质量纠纷,可先行协商;若协商无效再交由汽车维修行业管理部门分析或仲裁或者交由人民法院判决处理。

二、汽车维修竣工出厂的质量验收标准

经过汽车维修竣工出厂的汽车或总成,均应按照汽车维修技术标准进行汽车维修竣工出厂的检验和验收。汽车维修竣工检验的结果应填入《汽车维修竣工出厂检验单》,并按规定送交交通管理部门认定的汽车检测线检测。

汽车维修竣工出厂的质量验收标准如下。

①凡经过大修作业的汽车或总成,应符合《汽车大修竣工技术条件》(GB/T 3798.1—2005)、《汽车发动机大修竣工技术标准》(GB/T 3799.1—2005)和《机动车运行安全技术条件》(GB 7258—2012)等国家标准。

②凡未经达大修作业的汽车或总成,应符合《汽车维护、检测、诊断技术规范》(GB/T 18344—2001)、《机动车运行安全技术条件》(GB 7258—2012)等国家标准。

由上可知,尽管汽车维护与汽车修理的技术规范及质量验收标准都有所不同,但由于都要用于道路交通,因此都必须符合《机动车运行安全技术条件》(GB 7258—2012)。

1 修竣汽车出厂的基本要求

(1)整体要求。

①凡经过大修修复、送往总装配的零部件、总成和附件应符合相应的技术条件,且各项装备齐全、组装正确、连接可靠、无凹陷残缺、裂损和锈蚀。总装后的汽车主要结构参数应符合原制造厂设计规定。

②全车整洁,车徽字迹清楚,各种装备齐全有效;各部机件运行温度正常,各外露部位的螺栓螺母紧固可靠,开口销及锁止装置齐全;各摩擦部位润滑充分、无四漏(漏水、漏油、漏气、漏电)。

(2)发动机总成。

①经大修修复、送往装配的发动机零部件或附件,以及发动机的总装配工艺均应符合原厂规定的技术条件。各部机件连接牢固,附件齐全良好。三滤(燃油滤清器、机油滤清器和空气滤清器)齐全且清洁完好。

②发动机应在正常环境温度(柴油机不低于5℃,汽油机不低于-5℃)下迅速顺利起动。

③发动机的油、电路工作正常,即在各种转速下运转正常,包括怠速稳定、加速灵敏、过渡圆滑;急加速或急减速时不得回火放炮、不过热。发动机油耗正常,且排放合格、废气烟色正常。

④在正常温度、正常工况和规定转速下,机油压力符合原规定。

⑤大修后的发动机,其最大功率和最大转矩应不低于原厂设计标定值的90%,其汽缸压缩压力均应符合原厂设计规定,各缸压缩压力互差汽油机应不超过8%、柴油机应不超过3%。

⑥经大修出厂的发动机在所有负荷及所有转速的稳定运转过程中只允许有轻微而均匀的齿轮、机油泵齿轮、喷油泵传动齿轮及气门脚等传动响声,不允许有明显的活塞、连杆轴承、曲轴轴承等异常敲击(其中特别是连杆轴承及曲轴轴承)。但经维护出厂的发动机在冷车时或者高速及变速时允许有轻微而均匀的活塞敲缸异响。

⑦当发动机按规定加注后,各处都不得漏油,漏水,漏气,漏电。

⑧大修发动机在组装后应按规定冷拖与热试、拆检与清洗,并应按规定加装限速片(汽油机)或限制调速器(柴油机)以及铅封等。大修发动机的外表应按规定涂漆,涂层牢固,不得起泡、剥落和漏涂。上述要求主要适用于国产汽车发动机(汽油机、柴油机),同类型进口汽车发动机参照执行。

(3)底盘各总成。各操纵机构灵活可靠,各操作踏板行程符合原厂规定;底盘各部机件应工作正常、调整适当、润滑充分,无异常磨损及异响;不得有漏油、漏水、漏气、漏电。

①传动系统。离合器接合平稳、分离彻底,不打滑、不发抖,操作轻便,工作可靠。变速器换挡轻便灵活,不跳挡、不乱挡,且无异响与异热。传动轴及后桥主传动器等无异热异响等。

②行驶系统。前桥梁及后桥壳不应有变曲、裂缝,前轮定位符合规定。钢板弹簧无断裂、错位,悬架及避振器工作良好。轮胎气压正常,搭配合理,换位适时。

③转向系统。转向机构操纵轻便灵活,在行驶中无发卡、松旷、跑偏、高速摆头现象,且转向机构各部连接锁卡可靠。转向盘自由行程,大修车应不大于8°,非大修的中小型车应不大于15°,非大修的大型货车应不大于25°;最大转向角及最小转弯直径应符合原厂规定。车轮的横向侧滑量应不大于5m/km。

④制动系统。制动性能良好,且符合《机动车运行安全技术条件》(GB 7258—2012)所述规定。其中,要求行车制动反应灵敏、均匀平顺,不单边、不跑偏、不发咬;制动距离符合原厂规定;驻车制动良好可靠(当拉紧驻车制动后应不能起步及滑溜)等。

(4)电气设备。

①电源系统。蓄电池清洁完好,电液密度及液面高度适当;发电机发电正常。

②起动系统。起动可靠,线路完整,包扎及卡固良好,应能保证发动机用起动机起动。

③照明系统、信号系统及仪表系统。各种照明及信号齐全有效;远光灯的光度与光束符合规定要求;喇叭清脆洪亮无异声;仪表齐全、指示正确。

(5)车身。

①车身正直,左右对称。驾驶室与客车车厢形状正确,蒙皮完整平滑,合缝匀称,且不得漏水或异响。

②仪表台和车厢内饰紧固、帖服和干净;各操作踏板及其支架符合规定;风窗玻璃视线清晰,不炫目。靠背座垫完整舒适,后视镜及座椅颜色、形状、尺寸、间距及调节装置应符合原厂要求。

③货车车身及货箱坚固(其纵横梁、栏板和地板不应有腐朽破损),栏板锁钩牢固可靠;驾驶室门窗开闭灵活,锁止可靠;翼板和发动机舱盖的挂钩牢靠。客车车身平整无凹陷、线条均匀、左右对称;喷漆表面光泽均匀、无裂纹、汗流起泡现象,左右对称,且应有良好通风;地板和车厢密封良好;座垫靠背完整、固定可靠;门窗玻璃齐全;门窗开闭灵活可靠,锁扣可靠;上、下踏板完好;车厢内部整洁。

④车身外观油漆颜色协调、色泽均匀光亮、用色与线条等均应与原厂相符,无起泡流痕或皱纹裂纹现象。

⑤车辆随车工具、牌照、刮水器、反光镜、牵引钩及附件齐全良好。

2 修竣汽车出厂的性能要求

修竣汽车出厂后的性能要求包括动力性、经济性、安全性、排放性等。

(1)动力性——大修发动机的最大功率不应小于原机功率90%。另外,加速性能,应符合原厂要求;爬坡性能,可由试车驾驶员以爬坡挡位及使用低挡次数来经验判断;滑行性能,可在平坦干燥硬质路面上,平地开始拉动车辆的拉力应不大于车辆自重的1.5%;或在平坦干燥硬质路面上,以30km/h初速开始滑行的滑行距离应不小于230m。

（2）汽车的安全性——汽车制动性能，应符合《机动车运行安全技术条件》(GB 7258—2012)规定。汽车转向性能，应轻便灵活、无跑偏和摇摆现象，最小转弯半径符合规定。汽车前照灯性能，其照度、照射方向及照射距离应符合相关规定。汽车车速-里程表性能，其指示值应低于实际车速值0~20%。其他安全装置应符合相关规定。

（3）燃油经济性——经大修带限速装置的汽车，在以直接挡空载行驶时，在经济车速下，每百公里燃油消耗量应不高于原设计规定值的85%；在汽车走合期满后，每百公里燃油消耗量应不高于原设计规定。其中，凡有条件的应在中速下测定油耗的同时测定发动机转矩及比油耗，凡最大转矩及最低比油耗达不到规定指标的，应视为不合格品。

（4）排放与噪声——汽车的排放污染应符合《汽油车怠速排放标准》(GB 18285—2005)和《柴油车自由加速烟度排放标准》(GB 3847—2005)的规定；汽车的噪声应符合《机动车辆允许规定噪声》(GB 1495—2002)的规定。

3 维修竣工车辆出厂后的可靠性要求

维修竣工车辆出厂后的可靠性，是指维修竣工车辆出厂后的使用可靠性，即在正常使用过程中，经维修竣工出厂的车辆在质量保证期及质量保证范围内，保证不发生各种影响汽车正常使用的各类故障。它通常以每千车公里所发生的故障率来评价。

以前的汽车维修大多强调维修竣工车辆出厂后的技术性能，却普遍对维修竣工车辆出厂后的可靠性要求重视不足，从而造成维修质量不高，用户意见很大。为此，必须强调维修竣工车辆出厂后的可靠性要求，强化汽车维修竣工出厂后的质量保证。

三、汽车维修竣工出厂后的质量保证

汽车维修质量保证制度规定：车辆在经过维修并竣工出厂后，在用户正常维护及合理使用（不违章操作、不超载超速）的前提下，在质量保证范围及质量保证期限内，承修方应对用户承诺不发生维修质量事故。

1 质量保证期

质量保证期限应包括车辆维修竣工出厂后的行驶里程或时间（两者以先达到者为准）。

（1）新购置车辆的质量保证期限——在国家新的《家用汽车产品的三包责任规定》尚未正式实施前，普通客货汽车的质量保证期限暂定为20000km或1年；轿车质量保证期限暂为30000km或2年；品牌轿车的质量保证期限暂由品牌轿车制造厂规定。

（2）汽车维修竣工出厂的质量保证期限——根据交通部2005年7号令《机动车维修管理规定》：一级维护、小修及专项修理车辆的质量保证期限为车辆行驶2000km或10日。二级维护车辆的质量保证期限为车辆行驶5000km或30日。汽车和危险货物运输车辆整车大修或总成大修的质量保证期限为车辆行驶20000km或100日。

对于新购汽车或新大修汽车（包括发动机大修），用户应严格履行汽车磨合期使用规定（普通客货汽车为1500~3000km、轿车为3000~6000km）；在磨合期满后应由原销售点或承修厂负责走合维护，以拆除发动机限速装置、检查汽车或发动机新车或新大修质量，并鉴定车辆技术状况。

2　质量保证范围(指大修竣工出厂车辆)

质量保证范围应包括所有规定承修项目及报修项目,即承修厂应对规定维修项目及维修范围在质量保证期内履行质量保证,以保证车辆技术状况良好、运行正常。

(1)发动机——走热后运转正常,无拉缸、拉瓦、无明显异响(如活塞敲缸、活塞销、曲轴轴承及连杆轴承等);在燃料系和点火系调整正常后,汽缸压力或真空吸力符合标准;机油压力及冷却水温正常;无四漏(漏气、漏水、漏油、漏电);在出厂行驶 2500～3000km 后排气管不冒异烟。

(2)传动系统——离合器工作正常,不发抖、不打滑、无异响。变速器、分动器及驱动桥内的各齿轮无恶性磨蚀,运转无异响(允许有磨合声)、无异热(行驶中油温低于气温 60℃),不跳挡、不乱挡。传动轴、十字轴轴承及中间支架轴承不应因为松旷甩动而弹响。无因为轴颈失圆、油封失效或接合不平而漏油。

(3)转向与制动——转向轻便,且无发啃异响。制动鼓无裂纹和变形,制动鼓与蹄片接触正常。

(4)前后桥与车架——行驶时无摆头、跑偏或蛇行。无恶性磨胎现象。轮毂轴承不走内外圆。车架铆接处不松动,铆钉饱满,不残缺偏移;焊修部位及拖车钩无裂纹。

(5)车身——客车车身、货车车厢、驾驶室及车头不应摇晃。各内外蒙皮平整无凹陷,连接牢靠不漏水。喷漆无开裂、流痕、起泡现象。门窗启闭自如、不晃动发响。

(6)所更换或修理的基础件和重要零件——要求经更换或修理的基础件及重要零件外壳无破裂变形,所有经更换或修理的轴颈和承孔配合正常,所有经更换或修理的焊接件无脱焊。

四　质量返修的处理

质量返修是汽车修理企业对不合格产品质量的补救措施。按照汽车维修制度规定:车辆在进厂维修过程中不仅应贯彻"漏报不漏修、漏修不漏检"的原则(但应经车方同意),而且倘若经汽车维修竣工出厂的车辆或总成在质量保证范围及所承诺的质量保证期限内,因维修质量而造成故障或损坏的,无论责任属于谁,也无论所发生质量返修的车辆距厂远近,承修厂都应及时前往、善后处理并尽早修复,不得故意拖延或者无理拒绝。

质量返修的处理原则如下所示。

(1)凡责任属于承修厂的返修——倘若车辆确因维修质量(承修方在 3 日内无法提供属于非维修原因相关证据)而造成故障或者损坏的,应确定为质量返修或维修质量事故,由承修厂无偿返修(承担全部维修的工料费用)。承修厂在处理返修车辆时应由汽车维修企业总检验员技术鉴定,分清事故责任,填写返修记录,并从中吸取经验教训,提出改进意见。倘若车辆因同一故障或同一维修项目在质量保证期内经两次修理仍不能正常使用的,承修厂应当负责联系其他维修厂并承担相应的修理费用。

(2)凡责任属于送修方因使用不当或维护不当而引起的故障或损坏——例如,由于未执行大修走合期规定、未执行日常性维护或超载超速而造成的故障损坏,应由送修方自行负责,其中,委托原承修厂进行修复的,其修复的全部工料费用应由送修方承担。

(3)若涉及送修方与承修方双方都有责任的——应根据事故鉴定结果由双方协商处理。

五 家用汽车产品的三包责任规定

为了保护消费者为生活消费需要而购买家用汽车产品的合法权益,国家质量监督检验检疫总局第150号令《家用汽车产品的三包责任规定》(自2013年10月1日起施行)指出:家用汽车产品的经营者(包括生产者、销售者或修理者等)应当遵循诚实信用原则,对消费者承诺其质量义务并承担其包退、包换、包修的三包责任。同样,属于生产者责任或者属于其他经营者责任的,销售者也有权向生产者或他经营者追偿。

1 生产者义务

(1)生产者应当严格执行出厂检验制度;未经检验合格的家用汽车产品不得出厂销售。

(2)生产者应当向国家申报与家用汽车产品质量三包相关的所有信息(如生产者信息、车型信息、销售和修理网点信息、产品使用说明书、维修手册、三包凭证及三包责任争议处理与退换车信息等)。

(3)家用汽车产品的随车文件应当包括中文的产品合格证、产品使用说明书及维修手册、三包凭证及三包条款等。其中,产品说明书应当符合国家标准规定的消费品使用说明要求,并明示其使用性能、安全性能、工作条件及工作环境等;维修手册应当格式规范且内容实用;三包凭证应当包括产品品牌及型号、车辆类型规格及识别代号、生产日期、生产者及销售网点名称、地址、邮政编码、客服电话等;三包条款应该明示其三包范围、包修期及有效期等。

(4)家用汽车产品应当附有随车物品清单,并配备相应的随车工具及备品。

2 销售者义务

销售者销售家用汽车产品应当符合下列要求。

(1)向消费者交付合格的家用汽车产品及其发票;对于进口的家用汽车产品,销售者还应明示并交付海关的货物进口证明和出入境检验检疫机构的进口机动车辆检验证明等。

(2)按照随车物品清单向消费者交付随车工具及其备品。

(3)当面查验家用汽车产品的外观及内饰等可现场检验的质量状况。

(4)明示并交付产品使用说明书、三包凭证及维修手册等;明示家用汽车产品的三包条款(如三包范围、包修期及有效期等),并在三包凭证上填写有关销售信息。

(5)明示由生产者约定修理网点的名称、地址和联系电话等(但不得限制消费者在上述修理网点中自主选择修理者)。

(6)提醒消费者阅读安全使用注意事项,并要求消费者按使用说明书进行使用和维护。

3 修理者义务

(1)修理者应当建立并存档修理记录。修理记录的内容包括:送修时间及行驶里程,送修项目及检查结果,实际修理项目及零部件更换记录,材料费、工时及工时费、拖运费、备用车提供信息或交通费用补偿费,交车时间,修理者及消费者签名盖章等。修理记录一式两份(一份存档,一份交于消费者),并便于消费者查阅或复制。

(2)修理者应当保持修理所需零部件的合理储备,以确保修理正常进行,避免待工待料。凡用于修理的零部件应当是生产者提供或认可的合格品,其质量应不低于家用汽车产品生产装配线所用产品。

(3)在家用汽车产品的包修期及三包有效期内,倘若出现产品质量问题与法规标准及企业明示质量状况不符而影响车辆正常使用或无法正常使用时,或者出现严重安全性能故障而可能危及人身财产安全、致使消费者无法安全使用时,修理者应当提供电话咨询服务;仍无法解决的应当现场修理,并承担合理的车辆拖运费。

4　三包责任

(1)包退——家用汽车产品包退的三包有效期应不低于60日内或行驶里程3000km(以先到者为准,自销售者开具购车发票之日起计算)。倘若家用汽车产品出现转向系统或制动系统失效、车身开裂或燃油泄漏等;或者出现发动机及变速器主要零件损坏的,消费者可凭三包凭证、购车发票等直接由销售者退货或更换。

发动机及变速器、转向系统、制动系统、悬架系统、前/后桥、车身的主要零件三包的质量保证范围及质量保证期限应由生产者明示于三包凭证,且应当符合国家相关标准或规定,具体要求由国家质检总局另行规定。

(2)包换——家用汽车产品包换的三包有效期应不低于2年或行驶里程5万km(以先到者为准,自销售者开具购车发票之日起计算)。在此三包有效期内,倘若发生下列情况,消费者可凭三包凭证、购车发票,由销售者负责更换或退货。

①车辆因出现严重安全性能故障且累计进行2次修理后仍未排除,或者又出现新的严重安全性能故障的。

②发动机及变速器、转向系统、制动系统、悬架系统、前/后桥、车身的同一主要零件因质量问题而累计更换2次以后仍不能正常使用的。

③车辆因产品质量问题的修理时间累计超过35日,或者因同一产品质量问题累计修理超过5次的。但上述时间不包括外出救援时间,以及由生产者明示于三包凭证中因定制防盗系统或者全车线束等特殊零部件所需要的运输时间。

在此三包有效期内,凡消费者书面要求更换或退货的,销售者应当自收到消费者书面要求之日起10个工作日内作出书面答复,否则将视为故意拖延或无正当理由拒绝;其中凡符合更换或退货条件的,销售者应当自消费者要求之日起15个工作日内为消费者更换或退货。即首先应当及时为消费者更换新的合格的同品牌同型号家用汽车产品;若无同品牌同型号产品更换的,应更换不低于原车配置的家用汽车产品;若既无同品牌同型号产品也无不低于原车配置产品的,则应当为消费者退货(按发票价格一次性退清货款,所发生的税费按国家有关规定执行),并按有关法律法规办理车辆登记等相关手续。但消费者在换货或退货时,除了可免费的外,应当根据消费者对该产品的使用时间和使用状况等支付相应的合理补偿。

(3)包修——家用汽车产品的包修期应不低于3年或行驶里程6万公里(以先到者为准,自销售者开具购车发票之日起计算)。在此包修期内,倘若家用汽车产品出现产品质量问题,消费者可凭三包凭证由销售者或修理者免费更换或免费修理(包括工时费和材料费);倘若修理时间(包括待修时间)超过5日的,销售者或修理者应当为消费者提供备用车,或给予合理的交通费用补偿。

(4)三包凭证的遗失或变更——消费者倘若遗失家用汽车产品三包凭证的,销售者或生产者应当在接到消费者申请后10个工作日内予以补办,其包修期及三包有效期自三包凭证补办之日起重新计算。倘若在家用汽车产品包修期和三包有效期内发生所有权转移的,三包凭证也应随车转移,但三包责任不因为汽车所有权的转移而改变。倘若经营者破产、合并、分立或变更的,其三包责任按照有关法律法规的规定执行。

(5)三包退换车的再次销售——经退换的家用汽车产品倘若再次销售,应当经检验合格,并明示该车曾属于三包退换车(注明更换或退货原因),其三包责任可按合同约定执行。

5 三包责任免除

经营者对以下情形可不承担三包责任。

(1)易损耗零部件损坏已超出生产者明示质量保证期的车辆。

(2)家用汽车产品虽在包修期和三包有效期内,但除以下情况。

①消费者所购产品已被书面告知存在瑕疵而仍然购买的。

②无有效发票和三包凭证的。

③用于出租或其他营运目的的。

④在使用说明书中已明示不得改装、调整或拆卸,但消费者仍然自行改装、调整或拆卸而造成损坏的。

⑤发生产品质量问题后因消费者自行处置不当而造成损坏的。

⑥因消费者未按照使用说明书要求正确使用及维护修理而造成损坏的。

⑦因不可抗力造成损坏的。

(3)不包括企业事业单位或政府机关的公务用车。

(4)不包括在三包规定实施之前购买的家用汽车。

6 争议的处理

在家用汽车产品发生三包责任争议时,消费者可以与经营者协商;也可以依法向第三方社会中介机构(如各级消费者权益保护组织等)请求调解,或依法向质量技术监督部门等有关行政部门进行申诉。倘若争议双方都不愿协商或调解的,或者协商与调解无法一致的,可以根据协议申请仲裁,或者依法向人民法院起诉。

经营者应当妥善处理消费者对家用汽车产品三包问题的咨询、查询和投诉;经营者和消费者都应积极配合质量技术监督等相关部门或机构对三包责任争议的处理。

省级以上质量技术监督部门可以组建技术咨询人员库,为家用汽车产品三包责任争议处理提供相应的技术咨询;参与争议处理的技术咨询人员选择应经争议双方同意,咨询费用由双方协商解决。在处理过程中需要对相关产品进行检验或鉴定的,可按照产品质量仲裁检验和产品质量鉴定的有关规定执行。

复习思考题

1. 什么是质量?什么是质量管理?为什么说质量不是最终检验出来的?
2. 为什么说产品质量与服务质量都取决于工作质量?
3. 什么是质量职能与质量责任?
4. 试述质量管理发展三阶段的特点。

5. 什么是全面质量管理？试述全面质量管理的基本特点、基本宗旨与指导思想,基本方法与基本要求。

6. 什么是质量保证体系？如何开展质量保证体系的基本活动？

7. 什么是质量方针、质量目标、质量体系、质量计划、质量保证、质量控制、质量监督、质量审核与质量体系审核？

8. 为什么要用全面质量管理来整合企业的生产经营管理？

9. 怎样编写、发放和实施质量管理体系文件？

10. 如何搞好质量管理体系的认证、培训、保持与改进？

11. 汽车维修企业的质量目标是什么？如何制定汽车维修企业的质量目标？

12. 汽车维修企业质量管理机构、质量管理方法与人员岗位职责是什么？

13. 汽车维修企业质量管理基础工作有哪些？

14. 如何搞好质量教育、企业标准化、计量与检测、质量信息与 QC 质量管理小组活动？

15. 什么是质量检验？试述汽车维修质量检验的分类及内容。

16. 试述汽车维修质量检验的基本要求。

17. 汽车维修质量检验人员的基本素质与质量职能？

18. 如何考核汽车维修质量检验人员的工作质量？

19. 如何评价与考核汽车维修质量？其考核指标有哪些？如何分析汽车维修质量？

20. 试述汽车维修竣工车辆和总成的出厂规定与汽车维修竣工出厂验收标准。

21. 阐述汽车维修出厂的质量保证期与质量保证范围。

22. 什么是质量返修？如何处理质量返修？

23. 为什么国家要规定家用汽车产品的三包责任？

24. 为什么家用汽车产品三包责任规定中不包括企业事业单位或政府机关的公务用车？

25. 经营者不承担三包责任的情形有哪些？

第六章 企业财务管理

第一节 汽车维修企业的财务管理

汽车维修企业可能由于企业的内部原因或者外部原因(如市场变化与国家政策波动等)而发生经营性亏损,从而使企业的资金流转失去平衡。

所谓企业财务管理,就是通过货币和价值的形式,对企业的资金运动进行日常管理(包括资金取得、使用、分配等),也对企业的生产经营管理活动进行综合性经济管理(如资金筹集、控制消耗、处理财务关系等)。其中,资金筹集和控制消耗反映了企业对生产资料的取得和占用(即企业中物化劳动和活劳动消耗);通过财务关系处理,实现产品销售和维修劳务资金的回收和分配。

一、企业财务管理的原则和任务

1. 企业财务管理的目标与原则

财务管理是现代汽车维修企业管理中的重要组成部分。其管理目标是:通过财务管理,完成企业资金的筹措和有效使用,管好资金并得到获利,以实现企业的财富最大化(包括利润最大化、每股盈余最大化、企业价值的最大化),并求得企业的生存与发展;其管理原则是:以企业的生产经营管理为中心,以提高企业经济效益为前提,增产节约、增收节支、提高企业经济效益。

2. 企业财务管理的基本任务

企业财务管理的主要内容,包括财务决策、财务计划和财务控制等。其中,所谓财务决策,是指由企业决策者根据其财务报表,对企业资金的筹集和使用进行决策。所谓财务计划,是确定企业的财务目标、编制财务预算、制定财务程序、财务计划或财务规则。而所谓财务控制,是指根据财务计划,对企业财务过程执行控制。企业财务管理的基本任务如下所示。

(1)建立机构,健全管理制度——企业应当设置必要的财务管理机构,配备合格的财务管理人员,并建立与健全企业财务管理制度及财务核算体系;做好企业财务管理的基础工作(如落实财务管理的岗位责任制与经济责任制,建立健全财会原始记录、财务报表、技术经济定额等)。企业财务的各项经济指标都要实行归口分级管理,以实行企业的全面经济核算(如班组核算与单车核算等)。

(2)筹集资金、保证生产——企业财务管理应根据企业的发展需要,合理有效地为企业筹集所需资金,以保证企业日常生产经营管理的正常进行;深入企业的实际生产经营管理过程,安排和监督企业资金的合理使用,做好企业资金管理,提高资金使用效率,保证投资者权益不受侵犯。

(3)控制耗费、提高企业经济效益——企业财务管理要编制各项财务计划(如资金分配计划、成本计划和财务收支计划等),以控制各项耗费,确保企业资金的有效使用;通过企业内部核算,如实地反映企业财务状况,考核企业经营成果,为企业管理者提供经营决策,努力提高企业经济效益。

(4)依法缴纳税,合理分配利润——企业财务管理要正确地处理好企业内外的各种经济关系。例如,完成与往来客户的资金结算;依法缴纳税金;按照国家财务制度合理地分配企业利润;补偿生产资料消耗和支付职工劳动报酬等。

(5)维护财政纪律,实行财务监督——企业财务管理要维护财政纪律,实行财务监督,从而把搞活经济同坚持原则、加强管理紧密结合起来。所谓财政纪律是国家规定财会人员必须遵循的纪律和法律;所谓财务监督就是对资金筹集、资金和使用和分配实行全过程的监督,以制止违反国家财经纪律和财务制度的行为。

二 企业财务的管理机构及管理制度

1 企业财务管理机构

企业财务管理机构应根据企业实际需要进行设置,并视需要配备适当财务会计人员。其基本要求是:所有人员都必须持有《会计证》,坚持原则、忠于职守。其中,小型汽车维修企业的财务管理可采取厂部一级核算方式,由厂长直接负责。大中型汽车维修企业(特别是实行经营责任制的股份制公司或有限责任公司)的财务管理应按照《公司法》采用厂部核算和车间班组内部核算的两级或三级核算方式,由财务总监在厂长/经理的直接领导下负责企业的财务工作。当财务与会计分别设置时,财务部门的主要职责是控制资金,投资与分配,管理固定资产和经营资金,负责财务计划、财务分析与报告等;会计部门的主要职责是负责日常的财务收支,建账立卡,内部结算及奖励等。

2 企业财务管理制度

(1)企业财务管理制度——企业财务管理制度包括以下4个层次。

①由国家财政部颁布的《企业财务通则》。

②《运输企业财务制度》。

③国家财政部颁布的《企业内部财务管理制度》以及《关于工交企业制定内部财务管理办法的指导意见》。

④企业财务部门按照国家法律法规及会计制度建立的企业内部稽核制度。

(2)财会交收制度——廉洁奉公是财会人员的首要职业道德。为了维护企业利益,不仅要求记账管理与现金管理分开,而且要求所有财会人员都必须严格执行财务交收守则。例如,凡属费用支出均须具有原始单据,并实施定额管理;凡开出的收据和支票均需当天结清等。

3 企业财务人员的岗位职责

所有财会人员都有权监督企业的所有经济活动,有权对其他业务部门进行财务的审计或检查。为保证企业财产安全,财会人员必须做到账实相符,账账相符;如实向国家税务机关和审计机关、财政机关提供有关会计资料。

(1)财务总监的岗位职责——财务总监应在厂长/经理的直接领导下组织企业的财会工作,对企业负责,以确保企业资金及财产的安全和完整。其岗位职责如下。

①制定企业内部财务管理制度。
②根据企业生产经营计划,编制企业财务计划并考核财务计划执行情况。
③审查各项费用开支标准,监督和审核费用开支情况。
④编制各项经济定额,执行企业成本核算,评价企业经济效益。
⑤对外协调关系,提供企业年检所需资料。
⑥根据会计报表进行财务分析,及时处理和报告所发现问题。
⑦保守公司商业秘密。
⑧负责税金交纳。
⑨负责财务章及企业法人章使用。
⑩报告资金调拨、财产转移等重大事项。

(2)会计核算人员的岗位职责——会计核算人员的岗位职责。

①根据国家财务管理制度进行会计核算,执行会计监督。
②按照国家会计制度编制会计记账凭证,登记会计账簿。
③及时编制财务报表,并保证会计资料真实完整。
④妥善保管会计资料。
⑤办理其他会计事项。

(3)出纳人员的岗位职责——出纳人员的岗位职责。

①根据财务管理制度,严格执行费用报销标准。
②负责登记现金日记账和银行存款日记账,并做到账款相符。
③现金收支须日结月清,执行备用金限额,并严格控制现金开支,加强支票管理。
④正确使用和审核银行结算凭证,确保收支无差错。
⑤做好领导交办的其他工作。

三 企业的资本金及资本金制度

1 企业资本金

根据《企业财务通则》,企业资本金是指企业在工商行政管理部门所登记的注册资金。也就是开办企业时的本钱。企业资本金按投资者主体可分为:国家资本金、法人资本金、个人资本金、外商资本金等;按资本的性质可分为法定资本金、注册资本金、实收资本金、资本公积金、盈余公积金等。对于不同性质、从事不同经营活动的企业资本金,《中华人民共和国公司法》中都作了具体规定。

(1)法定资本金——是指开办企业时法定具备的资本金(即开办企业所必须持有的最低限额资金)。

(2)注册资本金——是指企业登记注册时申报的资本金。

(3)实收资本金——是指实际收到的投入资本金。对于一次性投资的企业而言,实收资本金也是注册资本金。但对于分期投资的企业而言,在尚未缴足投资额之前,其实收资本金将小于注册资本金。

2　企业资本金制度

企业资本金制度是国家对于企业设立或在存续期间,关于资本的筹集、运作、管理以及所有者权益等的制度规定。建立企业资本金制度是我国资金管理体制的重大改革,也是我国财务制度改革的核心。其主要内容如下。

①凡要设立企业的,必须具备一定资本方能登记注册。

②企业资本金的维持必须遵循三项原则:资本确定原则、资本保值原则、资本增值原则,即要求企业资本的运作结果必须是不断增值的。

③投资者资本必须是真实的,能以价值量化的,且在企业生产经营管理活动的全过程中不得随意抽走和冲减的。

企业资本金制度是各国通用的资本管理办法。在我国建立企业资本金制度的意义在于:

(1)明确了企业的产权关系,体现了资本保全原则,从而保障了企业所有者的权益,既有利于吸引更多的民间投资和外商投资,也有利于国内企业走向国际市场。

(2)在实施企业资本金制度后,资产报废、盘亏和毁损等都不能冲减资本金,而只能作为企业管理费计入当期的企业损益或者企业营业外支出。这就明确了企业盈亏计算的基准点,有利于真实反映企业的实际经营状况,抑制了过去那种虚盈实亏的经营行为。

(3)由于企业资本金决定着企业的经营规模和经营状况,也决定着企业的偿还能力。这对于有限责任公司或者股份公司而言,资本金也是承担经营风险的最终保证。因此,资本金制度既是企业实现自主经营和自负盈亏的前提,也是企业实现自主经营、自负盈亏、自我发展和自我约束的重要经营机制。

3　企业资本金的筹集

企业资本金的筹集包括股权资金筹集和负债资金筹集两个方面。其中,负债资金筹集又可分为长期负债资金筹集和短期负债资金筹集。

企业资本金的筹集管理包括以下几点。

(1)筹集方式。

(2)筹集时效与期限。

(3)规定货币及无形资产所占份额。

(4)资本金确认。

(5)投资者违约责任。

其中,企业在筹集资本金时,应在投资合同中规定投资者的出资数额及出资期限。倘若投资者未按投资合同或者公司章程规定的期限足额出资,应视为违约,依法追究其违约责任。一般来说,资本金的一次性筹集期限应当在签发营业执照之日起 6 个月内,分期筹集的最长期限不超过3年。其中第一次筹集的投资者出资不得低于15%,并且在营业执照签发之日起3个月内筹足。并且规定,有限责任公司吸收的企业全部投资中的货币资金不得少于企业注册资金最低额的50%,企业吸收的工业产权投资或者非专利技术投资不得超过企业注册资本的20%。投资者投入的资本金在公司持续经营期间,除依法转让外,不得以任何方式抽回投资。

企业资本金必须由中国注册会计师的验资报告予以确认,投资者应具备《出资证明书》。企业筹集资本金的原则如下。

(1)筹集资本金必须要遵守国家有关的法律法规,维护有关各方的合法权益。

(2)要综合考虑各种筹资渠道和筹资方式(根据投资方向确定筹集方式),合理预测和确定资金需求量,合理安排和控制资金的投放和回收,以求得最优的筹资组合,减少资金占用,加速资金周转,降低综合资金成本。

(3)投资者必须按照投入资本金的比例或者按照合同章程来分享利润,并承担经营风险和分担亏损。

第二节 汽车维修企业的资产、负债、所有者权益

汽车维修企业财务管理的任务是:不仅要做好日常财务收支的计划、控制、核算、分析和考核等,用以反映汽车维修企业在一定时期内生产经营管理活动(如费用收支)及其经营成果(如企业利润),而且要反映汽车维修企业的基本财务状况(如资产、负债和所有者权益等),以依法合理地筹集资金,并有效利用各项资金,提高汽车维修企业的经济效益。

一 资产

企业的生产经营管理活动必须要使用一定的资产。因此,管好和用好企业资产是关系企业生死存亡的大事。所谓资产,是指企业所拥有的或控制的,能为企业提供经济效益的,所有能以货币计量的经济资源(包括资产存量和资产流量)。企业资产按其存在方式可分为财产、债权和其他权利;按其变现时间或者耗用时间可分为固定资产、流动资金、长期投资、无形资产、递延资产和其他资产,如图6-1所示。

1 固定资产

固定资产是指使用期限在1年以上;单位价值在国家规定标准以上(如1000元),并且在使用过程中能保持

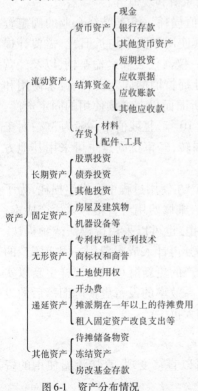

图6-1 资产分布情况

其原有形态不变,但其价值状态却随着生产经营管理活动的不断延续而逐渐折旧并通过企业生产经营服务而在收入中逐渐得到补偿的资产。由于固定资产占用投资较多、回收期较长而变现能力较差,而且其实物形态与价值形态通常分离,因而是企业资产管理中的重点。

固定资产包括:生产经营用固定资产、非生产经营用固定资产、租出固定资产、未使用固定资产、无需用固定资产、土地、融资租入固定资产等。汽车维修企业的固定资产主要是指房屋及建筑物、机器设备及车辆等。

(1) 企业固定资产的日常管理——为了提高固定资产的使用效率,保护固定资产的安全及有效利用,必须做好企业固定资产的日常管理。

企业固定资产的日常管理包括:确定固定资产的需要量;做好固定资产管理的各项基础工作,搞好物业管理;正确提取固定资产折旧;认真做好固定资产的日常使用和维修等。为此,对于企业固定资产应当做到如下几点。

① 要实行固定资产归口分级的专人管理,即在企业财务部门的统一协调下,按照固定资产分类、使用单位和使用地点不同,实行各职能部门的归口分级管理,由此建立固定资产管理的岗位责任制和经济责任制,层层落实。固定资产管理人员应每季度清查企业现有固定资产,若有毁损、丢失或盘亏、报废,需查明原因与责任,对责任人或责任单位酌情处罚,并在清查后经审批做账务处理。

② 要建立固定资产的卡片和台账。为了能翔实地反映和监督企业内部固定资产的使用情况及增减情况,管好用好固定资产,应按照固定资产类别和使用部门分别设置固定资产卡片和台账,并要求账、卡、物三符。其中,固定资产卡片应按单项固定资产分别设置;固定资产台账应按固定资产类别分别设置,并填入固定资产折旧、原值和现值等。

所谓固定资产折旧,是指固定资产在使用过程中的价值损耗。汽车维修企业的固定资产折旧,其计提方法一般均采用直线平均年限法(即根据其使用年限平均折旧)。需要计提固定资产折旧的范围包括:房屋和建筑物、在用的机具设备、仪器仪表和运输车辆,以及经营租赁出去的固定资产和融资租赁进入的固定资本等。不计提折旧的固定资产有:未使用和不需用的固定资产,经营租赁进入的固定资产或已经提足折旧而仍在继续使用的固定资产。其中,对于房屋,其折旧年限一般为 30 年,设备折旧年限为 10 年,且残值率一般为 3%;对于机具设备和营运车辆,为了加快其折旧、加速资金的回收周转,经审批同意也可采用其他方法计提。折旧额应计入当期生产成本。

(2) 企业固定资产的合理维修和更新报废——固定资产在使用过程中会发生损耗,为了保证其正常使用、维持其良好技术状况,必须进行适时维修,维修费用可直接计入生产成本。但当数额较大时,为了均衡企业的生产成本和减轻费用负担,也可以采用待摊法或预提法。其中,预提法是将实际维修费用直接冲减预提费用,超出部分再计入成本费用。固定资产的更新是指用新的固定资产来更换报废的固定资产。固定资产的更新既可以是原样更新以实现固定资产的实物再现,也可以是新样更新以更加先进、更高效率的设备更换陈旧落后的设备,以不断提高企业固定资产的成新率,实现固定资产的扩大再生产。

2 流动资产

流动资产,是指在企业在一个营业周期内(如 1 年)可以直接变现、直接流通使用的资产,包括货币资金、短期投资、应收账款、预付款和存货等。

(1) 货币资金——货币资金是指货币形态的资金，例如现金、支票和各种存款等，包括库存现金、银行存款、各种票据、有价证券等。

由于现金是企业中最灵活的流动资产。倘若企业缺乏足够的现金储备，将不能应付临时性的业务开支，从而可能丧失购买机会或者可能造成信用危机而使企业蒙受损失；但企业中也不能储存大量现金，不仅将使这些资金不能参与周转而无法获利，而且也存在着被盗危险。企业现金管理的目标，就是在现金的流动性和营利性之间准确作出选择，以获取最大的长期利润。为此，企业要特别做好现金及存款的日常管理。

①确定最佳的现金持有量，编制现金收支计划，并及时清理库存现金。根据国家现行制度规定：企业的库存现金以 3～5 天的实际需要量为限；不得以现金收入直接支付付出、不得签发空头支票、不得租借账户、不得套用银行信用、不得保存账外公款（包括不得将公款以私人名义存入银行或保存为账外现金等）。为了提高现金的使用效率，应做好现金的收支管理：即保持现金当天流入或当天流出，以尽可能保持库存现金量基本不变。尽可能缩短应收账款时间以加速收款，并尽可能推迟应付款支付。

②控制现金的日常收支，例如做好现金的日记账并做到日清日结、账款相符，努力实现企业的收支平衡。

③超过库存限额的现金必须存入银行，不准滞留或挪用。

④要实行企业内部会计与出纳的相互牵制监督制度（即管钱的不管账、管账的不管钱）。

(2) 短期投资——短期投资是指企业购入能随时变现、持有时间不超过 1 年的有价证券及其他投资，包括各种股票及债券等。短期投资可按成本与市价孰抵法计价，其收益应以实际收益时间进行记账，在未实现之前不能进行预计。

(3) 应收及预付款——应收及预付款是指企业对外的预付货款、出借货币，以及应收而未收账款（如应收票据、应收账款、其他应收款、预付货款、待摊派费用等）。其中，应收账款、应收票据、预付货款及其他应收款等都是因为企业预先支付了货币、销售了产品或者提供了维修劳务等应收而未收的款项；预付货款是因为要购买设备或材料配件等预付而未收的款项。近年来，由于企业的应收账款明显增多，赊欠、坏账和死账时有发生，因此应收账款已成为流动资产管理中的严重问题。为此，在签订汽车销售合同或汽车维修合同时，一定要事先做好客户的信用调查和信用评价，并加强应收账款的日常控制和清欠催收，以减少应收账款的呆账、死账和坏账损失。

(4) 存货——存货是指企业在生产经营活动中为了销售或耗用而储存的各种资产。

由于汽车维修企业需要储备较多的维修配件、原材料和工具等，不仅占用额度很大，而且流动性很大，因此存货管理是汽车维修企业中的难点和重点，存货的日常管理直接关系到汽车维修企业的管理水平。为了在保证日常维修业务的前提下尽可能减少库存和资金占用，必须根据汽车维修企业的经营状况，确定合理的存货量并加强库存物资的日常管理。例如，建立与健全库房管理制度（包括存货出入库、检验、盘点、处理、维护，及安全消防制度等）；建立与健全原始记录及各种表格（包括采购计划，出入库单与销售单，日统计表及月统计表等）；做好日常核对（如复核每日出入库记录及各种销售单据），发现问题及时上报处理；做好存货管理信息工作（包括供应信息，需求信息，库房缺存货信息等）。

控制存货的最通常方法，是在厂长/经理的直接领导下，实行流动资金的归口分级管理，从而将流动资金的计划指标层层分解,落实到基层单位和个人;按照流动资金管理、物资管理与资金使用相结合的原则,由财务部门编制存货计划,核定存货资金;由物资供应部门严格控制库存,定期清查盘点;由生产部门节约使用等。倘若出现盘盈、盘亏或者损毁等情况,应即查明原因并及时处理。

3 长期投资

长期投资,是指企业长期持有(超过1年)、近期不准备变现的投资(如股票、债券及其他投资等)。其中,股票是指股份制企业为了筹措资金而发行的有价证券,属于股权投资,而债券则是债务人为了筹措大额长期投资而向公众发行的债务凭证。公众购买债券仅是为了获得利息收入,属于权益投资。在长期投资管理中应注意以下几点。

①要正确估计投资方案,制订现金投入计划,严格按照财务计划来安排现金收支;客观估计投资风险,估算投资风险报酬,从而为管理层提供长期投资的决策依据。

②以付款或投资时间作为投资入账时间,以投资的实际支出金额或者资产评估价值作为投资的入账价值。

4 无形资产

无形资产,是指企业可以长期使用并能为企业提供收益而并没有实物形态的资产(如专利权和非专利技术、商标权和商业声誉、著作权、土地使用权等)。无形资产是一种有偿特殊权利,可分有限期与无限期两类。

5 递延资产

递延资产,是指企业发生的虽不能全部记入当年收益,但可在以后年度内分期摊销的各项费用,包括企业开办费、租入固定资产的改良费用,以及摊销期限1年以上的待摊费用等。

6 其他资产

其他资产,是指除企业固定资产、流动资产、长期投资、无形资产、递延资产以外的资产,如特殊储备物资、冻结资产以及其他特种用途资产(如房改基金存款等)。

二 负债

负债,是指企业承担的、能以货币计量的,需要以资产或劳务偿付的债务。例如,企业在生产经营管理活动中所借入或所占用其他单位或者个人的资金等。

负债可分流动负债、长期负债及短期负债三类(图6-2)。其特点如下所示。

(1)负债虽然是由过去的业务经济活动所引起的,但是需要企业将来用资金偿还,因而也是现时存在的;借债人的负债也是债权人的权益。

(2)负债是能用货币衡量的,且有确切债权人和明确期限。为此,各项负债均应按实际发生额记账,并由财务报告充分说明(对于数额未定的负债应合理预计记入,待确定实际数额后再进行调整)。

(3)负债是不能相互抵销的,除非偿还或以新的负债形式取代原有负债。

图6-2 负债分布状况

负债
- 流动负债
  - 短期借款
  - 应付票据
  - 应付账款
  - 预收货款
  - 应付工资
  - 应交税金
  - 应付福利费
  - 应付利润
  - 其他应付款
  - 预提费用
- 长期负债
  - 长期借款
  - 应付债券
  - 长期应付款

1 流动负债

流动负债是指在一个营业周期内需要偿付的债务,包括短期借款、应付票据、应付账款、预收货款、应交税金、应付利润、其他应付款、预提费用等。

(1)短期借款,指企业借入期限在1年以内的各种借款。

(2)应付票款,是指企业在生产经营过程中对外发生债务时所开出的或承兑的汇票。

(3)应付账款,是指企业在生产经营过程中因购买配件材料,以及外加工或外借工而发生的债务。

(4)预收货款,是指企业在生产经营过程中预收的加工费或修理费。

(5)应付工资,是指企业应付给职工的工资总额,包括工资总额内的各种工资、奖金和津贴等。当月工资按平均职工数计提,工资通过应付工资科目核算。

(6)应交税金,是指企业应交的所得税和流转税。

(7)应付福利费,是指企业应付给职工各种福利费。例如,集体的职工福利费、工会经费、职工教育经费,由企业统筹安排使用。

(8)应付利润,是指企业应付而未付的利润和股利。

(9)其他应交款,是指除税金利润以外的一切应付款,包括应交教育附加费、车辆购置附加费等。

(10)预提费用,是指企业预提而尚未实际支付的费费用,如预提的保险费、借款利息与租金等。

2 长期负债

长期负债是指为了购置固定资产或留作长期资金需要(如更新改造资金借款,科技开发和新产品试制资金借款等),偿还期超过1年的各种债务,包括长期借款、应付债券、长期应付款等。

①长期借款,是指企业借入的期限在1年以上的各种借款。

②应付债券,是指企业通过发行债券从社会上筹措的长期资金而发生的债务。

③长期应付款,是指企业除长期借款、应付债券以外的其他应付款,如融资租赁固定资产等。

3 所有者权益

所有者权益是指企业投资人占有企业净资产的所有权;而所谓净资产是企业全部资产减去全部负债后的净额,包括投资者对企业投入的实收资本金,以及形成的资本公积金、盈余公积金和未分配利润等(图6-3)。

(1)实收资本金,是指实际收入的各种投资,如政府投资、单位投资、个人投资、外商投资等。

(2)资本公积金,是指企业在资本筹集和运作过程中所得收益而形成的专用资本金(如股本涨价,法定资产重估增值和接受捐赠资产、资本汇率折算差额增值等)。

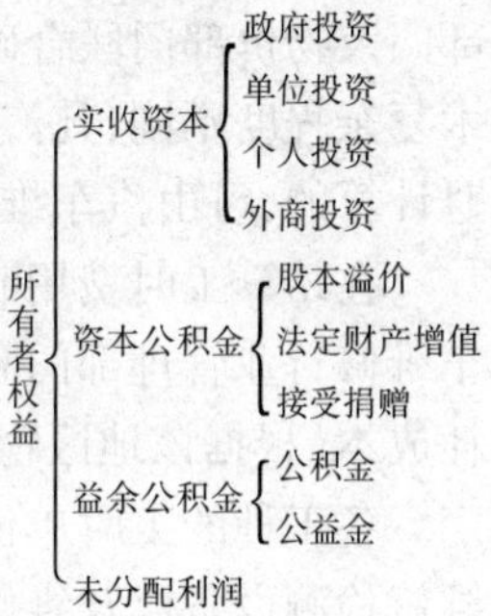

(3)盈余公积金,是指按照国家规定从税后利润中提取的公积金、公益金。

(4)未分配利润。

图6-3 所有者权益

第三节 汽车维修企业的营业收入

企业的营业收入是企业通过生产经营管理过程,由于对外提供了产品或劳务而取得的经济收入总和。企业的营业收入是企业取得现金和利润的主要方式,也是企业扩大再生产的必要条件。其计算公式一般为:

产品价值 = 产品成本 + 税金 + 利润

一、汽车维修企业的主营业收入

由于现代企业大多采用着多种经营的形式,因此其总营业收入通常由主营业收入和副营业收入两部分构成,且各项中都包含有产品成本、税金与利润:

营业收入 = 主营业收入 + 副营业收入

由于多种经营及经营侧重点不同,汽车维修企业的主业与副业划分则是相对的。

在以汽车维修为主业的汽车维修企业里,它以汽车维修为主业、汽车销售及配件销售等为副业,因此其主要营业收入指的是汽车维修费(工时费 + 材料费)收入;副营业收入指的是在经营汽车维修业务的同时还可能发生的零配件批发或零售,以及提供救援或运输的额外收入等。品牌4S汽车销售公司则通常以汽车销售及配件销售为主业、汽车维修为副业,因此其主要营业收入指的是汽车及配件的销售款收入。其计算公式为:

企业营业收入 = 主营业收入(维修费收入) + 副营业收入(其他业务收入)

同样,以上各式中的各项均包含有产品成本、税金与利润。

1 工时费收入

汽车维修业务的工时费收入,应按各级维修作业的各工种的定额工时数乘以该工种的每工时结算单价来计算确定:

工时费收入 = $\sum$ 各工种结算工时定额 × 各工种工时单价

在结算工时费用时,各级维修作业用于结算的定额工时数应由各地汽车维修行业管理部门及物价部门联合确定。但此工时定额属于最高限额,允许向下浮动。由于车型各异,技术复杂程度不同,凡汽车维修行业管理部门及物价部门尚未明确规定而需要按实际消耗工时计算的,可由汽车维修企业参照有关规定确定,或者与车方共同商定。

在结算工时费用时,用于结算的各工种每工时单价(即各工种收费标准)也应由各地汽车维修行业管理部门和物价部门根据各级汽车维修的规定作业范围、各工种每工时平均消耗成本(根据该地区物价指数通过加权平均法统计和核算而得)以及总收费控制额联合确定。各工种的工时单价中已经包括:维修工人的平均工资奖金和福利待遇费用,维修设备及维修检测设备以及维修工具与计量器具的使用费,厂房折旧费,部分辅助材料(包括水、电、油等)消耗费用以及其他生产性支出费用等。

2 材料费收入

汽车维修材料费是指在汽车维修过程中所消耗的汽车配件费(包括外购配件费、自制配件费、修旧配件费)以及所消耗的汽车维修辅助材料费(包括通配料、辅杂料、油润料、漆料及各类原材料等)。汽车维修材料费收入应在实际消耗的汽车配件费和汽车维修辅助材料费成本基础上考虑成本利润率及税率确定：

$$配件材料费收入 = \frac{配件材料成本(1+成本利润率)}{1-税率}$$

其中,汽车维修的成本利润率由各省市汽车维修行业管理部门确定,一般为15%；税率包括营业税、城市建设维护税和教育附加费等,一般为营业额的3.07%~3.27%。

(1)汽车配件费——是指在汽车维修过程中,实际装车使用而消耗的汽车配件费用。其中,外购汽车配件单格应当按当地商业零售价格或者实际购进的不含税价计算(使用增值税发票计账)；自制汽车配件的单价按实际制造成本价计算,或者按该汽车配件在当地的商业零售价格计算；修旧配件(指经修复并符合质量标准的汽车配件)可参照该配件的新配件市场价的40%~70%计价(一般按不超过现行市价50%计算),但不含就车修理加工的零部件。

(2)维修辅助材料费——是指汽车维修过程中共同消耗或者难以在各维修车辆之间清楚划分的汽车维修辅助材料费用。除汽车小修外,由于汽车各级维修作业均规定有必须的作业项目,并规定有每辆次维修辅助材料的消耗量,因此既可以按汽车维修辅助材料的额定消耗量进行收费,也可以按汽车维修辅助材料的实际消耗量进行收费,甚至还可以按汽车维修辅助材料的额定消耗量或实际消耗量平均分摊于各次汽车维修作业,或者平均分摊于各工种的工时单价中进行收费。具体收费办法或分摊比率由当地汽车维修行业管理部门根据实际情况确定。

(3)材料管理费——凡未分摊入工时单价中的材料消耗,均应按当地交通主管部门及物价管理部门所规定的管理费率($x = 10\% \sim 20\%$)收取相应的材料管理费(其中包括有材料采购费、运杂费、仓储费、损耗费、税金等),其计算公式为：

$$材料费 = 材料实际购进价 \times (1 + x\%)$$

❸ 代垫厂外加工费收入

代垫的厂外加工费,是指在汽车维修过程中,在规定维修作业项目外应客户委托而需要汽车维修企业再委托厂外加工的作业,由此预先垫付的费用。汽车维修企业在收费时可向客户收取不含税的其他营业收入,且在收费时允许加收4%的管理费。其计算公式为：

$$代垫厂外加工费 = 代垫厂外加工实际代垫支出金额 \frac{1+4\%}{1-税率}$$

须注意的是,上述的代垫厂外加工费是指汽车维修等级所规定的作业范围之外、由客户委托汽车维修企业再委托厂外加工的作业。但倘若是属于汽车维修等级所规定作业项目内的作业,即使汽车维修企业将其再委托厂外加工,也不得按厂外加工费重复收费。例如,发动机大修,倘若汽车维修企业向用户是按发动机大修定额收费标准进行收费的,由于定额费用中已包含有镗磨气缸及修磨曲轴等费用,即使汽车维修企业由于无镗磨设备等原因而将这些作业委托外单位加工,其外加工费应该由汽车维修企业支付而不应该再由客户重复支付。

二 汽车维修企业的副营业收入（销售款收入）

在以汽车维修为主业的企业里，副营业收入是指除汽车维修主营业收入以外的其他营业收入，包括汽车销售、配件销售的营业收入，对外提供劳务、出租固定资产、出售废旧物资等的营业收入等。它通常以"其他业务收入"的名义据实记载，单独核算。

对于汽车维修企业而言，如何扩大销售收入，并防止销售款收入流失，是汽车维修企业财务管理的工作重点。扩大汽车维修企业销售款收入的途径有如下几点。

(1)掌握市场信息，了解最新市场状况，并通过走访调查等与用户取得广泛联系。
(2)制定符合于现时市场需求的营销政策（如优惠率、加价率等），以广泛地吸引用户。
(3)加强企业内部管理，包括明确企业内部管理规程，落实各项岗位责任制及经济责任制，提高员工服务意识，调动职工积极性等。
(4)制定适当考核与奖罚政策，并实施工资与其业务挂钩考核。
(5)不断采用先进设施，跟踪现代汽车维修新技术；不断提高员工素质，提高市场服务能力等。
(6)搞好和配套厂关系，从而获得最优惠政策。

要管好汽车维修企业的营业款收入，首先就要搞好企业销售款收入的管理和控制、预测和核算，以弄清楚汽车维修企业的各项营业款收入，防止资产流失。

(1)要做好日常销售款收入的结算和管理，包括设立专人负责日常销售款收入的结算和监督，通过每日单据的复核确保销售款收入的完整，确保日常结算的日清月结和单据的分类保存，处理好索赔和保险事务。
(2)要做好销售款收入的折扣管理。为此，需要建立有效的内部防范机制，制定本企业折扣管理办法，明确折扣的权限、人员和范围等。
(3)要做好应收账款的收账，以制定有效办法，减少坏账产生。

三 汽车维修的费用结算

1 汽车维修企业营业收入的确认

只有在企业完成商品销售或者劳务提供，并收取价款（或收取价款凭据）后，才能确认为是企业的营业款收入。

(1)物质已经转移，劳务已经提供。
(2)价款或者收款凭据已经收讫。汽车维修企业的营业收入应当采用交款后才能提车的方式，避免赊账。

2 汽车营业价款的折扣与折让

在市场经济的公平买卖中，讨价还价会经常发生，于是无论是维修价款还是销售价款都有可能会发生折扣或折让。例如，企业为了鼓励客户在信用期限内及时付款以减少利率损失，或者因为是老客户、老主顾而适当减少其支出，或者因为所销售或维修的车辆尚还存在着某些问题，从而根据客户诉求而作出适当的费用折扣或价格折让。上述的折扣或折让，费用折扣率通常取决于信用期限内该营业额的银行利率(按营业总额百分率计算);而价格折让额确定通常取决于该营业额的净利润(按营业额净收入计算)。为此,无论是费用折扣还是价格折让都需要冲减当期的企业营业额收入。是否允许折扣或折让,以及所执行的折扣量或折让率,都应由前台服务人员根据企业生产经营主管所确定的允许范围与客户协商。

3 费用结算与收费凭证的监督管理

汽车维修企业在汽车维修竣工出厂时,必须按照《汽车维修合同》进行该车的费用结算。结算时应根据当地汽车维修行业管理部门和物价部门联合制定的《汽车维修工时定额》或《汽车维修收费标准》进行,不得随意额外加收和乱收(但可适当下浮)。加强汽车维修费用的结算管理不仅是汽车维修行业管理的需要,而且也是提高汽车维修企业经济效益的需要。

根据《汽车维修行业管理暂行办法》:汽车维修费用结算应统一使用由当地汽车维修行业管理部门统一印制的专用发票和专用结算凭证。结算时应根据汽车的维修类别,逐项列出收费作业项目及应收费用(包括计费工时数及工时单价、维修材料费及管理费、税费及总价款等),并且应附上各类维修单据(如维修工时清单)及领料清单(如维修配件及材料的领料清单),倘若更换有重要基础件及贵重总成的,则应单独列出并逐项收费。

第四节 汽车维修企业的成本与费用管理

汽车维修企业生产经营活动中以货币体现的各项消耗统称为费用。

由于各级汽车维修的实际作业内容差异较大,且费用收入大多只有在车辆售出或维修竣工后才能实现。因此,根据费用收入与为获得该项费用收入而需要提前付出某些费用相结合的原则,汽车维修企业生产经营管理活动中所发生的各项耗费通常分经营成本与期间费用两类(图6-4)。

图6-4 费用的构成

一、汽车维修企业的经营成本

所谓经营成本,是指企业在经营活动中为取得营业款收入而需要提前支付的费用(即经营本钱)。汽车维修企业开展汽车销售或维修服务,其经营费用或经营成本只有在收取销售价款或者维修价款后,才能按车辆归属转化为该车的销售成本或维修成本,从而计算其利润。由于销售价款或维修价款的收取期可能较长,因此经营成本可能要并不一定能够按期划分。

汽车维修企业的经营成本包括直接成本和间接成本。

1 汽车维修企业的直接成本

汽车维修企业的直接成本,是指汽车维修过程中直接消耗的材料费用和人工费用等。

(1)直接材料费用——是指在汽车维修过程中实际消耗的配件费、维修辅助材料费,以及燃料费、动力费、包装费、废品损失费等。

(2)直接人工费用——是指汽车维修过程中直接从事汽车维修的维修工人的工资、奖金、津贴和补贴、职工福利费(通常按直接生产人员工资的14%计提)等。

2 汽车维修企业的间接成本

汽车维修企业的间接成本,是指在汽车维修过程中间接发生的材料费用及人工费用,以及车间经费及企业管理费等。

(1)生产管理人员费用——如办公费、差旅费、工资、奖金、津贴及补贴、福利费、保险费、劳动保护费等。

(2)生产厂房及设施费用——如固定资产(厂房及设备)的租赁费、使用及维修费、折旧费与大修理费;库存物料消耗费及低值易耗品费;其他费用(如取暖费、水电费、运输费、停工损失费等);倘若企业内还有机修车间,则还应包括机修车间所消耗的各种费用。

汽车维修企业的间接成本,应在会计期末时根据各维修车辆所占的消耗比例分配至各维修车辆,由此计算各维修车辆的单车成本。

二 汽车维修企业的期间费用

所谓期间费用,是指难于认定其产品归属,不能计入产品成本,而只能与发生当期的收入相配合,直接计入发生当期的企业损益费用。

汽车维修企业的期间费用包括经营费用、管理费用和财务费用。小型汽车维修企业的经营费用与管理费用通常被合并为企业管理费用。

(1)经营费用——是指汽车维修企业在生产经营管理过程中所发生的费用。例如,配件采购费用及运输费用,车辆及配件销售的经营费用、储存费用和库房盘亏,保险费、展览费、广告费用以及经营人员的工资、福利费、业务费等。

(2)企业管理费——是指企业的行政管理部门为管理和组织企业的生产经营活动而发生的各项费用。例如,公司经费、办公费、差旅费、招待费、工会经费、教育费、劳动保险费、绿化排污费、税金、土地费、技术转让费、无形资产摊销、管理人员工资与福利费,以及其他管理费用等。为控制企业管理费用,汽车维修企业内部通常制定有《费用报销管理条例》。

(3)财务费用——是指在企业财务活动中所发生的各项费用,包括企业在生产经营期间所发生的利息损益、汇兑损益、金融机构手续费、坏账损失费以及企业为筹集资金所发生的其他费用等。

三 汽车维修企业的成本管理与经济核算

汽车维修企业的成本管理与费用管理是企业财务管理中的核心内容。

1 汽车维修企业的成本管理

控制汽车维修企业维修成本、进行成本管理的目的在于如下几点。

(1)在销售价格与维修价格不变的情况下,降低企业的生产经营管理成本,不仅可以减少物化劳动和活劳动消耗(减少人力和物力消耗),从而增加企业利润,而且可以减少企业资金占用,提高企业经济效益,从而增强企业竞争能力。

(2)控制生产经营管理成本,可以分析企业费用消耗的结构和水平,从而找出差距,不断改进企业管理。

汽车维修企业成本管理的内容包括：成本预测与成本计划、成本控制与成本核算、成本检查与分析等。其中，汽车维修企业成本控制的基本程序如下。

(1)根据企业成本预测与企业成本计划制定企业经营成本的控制标准，并进行相应的成本控制与成本核算。

(2)根据企业成本的原因分析，检查与分析实际成本差异的主要原因。

(3)根据成本差异及成本信息，及时进行偏差纠正。为此，应建立相应的原始凭证和核算制度，确定企业成本控制的时间和程序等。

汽车维修企业在成本管理中应重点抓好以下各项。

(1)加强企业成本管理的思想教育和组织领导；落实成本管理责任制，明确各职能人员岗位责任。

(2)加强各项技术经济定额管理，并严格考核各职能部门技术经济定额的执行情况。所谓技术经济定额是汽车维修企业在一定的生产条件下，进行生产经营管理活动所应遵守或达到的限额，也是汽车维修企业实行经济核算，分析经济效益和考核经营管理水平的依据。汽车维修企业的技术经济定额指标。

①各类车型及各级汽车维修作业的劳动工时定额。

②各类车型及各级汽车维修作业的物资消耗定额。

③各类车型及各级汽车维修作业的费用定额。当然，在制定技术经济定额时，应考虑企业的实际环境与实际条件、所维修车型及人员素质等，并参照汽车维修行业的平均先进水平。

(3)合理编制企业成本的目标与计划，严格控制和监督成本与费用的执行情况。明确成本与费用的责任单位，实施各类成本与费用的分级归口管理（如管理科室负责其管理费用，配件部门负责其仓储费用，财务部门负责其财务费用等）；严格控制各类费用定额的开支范围（不得超范围超额支出）。其中，要严格控制汽车销售成本与汽车维修成本，关键是要做好存货控制和采购控制，防止销售或采购的不正之风等。

成本和费用的计提一般应按其实际消耗数量和账面单价进行计算。例如，汽车维修企业在生产经营活动中所发生的各项费用，应按其受益期内的实际发生数直接计入或分摊计入。既不得将不属于成本开支范围的费用列为成本，也不得将应该列为成本的费用由其他费用开支；不得将由本期负担的费用计入它期成本，且不得以计划成本、定额成本或估计成本代替实际成本。例如，下列各项支出不得列入生产成本：固定资产的购置或建造费用；无形资产的购入费用；归还固定资产投资借款的本金和在固定资产投入使用前发生的借款利息和外币折合差额；职工福利基金中的开支费用；企业对外投资以及分配给投资者的利润；与生产经营业务无关的其他支出（如被没收财物，支付的各种滞纳金、罚金，企业赞助费和捐助费等）。

(4)对于企业的新老产品，不仅要规划一定时期的成本目标，还要遵照技术与经济相结合的原则，定期开展企业的技术经济活动分析。抓好成本与费用的对比分析，例如分析各种费用的支付情况，并查找各项成本与费用的产生原因及相应控制措施等。

(5)加强企业内部成本核算的基础工作。例如，做好生产过程中的各种原始记录（如材料消耗记录、工时记录等),做好计量、验收和物资发放工作,并开展企业内部单车核算、车间核算或班组核算。

2 加强汽车维修企业的内部经济核算

所谓企业内部经济核算,是利用会计核算,用价值的形式,对企业中活化劳动和活劳动耗费进行统计、监督和比较,从而对企业的生产经营管理成果进行考核和分析。

实行企业内部经济核算是实施现代企业管理、提高企业经济效益的重要原则。为此,企业经济核算也要与全面质量管理一样实行全面经济核算,从而对企业内部的全部生产经营管理活动,进行全面的、全员的、全过程的核算。

(1)劳动耗费的核算,它是将劳动耗费(如活劳动耗费与物化劳动耗费,即企业的生产费用或生产成本)与劳动成果(产值和利润)的比较。

(2)劳动占用的核算,它是将劳动占用(如活劳动占用与物化劳动占用,即企业投入资产及资金)与劳动成果(产值和利润)的比较。

在企业内部经济核算中,为了彻底打破"大锅饭",必须做好按维修车辆为户头的"单车核算"与按维修班组为户头的"班组核算"。前者是按维修车辆为户头,进行每台维修车辆的收费、耗费与利润的核算;后者是按维修班组为户头,进行每个维修班组的收费、耗费与利润的核算。

为了加强企业内部的全面经济核算,就要准确地反映企业生产成本和正确地核算企业经济效益,必须做好企业成本管理的基础工作。

(1)加强计划管理。
(2)实行定额管理。
(3)加强计量验收。
(4)建立资产和物资盘存制度。
(5)健全工料消耗考核记录等。

企业财务在考核企业经济效益时的一般原则如下所示。

(1)必须按照国家会计制度进行核算,正确地确定企业的期间收益和成本费用,且不得随意更改会计处理方法。

(2)严格区分收益性支出和资本性支出。如实地反映财务状况和经营成果。

(3)所用的会计记录和会计报表必须清晰、简明、易懂;所提供的会计信息必须真实、全面、准确和及时,并重点列报影响企业经营决策的重要经济业务往来。

第五节　汽车维修企业的利润和分配

汽车维修企业的利润是企业在一定经营期内,通过汽车维修服务、汽车与配件营销等所取得的财务成果,它综合地反映了汽车维修企业各项技术经济指标的完成情况以及企业生产经营管理的经济效益。所谓企业利润,是企业各项业务收入在扣除各项生产成本和税金以后的差额。它通常采用结账算出:

$$产品税后利润 = 产品价值 - 产品成本 - 税金$$

由上式可知,企业的利润,不仅要依靠汽车维修企业业务收入量的增长(即开源和创收),也要依靠汽车维修企业业务支出量的节约(即节流和降耗),不断降低生产成本。企业利润的增长与企业营业收入的增长成正比,而与企业的生产成本上升成反比。

一 企业利润的计算

汽车维修企业的利润计算公式为:
$$利润总额=(营业利润+投资净收益+营业外收支净额)-营业外支出$$
企业向国家交税是每个企业在经营活动中必须完成的义务。营业利润可分税前及税后两种,税前营业利润一般称为毛利润,而税后营业利润一般称为净利润。

1 税后营业利润

企业经营的税后利润,是指汽车维修企业在完成交税以后的营业利润。它由汽车维修业务及其他业务所取得的税后总利润,扣除汽车维修的企业经营费用以后的利润。即:
$$企业经营的税后利润=(汽车维修业务税后利润+其他业务税后利润)-经营费用$$
$$汽车维修业务的税后利润=汽车维修收入-(汽车维修成本+汽车维修营业税及附加费)$$
$$其他业务税后利润=其他业务收入-(其他业务成本+营业税及附加费)$$

2 投资净收益

投资净收益,是指汽车维修企业的投资收益扣除投资损失后的净值(税后数额)。
$$投资净收益=企业投资收益-投资损失$$
其中,企业投资收益包括企业在对外投资(入股或债券)中所分得的利润或利息、投资到期收回或者中途转让后所取得的净增值等。投资损失包括企业对外投资(入股或债券)在到期收回或者中途转让时出现的损失,以及按照股权投资比例所应分担的亏损额。

3 营业外收支净额

营业外收支净额是指与企业的主经营业务无直接关联的额外收入(即营业外收入减去营业外支出后的余额)。例如,固定资产的盘盈或出售的净收入、罚款收入、教育附加费返还等。营业外支出是指与企业的主营业务无直接关联的额外支出,例如,固定资产盘亏和报损、非正常原因的停工损失费、救急和捐赠、赔款与违约金等。

二 企业利润的分配

1 分配原则

汽车维修企业在一定经营期内所获得的利润,在分配时要正确处理国家、集体、个人三者间的利益关系。

(1)按照现行税法规定,按企业所得利润额与所得税率(企业利润的33%),向国家缴纳所得税。

(2)在交纳所得税后的税后利润中,按照下列次序及原则实行利润分配。

①支付被没收财产损失,支付滞纳金和罚款。

②弥补企业以前亏损。

③提取法定公积金和法定公益金。
④向投资者分配利润。

2 税后利润的分配及注意事项

在财务报告中应分项列示其利润构成和利润分配项目,并按税后利润在减弥补亏损并扣除有关费用后的余额,计提10%的法定盈余公积金,10%任意盈余公积金,5%~10%的法定盈余公益金。该三项资金的使用权在总经理。

在计算税后利润分配时应注意的问题如下。

(1)若企业以前年度亏损未弥补完的,不得提取盈余公积金和盈余公益金。

(2)提取的盈余公积金用于弥补公司亏损、扩大生产,或转为公司资本转增资本金。但转增资本金后,企业的法定盈余公积金一般不得低于注册资本的15%。提取的盈余公积金可以用于职工集体福利设施。

(3)提取法定盈余公积金及任意盈余公积金后,所剩利润再按股权比例分配;当所提取的法定盈余公积金已达到注册资本50%时不再提取;当公司法定盈余公积金不足以弥补上年度亏损时,在提取法定盈余公积金及盈余公益金之前应先用当年利润弥补亏损,不得向投资者分配利润。

(4)企业以前未分配利润可以并入本年度的利润分配。

(5)企业在向投资者分配利润前,经董事会决定,可以提取任意盈余公积金。但若企业当年无利润时不得向投资者分配利润。

3 影响财务收益分配的因素

(1)法律因素——为了保护债权人权益,我国法律对财务收益的分配做了如下规定。
①资本保全,即不得用资本发放股利。
②企业积累。规定企业必须提取法定盈余公积金用以企业积累。
③净利润。企业只有净利润时才能进行收益分配,并且必须先弥补亏损。

(2)股东因素——有些股东希望有稳定收益,而另一些股东希望能避税,但大多数股东为了获得较大收益而希望发放更多股份,其结果却影响了控制权。

(3)企业因素——就企业经营需要而言:盈余的稳定性越高,则企业分配政策也就越稳定;资产的成本越低或债务越少,则收益分配的可能性及分配比例可能越大。

4 汽车维修企业的收益分配政策

汽车维修企业的收益分配政策主要有以下几种。

(1)剩余股利的分配政策——预先确定企业的资本结构,在先满足资本结构需要的前提下倘若还有剩余,再进行收益分配。这是一种能满足企业发展需要的收益分配政策。

(2)固定或持续增长的分配政策——将盈余按照一定比例或一定增长比例发放股利。这种分配政策有利于稳定人心并获得市场认可,但需要与收益脱钩;否则,多盈多分可能会造成企业不稳定。

(3)低于正常股利加额外股利的分配政策——每年保持一个较低的正常股利,当盈余额较高时再额外加发部分股利。这种政策具有较大的灵活性,有利于吸收股东投资。

第六节　汽车维修企业的财务报告

目前,我国会计的记账方式通常都采用"复式记账法"。它是在记账时对每项经济业务往来都需要同时在左侧借方(或增加)和右侧贷方(或减少)的多个会计科目中进行登记,以便全面而有联系地反映资金的占用与资金来源的增减变动。复式记账法是根据资金占用和资金来源相平衡的原理建立的,有借必有贷,有贷必有借,资金占用与资金来源的总额相等。因此,在资金占用科目中,借方反映金额增加,贷方反映金额减少;而在资金来源科目中,借方反映金额减少,贷方反映金额增加。

一、企业财务报告的作用与分类

汽车维修企业的财务报告是反映企业财务状况和经营成果的书面报告,它是把经过完整登记的、核对无误的账簿记录以及其他有关资料集中起来归类整理,使之更集中、更概括、更有条理地反映出企业的经营状况和经营成果。

1　汽车维修企业财务报告的作用

企业通过编制财务报表来报告企业财务状况的作用如下。

(1)帮助企业管理者通过财务报表了解本企业的资产负债情况及企业的经营成果和经济效益,并分析和考核企业财务的成本计划和费用预算,从中发现问题和采取措施,改进企业经营管理,提高企业经济效益。

(2)帮助企业投资者和债权人通过企业财务报表了解企业的经营状况和经济效果,并预测趋势,制定正确的投资决策和信贷决策。

(3)有利于财政、税务、行政等部门,通过财务报表了解企业的财政信贷情况、税金上缴和利润分配情况以及财经纪律执行情况,从而对企业实施有效的管理和监督。

(4)有利于国家经济综合管理部门,通过企业财务报表测算综合国力,制定国民经济发展规划,调整和完善市场经济体制。

2　汽车维修企业的财务报告的要求

(1)及时而客观地编制财务报告,定期按时向企业管理者提供《资产负债表》《损益表》《财务状况变动表》、企业内部经营管理所需的《内部财务管理报表》及有关附表和财务状况说明书等。

(2)登记完整、核对无误的会计账簿和其他有关会计资料是编制财务报告的主要依据。编制时不仅要在会计计量和填表方法上应该保持前后一致,不可随意变动,而且要求数据真实、计算准确、内容完整、报送及时。对其中的重大问题应单项说明,从而使阅读者不产生误解和偏见,能准确有效地满足企业管理的决策需要。

(3)严格按项目属性、选用会计科目填报会计报表,并准确完整地反映各项目性质和补充资料。

3 汽车维修企业财务报告的分类

企业财务报告的主要种类如下。

（1）列举期末企业资产和资产权益的归属及其资金来源的《资产负债表》。

（2）概述企业在本年度获利绩效的《损益表》。

（3）概述本年度企业的《财务状况变动表》。

除此以外，还有《现金流量表》《利润分配表》《主要业务收支明细表》和《财务情况说明书》等。

根据财务报告的目的不同，财务报告可分为"外部报告"和"内部报告"两类。

（1）外部财务报告。其目的是为了让企业债权人或所有者更好地参与本企业管理。为此，不仅要求格式正规、简明扼要（只有结果而无分析），而且要求按公认的会计原则编制和编制后经公正的会计师事务所查核，以使外部财务报告具有公正性。

（2）内部财务报告。其目的仅是为了让企业管理者能够更好地掌握和分析企业的经营环境和财务状况，因此其格式不仅要方便于企业管理者的阅读和使用，而且还要有详尽的分析与说明等。

企业内部财务报告除与企业外部财务报告相对应的《资产负债表》《损益表》《现金流量表》外，还有企业内部专用的《内部财务控制报表》。

二 财务报告的编制

1 《资产负债表》

《资产负债表》是用以概括反映企业在某会计期末、在该会计期内的财务状况（即提供资产存量和权益存量）的静态报表，故也称《财务状况报表》。根据现行财务制度规定，《资产负债表》通常采用复式账户结构（表6-1）。在左栏的企业资产栏目中，说明企业资产的项目组成（包括流动资产、长期投资、固定资产、无形资产及递延资产、其他资产六类）；在右栏的负债和所有者权益栏目中，说明企业在资产运作过程中，企业资产是如何取得、如何运作和如何变动的，包括流动负债、长期负债、所有者权益三类。这种分类方式和排列形式不仅能使项目关系十分清晰，而且还便于提供企业财务状况的重要信息。

《资产负债表》不仅汇总了企业的营业收入、经营费用和期末营业利润，而且还反映了企业期末的资产、负债和所有者权益的平衡状况。其基本会计式是：

$$资产 = 负债 + 所有者权益$$

由此可知，增加营业收入可以直接增加资产或减少负债；成本费用的增加会减少资产或增加负债。它与《损益表》的关系是：当销售收入增加时资产增加而负债减少；若成本费用提高时则资产减少而负债增加。

《资产负债表》中同时设置的年初数栏和期末数两栏，用以分别反映本企业两个财务年度的财务状况，从而可通过比较、找出其变动的原因和趋势。倘若将表内的流动资产合计减去流动负债合计后的净值，可以说明企业的财力状况；将净利减去现金股利后的余值称为保留盈余，它是企业生产经营管理活动所增值的资金，与外来股东资本和负债都不同。

某汽车维修厂的资产负债表（外部财务报告）

表 6-1

××××年××月　　　　　　　　　　　　　　　　　　　　　　　　　　　单位：元

资产	行次	年初数	期末数	负债及所有者权益	行次	年初数	期末数
一、流动资产				一、流动负债			
货币资金	1	150600	378900	短期借款	46	300000	650000
短期投资	2			应付票据	47	320000	200000
应收票据	3	120000	148000	应付账款	48	42000	40000
应收账款	4	10000		其他应付款	50		
其他应收款	8	25000		应付工资	51		
存货	9	670000	819475	应付福利费	52	8000	21000
待摊费用	10	2400	5600	未交税金	53	2400	59031
待处理流动资产净损失	11			未付利润	54	1100000	100000
流动资产合计	20	955500	1351975	预提费用	56	15000	21000
二、长期投资				流动负债合计	65	797400	1091033
长期投资	21	150000	120000	二、长期负债			
三、固定资产				长期借款	66		
固定定期资产原值	24	2300000	2000000	应付债券	67		
减：累计折旧	25	600000	562000	长期负债合计			
固定资产净值	26	1700000	1438000				
待处理固定资产净损失	29			三、所有者权益			
固定资产合计	35	1700000	1438000	实收资本	78	1800000	1600000
四、无形资产及递延资产				资本公积	79	65600	12000
无形资产	36	25000	9000	盈余公积	80	62500	111900
递延资产	37	10000	3000	未分配利润	81	115000	107044
无形资产及递延资产合计	40	35000	12000	所有者权益合计	85	2043100	1830944
资产总计	45	2840500	2921975	负债及所有者权益合计	90	2840500	2921975

专门为企业管理者编制的内部《资产负债表》如图 6-5 所示，它与外部《资产负债表》的差别是：它对其中的项目和程序都进行了为方便于企业管理者阅读和分析的导向性安排。它在表中首先列出公司的营业资产，随后减去营业负债，得到净营业资产。以此说明企业为了开展正常的生产经营活动，必须先要拥有资产，这就需要企业筹措资本，结果使企业出现了债务。为了界定债务的款项，在新式的《资产负债表》中，企业负债包括了所有的附息负债，而不包括无息营业性负债。因为从财务管理的角度看，不同形态的负债需要采取不同的对策。例如，大多数营业性负债是不需要支付利息的，因此可以利用其作为短期性投资以赚取利息；但倘若是企业借款或所有者入股资金等在超过了原定信用期而未付清应付账款的，都是要支付罚款和利息的。为此，企业管理者必须清楚知道企业营运中所必需的资产与负债，以及企业的营销规模和企业必须筹集的资金总额等。

营运资产	期末今年	期末去年	
现金	¥2053304	¥2503440	← 现金通常在一或多个支票存款户里(国内多半还包括活期存款户)售店的柜台里。约当现金的观念,则是把高变现性、短期持有的有价证券也包括在现金余额里
应收账款	4630032	3858800	← 三种基本的短期营运资产,其周转率一般为1~3个月,某些企业甚至5~6个月
存货	7824752	662104	
预付费用	937408	742680	
土地、厂房、设备的原始成本	15891600	12776400	← 这些长期营运资产的耐用年限自3~5年,至建筑物的30年以上都有。其原始购入成本(土地例外)依所估计的耐用年限摊提折旧
减:累积折旧	(3617120)	(2714784)	← 这是自购买日开始,资产原始成本已提列折旧费用的累积余额
营运资产总计	¥27719976	¥23787440	
营运负债			
应付账款	¥2407616	¥2146400	← 这些是自二种营运来源产生的无息短期负债:(1)以信用交易方式购买存货;(2)先入账后付款的费用用销。简言之,这些是未付的账单
存货	703056	497728	
营运费用			
应付账款总计	¥3110672	¥2644128	
应计费用			← 这些非来自采购的费用都已登录,其目的在将当期所有的费用与销售收入比较,好评估当期的利润绩效。主要的例如应计员工假期、生病给付和年末尚未支付的福利津贴等
营运费用	1406112	1103200	
利息费用	102200	82848	
总应计费用	¥1508312	¥1186048	
应付所得税	¥107052	¥93392	← 不一定指那些年末已缴的所得税。这是一个未付款项,通常在2~3个月内要支付
营运负债总计	¥4726135	¥3923568	
净营运资产	¥22993840	¥19863872	
资金来源			← 来自于借款的计息负债。短期即1年或1年内;长期可从2~20年,甚至更多。附注披露了长期票据或公司发行的债券的到期日
短期借款	¥3400000	¥3000000	
长期借款	4400000	3800000	
计息债务总计	¥7800000	¥6800000	
股本	5800000	5000000	← 股东权益来源二:(1)业主投资的资金,并获得配股;(2)未发放的股利,继续保留在该企业里
保留盈余	9393840	8063872	
股东权益总计	¥14473840	¥13063872	
负债和股东权益总计	¥22993840	¥19863872	

图6-5 某汽车维修厂的资产负债表(内部财务报告)

2 《损益表》

《损益表》是反映企业最近期间的经营情况和企业获利的状况表(表6-2),故也称为《利润表》。《损益表》的最终结果是本期净利,其计算公式是:

企业利润 = 营业收入(或销售收入) – 成本及费用

我国的《损益表》多采用上下加减的多表式报告结构,它是按利润总额的形成过程逐步计算得出利润总额的。其计算步骤如下。

(1) 计算汽车维修利润:

汽车维修利润 = 汽车维修收入 – 汽车维修成本 – 汽车维修经营费用 – 营业税金及附加

(2) 计算企业营业利润：
　　　企业营业利润 = 汽车维修利润 + 其他业务利润 − 管理费用 − 财务费用
(3) 计算企业利润总额：
　　　企业利润总额 = 营业利润 + 投资收益 + 营业外收入 − 营业外支出

某汽车维修厂损益表(外部财务报告)　　　　　　　表 6-2

编制单位：　　　　　　　　1994 年 3 月　　　　　　　　单位：元

项　目	行次	本月数	本年累计数
一、汽车维修收入	1	342000	4100000
减：汽车维修成本	2	220000	2670000
减：汽车维修经营费用	3	1350	25000
减：营业税及附加	4	34200	410000
二、汽车维修利润	7	86450	995000
加：其他业务利润	9	1400	10000
减：管理费用	10	18950	237000
减：财务费用	11	13240	160000
三、营业利润	14	55660	608000
加：投资收益	15	80000	85000
加：营业外收入	16	3000	45000
减：营业外支出	17	2000	38000
四、利润总额	20	64660	700000

在《损益表》的本月数与本年累计数两栏目中，本月数反映本月所发生的实际数；月末数是将各收支账户发生额填入损益表后，再按照利润计算公式进行计算所确定的利润总额。

企业内部《损益表》不仅要为企业管理者提供必需的各项基本费用数额及其解释，而且还要如实地反映企业销售收入、成本费用和企业利润，资产与负债，由此决定着企业的营运资产和营运负债，决定着企业的利润，因而内部《损益表》是企业管理者分析企业经营情况、做出财务决策的最重要财务报告。

企业内部《损益表》的分析过程如图 6-6 所示。将营业收入减去固定营业费用（即固定营业成本 + 固定折旧费用）和生产费用后，得到营业毛利（即税前利润）；将营业毛利减去利息和所得税后得到税后利润或净利润。其中，固定营业成本是指不随着营业收入变化的固定费用支出（如职工薪资、办公室租金、年度财产税，各种保险费和保证费，会计师签证费等）。固定折旧费用是指除土地外的长期或固定的营业资产在账面价值上采用年度平均法进行平均摊提的必须专款专用的费用。生产费用是指随营业额增大而变小的经营成本。需要摊销或摊提的还有存货损失（如处理存货，库存盘亏等）、坏账损失（成为死账或呆账的应收账款）。其中，存货损失应包括在销售成本里，而坏账损失应列入固定营运费用中。需要扣除的税费是指在目前税制中常用的企业固定所得税。利息则须在内部损益表中单独列出，并区分企业所有借款的短期和长期借款利息，以便分析借款的结构类型。营运负债是指为了获得利润所必需的负债。

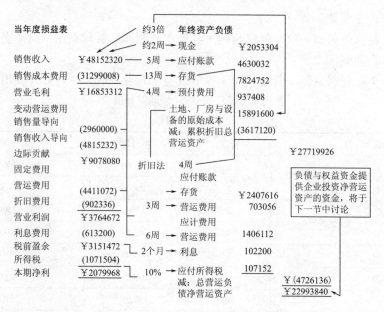

图6-6 某汽车维修厂损益表(内部财务报告)

3 《现金流量表》

《现金流量表》是用以反映当期现金的用途及动态的流量报表。尽管外部《现金流量表》(表6-3)与内部《现金流量表》(图6-7)两者的格式不同,但其最终结果都是现金的净增减差额。其计算公式是:

$$现金变动金额 = 收入现金 - 现金支出$$

现金流量表(外部财务报告)　　　　　　　　　　　　　　表6-3

××××年度

现金流量	数量	增减
营业活动产生的现金流量		
本期净利	2079968	
营运资产及负债的变动	-771232	
应收账款	-1203834	
存货	-194728	
预付费用	466544	
应付账款	322264	
应计费用	13760	
应付所得税	902336	-464904
折旧费用		1615064
营业活动的净现金流入		
投资活动的现金流量		-3115200
购买土地、厂房及设备		
投资活动产生的现金流量	400000	
短期借款增加	60000	
长期借款	80000	
现金入股	-750000	1050000
发放现金股利		-450136
本期现金净减少		

其中,现金收入包括营销收入、企业内部现金收入、借款和股东投资等其他来源现金;现金支出包括分派给所有者的现金股利、偿还债务、投资资本支出等。

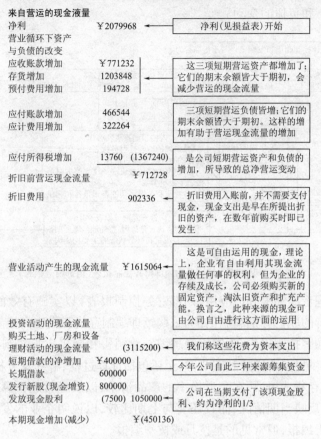

图 6-7 某汽车维修厂的现金流量表(内部财务报告)

现金流量与营运资产的变动方向相反,而与营运负债的变动方向相同,即营运资产增加或营运负债减少时其现金流量减少;营运资产减少或营运负债增加时其现金流量增加。但现金余额并非就是净利。为此,在财务分析时需要将应收账款、存货及预付费用的期初余额与期末余额进行比较,以分析现金流量对营运资产和营运负债的影响。

《现金流量表》可以指导企业管理者运用可动现金,帮助其投资和理财。需要注意的是,尽管折旧费用的加回计算将使可动现金流量似乎增多,但决不能挪用,因为这是准备用于固定资产更新或留作企业破产时营运现金的余额,或者偿还借款及/或股本等。为了预防舞弊,企业管理者应该特别对《现金流量表》中的应收账款、存货及应付账款保持警觉。

4 企业的《内部财务控制报表》

为了完成企业原定的计划目标,需要企业管理者通过一系列的财务决策和财务控制。为此,需要编制《内部财务控制报表》(图 6-8),以便使企业管理者掌握企业在生产经营管理过程中反馈的必要信息。例如,销售额、售价折让、产品成本、费用预算、现金流量等。除此之外,该报表还应有评价企业投资绩效及其成败原因的解释。当然,要编制《内部财务控制报表》,首先就要编制内部《损益表》,并分析企业利润的变化,列举明显影响企业利润的主要因素。在编制企业内部的《资产负债表》《现金流量表》时,还应密切注意资产和负债的变化情况(特别是营运资产和营运负债的比率变动)。一般而言,来自营运利润的现金流量应等于公司营运资产和负债的变动。

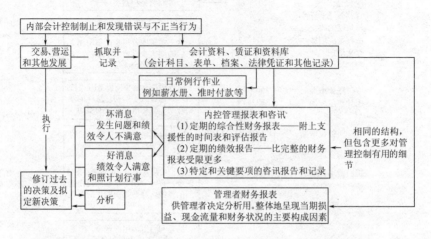

图 6-8 某汽车维修企业的内部财务控制报表(内部财务报告)

为使企业管理者能够很好地应用《内部财务控制报表》以实施有效的管理和控制,会计人员应根据管理者的职责分别编制(如为采购经理编制存货和供应商控制报告,为业务经理编制应收账款和顾客控制报告,为销售经理编制给销售和销售人员控制报告等),并附加摘要和附录等,以提供更多的详情和细节,甚至还包括计算过程、解释及分析;包括过期的应收账款清单、过久的存货清单、顾客高退换率的产品清单,以及经常超预算的费用开支等。除此以外,不仅应当反映当期情况,而且还要与上期比较,以说明企业的发展趋势。报告的编制间隔有的是每天编报,但常见的是按月或按季编报。

《内部财务控制报表》相当于企业内部的审计报告,属于企业内部机密会计文件。因为在此报告中可能会披露企业生产经营管理者的决策失误及其主客观原因,包括查核物品、审查账目,侦测企业内部可能存在的非法行为等。

第七节 汽车维修企业的财务分析

汽车维修企业的财务分析(即经济活动分析),就是用财务报表的数据和资料为依据,分析和揭示数据和资料内所包含的重要比例关系,借以评价企业的财务状况、经营效果,为企业的经营决策和经营管理提供依据。财务分析的基本步骤如下。

(1)提出课题、明确要求。

(2)收集资料、掌握情况。

(3)对比分析、揭露矛盾。

(4)分析原因、抓住关键。

(5)提出措施、改进工作、提高企业经济效益。

一 财务分析的目的和依据

1 财务分析的目的

（1）评价企业经营成果——通过财务分析，可以客观评价企业生产经营管理活动的最后效果（如收益、投资利润率、资金流量等），以考核其绩效，总结经验，发现薄弱环节，改善企业生产经营管理。

（2）衡量企业经济能力——通过财务分析，可以了解企业的资产量、企业外部债务情况及负债率，以运用现有的经济能力，抓住机遇，挖掘潜力，寻求企业发展新路。

（3）预测企业未来的发展趋势。通过财务分析，在了解企业财务状况和经营成果后，可以预测企业未来的财务状况和发展趋势，从而因势利导，作出正确的决策，引导企业良好发展。

通过财务分析，对于企业管理者来说，它要以企业财务报告所反映的财务指标作为依据，以全面客观地总结和评价企业的财务状况和经营业绩，并剖析问题和预测未来，从而为企业经营决策提供依据。对于企业投资者和债权人来说，则需要了解企业的财务状况和经营业绩、盈利能力和偿债能力，预测企业的投资发展前景和风险程度，从而为进一步投资决策提供依据。而对于行业管理部门来说，则是为了取得行业管理和宏观调控所需要的资料。

2 财务分析的主要依据

汽车维修企业进行财务分析的主要依据是企业的财务报告，包括会计报表的主表、附表、附注和财务情况说明书等。其中，会计报表的主表有《资产负债表》《利润表》《财务状况变动表》或《现金流量表》；会计报表的附表有《利润分配表》《主营业务收支明细表》等。会计报表的附注是对上述会计报表所做的解释，包括所采用的会计处理方法、对非经常项目及重要项目的说明等。财务情况说明书则是为了说明企业生产经营状况、利润的实现和分配情况、资金的增减和周转情况、税金缴纳情况、各项财产或物资的变动情况，以及在财务报告编报前后所发生的重大财务事项及其他说明事项等，从而为正确评价企业的财务状况和经营成果提供必要的书面资料。

除上述财务报告外，在财务分析时还需要提供财务会计相应的日常资料（如凭证、账簿等）、生产计划和生产技术资料、同行业其他企业所发布的财务报告及用以调查研究所收集的资料等。

二 财务分析的基本方法

财务分析的基本方法有差额比较法、结构比较法、比率分析法、趋势分析法和因素分析法等。

1 差额比较法

差额比较法是将经营年度的数量与基准年度的数量进行绝对数比较，计算其差额量和差额率（差额量除以基准年度量）。然后通过差额量与差额率的比较，分析其变化趋势，找出其变化规律。在采用比较法时，需要注意两比较指标的可比性，否则就要将不可比指标转变为可比较指标。

根据财务分析的目的和要求的不同,差额比较法常有以下三种。

(1)将实际指标与计划/定额指标比较,以了解指标的实际完成情况。

(2)将本期指标与上期指标或历史最高水平相比较,以确定不同时期的指标变动情况,了解企业的发展趋势和状态。

(3)将本单位指标与国内外先进指标相比较,以找出本单位与先进单位之间的差距,用以指导本单位改善经营管理。

2 比率分析法

比率分析法是通过计算某经济指标所占比率来分析经济活动的变动程度,例如计算流动资产与流动负债的比率、资产总额与负债总额的比率、利润总额与资产的比率、利润总额与所有者权益的比率等,从而分析企业的经济偿债通力。常用方法有以下三种。

(1)结构比率——即用该指标所占总项目的构成比率来反映各部分与总体的关系(如固定资产占总资产的比重,负债占总权益的比重等),以考察总体中各部分的构成比率是否合理。

(2)效率比率——用某项经济活动中的耗费与所得比例,以反映其投入与产出的关系,以比较其得失。如成本费用与销售收入的比率、成本费用与利润比率等。

(3)相关比率——用某项指标与企业经济活动之间的相关比率,以考察该项指标安排是否合理。如资产总额与负债总额的比率、流动资产与流动负债的比率等。

3 趋势分析法

趋势分析法是将财务报告中数期的相同指标或比率进行对比,以求出增减趋势和增减幅度,揭示变化趋势、变化原因和性质,预测在企业中未来的发展。它常用以下三种方法。

(1)将不同时期的重要指标纵向比较,以观察其发展趋势,预测其发展前景。

(2)将连续数期的会计报表金额并列横向比较,以观察其变动趋势。如对资产负债表、利润表及财务状况变动表等所做的比较。

(3)将会计报表中的指标构成比率进行比较,以判断财务活动的变化趋势。

4 因素分析法

因素分析法是分析某指标相关因素的影响程度。其中,最常用的是差额分析法,即通过某指标各构成因素中当其中一因素发生变化而其他因素不变时所引起的实际数与定额数的差额,以分析各相关因素的影响程度。例如,分析缩减流动资金的周转天数对减少流动资金需量的影响;缩短应收账款的收款周期对减少坏账损失的影响等。

三 财务分析的常用指标

汽车维修企业的财务分析,包括企业偿债能力、经营能力和盈利能力以及企业财务状况趋势分析和综合分析等。分析所需用的数据资料均取自于企业的《资产负债表》和《企业损益表》。在分析企业的财务状况和经营成果时,反映企业偿还能力、营运能力和获利能力的8个常用指标是:资产负债率、流动比率、速动比率、应收账款周转率、存货周转率、资本金利润率、收入利润率和成本费用利润率。

1 企业偿债能力分析

企业的偿债能力是表示企业能否准时偿付债务的变现能力。

(1) 短期偿债能力分析——短期偿债能力是指企业偿还短期流动资产负债的能力,在到期的短期流动负债中包括:短期借款、应付票据、应付账款、应付工资、应付利润、应缴税金、其他应付款、预提费用等。短期偿债能力不仅是企业债权人和投资者、材料供应单位等最关心的问题,也是企业流动负债的资产保障程度。决定企业短期偿债能力的基本要素是企业流动现金的数量和企业资产的变现速度,其指标有流动比率、速动比率及现金比率等。

①流动比率:流动比率是指企业流动资产(营运资金)与企业流动负债的比率。流动比率越大,其短期偿债能力也越强。但由于流动资产反映的是绝对数,当企业规模不同时期可比性较差。通常认为合理的流动比率应不低于2。

$$流动比率 = \frac{企业流动资产}{企业流动负债} \times 100\%$$

由于流动负债的数额和结构都会影响流动资产的需求程度,因此在分析流动比率时,应对不同性质的流动负债分别进行考察和分析。为此,在分析时应注意流动资产与流动负债的数额、结构组成及其周转情况。

②速动比率:由于还款来源主要是现金和应收账款,因此企业流动资产中能否立即变现偿付负债主要看速动资产,包括货币资金、短期投资、应收票据、应收账款、其他应收款等,但不包括流动资产、存货、预付账款和待摊费用等。

速动比率是企业速动资产(流动资产扣除存货后)与企业流动负债的比率。由于汽车维修企业中存货在流动资产中所占比例较大,变现速度有限,因此在不希望变卖企业存货来抵偿债务时,影响速动比率的最大因素是应收账款的变现能力。

$$速动比率 = \frac{企业速动资产}{企业流动负债} \times 100\%$$

在汽车维修行业中,用速动比率更能反映企业的短期偿债能力。由于经营中现金交易较多,应收账款相对较少,速动比率也相对较低。一般认为速动比率应不低于1。

可以增强企业变现能力的其他因素还有:可动用的银行贷款、准备变现的长期资产、企业信用等;而负债只会降低企业的变现能力。

③现金比率:现金比率是企业现金类资产与企业流动负债的比率。现金类资产包括货币资金和易变现的有价证券等,它等于速动资产扣除应收账款后的余额。

尽管在所有企业的存款账户中通常都保留有足够的现金,以保证职工工资的准时支付和维持少量的基本支出,但也应该避免存留过多,从而减少无利息资金积留和减少不必要花费,特别是防止现金失窃及公款侵吞等。

(2) 长期偿债能力分析——长期偿债能力是指企业偿还长期负债(如长期借款,应付长期债券等)的能力。企业的偿债资金应来源于企业经营的所得利润。

①资产负债比率:资产负债比率是企业负债总额对企业资产总额的比率,它既表明了企业资产总额中由债权人提供负债总额的所占比重及债权人拥有债权的安全程度,也表明了企业经营管理者利用债权人资金的利用程度和经营活动能力。

$$资产负债率 = \frac{企业负债总额}{企业资产总额} \times 100\%$$

资产负债率越小,表明企业的长期偿债能力越强,债权人的权益越易得到保障;资产负债比率越大,虽然说明企业管理者正在利用较多的负债用以扩大经营规模,以企图获得更多的投资利润,但倘若过大,则表明企业的债务较重而资金实力不足,债权人权益就会有风险。一旦当企业资产负债率超过100%时,说明企业已经资不抵债达到了破产清算的边缘,可能会濒临倒闭。

②所有者权益比率:所有者权益比率是所有者权益对企业资产总额的比率。一般来说,所有者权益比率加上负债比率应等于100%。其中,所有者权益比率越大,则企业财务风险就越少。

③产权比率:产权比率是负债总额对所有者权益的比率,用以反映企业投资者对债权人权益的保障程度。此比率越低,表明企业长期偿债的能力越强,债权人权益的保障程度越高,风险越少。

2 营运能力分析(资产管理比率)

企业营运能力分析(或资产管理效率)是通过企业生产经营资金的周转速度来反映企业资产的利用效率或管理效率的。周转速度越快,企业的资金利用率越高,说明企业经营管理者的经营管理水平越高和运用资金能力越强。营运能力分析包括流动资产周转情况分析、固定资产周转情况分析和总资产周转情况分析。

(1)流动资产周转情况分析——其指标有应收账款周转率和存货周转率。

①应收账款周转率。应收账款周转率是在一定时期内(如一年)赊销收入净额与平均应收账款余额的比率,用以反映应收账款的周转速度,也用以表明企业在一定时期内回收应收账款的能力。应收账款周转率可以用周转次数或周转天数(自产品自销售后至收回账款止所经历的天数)表示。

$$应收账款周转率 = \frac{赊销收入净额}{平均应收账款余额} \times 100\%$$

由于应收账款的变现速度也反映了企业的短期偿债能力,因此应收账款的变现速度越快(周转次数越多或周转天数越少),企业资金被外单位占用的时间越短,企业经营能力和管理效率越高。在已收和未收的应收账款与销售收入的比率中,未收应收账款在何时才能收取,取决于客户赊账的信用程度。

②存货周转率和存货周转天数。这是反映汽车维修企业存货流动速度的指标。其中,所谓存货周转率(或存货周转次数)是平均存货(期初与期末存货的平均数)除以销售成本的比率。存货周转率越快,存货流动性越强而占用水平越低,存货变现能力越强,企业经营效率也就越高。所谓存货营业周期,是指企业从取得存货起、到销售后取得现金至的存货周转天数或应收账款周转天数。存货营业周期越短,资产流动速度越快。

$$存货周转率 = \frac{汽车维修成本中的存货成本}{平均存货量} \times 100\%$$

由于存货(如汽车配件)不仅需要库存,而且在汽车维修企业的流动资产中所占比重较大。为了避免资金积压,在不影响日常业务的前提下应当尽可能减少库存。由此可知,上述指标既反映了汽车维修企业的销售能力,也反映了汽车维修企业流动资产中的存货运营效率(即库存情况和库存周转速度)。当然,在与同行业存货周转率相比较分析时,不仅要注意可比性,而且要将存货周转率与存货周转天数结合考虑。

(2)固定资产周转情况分析——固定资产周转率是企业年销售收入净额与企业固定资产平均净值的比率。它反映了企业固定资产的周转情况,用以说明企业中固定资产的利用效率。该比率越高,不仅说明固定资产的利用率越高,而且也说明企业的固定资产投资得当、结构合理,企业的经营管理能力较强。

(3)总资产周转情况分析——总资产周转率是企业销售收入净额与企业净资产总额的比率,用以反映总资产的周转情况,借以分析企业全部资产的使用效率。企业经营管理者应尽力加快总资产周转,以提高总资产利用率。

3 盈利能力分析

企业的盈利能力反映着企业的利润能力,用以表示企业生产经营管理者的经营业绩和管理效能。分析此能力时,应对企业正常经营数据进行分析,排除非正常项目对企业盈利能力的影响。反映企业盈利能力的常用指标有:销售收入利润率、成本费用利润率、资产总额利润率、资本金利润率及所有者权益利润率。

(1)销售收入利润率——收入利润率是指企业利润总额对企业销售收入净额的比率,用以表明企业所开展业务的获利能力和获利水平。收入利润率越高,企业获利越多。汽车维修企业的销售收入包括汽车销售收入及汽车配件的销售收入,也包括汽车维修业务收入。

$$销售收入利润率 = \frac{汽车维修销售利润}{汽车维修销售收入} \times 100\%$$

当然也可以用销售收入毛利率(销售收入毛利和销售收入的百分比)、销售收入净利率(销售净利润与销售收入的百分比)、资产净利率(销售净利润与平均总资产的百分比)等反映,分别反映每元销售收入的收益水平;反映每元销售收入所取得的净利润额;或者反映企业的投入产出能力或获利能力。

(2)成本费用利润率——成本费用利润率是指企业利润总额对企业成本费用总额的比率。该比率越高,表明企业耗费越少而取得的收益越高(即增收节支、增产节约)。

$$成本费用利润率 = \frac{营业利润总额}{成本费用总额} \times 100\%$$

(3)资产总额利润率——资产利润率是企业利润总额对企业资产总额的比率,用以反映企业总资产的综合利用率。其值越高,表明该企业经营管理水平越高,资产利用率越好,盈利能力越强。

$$资产总额利润率 = \frac{营业利润总额}{企业资产总额} \times 100\%$$

有时也用净资产收益率、净值报酬率或权益报酬率(营业净利润总额和平均净资产的百分比)来反映企业净资产的盈利水平。所谓平均净资产,是年初净资产与年末净资产的平均数。

$$净资产利润率 = \frac{营业净利润总额}{企业平均净资产} \times 100\%$$

(4) 资本金利润率——资本金利润率是企业利润总额(包括汽车维修利润、其他业务利润、投资收益和营业外收支净额等)对企业的投资资本金总额的比率,用以反映企业投资者所投入资本金的获利能力,也用于衡量企业负债的资金成本。

$$资本金利润率 = \frac{企业利润总额}{企业资本总额} \times 100\%$$

资本金利润率越高(高于同期银行利息),说明企业资本金的利用效果越好,此时适度地负债经营是有利的,否则就有可能会损害投资者的利益。

(5) 所有者权益利润率——所有者权益利润率是企业利润总额对平均所有者权益的比率,它是用以反映所有者投资收益水平的指标。所谓企业利润总额是指年末企业的全部资产减去全部负债后的余额;而所谓平均所有者权益是指所有者在当年对企业净资产所拥有的平均权益。此指标越高,表明所有者投资的收益越多,获利能力越强。

4 企业财务状况的趋势分析

财务状况的变化趋势分析是通过比较企业连续几期的财务指标、财务比率和财务报告,以了解财务状况的变动趋势(包括变动方向、数额和幅度等),从而预测企业财务活动的发展前景。

(1) 财务指标和财务比率的比较——选择和计算前后数年财务报告中主要的财务指标和财务比率并加以对比,以观察其金额或比率的变动数额和变动幅度,分析其变动趋势,并预测未来。

(2) 会计报表金额的比较——通过并列相同会计报表中的连续数额,比较其增减的额度和幅度,以分析企业财务状况和经营成果的变动趋势。

(3) 会计报表构成的比较——计算某指标中各构成指标所占比率,并比较和分析连续时期内指标构成的增减趋势以及对企业利润总额的影响程度。

5 企业财务状况的综合分析

要全面客观地评价企业的财务状况和经营成果,应采用适当的标准,通过编制综合分析表(表6-4)进行分析。其程序如下:

财务比率综合分析表　　　　　　　　　　　表6-4

指标	重要性系数	标准值	实际值	关系比率 (实际值/标准值)	综合指数 (重要性系数×关系比率)
流动比率	0.15	2.000	2.013	1.00	0.1510
速动比率	0.10	1.00	0.675	0.6750	0.675
负债比率	0.10	0.400	0.283	0.7075	0.0708
应收账款周转率	0.05	6.00次	4.80次	0.8000	0.0400
存货周转率	0.10	3.00次	3.00次	1.00	0.1020
总资产周转率	0.15	1.00次	0.93次	0.9300	0.1395
销售利润率	0.10	20.0%	21.0%	1.0500	0.1050
成本费用利润率	0.15	25.0%	27.3%	1.0920	0.1638
资本金利润率	0.10	35.0%	35.0%	1.00	0.1000
合计	1.00				0.9396

(1) 在反映企业偿债能力、营运能力和获利能力时,应选择能够说明和评价企业财务状况的最具代表性的重要比率指标。

(2) 根据企业经营状况和管理要求,确定所选择指标的相对重要系数(各项指标的重要性系数之和应等于1)。

(3) 确定各项比率指标的最佳标准值。

(4) 计算某期内各项比率指标的实际值。

(5) 计算各项指标实际值与标准值的比率。

(6) 求出各项比率指标的综合指数及其合计数。

所谓综合指数是关系比率和重要性系数的乘积,而综合指数的合计数是指综合评价企业财务状况的最后结果。倘若综合指数合计数越接近于1,说明企业财务状况越好。例如,在表中,各项比率指标综合指数的合计数为0.9396,说明该企业财务状况较好。其中,速动比率、负债比率、应收账款周转率和总资产周转率均小于1,说明企业在这些指标管理上还有问题。

采用指数法来综合评价企业的财务状况,关键在于能否准确确定其重要性系数和标准值。由于在确定重要性系数时主观性较大,因此通常根据实际经验和现时情况合理确定,才能获得较为正确的评价结果。

四 财务的预算与决算

财务预算属于事前的财务计划,是企业实现预定计划目标,控制费用计划支出最有效的办法,而财务决算则是最后的财务核算,以求取企业最后的经营效果。

1 扩大市场、增加销售

在市场经济条件下,为了适应企业内外部因素的变化(如原材料涨价,职工加薪,同类产品降价等),通常不能采用提高产品或服务售价的办法。成功的企业管理者要在既定价格下争取更多利润,通常只能通过增加销量(开源)和降低成本(节流)来增加企业利润,这就取决于企业经营管理者的创收和理财能力。倘若发现企业的产品销量正在减少,就应该立即进行"衰败管理",以查明原因并迅速采取措施,以尽可能地增加企业销售。为此,现代企业的管理者必须狠抓市场营销,以提高本企业产品和服务的市场占有率。

当然,销量的增长有时也会使应收账款相应增加,现金流量相应减少、存货也会因此增加。为此,还需要额外的融资支持。图6-9列举了某汽车维修企业的内部《损益表》,此表说明了其营业收入、经营成本与经营利润之间的关系:经营利润与销售收入同向增长,而与经营成本相反增长。

2 企业营业利润的估算方法

营业利润的计算方法有以下三种。

(1) 单位利润×单位销售量=企业总利润;企业营业总收入-总固定费用=营业利润。显然,这是一种先根据营业量后扣除固定费用从而计算营业利润的方法。

(2) 找出损益平衡点;然后比较实际销量超出平衡点销量的程度,则营业利润=超过损益平衡点的销量×单位利润。显然,这是一种先扣除固定费用计算损益平衡点数量,再计算企业利润的方法。其中,所谓企业的固定营业费用是指企业在生产经营管理活动中发生的、较为固定的经常费用,并通常显示于营业费用和折旧费用两会计科目中。其中,无弹性的固定营业费用有租金、保险费和年度不动产税等;稍有弹性的固定营业费用有当年的人事费用;有明显弹性的固定营业费用有加班费和水电费支出等。折旧费用则是企业固定资产原始成本的年度分摊费用。除此之外,还应当包括私人企业高阶主管的薪资,企业当年度的利息费用等。

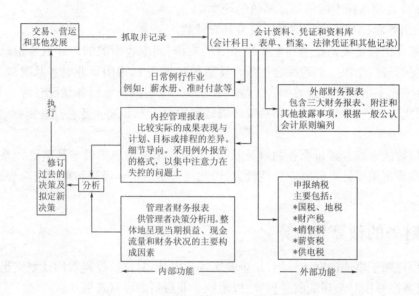

图 6-9 某汽车维修企业的内部损益表

所谓损益平衡点是指等于总固定费用的最少销售利润。其计算方法是:损益平衡数量等于固定费用除以单位利润额,其意义是销售数量能否超过损益平衡数量。企业管理者的任务就是要使实际销售量超过销售平衡点,因为倘若企业的销售只达到损益平衡点数量时,企业所得恰好为零。

(3) 将每个售出物都分为固定费用和利润两个部分,计算每个售出物的平均固定费用和平均利润;将每个售出物的平均利润乘以销售量,即可得到当年总利润。

3 财务预算与决算

企业的发展需要资金的支持,为此应该预算并筹集这些资金;通过预算,预测与评估其预期效果,为企业管理者提供决策。企业越大就越需要有财务预算。完整的财务预算应该包括有《资产负债预算表》《现金流量预算表》和当期的《损益预算表》。为此,需要企业管理者能为财务预算人员提供必要的预测和假设。

衡量企业生产经营管理者绩效的三大财务目标如下所示。

(1) 企业利润。

(2) 可用现金流量。

(3) 改善企业财务状况及提高企业偿债能力。为此,企业需要建立图 6-10 所示的财务会计系统,以依据会计资料及业务记录做好各种财务报表。

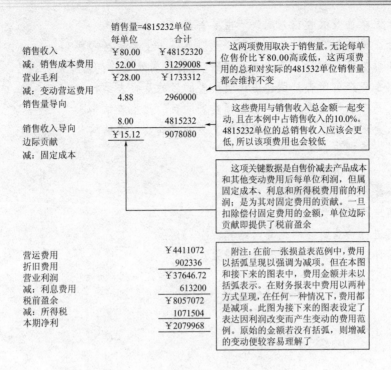

图 6-10　某汽车维修企业会计系统概况

复习思考题

1. 为什么企业的生产经营管理者应学会企业财务管理？
2. 企业财务管理的原则、职能及基本任务是什么？
3. 如何设置企业财务管理机构？
4. 试述企业的财务管理制度。
5. 试述企业财务人员的岗位职责。为什么建立会计与出纳的相互监督制度？
6. 什么是资本金？什么是资本金制度？如何筹集企业资本金？
7. 什么是资产？它包括哪些方面？
8. 什么是固定资产？如何管理固定资产？
9. 什么是流动资产？它包括哪些方面？
10. 现金管理应掌握哪些原则？如何管理应收款与存货？
11. 什么是负债？什么是流动负债？它包括哪些方面？
12. 什么是所有者权益？它包括哪些方面？
13. 怎样计算和确认汽车维修企业的营业收入、汽车维修收入、工时费与材料费？
14. 什么是汽车维修企业的经营成本？
15. 汽车维修企业的直接成本与间接成本包括哪些项目？
16. 什么是汽车维修企业的期间费用？它包括哪些项目？如何控制期间费用？
17. 如何加强汽车维修企业的成本管理与企业内部经济核算（单车核算与班组核算）？
18. 如何计算企业利润？税后利润的分配原则及注意事项有哪些？

19. 汽车维修企业的收益分配政策主要有哪种？
20. 为什么要编制企业财务报告？企业财务报告主要包括哪些？
21. 企业财务报告为什么不能有两本账，但要有内外之分？内外财务报告各有何要求？
22. 什么是资产负债表？试述资产负债表的目的及报表结构。
23. 什么是企业损益表？试述企业损益表的目的及报表结构。
24. 什么是现金流量表？试述现金流量表的目的及报表结构。
25. 为什么要进行财务分析？
26. 财务分析的依据与方法有哪些？
27. 财务分析的常用指标有哪些？
28. 如何进行财务状况的综合分析？
29. 如何进行企业财务的预算与结算？
30. 如何评估企业经营绩效与投资绩效？

第七章 人力资源管理

企业是由人员组成的,人是企业生产资料中最关键因素。现代工业企业之间竞争的实质是人才的竞争或人力资源的竞争,人力资源管理是现代工业企业管理中最重要的管理。

第一节 传统工业企业的劳动人事管理

传统企业的劳动人事管理包括人事管理(即干部管理或组织管理等)、劳动管理(即劳动力管理)和工资管理。由于劳动人事管理的涉及面宽,政策性强(涉及社会主义的劳动性质和劳动关系,涉及企业职工的切身利益),因而对现代工业企业的生存和发展都起着直接而重要的作用。倘若现代企业的劳动人事管理不力,往往无法维持其正常的生产经营管理。

一 传统的劳动管理

传统的劳动管理包括:劳动管理、劳动定额与定员编制、劳动工资管理等。

1 劳动的性质

在社会主义条件下,劳动最根本的社会性质是为了社会的共同利益以及自身利益的自主劳动。所谓劳动,是劳动者利用劳动资料改造劳动对象,从而通过产品或服务获得符合于人类需要和有用使用价值的过程。

在社会主义制度下,无论是企业还是劳动者,在其全部劳动和所创造全部价值中,都可分为"必要劳动"与"剩余劳动"。所谓必要劳动,是指用以满足劳动者本身及其家庭生活所必需的劳动;所谓剩余劳动,是指全部劳动减去必要劳动后的剩余部分。

社会主义劳动是一种"按劳取酬"的劳动,即多劳多得、少劳少得、不劳不得。现代劳动者的劳动体现了劳动者与生产资料的结合,则劳动的社会性质决定了劳动者在劳动中的特定社会关系。在社会主义初级阶段,不仅商品交换和货币工资仍然存在,而且当前的劳动大多还属于劳动者的谋生手段,其劳动的社会性还不完善。同样,具有法人资格的工业企业也与个体劳动者一样,尽管它可以占有、支配或使用着本企业范围内所有的生产资料,但它只是一个在生产或流通等经济领域中实行自主经营、自负盈亏、相对独立的实体经济单位,不仅其产品还必须通过市场的商品交换才能实现其社会价值和经济价值,从而使企业或劳动者的直接社会性具有很大的局限;而且由于各企业的所有制形式不同,各自或局部的物质利益也会有很大差别。因此,虽然社会主义制度已经从根本上否定了人对人的剥削和奴役,但并未否认剩余劳动的存在,这种剩余劳动将由国家主要用以改善民生。这包括:用于社会管理费用和社会福利费用,用于促使社会进步,满足劳动者的公共需要(如发展文化、教育、卫生事业等);用于国家或企业发展生产力,以扩大再生产;用于改善劳动者自身的物质和文化生活等。

将社会主义的全部劳动划分为必要劳动和剩余劳动,客观地反映了劳动者的整体利益、长远利益和当前利益三者之间的关系。因此,无论是传统工业企业的劳动人事管理,还是现代工业企业的人力资源管理,都应当正确处理好这三者之间的关系。

2 劳动管理

所谓劳动管理,就是社会、企业及其他经济组织对于劳动者及其劳动进行计划、组织、调节、监督、培训、考核和服务等一系列管理过程,包括定员编制、劳动组合、劳动定额、劳动工资及奖罚、职工培训与考核、劳动保护与保险等。

劳动管理是企业生产经营管理活动中的重要组成部分。

3 劳动生产率

所谓劳动生产率,是指劳动者的劳动效率,是单位劳动或单位劳动力所创造的价值。劳动生产率的指标常有全员劳动生产率(元/人)和生产工人的劳动生产率(元/人)两种。

$$全员劳动生产 = \frac{计算期内完成的总产值}{同期内全员职工平均数}$$

$$生产工人的劳动生产率 = \frac{计算期内完成的总产值}{同期内生产工人平均数}$$

提高企业经济效益的常用措施如下。

(1)在劳动生产效率不变的情况下,通过增加劳动量或者延长劳动时间(例如加班)来增加产品数量,从而为企业提供更多的产品。但这样做的结果不仅不能提高企业的劳动生产效率,反而与社会主义劳动所要求的逐步缩短劳动者的劳动时间并逐步减轻其劳动强度相违背。

(2)在完成同样多的单位产品时,尽力提高劳动生产效率,以减少单位产品的劳动消耗来降低劳动成本,并提高产品利润率。显然,这才是提高企业经济效益的根本办法。要提高企业经济效益,就要提高企业的劳动生产率,而要提高企业的劳动生产率,就要搞好企业的劳动管理。劳动力是企业生产力中的第一要素。

在现代企业的生产经营管理活动中,影响企业劳动生产率的因素很多,主要包括职工素质、生产装备、生产技术工艺、物资供应,以及企业生产经营管理水平等。其中,特别是要提高生产工人的劳动生产效率,应该节约单位产品或者单位服务所消耗的劳动时间;或者用同样的劳动时间,生产出更多的产品或者提供更多的服务。

汽车维修企业提高劳动生产率的主要途径如下。

(1)提高企业管理水平。要提高企业的经济效益,不仅需要开源(开发用户、增加商品),而且需要节流(降低成本和消耗)。由于汽车维修企业属于服务性工业企业,而汽车维修又是多环节、多工种的复杂集体劳动,因此要提高汽车维修企业的劳动生产效率,就要不断地提高企业管理水平,以利用现代企业的管理手段(如派工调度时实施工时定额并推行看板管理等),明确维修进度和维修竣工时间,合理组织劳动力。当前,要提高汽车维修企业的生产经营管理水平,其关键在于如何强化时间观念,如何实行以岗位责任制为基础的经济责任制度,从而推行以工时定额为中心的员工业绩激励与考核制度,鼓励员工在确保汽车维修质量前提下,努力提高维修效率、缩短维修时间,推动汽车维修企业迅速发展。

(2)提高企业职工的劳动素质。现代汽车维修企业的技术进步,全靠汽车维修人员的政治思想素质、文化素质与技术业务素质。为此,汽车维修企业应通过各种教育培训途径,加强企业员工的职业道德教育、科技文化教育和技术业务培训,开展岗位技能竞赛,调动企业职工的劳动积极性并提高其技术水平与操作熟练程度,在提高产品和服务最终质量的同时提高汽车维修企业的劳动生产效率。

(3)采用先进而实用的技术及装备。现代汽车维修技术离不开现代的先进技术与先进装备。因此,要提高汽车维修企业的劳动生产效率,加快汽车维修过程并减轻工人劳动强度和提高汽车维修质量,不仅要合理地布置汽车维修车间内的工艺流程和设备布局,配备精良的专用维修设备及检测诊断设备,而且还要强化汽车维修过程中的质量检验和故障诊断,提高汽车维修作业的现代化水平。

二、劳动定额

汽车维修企业的技术经济定额包括:劳动定额、材料消耗定额、费用定额等。其中,劳动定额是汽车维修企业中最重要的技术经济定额。

1 劳动定额的概念

所谓劳动定额,是在既定生产技术条件和技术操作水平下,为完成一定规格数量的合格产品量或额定工作量而必需消耗的劳动时间标准(工时劳动定额),或者在规定的单位作业时间内所完成的合格产品量或额定工作量标准(数量劳动定额)。

2 劳动定额的作用

劳动定额是科学企业管理的核心内容,也是现代企业管理中重要的基础工作,它在现代企业管理中起着十分重要的作用。

(1)劳动定额既是企业编制定员的基本依据,也是编制企业生产计划、成本计划与劳动计划的重要依据——这是因为,根据满负荷工作制原则,当企业生产任务或工作量已经确定的情况下,只要能确定每个劳动者每月所能完成的定额工作量,就能计算出企业本月所需要的劳动者数量,从而可以实施定岗定员;反之,在企业定员标准已经确定的情况下,只要能确定每个劳动者每月所能完成的定额工作量,也就能确定企业每月应当安排的生产任务量或工作量。

(2)劳动定额既是企业实施按劳配酬的"计时"或"计件"劳动工资分配制度——确定其劳动报酬与奖励的主要依据,也是企业落实经济责任制的基本手段。

(3)劳动定额也是企业开展劳动竞赛和经济核算的重要手段——由于合理的劳动定额具有"平均先进性",倘若以此开展劳动竞赛并实施按劳配酬,就必然能刺激劳动者的劳动积极性,从而在确保质量的前提下努力控制劳动消耗(而不突破原有定额),既降低了企业的生产成本,又提高了企业的劳动生产效率,既促进了现代企业管理,也提高了企业经济效益和社会效益。

3　劳动定额的制定原则

制定企业的劳动定额时,一定要以"平均先进"指标为基准。所谓平均先进指标,是指在企业现有生产条件和技术操作水平下,按照某项作业所必需的平均先进的劳动消耗量来制定定额。该定额能保证从事该工作的大部分劳动者都能达到(从而保护了大多数人的利益,确保了劳动定额的顺利实施),个别劳动者还可能优于(有利于奖励少数优胜者),但也有个别劳动者可能完不成(以鞭策少数落后者)。显然,这个平均先进指标也会随着企业生产劳动组织的不断改善、生产条件和技术操作水平的不断提高而不断落后的,因此还要在实施劳动定额的过程中,既要保持相对稳定,不宜朝令夕改;也要根据具体实施情况,定期地修订和完善。一般来说,普通劳动者的实际工时与定额工时的比值应该为 0.95~1.05。倘若实际工时远低于定额工时,则可能存在着偷工减料现象,或者原订的定额工时已经严重落后而必须进行修订;倘若实际工时远高于定额工时,则可能存在着劳动效率太低,或者存在着消极怠工现象,也需要根据实际情况予以及时调整。

制定劳动定额的基本原则如下。

(1)客观现实性和发展性。各种劳动定额既要符合于汽车维修企业当前的生产经营管理水平、维修人员的技术操作水平,以及汽车维修机具设备的配置水平等;也要具有超前意识,考虑到近期内新技术、新工艺、新结构、新材料等的可能应用而留有充分余地。

(2)合理性和特殊性。各种劳动定额不仅要体现汽车维修企业的平均先进水平,而且还要求在不同车型之间或不同工种之间,特别是在不同作业条件或特殊作业条件下保持相对平衡,既要体现不同的劳动定额,也要避免相互差别悬殊,忙闲不均、宽严不等。为此,在制定劳动定额时,要广泛征求生产经营管理者和实际维修人员的意见,集思广益。

4　劳动定额的制定方法

汽车维修企业中常用工时作为劳动定额,所谓工时即为工人数与工作时间数的乘积。

汽车维修企业的工时定额,既是汽车维修企业向车主客户收费的基本依据,也是汽车维修企业内部进行成本核算和业绩考核的基本依据。汽车维修工时定额的制定是汽车维修行业管理和维修企业生产经营管理的基础工作。其种类有:汽车大修工时定额、汽车总成大修工时定额、汽车各级维护作业工时定额、汽车小修工时定额等。汽车维修企业的劳动定额,通常要按车辆结构(如车辆类别和型号)、车辆维修类别、维修企业的生产技术条件和工人技术等级等情况,综合分别制定。其制定的基本方法如下所示。

(1)技术计算法或统计分析法——技术计算法是根据产品设计和工艺要求等技术资料,进行技术计算而获得的劳动定额。但由于其影响因素很多,计算也比较繁杂,因此只适用于制订企业中主要工种的技术经济定额。统计分析法则是根据以往生产过程中完成类似劳动或完成类似产品所消耗劳动时间的统计资料并综合各种影响因素而确定的平均先进定额。此法较为简单易行,但需要有可靠的统计资料。

(2)经验估计法或实际测定法——其中,经验估计法是根据定额管理人员的劳动经验,参考有关技术资料并综合考虑各种影响因素而确定的平均先进定额。此法虽然简单易行,但可靠性较差。实际测定法则是在标准的操作规程和劳动条件下,实地考察并测定为完成该项产品或工作所必需的平均先进定额。此法虽然准确程度较高,但由于完全取决于现场情况是否真的具有平均先进性(包括测试人员及操作人员的劳动态度及劳动过程),因此需要周密组织才能保证其可靠性。

(3)类推比较法——它利用其他企业在完成某类似产品或某类似工作时所需要的劳动定额,再结合本单位的具体情况适当予以修改而制定的定额。此法简单易行,但也会受到是否具有可比性的限制,可比性越差其定额的准确性越差。

三 定员编制

汽车维修企业劳动管理的基本任务,就是要在正常生产条件下执行满负荷工作制,以让每个职工都有充分的工作量,从而进行紧张而有序的劳动或工作。为此,汽车维修企业的劳动管理首先应该根据已经确定的工作量,编制企业的劳动定员。

劳动定员既是劳动管理的重要组成部分,也是企业管理中的一项基础工作。

1 汽车维修企业的定员编制

定员编制也是企业根据国家有关的劳动政策,结合企业实际的生产经营管理情况,本着精简机构、节约用人,实施满负荷工作制和提高劳动生产率的原则,合理地规定企业内部各类人员的数量和比例。

定员编制的作用如下。

(1)定员编制是企业进行劳动管理的基本依据。其目的就是要合理地规定企业内部各类人员的数量和比例,既要满足企业当前生产经营管理活动的实际需要,由此合理安排并节约使用现有劳动力;也要根据企业生产经营管理的发展需要,及时而合理地进行调剂或调配。

(2)定员编制是促进企业改善劳动组织、强化劳动纪律和实施岗位责任制度的基本依据。这是因为,只有科学合理地编制定员,才能改善企业的劳动组织,落实岗位责任制并加强劳动纪律。编制定员与落实岗位责任制是相辅相成的两个方面。倘若只有编制定员而无岗位责任制,则编制定员将难以坚持;倘若只有岗位责任制而无编制定员,则岗位任制也无法落实。

(3)定员编制是企业编制生产经营计划、财务计划和劳动计划的基本依据。企业要根据市场需要而发展生产,并不断降低生产成本和提高企业经济效益,就要精确地编制企业的生产经营计划、财务计划和劳动计划等。而编制上述各项计划的重要依据就是要编制企业的劳动定员计划。

(4)定员编制也是企业贯彻"各尽所能、按劳分配"原则和提高劳动生产率的重要手段。这是因为在一定的生产任务量前提下,只有通过编制定员,合理地组织劳动力并尽可能减少劳动消耗,才能提高企业劳动生产率,实现减员增效(提高职工收入)。

2 定员编制的方法

企业定员编制的常用方法如下。

(1)按劳动生产率定员——这是根据企业的工作总量/业务总量和每个生产工人的劳动

效率(每人每月所能完成的定额业务量)来定员。

(2)按设备定员——即根据拥有的设备数量和每个工人所能操作的设备量来定员。

(3)按工种比例定员——这是汽车维修企业中常用的定员方法,它先确定维修工人数,并在此基础上按比例确定其他的工种人数。

(4)按岗位职责定员——这是确定企业管理人员及非生产人员常用的方法,它根据企业组织机构设置情况,以及业务岗位的分工与职责范围来定员。在定员过程中,要注意先定事而后定员、先车间而后部门、先工人而后管理人员的原则;在定员时,不仅要注意人员数量,更要注意人员质量,以防止定员过松或者过紧而结果造成忙闲不均。

例如,在已经确定了汽车维修任务量(每年维修车辆台数)的前提下,汽车维修企业中直接维修工人数(指直接参与汽车维修作业的工人数)可以根据年汽车维修任务量(每年维修车辆台次乘以每台次平均维修定额工时量)除以每修理工人的年工作时数确定。

$$直接维修工人数 = \frac{年维修车辆台次 \times 每台次维修定额工时量}{每修理工的年工作时数}$$

例如,某汽车大修厂的定员编制标准如表7-1所示。

表7-1 某汽车大修厂定员编制
(根据企业年大修理车数确定)

工　　种	每　车　定　员　标　准
修理工(客车)	0.90~1.00
修理工(货车)	0.50~0.60
其他辅助工	0.15
生产经营管理人员	0.04~0.06
技术检验人员	0.03
库房管理及采购	0.03~0.05
后勤服务人员	0.05~0.07

对于目前主要从事于轿车维护与小修的汽车快修店而言,其直接从事汽车维修的维修工人数也可以直接根据企业的每日维修车辆台数乘以0.7估算;而间接从事汽车维修的其他员工数(包括企业管理人员等)则通常根据直接维修工人数的0.3估算。在估算时,不仅应最大限度地减少非生产人员,而且还应考虑企业所需维修人员的总体发展。直观地说,倘若企业中经常需要加班加点,就说明定员编制不足而需要扩充;倘若企业中维修业务量不足,人员较闲,就说明定员编制过大而需要精简。

四 劳动工资管理

我国实行的劳动报酬主要形式有劳动工资、津贴与奖励等。

1 劳动工资制度

汽车维修企业的劳动管理包括有劳动工资管理。所谓劳动工资管理,是根据劳动者的劳动量及计酬标准,以货币形式付给劳动者的劳动报酬。所谓劳动工资制度是用以计算并支付职工报酬的原则、标准或办法。社会主义市场经济条件下的劳动工资制度要贯彻在保证质量前提下的"按劳分配"原则、根据员工所完成的基本工作量所付给的相应报酬。

目前,我国常用的劳动工资制度以货币工资为主(当然也包括股票期权及企业福利等)。例如,结构工资制、计件/计时工资及提成工资制、岗效薪级工资制、项目工资制等。

(1)结构工资制——结构工资制是目前大多数国有企业都采用的工资形式,它由固定工资(如基础工资、职务工资、工龄工资等)与浮动工资两部分组成。在固定工资中,基础工资也称基本工资,它是根据员工所在岗位的不同而用以保障其基本生活的固定工资;职务工资是根据其行政职务或技术职称所给予的标准工资;工龄工资是根据员工的工龄长短所确定的标准工资。浮动工资部分包括附加津贴和奖励等。这样,既保障了员工的最低生活水平(基础工资),又体现了员工的职务(职务工资)与工龄(工龄工资)的差别,还体现了社会主义多劳多得的分配原则(浮动工资),从而较好地调动了员工的工作积极性。

①津贴。津贴是指对某些特殊岗位由于工作条件的特殊性及工作责任的不同而给予的相应补偿,从而尽可能做到同工同酬。各种津贴,如用以对有毒有害工种(如油漆工、铅蓄电池工等)进行补偿的劳动保护津贴;用以对地区差别进行补偿的地区津贴;用以对野外作业或在高温作业进行补偿的野外或高温津贴;用以对因岗位责任不同,或所要求专业技术不同而给予补偿的岗位津贴(如班组长津贴、部门主管津贴、技术职务津贴、工龄津贴等)。

②奖励。奖励是现代工业企业中用以刺激企业生产经营管理、实现效益再分配的重要制度。奖励的形式有单项奖或综合奖两类。其中,单项奖是为完成某单一项目或单一指标而给予的奖励,如任务超额奖、质量奖、节约奖、安全奖、合理化建议奖、革新奖、全勤奖等。综合奖则是以综合考核评定为计奖条件而给予的奖励,如因为企业取得了良好的经济效益而给予的年终分配奖、月度奖等。例如,因企业员工为企业的生产经营管理作出了重大贡献或突出业绩(包括提供了超额劳动,从而提高了产量销量或提高了质量、降低了消耗而给予的奖励;或者完成了技术革新和创造发明,提出了合理化建议,从而促进了企业的生产经营管理)而给予的奖励等。奖励的实施原则如下。

a.必须有利于促进企业的生产经营管理,并提高企业经济效益(如增加企业收入或减少企业消耗)。

b.必须有利于增强企业内部的员工团结,调动企业员工的生产经营积极性。

c.必须体现"多劳多得"原则。

d.奖金的增幅必须低于本企业经济效益和劳动生产率增幅,以有利于增加企业积累,有利于企业可持续发展。为此,必须坚持以精神奖励为主,物质奖励为辅的原则。

随着市场经济体制和企业经营机制的不断改革,为强化"按劳分配"的劳动原则,企业的劳动工资制度也在不断地改革。改革的总趋势是:为使职工工资能随着企业效益而上下浮动,其固定工资部分(如岗位工资与结构工资)将越来越少,而浮动工资部分将越来越大。

(2)计件/计时及提成工资制——在保证工作质量的前提下,对于工作业绩能够完全量化的岗位,通常采用计件/计时及提成工资制。其中,计时工资是按照员工所耗用的时间量来确定劳动工资;计件工资则是按照员工所完成的产品数量来确定劳动工资;提成工资制则是在完成基本工作量的基础上,根据其超额业绩按比例提成的工资。

(3)岗效薪级工资制——岗位工资制是按照所在岗位的劳动条件和劳动强度、岗位责任及技能等级不同而制定的固定工资。这种工资制度虽然体现了岗位差别,但并未体现静态与动态的差别。岗效薪级工资制是一种将整体效益和岗位贡献直接结合的工资分配制度，它由岗位薪级工资（以体现岗位差别）、年功工资（按实际连续工龄计算）和业绩工资（根据业绩考评确定）三部分组成。

（4）项目工资制——项目工资制是根据完成某单项任务而进行相应分配的工资制度，其中包括基础工资与业绩工资。例如，企业经营者通常实施基本年薪加年终效益的办法；高级管理人员或技术专家可在岗效薪级工资基础上实施与企业年度经营效果挂钩的办法；科研人员可在项目成果评估的基础上采用基薪加提成的办法；购销人员可采用基薪加佣金的工资制度。在股份制企业中，中高层管理人员及技术人员还大多采用持股的方式来进行激励。

❷ 汽车维修企业的工资方案举例（仅供参考）

汽车维修企业对于汽车销售人员和汽车维修人员通常采用上不封顶、下不保底的计时、计件及提成工资制；而对于企业管理人员，则通常采用岗位竞争和岗位考核的岗效薪级工资制。例如，某汽车维修企业为改进企业管理、促进企业的生产经营管理活动，设计了以下工资计酬办法。

（1）生产工人实行技术等级的保底月工资制及多劳多得的计时提成工资制——生产工人的工资由基本保底工资、技术等级工资、计件提成工资和本企业工龄工资四部分构成。

①基本保底工资。除学徒及试工人员外，所有生产工人不管技术等级高低，在当生产任务不饱满或者无任务时，应参照当地最低工资标准发放基本保底工资。学徒工及试工人员工资可根据企业特点按师傅总工资收入的百分比提取（但须由企业掌握发放）。

②技术等级工资。生产工人技术等级可分为初级技工、中级技工、高级技工、技师、高级技师五级，其基本工资＝基本保底工资＋技术等级工资＋工时提成。其中，低级技工只能在中高级技工的指导下完成一般作业；中级技工能独立完成各种常规作业；高级技工能独立完成各种复杂作业；技师及高级技师还能指导其他技工完成各种复杂作业。工人的等级划分及工资等级由企业对其进行应知应会实际考核后确定；新来技工则一律须经三个月的试工，试工期间工资应不超过同等级技工的平均工资；试工期满后再根据试工情况转正定级。

③计件工资。凡实行工时考核的技术工人（如机修技工、电修技工等），应在保证工作质量的前提下，在保底月工资的基础上，按其每月所完成汽车维修的定额工时量累加计酬，实行多劳多得（每工时单价由企业根据效益确定）。其中，由多个技工共同完成的作业，其总工时可按参与该作业的技工的技术等级比例分配。在完成作业后，倘若出现质量返工返修，应相应扣减其返工返修的工时费及材料费损失。在完成作业后，倘若出现工期延误，也应相应扣减其误工损失（其误工损失由经营业务部门会同生产部门协商确定）。凡实行包工包料计酬、项目承包的技术工人（如钣金工、油漆工），按项目承包办法实行。

④本企业工龄工资。在本企业工作满两年以上的员工，每年增加一定的基本工资。

（2）管理人员实行须岗位考核的岗位工资制——管理人员按所在岗位的职责等级实行岗位工资制。其岗位工资应以完成其岗位职责为前提。为此，不仅要实行定岗、定人、定责，而且要明确各岗位的考核指标及考核办法。

技术人员既是管理人员也是生产人员，其技术等级也可分为技术员、助理工程师、工程师、高级工程师、教授级高级工程师五级；其基本工资＝岗位工资＋技术等级工资＋工时提成。

企业管理人员的岗位考核应逐级进行。例如,各办事人员应由部门主管考核,各部门主管应由总经理考核。各管理部门的指标考核应按考核程序进行,例如,产品质量、服务质量及各科室工作质量应由厂办考核;配件供应情况由生产部门考核;库存情况由财务部门考核;而厂办工作情况应由总经理考核。考核指标及考核办法由考核部门提出,再与被考核部门协商后确定。其中,日常性考核由总经理办公室管理和汇总,包括如下几点。

①能否完成本岗位所限定的岗位职责及基本业务。

②能否遵守考勤纪律。

③在考核中有否突出贡献或有否明显失误(可视贡献或损失实行单项性奖罚)。质量检验可视为特殊岗位,可享受所在部门的副职待遇。公司特殊聘用人员的待遇由总经理特殊确定。

(3)实行所有岗位的竞争上岗制度——生产工人的技术等级与管理人员的岗位等级均实行可上可下的竞争上岗制度,可随时考核调整,并按调整后的技术等级或岗位等级实施分配。岗位等级变动后,原等级及原待遇不予保留。

(4)奖励、年终分配及其他——其中包括以下几点。

①任何人员若能为公司实现创收(如联系业务等),可按创收收入或实现的利润实行比例提成或奖励。

②任何人员若能为公司实现节约,可按节约额实行比例提成或单项奖励。

③对公司的发展和改革具有特殊贡献者,可由总经理特殊嘉奖。

④年终分红实企业所能实现的年盈利额由总经理确定。

须明确的是,上述的工资制度改革只是劳动管理中的一种方法而不是全部。尽管"按劳分配、奖惩结合"仍是现代工业企业工薪管理的基本法则,但倘若仅靠这一点来实施企业管理,可能会使职工产生明显的雇佣思想,从而使职工只能与企业同甘而不能共苦。为此,汽车维修企业管理者在人力资源管理中应该坚持精神挂帅、而不是金钱挂帅。既要做好员工的思想政治工作,对员工进行正确的定位和引导,同时还要合理地计算他们的报酬,以精神文明与物质文明相结合的原则,充分调动他们当家做主的积极性。企业管理者倘若要成功,关键就在于能否最大限度地调动员工的工作积极性。因为只有调动了员工的工作积极性,企业才能有人气、才能兴旺和获得发展。

第二节　劳动保护与劳动保险

一　劳动保护

所谓劳动保护,是为了保护劳动者在劳动过程中的人身安全、健康和劳动能力,在法律上、技术上、教育上和组织上所采取措施的总称。从狭义上讲,劳动保护是对劳动者劳动过程中的安全与健康进行保护,以保持劳动者的劳动能力,保证社会生产的顺利进行。从广义上讲,劳动保护还应包括劳动权益保护(如劳动者政治权利、劳动权利和劳动报酬等)。这里所说的劳动保护,是指狭义的劳动保护。

除劳动现场的安全生产由生产管理部门直接负责外,其余的劳动管理及劳动保护应由人力资源管理部门负责。但劳动保护与劳动安全相辅相成,劳动保护为了劳动安全,劳动安全才能实现劳动保护。为此,人力资源管理部门必须与生产管理部门密切配合。而生产管理部门在布置生产任务时,不仅要布置生产安全,而且还要实施安全生产计划,并负责安全生产的日常检查,消除安全事故隐患,把改善劳动条件、实施劳动保护与发展生产结合起来。

1 劳动保护的任务

(1)保护劳动者的劳动安全——保证生产安全,积极消除与控制生产过程中的危险因素,减少人员伤亡事故,保证劳动者劳动安全。

(2)积极改善劳动条件与劳动卫生环境——认真抓好三废治理和环境卫生,积极消除和控制生产过程中的有毒因素,最大限度地预防职业病,以保护劳动者的劳动健康。

(3)为生产经营创造一个文明舒适的劳动环境——例如,车间要有良好照明,保证空气对流,防止车间内排放污染与噪声污染,改善工人操作条件,提高工作效率。

(4)保证劳动者的娱乐和休息时间——合理安排工作时间,实现劳逸结合,以保障劳动者的休息权,并对女工及未成年工实施劳动保护。

(5)处理工伤事故——做好劳动者的工伤救护和治疗。

2 劳动保护的内容

劳动保护的内容主要包括安全技术与劳动保护制度两个部分。

(1)安全技术——安全技术是为了消除生产经营活动中可能引起人员伤亡事故的潜在因素,保证工人的人身安全,在技术上采取措施的总称。

汽车维修人员在车辆维修过程中不仅要操作各类维修设备,维修和试验故障车辆,而且还经常接触高压电源及危险物品(如易燃、易爆、易蚀),因而在汽车维修过程中极易发生事故,包括:

①由于生产环境而引起的事故。如机械碰撞(如车辆碰撞、工具砸伤等);高温或弧光灼伤(如烫伤,灼伤等);爆炸伤害;触电(如电击与电伤)等。

②由于管理不善而引起的事故。例如,因管理不善、教育不力或者生产现场安全措施不当而所引起的事故及伤害等。

为保证汽车维修企业的文明生产、安全生产和维修质量,在汽车维修过程中必须制定和实施安全技术操作规程。安全技术操作规程包括管理规程、安全规程及技术操作规程。

①汽车驾驶操作规程。

②汽车维修工艺操作规程及工艺规范;汽车维修检验规程及检验规范。

③各类机具设备的技术操作规程;拆装、起吊和运输通用安全规程;动力供电安全规程;工具、量具及检验诊断仪具使用规程。

④其他(如汽车维修车间管理规程、停车场管理规程、技术责任事故处理规程等)。

为确保汽车维修企业内部的安全生产,各车间、各工种、各岗位都必须贯彻执行安全技术操作规程,不仅要在适当地点悬挂本规程,而且还要对汽车驾驶、汽车维修、机械加工、交流电工等主要工种及主要岗位进行定期的安全技术操作规程的考试。安全技术操作规程考试也是工人应知应会技术考核的基础,其考核成绩应该记入工人技术档案中。其中,考试不合格的要责令其下岗补习,只有考试合格后才能上岗操作或转正定级。

严禁无证操作及混岗操作,严禁超载超速及违章操作。

(2)劳动保护制度——劳动保护制度是为了保护劳动者在生产经营活动中的安全和健康而制定的制度。其中,一类是关于劳动安全的行政管理制度,例如安全生产责任制度,安全监督检查制度,卫生防疫制度,劳保用品发放制度,伤亡事故的处理和劳动鉴定等;另一类是生产技术管理制度,例如机具设备的检查维修制度,安全技术操作规程等。

我国的《中华人民共和国劳动法》也属于劳动保护制度,它不仅规定了劳动者在就业时必须与用工单位签订劳动合同,并由用工单位购买劳动保险等,而且还规定了劳动者的休假制度,包括以下几点。

①工作时间。我国企事业单位实行每天8小时,每周5天工作制。

②休息休假。每周休假日至少1天;法定休假日(如元旦、春节、国际劳动节、国庆节等)由当地人民政府规定。

③延长工作时间的限制。在特殊情况下用人单位可与员工商议后适当延长工作时间,但每日不超过1小时;若有特殊原因,在保障员工身体健康的前提下实施加班,但每日延长不超过3小时,每月不超过36小时。加班期间须付给相应额外报酬。其中,若为休息日而又不能倒休的应支付200%工资;若是法定休假日应支付不低于300%工资。

④女职工和未满18周岁未成年工的特殊保护。禁止其从事矿山井下作业、国家规定的第四级体力强度劳动和其他禁忌从事的劳动。

为了有效地实施劳动保护制度,汽车维修企业应在组织管理上做好以下工作。

①坚持安全教育。汽车维修企业必须坚持安全第一、以预防为主的原则。应该在生产安排之前进行安全教育(包括安全意识教育、安全知识教育与安全技能教育),以加强每个职工的安全意识,开展文明生产与安全生产。安全教育也应像全面质量管理一样,进行全面、全员、全过程的全面安全教育,以提高企业全体员工的劳动安全意识和劳动保护责任感,自觉搞好安全生产,消除安全隐患。

②设置企业劳动保护机构并配备必要专业人员,建立和实施安全生产检查制度(查事故隐患)及安全生产责任制度。严格遵守劳动保护法规和制度,做好生产现场安全情况和安全责任制度的日常检查和日常管理,加强汽车维修各岗位的安全技能培训和应知应会考核,还包括实施安全技术操作规程和操作资格证制度等,从而将安全责任与企业绩效联系起来,做好劳动安全及劳动保护,以逐级负责,预防事故发生。

③合理布局生产车间,搞好车间管理,并改造现有维修工艺及机电设备。为了尽可能实现汽车维修过程的自动化和机械化,以减轻工人劳动强度,提高机电设备的使用安全性,保证生产安全,就要编制并实施安全技术和劳动保护措施计划,把改善劳动条件与发展生产结合起来。例如,在维修车间及维修现场设置安全护栏、安全间隔与安全通道,所有车间及所有设备应配置安全保护装置(如自动断电、自动停车、自动锁止机构、自动报警、安全防护罩等)及安全警示标志等,并加强对易燃易爆、高温高压、强毒等作业场所的管理,加强个人防护用品的配备等。

④倘若发生技术责任事故(特别是人员伤亡事故)时,应对事故"四不放过"。即事故原因不查清不放过,事故责任者得不到处理不放过,事故整改措施不落实不放过,事故教训不

吸取不放过。

⑤加强劳保用品的日常管理与日常使用,不仅应按劳保用品的规定范围和原则标准严格发放;还应加强对劳保用品的日常管理和日常使用,以确保企业员工的身心健康。

二 劳动保险

1 劳动保险的定义

所谓劳动保险,是指因劳动者年老、自然灾害或意外事故而造成劳动力或职业岗位暂时或永久丧失、意外伤残死亡或意外经济损失,而由国家或社会提供相应的物质帮助和经济补偿,以保障其基本生活的制度。劳动保险、职工福利及社会救济等都属于强制性的社会保障制度。为此,国家规定每个企业都必须与劳动者签订劳动合同,并必须参加社会保险。社会保险的基金由社会、企业和劳动者三方面统筹(通过企业直接缴纳),劳动保障部门统一征集、管理和调剂,并由社保监督机构监督,劳动保险费用则专款专用、保值增值、合理安排。

目前,我国劳动保险的范围已经扩大到非公有制企业的全体员工,以及农民工等。

2 劳动保险的特征

劳动保险与其他分配方式相比具有以下基本特征。

(1)先储备扣除,后分配使用——它在劳动者所创造的价值中逐年逐月地扣除和储备,直至当他丧失劳动力时再拿出来分配和使用,以维持劳动者的生活必需,故属于先储备、后使用性质。

(2)补偿性返还——无论保险金是企业缴纳、国家扣除,还是自己投保,都属于劳动者劳动财富的部分扣除,当发生特殊情况时进行返还,故具有补偿性。

(3)共储互济性——由于每个劳动者的预扣及后使用存在着不平衡性,有的使用少于预扣,有的还可能超过,因此劳动保险具有共储互济性,充分体现了社会主义劳动者之间的互助合作关系。

3 劳动保险的待遇

劳动保险制度所规定的项目及数量标准通称为劳动保险待遇。企业员工的个人劳保待遇,包括在职劳动保险、养老保险和待业保险等。随着社会主义市场经济的不断深入,国家正在有计划地扩大劳动保险的实施范围,以提高社会保险程度。目前,企业员工的劳动保险有:员工因公或非因公伤残、疾病及死亡的保险待遇;员工离退休保险待遇;员工生育保险待遇;员工优异保险待遇;员工供养直系亲属待遇;合同制工人保险待遇;临时工保险待遇等。

例如员工患病时,根据当地政府的《社会保险规定》,参照工龄长短,其患病期间工资发放标准为,少于6个月的短期病假按本人标准工资60%~100%发放;多于6个月的长期病假按本人标准工资40%~60%发放。员工因工致残时,治疗期间的医疗费全部由用人单位负担而员工工资照发。另外,已经完全丧失劳动能力、饮食起居需要别人帮助的,抚恤费为本人工资的75%,付到死亡为止;完全丧失劳动能力、饮食起居不需要别人帮助的,抚恤费为本人工资的60%,付到恢复体力或死亡为止。部分丧失劳动能力而尚能工作的,用人单位应适当安排工作,并适当付给残疾补助费(但收入总额应不超过残疾前的工资总额)。若因工死亡或因工致残退职后死亡的,丧葬费为用人单位平均工资的 2~3 倍;抚恤费为死者本人工资的 25%~50%;救济费为死者本人的 6~12 个月工资,并供养其受供养者,直至失去受供养条件为止。

我国新实施的《工伤保险条例》,还规定职工在上下班途中受到机动车伤害,或者在履行工作职责和完成工作任务过程中受到意外伤害,都被认定为工伤或视为工伤。对于五级以上的职工因工致残,政府还将通过统筹,由用人单位支付一次性工伤医疗补助金和伤残就业补助金等。

4 公共福利与社会福利

(1)社会福利——社会福利是国家为了保障公民权益,规定企业除工资外,应为员工提供各种国家法定或企业自定的物质待遇。如独生子女费、交通费、困难补助费、员工集体生活费或娱乐设施费、误餐费、通信费、旅游费等,它按员工基本工资加职务津贴的比例计算与工资一起发放。

(2)公共福利——公共福利由国家财政负担。如公共福利设施(如为职工疗养、托儿所、幼儿园以及为残疾人提供的社会福利)、津贴补助和社会服务等。

第三节 人力资源管理

在工业企业的发展过程中,原始或传统企业管理的主要内容实际上就是劳动管理。

但到 19 世纪末 20 世纪初,由于现代企业规模日益庞大、技术日益复杂,为了能进一步提高企业生产效率,并解决传统企业管理中的劳资矛盾,于是出现了以美国泰罗为代表的科学管理制度,他强调了企业管理中的劳动定额和规章制度(如组织结构、岗位职责、劳动定额、工作纪律与经济奖酬等),从而开创了企业管理的科学管理阶段。

科学管理阶段的劳动管理虽然开创了"按劳取酬"的劳动竞争,从而明显提高了企业的劳动生产效率;但由于当时企业管理者的管理理念过于传统,始终认为是花钱雇人,因此习惯于把劳动者看成是机器或工具,过分地强调了劳动定额和规章制度,其结果压制了人的主观能动作用。例如,在科学管理阶段实施大规模的流水作业,虽然明显地提高了企业的劳动生产效率,但却明显地增大了劳动者的劳动强度和劳动单调性,劳动者的单纯雇用思想日益表露,不仅阻碍了企业生产力的进一步提高,而且还再次加剧了劳资矛盾。在这种情况下,人际关系学派和行为学派开始主张人权平等,要求现代企业管理者搞好企业中的人际关系,并强化对劳动者心理管理,从而形成当代新型的人力资源管理思想。

20 世纪 80 年代后,随着科学技术(特别是微电子技术)的迅速发展和信息时代的到来,现代人力资源的管理思想得到了全新的发展。其管理理念是:为进一步提高现代企业的生产劳动效率,提高企业产品与服务的最终质量,必须采用让劳动者当家做主的管理理念,必须要把劳动者看成是具有主观能动作用的人力资源,而不再是单纯的机器或工具。

一 人力资源管理的基本概念

在现代企业内部,人力资源应包括企业的全体员工。现代企业管理学家都认为:处于劳动年龄、具有劳动能力的人都属于生产资源,而且属于具有能动作用的生产资源。

人力资源可以从人员的素质(如体质、智力、学识、技能、思想品质)与数量两方面进行评价。其基本特点如下所示。

(1)不可剥夺性——由于作为人力资源的劳动者并不是犯人,因此其劳动只能通过其愿意实现,而不能用行政或经济等手段强迫,劳动资源是不可剥夺的。

(2)生物性——人的劳动必须遵循人生命的自然规律,在青壮年时期尽管劳动精力充沛,但也须有必要的休息时间。

(3)潜能性——人力资源与机器不同,具有很大的创造潜能。而这种创造潜能,不仅取决于社会的发达程度,更取决于人员的潜在素质(如职业道德素质、业务技术素质等)。

现代企业要开发人力资源的创造潜能,必须提高企业员工的职业道德素质,才能充分调动其主观能动性、充分发挥其业务技术素质,从而挖掘出巨大的潜能、创造出更多的财富。

然而人员的职业道德素质、业务技术素质都是需要通过不断的教育培训而持续开发的。为此,既要通过教育培训来强化其职业道德素质,也要根据其特长和特点双向选择、积极引导,从而提高其业务技术素质、发挥其创造潜能。

所谓现代企业的人力资源管理,是从系统的观点出发,通过其组织体系,应用科学管理方法,对企业中的人力资源进行有效开发(招聘、选拔、培训)、合理利用(组织、调配、激励与考核)的综合性管理过程,从而使企业中的人力与物力保持最佳的比例配合;与此同时,还要恰当地引导、控制和协调人的理想、心理和行为,以充分发挥人的主观能动性,人尽其才、物尽其用、人事相宜,实现企业最终的组织目标。

1 人力资源管理与传统劳动人事管理的比较

现代工业企业的人力资源管理,是企业中专门研究人力资源,调整人际关系、做好人事配置的企业管理。现代工业企业的人力资源管理虽然起源于传统工业企业中的劳动人事管理,但又不同于传统工业企业中的劳动人事管理。因为传统的劳动人事管理仅是劳动力管理和劳动工资管理;现代企业的人力资源管理却包括了人力管理与人力开发两个方面,且侧重于人力开发。

所谓人力管理,是指通过人力资源的计划、激励、绩效评估等环节从而使人力资源得到最有效的利用;而所谓人力开发,是指通过人力资源的投资、培训、招聘、保护和选择等环节,使人力资源得到开发和挖掘。因此,现代企业管理中的人力资源管理应属于全面人事管理,现代企业管理必须提倡"以人为本"。例如,树立企业文化,发扬企业团队意识,并通过人力资源的管理和开发,挖掘人力资源的潜能,解放和发展现代企业的劳动生产力。由此可知,现代企业的人力资源管理部门与传统劳动人事管理部门相比,并不是一个简单的名词置换。虽然其管理对象同样都是人,但其管理思想、管理理论和管理方法有着根本的区别。

(1)管理认识的差别——传统的劳动人事管理只是把人看成为劳动力,认为人干活就是为了挣钱,是企业养活了员工。因此在对于人的管理上大多立足于控制与奖惩,而人力资源管理则把人看成为企业生存和发展最基本的活资源和活资本。由于人都具有很大的潜能,是员工创造了企业。因此现代的人力资源管理一定要以人为本。当然,要以人为本,而人除了基本物质要求外,还会有社会的、感情的、复杂而较高层次的多种要求(如友谊、尊重和信任等),因此为了提高其士气,使其能自觉自愿地为企业服好务,企业管理者应该平等地对待下属,充分地尊重员工,处理好与员工的人际关系;并安排好员工的生活与工作条件,时刻体现为员工服务。

(2)管理对象和管理方法的差别——传统的劳动人事管理虽然在表面上是管人的,但实际上却是管事的。其日常工作只是按照上级领导的指示,执行员工的招收与调迁、定岗定编和发放劳动工资等。而人力资源管理才是真正管人的。它要以人为本的思想,不仅要为企业的今天而去开发和利用现有的人力资源(例如根据其特长、兴趣、特点和能力,灵活地量才使用;并尽可能提高其素质,开发其潜能,激发其活力,调动其积极性等),既要有利于现有人才的使用,也要有利于现有企业的发展;而且还要为企业的明天搞好人力储备,积极主动地做好人的思想政治工作,并根据企业发展规划去善于识别和善于使用人才。正因为此,现代工业企业的人力资源管理人员不仅要有人事管理知识,而且还要有相当的专业技术和领导艺术,学会如何爱惜人、善待人、尊重人和理解人。

(3)所处管理地位的不同——正是由于传统的劳动人事管理仅仅是被动的、战略的、静态的、管事型的管理,因此它仅属于非生产的或者非效益的中间执行层级。人力资源管理才是主动的、战略的、动态的、领导型的管理。因此,现代的人力资源管理人员在现代企业中处于上层的生产性和效益性的领导层级(副厂级或副经理级)。

2 人力资源管理的基本功能

在现代企业的生产经营管理决策中,人力资源不仅是所有资源中的第一资源,而且人才决策将是企业经营中最重要的决策。其基本功能如下。

(1)选择人——包括以下几点。

①招聘人,即通过各种信息渠道,把可能成为或希望成为本企业员工的人选吸引到企业来应聘。

②选拔人,即根据企业的用人标准和用人条件,运用适当的选聘方法和手段,对应聘者进行审查、选择和聘用。

③委派人,则是把招聘、选拔的员工安排到一定的工作岗位上并担任一定的职务。

(2)培育人——包括以下几点。

①对新招聘入企业的员工进行一定时间的上岗教育(包括企业传统文化教育、企业发展现状和远景教育、宣讲企业的基本宗旨及价值观等),从而使新员工尽快地熟悉本企业环境,尽快地建立和加强对本企业的认同感和责任感。

②坚持不懈地对在岗职工进行业务培训,以不断提高员工的业务素质和业务技能。

③在做好企业人力资源规划的基础上,指导和帮助员工规划自己的未来发展,并根据企业的发展明确自己的发展方向和发展道路,要让员工感到前途光明、有奔头。

(3)使用人——现代汽车维修企业在使用人才时要掌握以下原则。

①量才适用,以扬长避短、人尽其才。

②疑人不用、用人不疑,以充分发挥其优势。

③监督检查,奖惩分明。

(4)激励人——根据马斯洛的需要层次理论,人类由于需要才构成其目的和动机。为此,可利用其心理需要而激励其奋发努力。

人类的需要是逐层上升的,当低层级需要得到满足后,就需要用高层次需要去激励其行为。人的需要可分为生理需要和心理需要两个方面。人在解决了基本的生理需要（如温饱）之后，即开始注重其心理需要（如权力、金钱、事业、归属等）。由于各种人的需要不同，其激励方式也应该不同。所谓激励，就是为了充分调动员工的积极性和创造性，使之始终保持着高昂工作热情所采取的各种手段。激励的过程应该是激励职工内在生理需要与心理需要的过程。要进行激励，就要坚持员工的素质评估和绩效考评，从而客观公正地评价员工的德、智、能、技；并在此基础上提供与其事业成功度相匹配的工资、薪酬，奖励和升迁等，奖励其中素质较高而绩效显著的员工；适当降格使用、惩罚或者解雇那些素质较低、绩效较差的员工。只有做到奖惩分明并增加其满意感，才能充分地发挥薪酬和奖励的激励功能。

3 人力资源管理的机构与任务

现代大中型汽车维修企业通常都设置有人力资源管理部门，即使在较小的汽车维修企业中也通常设置有专职或兼职的人力资源管理人员。由于企业的人力资源管理是一项重要的工作，因而大多归由企业的最高管理者直接主抓，机构设置于厂长/经理办公室内。其实，人力资源管理在企业中的称谓并不重要，重要的是该部门所能起的作用与价值。

为了增强企业竞争实力，必须充分体现人的价值，必须确保人力资源管理在实现企业经营目标中所起的积极作用。人力资源管理的任务是根据企业发展要求，合理配置企业的人力资源计划，搞好企业的人力资源开发（如教育培训、岗位考核等），并激发企业员工的生产积极性，以做到人尽其才、物尽其用，从而提高企业的经济效益和社会效益，进而推进整个企业各项工作的顺利开展，实现企业的总体目标。其管理的主要内容如下。

（1）建立必要的组织机构。

（2）负责员工的招聘与培训。

（3）协调企业团队建设，进行劳动岗位、劳动条件、劳动力的管理（包括发现人才、培养人才、使用人才，以及评价与考核及激励人才等）。

（4）负责企业的劳动保护、劳动保险、福利与报酬等。

（5）负责企业人力资源的经济核算。

二、人才资源管理的基本方法

无数成功的企业管理者都认为：人是企业中的最大活资产。因此只有调动企业全体员工的主观能动性，企业才能有人气，才能真正地得到发展。然而对于人的管理却又是复杂而艰巨的。人力资源管理不同于其他的企业管理。现代企业管理者要将企业中原有的劳动人事管理（即劳动力管理）转变为人力资源管理（即人力管理+人力开发），就要求企业管理者必须更新观念，破除过去那种因循守旧、论资排辈、唯我独尊、平衡照顾的落后观念，从而建立一套能让优秀人才脱颖而出的机制，以最大限度地发现人才和用好人才。

人力资源管理的内容包括人才的发现、培养、使用和考核等。而这些，都需要通过日常的生产经营管理实践才能进行，从而在使用中知人善任、量才而用，并用人不疑、疑人不用。既要善于使用和善于委任，也要善于培养和善于激励。在招聘人才时，不仅要看其是否懂道理、说话做事是否有条理，而且更主要的还是要看其心态，是否言过其实、是否争权夺利等。这是因为，倘若一个人的心态不正，不管其本事多大，都是只能利用而不能重用的。试想，一个人的本事很大,但别人都在向前拉车,他却在向后拉车,本事越大、破坏力也越大。

1 人才的聘用

人才作为企业最重要的资源,不仅人员本身素质要符合企业的需要,而且要合理配置才能发挥出最大的效能。人才的配置最好形成金字塔形,各项工作要层次分明,强化竞争机制,使企业永远处于良好的发展状态。

(1)人员聘用的基本条件、招聘程序与选聘原则——现代汽车维修企业的招聘应需要根据企业员工的人才结构与比例,招聘汽车维修技工和企业管理人员。招聘时必须根据招聘条件(如职业道德条件、文化专业条件、身体条件和年龄条件)采用公平竞争原则实行公开招聘。

①维修技工。维修技工可分技工(如初级技工、中级技工高级技工)与技师(技师与高级技师)。其技术等级由劳动部门考核核定。其聘用的基本条件如下。

a.年龄适当(一般技工年龄在18~45周岁,技师年龄应不超过50周岁),身体健康,符合国家规定的人员招聘基本条件。

b.具有良好思想素质(职业道德和勤奋精神)、愿意与企业同舟共济。

c.持有相应的汽车维修技工等级证书,或者实际维修能力达到相应的技术等级,其中高级技工、技师及高级技师都应具有5年以上汽车维修经验,熟悉中高档轿车的结构原理和维修工艺;能查阅汽车维修技术资料,具有汽车专业英语识读能力;能单独使用新型汽车检测仪器和专用工具,能解决汽车维修技术问题等。

②企业管理人员。企业管理人员分一般管理人员及高级管理人员两类。其聘用的基本条件应如下。

a.符合国家规定的人员招聘基本条件,年龄适当、身体健康。

b.具有良好职业道德和政治思想素质,愿与本企业荣辱与共。

c.持有相应的技术职称资格,熟悉汽车维修技术和业务,并具有一定年限相应岗位实际经历的。

d.具有较高的个人素质和较强的组织管理能力。

人力资源管理部门招聘员工的程序如下。

①根据岗位任职资格与要求,列出空缺岗位的基本要求(如知识范围、技术等级和实际操作技能等)。为此,必须重视企业的人力资源发展计划,并制定人力资源管理实施细则,根据企业人力资源的供需状况,通过预测和分析,进行企业员工的聘用及培训等。

②发布招聘信息、选择招聘人员(如接待、初选和审查),确定招聘预算。

③凡应聘人员需要填写求职申请表,并通知面试,择优录取。

④录取者应有三个月的实习期和试用期(享受试用期工资待遇);试用期也可适当延长,但在试用或实习结束后应予考核(包括劳动纪律、基础能力、业务量、责任感、协调性、职业规划等)。

⑤通过试用后,正式签订相应劳动合同,并享受正式员工待遇。

⑥若试用期内需要提前解约的,应提前通知对方。

⑦若试用期内需要技术培训的,须签订培训合同,并注明培训时间、培训内容和培训费用等。

许多企业在招聘人才时,通常先多招聘一些,然后通过试工、实践和考察进行逐步淘汰,以选拔并形成企业的精英队伍。在选聘各类企业管理人员时应掌握以下原则。

①首先要细化企业的管理目标,根据精兵简政和满负荷工作原则,明确需要设置的管理岗位,并明确其岗位责任制和经济责任制,因事设职、因职授权、权责相当。

②所选聘的企业管理人员应该具有良好的职业道德和政治思想素质,并具有较好的人际关系和较强的工作能力。

③所选聘的企业管理人员必须具有较强的组织纪律性,下级对上级负责;严格遵守企业规章制度。

④在相同条件下,采用逐级选拔和岗位竞聘原则,优先选拔企业内部员工,以形成企业内部的激励机制,为企业内部员工展示其奋斗目标。须要注意的是,上述的逐级选拔和岗位竞聘必须公开、公平与公正,必须尽可能保持职工队伍的相对稳定,以创造相对宽松的企业内部竞争环境,不仅有利于人才的使用和提高,而且也有利于企业的稳定和发展。

下列人员一般不宜聘用。

①综合素质较低或综合能力较差的。

②有犯罪前科或有不良习惯且不能痛改前非的。

③私心较重而无团队精神的。

④经常跳槽或者属于兼职的。

(2) 所聘人员的文凭、水平与忠诚度——汽车维修企业所聘人才的档次,既不能太低而小材大用,结果有碍于企业发展;也不能太高而大材小用,结果造成人才浪费。

现代汽车维修企业所聘用人才,既不能沿用过去那种单纯招收学徒工的办法,也不能沿用过去那种挖别人墙脚的做法。因为你能挖人家的墙脚,别人也同样能挖你的墙脚;况且挖墙脚来的人不仅要价高,而且流动性大、极不稳定。而要根据企业的自身需要而自行培养,并把握好各类人才的数量和质量,注意各类人才结构的优化组合等。

随着现代汽车高新技术含量的日益提高,要求汽车维修人才(管理人才与技术人才)的文凭与水平都要随之而提高。其中,中小型汽车维修企业由于其企业管理较为简单,主要都侧重于培养一专多能型技术骨干;中大型汽车维修企业则不仅需要有一批具有较高专业程度、高素质的汽车维修技术队伍,而且更需要有一批具有丰富企业管理经验的汽车维修高级专家来支撑。但众所周知,文凭固然重要,但文凭不等于水平。况且无论是文凭还是水平,与员工对企业的忠诚度相比,忠诚度应该是第一位的。因为只要员工对企业忠诚,爱岗敬业,团结奋斗,文凭较低或水平较低都可以培养,但倘若忠诚度不足,再高的文凭或再高的水平不仅无用武之地,而且本事越大其破坏力也就越大。

倘若要为汽车维修企业造就一支相对稳定的、既受过良好教育又富有实践经验的高素质精英队伍,从而为本企业发展作出最大的贡献,就需要企业人力资源管理部门能相应建立一套合理优化的人才结构管理机制和激励体制,配备好企业常用的各类人才,并努力培养其对企业的忠诚度。当前汽车维修企业招聘人才的最好办法,就是不断地从汽车维修专业的大专院校毕业生中物色和培养对本企业有用的管理人才或技术人才。因为,尽管这些学生因为刚刚毕业而技术业务素质较差,还需要较长时间的实践锻炼;但由于其文化素质和心理素质较高,再加上企业自身的选拔和培养,不仅极易成才,而且还不易流失。

2 人才的管理

所谓"尊重知识、尊重人才",首先应该弄清究竟什么是人才?

所谓人才,应该是用人单位所需要的有用之才。文凭固然重要,但文凭不等于水平。为此在选拔人才时,既要有识才的慧眼,也要有用才的气魄、爱才的情感、聚才的办法。其用人的基本原则应该是:讲台阶而不拘泥于台阶;讲学历而不唯于学历。

当然,要搞好现代企业的人力资源管理,还要了解中国的国情、人情和人际沟通技巧。

(1) 国情——中国企业的人力资源管理决不能照搬照抄外国的模式,而应该从中国的文化背景和特色着手,根据中国人的所思、所想、所感和所为善于发现人才、培养人才和使用人才,从而采用适合于中国人易于接受的、能够激发中国人创造精神和奋斗热情的方法和技巧来管理人才。

(2) 人情——中国是传统的礼仪之邦,人情在中国社会的人际关系中尤为突出。因此,倘若现代企业管理者能在日常的生产经营管理中实施以人为本,处理好人际关系,并充分利用人之常情,就能够最大限度地激发企业员工的工作热情和团队精神。

(3) 沟通——所谓沟通,是指双方通过信息交流达到相互了解的过程。为此,要求现代的企业管理者能够实施民主管理,经常性地把企业的现状和发展如实地告诉员工,不仅能征求员工意见(浅层次沟通),而且还能够与员工交心谈心,同甘共苦,广交朋友(深层次沟通),企业就能因此而兴旺。因此,沟通是人才资源管理中的重要方法,尽管沟通并不属于企业管理范畴,但却是现代企业管理者成功管理企业的有效秘诀,虽然不甚必要但却很重要。

3 人才的使用、激励与考核

近年来,党中央不仅在国有企业全面推行了厂长/经理负责制,而且对国有企业的干部制度进行了一系列的改革。其改革的要点有以下几点。

(1) 为改变原国有企业领导干部的智能结构,有意减少行政干部而增加专业干部,并废除领导干部的职务终身制,以加快新老干部的交替,需要实施领导干部的四化原则(革命化、年轻化、知识化、专业化)。

(2) 建立健全国有企业领导干部的监督约束机制和民主评议制度,以便使其在党委领导和职代会监督下尽职尽责地管理国有企业。

(3) 在国有企业内部全面实施人才流动与岗位竞争。

在领导干部的四化原则中,革命化是其中最主要原则。因为只有革命化才能保证其职业道德,才能领导企业员工把握住现代企业管理的正确方向。另外,年轻化、知识化与专业化也很重要。因为只有这样才能适应当今现代企业的发展要求。

(1) 人才流动——企业的竞争归根结底是人才的竞争,如何留住人才便成为现代企业管理者最头疼的问题。不培养不行,但培养了又会流失。其实,在市场经济条件下,人才也是商品,企业不仅无力阻止正常的人才流动,而且人才流动对企业而言也并非都是坏事。少量的人才流动不仅是合理的(即合理配置人才),而且也是必要的(由此营造竞争氛围,以组建企业精英队伍)。但由于人才的造就既有个人的努力也有企业的培养,不正常的人才流失将会使企业蒙受损失。那么,企业究竟怎样才能留住有用的人才?

这里,关键是要弄清什么是人才以及为什么会人才流失。造成人才流失的原因是复杂的,其中既有企业的原因(如企业不能容人,或者企业前景不佳等),也有人才本身的原因(如另有高就,或者无法适应等)。

①倘若流失的确实是人才,要留住的关键是如何正确使用。为此,企业领导应该注重营造良好的企业文化氛围,强化企业凝聚力;改善人际关系,并知人善任、尊重人才、重在使用。因为实践证明,"人吃饭是为了活着,但人活着并非都是为了吃饭——雷锋日记"。尽管人才就业也需要有相应的报酬,但更多的人才就业并非都是为了报酬,其中有不少是为了事业和人情。

②倘若企业为了避免关键部门或重要岗位的人才流失,就要根据企业发展方向,及早地实施人才储备,做好人才的后继准备。这种人才的后继准备,既可以送出去(与大专院校或人才培训机构长期合作、进行人才定向培训),也可以请进来(如举办培训班)。当然,最有效的还是要提拔企业内部已经经过实践锻炼及考验的成熟人才,让人才有升迁做大的机会。

在颁扬企业文化时应注意的是,多倡导企业群体的共性,少提倡企业员工的个性。这是因为:只有多提倡企业群体的共性,才能产生企业的凝聚力,从而团结全体员工去克服万难;倘若过多地提倡员工个性,就会产生人际矛盾,从而产生企业的离心力。

(2)人才的激励——人总是需要激励的,激励的形式多种多样。例如,表彰企业中的突出贡献者或典型模范人物,以树立榜样、弘扬正气、激励先进、鞭策后进、鼓励勤奋和爱岗敬业。但激励不仅要恰到好处,而且还要实施有效的激励,否则会适得其反。

现代企业对员工的激励,应该以精神激励为主(如表彰先进、树立模范等)、物资激励为辅(如增加工资、发放奖金,或持以企业股票等)。倘若只有精神激励而无物资激励,就会因为滥发荣誉而使激励贬值;倘若只用物资激励而无精神激励,将会把员工引向唯利是图。激励方式的选择应因人、因时而异。这是因为,对于尚未解决温饱(生理需要)的人来说物质激励尤为重要;但对于已经解决了温饱的人说,他们更需要精神激励,满足其权力、事业和归属等心理需要。因此,人力资源管理部门应该落实人才的培养与使用计划,表彰先进与树立模范,并鼓励他们多参与企业管理,以体现他们的存在价值和发展前途,提高其满意度、激励其工作潜能。否则,他们就会感到不满意,从而消极怠工,甚至最后离开企业。

企业领导在企业的生产经营管理活动中应该多用政治思想动员的方法来激励员工,而减少不必要的发号施令。因为政治思想动员更能唤起员工的主人翁精神及工作热情,并换取他们最好的合作。在精神激励中,语言激励尤为重要,这是因为中国人很爱面子,并非常重视荣誉,其中特别是对于那些有成就欲望感、有知识层次的年轻员工,他们特别希望能得到领导的赏识和重用。

(3)岗位竞争与业绩考核——随着市场竞争的日益激烈,企业内部的岗位竞争也日趋激烈。所谓"岗位竞争",就是根据"谁有本事谁上、谁无本事谁下"的用人原则,在企业内部开展为争取某工作岗位的友好竞争,从而使企业不断地吐故纳新,保持其旺盛的生命活力,增强其市场的竞争能力。当然,要开展岗位竞争,首先要严格落实企业内部的岗位责任制,加强企业内部的岗位业绩考核,以考核其完成岗位职责内外的业绩情况,并根据其业绩的大小给予奖励;其次要坚持实行公正、公平和公开的人才竞争机制,不拘一格地选用人才,以提拔其中确有管理能力、确有培养前途的人员参与企业生产经营管理,替换那些不称职的或业绩不突出的管理人员;另外,还要增大岗位压力,拉大上岗与下岗的待遇差别。

所谓业绩考核,是指根据其业绩标准,考核员工在一段时间内的岗位表现和业绩成果。以通过业绩考核,实施按劳分配、确定人员升迁、奖勤罚懒、体现竞争公平。考核时,由职工的主管人员,采用自上而下的逐层进行。这就需要人力资源管理部门对企业经营目标进行层层分解,并将日常的企业管理及业绩考核制度化、规范化和民主化。

根据考评对象的不同,企业员工的业绩考核形式可分以下两种。

①个人业绩考核。职工个人业绩考核通常用"德、能、勤、绩"四字表达。所谓德,是指此人的德行(如政治素养和个人修养等);所谓能,是指此人的工作能力;所谓勤,是指此人的努力程度;所谓绩,是指此人的工作业绩,包括工作量、工作质量、合作意识和客户评价等。职工的业绩考评不仅难度较大,而且倘若发生偏差还会引发新的矛盾。为此,对于不同的岗位应选择不同的考核指标与考核方法。生产性岗位主要应考核其结果(绩);而管理性岗位主要考核其行为(德、能、勤)。例如,对于汽车维修人员应主要考核其完成维修量和服务质量;管理人员则主要考核其业务管理能力、团队精神以及所应完成工作指标等。

②团队考核。汽车维修企业的团队,是指职能科室、维修车间及维修班组等。其中,职能科室主要考核指标应包括办事效率、内外服务质量(顾客满意度)以及所应完成工作指标和提高学习能力等;而维修车间及维修班组的主要考核指标有维修量、维修质量和服务质量等。由于管理者个人业绩中包含有团队业绩,但并非等于团队业绩。因此在考核管理者个人业绩时只以相应系数计入团队业绩。考评团队绩效的目的是:总结成绩,寻找差距。考评团队绩效的基本方法是:首先将考核指标尽量量化与细化,再根据各部门、各员工各自的岗位职责,以岗位责任书的形式明确各岗位职责及其岗位考核办法进行考核。

第四节 职工培训管理

《中华人民共和国劳动法》规定:用人单位不仅应当建立职业培训制度,而且还应实行上岗培训与职业资格证书制度。这是因为:现代企业管理者想要管理好企业,不仅需要招聘高素质人才,而且更需要加强内部职工培训,以全面提高现有职工的基本素质。

由于人力资源是现代工业企业中的主要资源,因此搞好职工培训,也是现代企业为提高劳动者数量和质量而进行的人力资源投资。只有加强企业内部的职工培训,才能实现企业安全生产、提高企业劳动生产率和产品质量,降低生产成本并取得企业最好效益。尽管职工培训并不能解决现代企业中的所有问题,但确实也能解决不少问题。为此,现代企业管理者一定要有长远眼光,把职工培训纳入日常的生产经营管理计划中,并要像开展全面质量管理那样,全面、全员、全过程地培训企业全体员工,以贯彻以人为本的观念重视人才的管理和开发。

一、职工培训的意义

劳动包括智力劳动和体力劳动,也包括现实劳动和潜在劳动。所谓现实劳动能力是指人能够直接投入劳动过程从而对社会经济作出贡献的能力;所谓潜在劳动能力是指必须经过学习和开发,才能投入劳动过程,从而对社会经济作出贡献的能力。

1 职工培训是汽车维修技术发展的客观需要

随着现代汽车技术的突飞猛进,新技术的不断涌现,要求从事现代汽车维修的员工不仅要掌握新技术,而且要熟练操作,这就要求现代汽车维修人员必须提高其文化素质和技术业务素质。但由于种种原因,这些员工大多已不可能重新返校学习。因此现代汽车维修企业开展职工技术培训,这是汽车维修技术发展的客观需要。

2 职工培训是提高汽车维修企业经济效益的客观需要

企业是人的企业。既然人是现代企业生产力中最活跃和最重要的要素,企业若要获得最佳的经济效益和扩大再生产,就得不断地发展企业的生产力,就得提高企业的职工素质和劳动素质,以提高其生产技术水平和"平均熟练程度",就得加强职工的技术业务培训。由此可知,现代汽车维修企业开展职工培训既是提高劳动生产率和竞争力的重要措施,也是提高汽车维修企业经济效益的客观需要。

二 职工培训的内容

现代汽车维修企业职工的基本素质包括:政治思想素质、文化素质、技术业务素质等。其中,政治思想素质代表着人的品行,文化素质代表着人的修养,而业务能力素质反映着人的实际工作能力。现代企业的人力资源管理不仅要搞好企业职工的政治思想品德教育与文化基础教育,而且要搞好企业职工的技术业务培训与技术业务考核,这些都是现代企业发展生产力的重要措施。

1 政治思想素质教育

政治思想素质是企业职工最重要的基本素质,而政治思想素质教育是的提高企业职工素质的重要手段。政治思想素质教育的目的就是为了提高企业职工的道德品质,以增强企业职工的工作责任感及事业心,爱岗敬业、遵纪守法、弘扬正气;并发扬企业团队精神、树立优秀企业文化等。政治思想素质教育的主要内容包括政策法规教育、职业道德和职业纪律教育等。政治思想素质教育的主要方法就是要树立企业文化,用企业文化来教育职工,并用职工教育来培育企业文化。当然,要开展政治思想素质教育决不能采用说教的方法,而应该辅之以精神激励。例如,表彰先进、树立典型,以优秀模范人物的先进事迹教育职工等。

为什么在学校就入党入团或者在学校就当上学生干部的人,到企业后往往表现突出?究其原因,就是因为他们的政治思想素质较高、积极上进的缘故。通常,政治思想素质越高的人其业务能力素质也往往越强,但业务能力素质越强的人其政治思想素质却并不一定就高。倘若政治思想素质较高而业务素质较低的职工还可以加以培养和提高,但倘若政治思想素质较差,即使业务素质再好,也是本事越大其破坏力也越大。因此一个人政治思想素质高低也是衡量一个人能否成才的重要标准。

2 文化素质教育

具有较高文化素质的员工不仅其接受新事物和掌握新技术较快,而且其职业道德素质一般较高,因此招收大专院校毕业生似乎已是现代汽车维修企业管理者的共识。不少汽车维修企业为了选聘较高文化素质的人员而逐步淘汰低文化素质人员,在招聘条件中明确规定了企业招聘员工的文化素质条件(如汽车维修技工必须在中专文化程度以上,企业管理人员必须在大专文化以上等)。但实际上,由于目前大学的扩招急功近利,以及社会上普遍存在的道德危机与信仰危机,使毕业生的实际水平与所持文凭差距很大。再说,即使文凭等于水平,仅靠学校教授的一点基础知识应对飞速发展的汽车维修技术来说也远远不够。因此,要想切实提高汽车维修企业员工的政治思想素质和技术业务素质,就得首先提高员工的文化素质,实施最基础的文化素质教育。包括《语文》《数学》《物理与化学》《计算机》《基础英语》等基础文化课程教育。

3 技术业务素质教育

在汽车维修企业中,汽车维修技工是汽车维修业务的直接操作者。由于现代汽车及其检测诊断设备已经是机电一体化高科技产品,因此要想掌握现代机电一体化技术而维修现代汽车,就必须要求汽车维修人员也要机电一体化(既要懂机也要懂电),这就要求汽车维修技工尽快地掌握最新技术。然而,目前汽车维修人员的技术业务素质普遍偏低。

面对汽车维修业职工的现状,最好是直接招收来自汽车检测与维修专业毕业的大学生。但大学生也有一个较长的实习期或适应期,也同样需要对其实施技术业务素质教育,以尽快提高其业务素质,并尽可能培养成为既懂技术也懂管理,既懂汽车也懂电子的多面人才。为此,现代汽车维修企业职工的技术业务培训,应坚持干啥学啥、缺啥补啥、实用够用、学以致用的原则,根据其不同需要确定不同的培训内容,开设相关的技术基础课程教育。

(1)对汽车维修技工的培训——对汽车维修技工的培训有如下三点。

①对于汽车维修技工,主要是根据与其技术等级所对应的应知应会进行技术培训。例如,对于刚入厂的新员工,主要进行上岗前的基础培训,如企业文化与职业道德、文明礼貌与组织纪律、安全规程教育及基本操作技能训练等,其主要培训目的是使他们掌握上岗前所必需的应知应会。

②对于在岗或待岗的汽车维修技工,则主要根据技工技能等级(如初级技工、中级技工、高级技工)进行各等级的技能培训,以迅速提高其操作技能。各等级的技能培训时应根据其不同年龄结构、文化层次、技术等级和实际工作需要等采取不同的培训方法。技术培训的主要内容应侧重于各岗位技术等级所要求的应知应会,进行与其岗位技术等级相应的技术补课和技术考核。

③对于技师及高级技师的技术培训则主要侧重于提高文化、更新知识、提高业务的新技术应用专题培训,建议重点开设课程有:《机械基础与机械制图》《电工基础与电子技术》《汽车专业英语》《汽车构造与电控技术》《汽车及配件营销》《汽车维修与故障诊断》《汽车维修企业管理》等。

(2)对汽车维修技术人员的培训——汽车维修技术人员是直接从事汽车维修业务管理的生产技术人员。对于他们,不仅因为要解决汽车维修过程中所存在的疑难问题,而要求他们精通汽车维修的最新技术、提高其实际业务能力;而且还因为需要他们积极参与企业的生产经营管理,而要求他们能系统地掌握现代企业管理知识、提高做人政治思想工作的能力,并不断提高其生产技术组织能力等。因此对于汽车维修技术管理人员的培训,主要是进行最新技术的业务进修。

①对于非汽车维修专业毕业的而又已经从事汽车维修技术的管理人员,应要求他们进

行技术补课,其培训内容应侧重于汽车维修技术专业课。

②对于汽车维修专业毕业的且已经从事汽车维修技术的管理人员,应侧重于强化进修,不仅要求他们更深入地掌握好汽车维修技术专业课程,而且还要求他们掌握汽车维修技术的最新发展动态、掌握市场动态,熟悉现代汽车维修企业的经营管理和市场营销。建议重点开设课程有:《汽车机电新结构》《汽车维修与故障诊断》《汽车及配件营销》《汽车维修企业管理》等。

(3)对各级生产经营管理者的培训——企业中在岗各级管理人员(如各职能科室领导、前台业务人员、车间主任及班组长等)都属于现代企业的生产经营管理者,不仅要求他们必须懂政策法规、懂生产技术,还要求他们必须熟悉企业内外全面情况(包括市场动态及本企业生产情况等),并学会做人的思想政治工作,不断地提高其生产经营管理技能和生产技术组织能力。为此,对于他们的培训主要应侧重于企业管理知识的培训,如《汽车专业英语》《汽车及配件营销》《汽车维修企业管理》等。在培训时不仅要从严,而且还要注意培训的层次和培训的内容。

(4)对企业领导者的培训内容——厂长/经理是现代企业的领导者,不仅要求其具有良好的个人素质(有理想、有抱负、精力充沛),而且还要求其具有丰富的社会知识(善于做人的思想政治工作,善于调动人的积极性,并知人善任、善于决策)。知识广博、经验丰富,对内懂得全面的企业管理业务,对外懂得市场营销、把握市场形势。因此,对于他们的业务培训,其培训内容应以政策法规、职业道德、现代企业经营管理为主;培训方法包括:一是送出去(委托有关大专院校集中培训),二是请进来(请专家授课),三是通过考察访问、参观学习、总结交流经验等,以不断提高其企业的经营管理水平,提高其工作能力并提高其工作责任心和事业心。在对企业领导层的业务培训中,以及在对企业职工的政治思想素质教育中,企业的厂长/经理应带头学习、带头讲课。

三 职工培训的组织管理

在汽车维修企业中,由于职工较多,分工又细,且文化程度与技术业务水平参差不齐。因此人力资源管理部门在开展汽车维修企业的职工培训时,若要确保职工培训的实际效果,就要做好以下几个方面。

(1)领导重视——汽车维修企业的领导层应重视职工培训工作,并要指派人力资源管理部门中专人负责。以在企业厂长/经理的直接领导下(经企业管理委员会认真研究),结合本企业的实际情况,提出切实可行的职工培训计划,并认真组织实施。

(2)全面规划并落实培训条件——在编制培训计划时,不仅应全面规划(例如每年所需要培训的培训人数、培训形式、培训内容、培训规模及培训要求等),而且应落实培训条件(例如落实职工培训的教师、教材、教具、教室及培训经费等),讲究实效,既要照顾"全面、全员、全过程",也要突出重点。至于培训对象的确定,既要照顾全面,也要突出重点。例如,应以关键工种和关键岗位的维修技工、班组长和中层以上管理人员(如车间管理人员、职能科室等)为重点;就培训内容而言,应本着缺什么补什么的原则,以解决应知应会为主,不要一刀切。

在汽车维修企业中,职工培训经费可按国家《关于加强职工教育工作的决定》,按企业工资总额的1.5%提取(列入企业成本);扩大自主权的企业还可以从企业利润中适当安排职工培训经费,主要用于培训人员工资、保险福利费、校舍修缮费、生产实习费、图书资料费等。当然,在企业中搞职工培训一定要因地制宜、因陋就简、逐步完善、逐步发展。通常,教师靠"兼"、教材靠"编"、教室靠"挤"、时间和经费靠"保"。

(3)建立企业培训制度——企业培训计划的落实还要靠制度来保证,为此汽车维修企业应根据自己具体的实际情况,制定企业职工培训制度,从而对职工培训的组织、形式、内容、待遇等作出明确规定,并建立员工培训档案等。

(4)建立业务例会制度——建立班组、科室的业务例会制度,不仅可通报本班组或本科室的业务情况及业务进度,而且也是本班组或本科室进行业务培训的有效方法。具体做法是:它以班组或科室为单位,由班组或科室的负责人召集,定期召开(每日、每周或每月)本班组或本科室业务例会,以通报本班组或本科室在本期内所发生的典型事例及其处理过程,从而群策群力,取长补短,在相互学习中总结经验或教训,在相互学习中共同提高业务能力。

四 职工技术考核

根据《劳动法》规定,劳动者的职业技能由经过政府批准的工人技能等级考核鉴定机构负责考核和鉴定。工人职业技能的考核应依照现行的《工人技术等级标准》或《岗位规范》进行,包括技术业务理论和实际操作技能的考核。这是劳动者上岗任职的基本凭证和确定其技能工资的基本依据。倘若考核不合格的应予降级,换岗或辞退。目前,在汽车维修企业中适用的职业资格证书有:《汽车维修中级工职业资格证书》《汽车维修高级工职业资格证书》《汽车维修技师职业资格证书》《电工职业资格证书》《焊工职业资格证书》等。

技术考核应是企业技术管理中的经常性工作,为此,汽车维修企业的职工培训应指定专人负责,并形成经常性的培训工作制度,建立严格的考核制度,认真执行《工人技术考核暂行条例》,把职工的转正定级、晋级晋升、调换岗位或改变工种等都要经过严格的职工培训与鉴定考核。凭专业技术等级资格证书上岗,把职工培训的效果与职工自身利益结合起来,这样才能不流于形式,真正发挥职工培训的巨大作用。为此,汽车维修企业应建立职工技术考核评定委员会。

技术考核应由劳资部门负责工种核定,由培训教育部门负责考场纪律和监考,由技术部门负责出题、改卷和评分。技术考核的主要内容应包括所定岗位的技术安全操作规程;所定技术等级的应知应会技术标准。

需要技术考核的人员包括:学工的转正定级;技术工人上岗的操作证考核;在岗技术工人应知应会技术等级的晋级考核;待岗职工再培训后的就业考核。

技术考核的基本要求是:技术考核是一项严肃的工作,考核前必须明确考场纪律,不得营私舞弊;必须坚持考核标准,既不能提高,也不能降低;考核前可以进行适当技术辅导,但不得漏题;考卷应统一归档。抓好技术考核的注意事项。

(1)要凭数据说话。

(2)考核标准要公正和公开。

(3)要明确考核方式(如自我考核、专职考核、主管考核等)。

(4)要有良好的考核反馈(如记分、奖励和鉴定表等)。

第五节　汽车维修人员的从业资格

道路运输从业人员指以下几种。

(1) 从事经营性道路客货运输驾驶员(包括旅客运输驾驶员和货物运输驾驶员)。

(2) 从事道路危险货物运输从业人员(包括驾驶员、装卸管理人员和押运人员)。

(3) 机动车维修技术人员(包括技术负责人与质量检验员,从事机修、电器、钣金、涂漆,以及从事车辆技术评估/检测作业的技术人员)。

(4) 机动车驾驶培训教练员(包括理论教员、驾驶教练员以及客货运输及危险货物运输驾驶员从业资格的培训教练员)。

(5) 道路运输经理人和其他道路运输从业人员(前者包括道路客货运输企业、道路客货运输场/站、机动车驾驶员培训机构及机动车维修企业的管理人员;后者包括客运乘务员、机动车驾驶员培训教学负责人及结业考核人员,机动车维修企业价格结算员及业务接待员等)。

一、汽车维修人员的从业资格管理

汽车维修从业人员从业资格是对汽车维修从业人员从事特定岗位职业素质的基本评价。

汽车维修技术人员取得从业资格的比例也是汽车维修企业经营者依法获得汽车维修经营许可的必要条件。

国家对道路运输从业人员实行从业资格考试制度。其中,汽车维修技术人员的从业资格考试由设区的市级道路运输管理机构组织实施(每季度组织一次考试),且应当按照交通部编制的考试大纲、考试题库、考核标准、考试工作规范和程序组织实施。

汽车维修技术人员的资格条件如下。

(1) 技术负责人员。必须具有汽车维修或者相关专业大专以上学历,或者具有汽车维修或相关专业中级以上专业技术职称;必须熟悉汽车维修业务,掌握汽车维修及相关政策法规和技术规范。

(2) 质量检验人员。必须具有高中以上学历;必须熟悉汽车维修检测作业规范,掌握汽车维修故障诊断和质量检验相关技术,熟悉汽车维修服务收费标准及相关政策法规和技术规范。

(3) 从事机修、电器、钣金、涂漆的技术人员,以及从事车辆技术评估/检测作业的技术人员,必须具有初中以上学历;必须熟悉所从事工种的维修技术和操作规范,并了解汽车维修及相关政策法规。

凡申请参加汽车维修技术人员从业资格考试的,应当向其户籍地或者暂住地设区的市级道路运输管理机构提出申请,填写《机动车维修技术人员从业资格考试申请表》并提供下列材料。

(1) 身份证明及复印件。

(2)学历证明及复印件。申请参加技术负责人员从业资格考试的,也可提供技术职称证明及复印件;申请质量检验人员从业资格考试的,还应同时提供机动车驾驶证及复印件和维修技术工作经历证明。汽车维修技术人员的从业资格证由交通部统一印制并编号,并在全国通用。从业资格证的有效期为 6 年。

交通主管部门和道路运输管理机构不仅应对汽车维修技术人员进行诚信考核及计分考核(自取证日起算,周期 12 个月),而且还应将其违章行为记录于从业资格证的违章记录栏中;并通报发证机关,以作为对汽车维修技术人员的诚信考核和计分考核,存入管理档案。

二 机动车维修技术人员的从业行为规定及法律责任

汽车维修技术人员应当按照维修规范和程序作业,不得擅自扩大维修项目,不得使用假冒伪劣配件,不得擅自改装机动车,不得承修已报废机动车,不得利用配件拼装机动车。

汽车维修技术人员倘若发生重大生产安全事故且负主要责任的将吊销其从业资格证。

第六节 职业道德

综合国力的竞争与企业竞争都在于人员素质的竞争,而人员素质的差别在于基础教育,其中,特别是政治思想方面的素质教育。为此,就业者在职业培训中不仅要提高文化素质和技能素质(即要学会做事),更要提高道德修养和政治思想素质(即更要学会做人)。

一 道德与职业道德

1 什么是道德?

道德是用以处理社会及人际关系所必须遵循的行为规范。简单地说,道德是讲人的言行"应该怎样"和"不应该怎样"的问题,例如诚实、良心、爱心和责任心等。道德是我们做人的根本,也是我们做事能否成功的重要保证。不同社会发展阶段和不同应用场合有着不同的道德标准。道德包括家庭道德、社会公德、职业道德等。所谓公民道德是公民所应该具备的社会道德或行为准则。

道德与法律虽然都属于做人应该遵守的行为规范;但道德是由社会舆论、传统习惯、公共信念和道德教育规范的;法律则是由国家制定,并由国家行政执法机关强制执行的。

2 什么是职业及职业道德?

职业是由于社会分工不同而从事的,并以此作为从业者主要生活来源的某种专业业务或某种特定职责。

职业道德是指职业人在特定工作和劳动中用以协调和处理职业内外人际关系所应遵循的道德原则和行为规范。职业道德包括思想素质、道德规范、职业行为和职业习惯等。它是人们在从事职业的过程中逐渐形成的内在的、非强制性的约束机制。

职业道德是随着职业的产生而产生的。不同职业有着不同的职业道德,且不同社会发展阶段中的职业道德其内容与标准也各不相同。例如,领导干部要讲政德,商人要讲商德,医生要讲医德,文人要讲文德,艺人要讲艺德,教师要讲师德,学生要讲学德等。现代企业管理者要具有良好的职业道德,取决于他是否具有良好的思想素质和心理素质,取决于他是否养成良好的职业行为和职业习惯。倘若做人不讲道德,办事不讲职业道德,便是"缺德"。

3 为什么要讲职业道德?

在人际社会里要与人相处,正确处理人际关系是不可避免的。职业劳动者在人际交往和事务处理过程中都应该讲究思想品德与职业道德。

(1)良好的职业道德能够树立良好的个人印象,从而有助于改善人际关系、缓解各种矛盾,达到和谐相处。

(2)良好的职业道德也是事业成功的必要保证。当前社会对从业者提出了很高的职业道德素质要求。不仅要学会做事,掌握从业所必需的应知和应会,更要学会做人,以提高自身的政治思想觉悟,忠于职守、吃苦耐劳,从而成为有理想、有道德、有文化、有纪律的新型劳动者。

(3)良好的职业道德是增强企业凝聚力的重要手段,要实现企业目标,除了必须采取相应的行政或经济手段外,还必须树立道德风尚,凝集人心,促进企业文化建设,加强企业员工的职业道德素质教育。

(4)良好的职业道德也是企业文化建设的重要组成部分。企业文化是企业形象、企业精神、企业价值观等的总和。企业的人文环境需要由职业道德来维护,因而职业道德是企业文化的重要组成部分。

4 怎样学好职业道德?

(1)学习职业道德的关键是端正思想态度、培养职业良心——由于人的一切行为都要受到自身思想的支配,办任何企业都是要讲良心的,为此应珍惜职业荣誉、自觉遵守职业纪律。倘若做事不讲良心、甚至害人,则不仅会受到人们指责,而且还会受自己的良心所责备。

(2)学习职业道德要理论联系实际——即通过职业道德培训,对照自己的言行,三思而后行。要分清该说什么而不该说什么;该做什么而不该做什么;什么是有德而什么是缺德等。

(3)学习职业道德贵在坚持——职业道德也涉及做人的本性。虽然"江山易改、本性难移"说的是易性很难,但并没有说不能易。因此,要学习职业道德,改正自己的不良习俗(即易性),就应该贵在坚持,坚持"从我做起、从小事做起、从今天做起"。

二 职业道德的基本规范

1 中国传统的职业道德

中国是礼仪之邦的文明古国,数千年的文明积累了丰富的职业道德。

(1)提倡同心同德——我国人口众多、人际关系复杂。要实现民族团结就必须全国各族人民同心同德、和谐相处。儒家的孔孟之道就历来主张"礼之用,和为贵"、"天时不如地利,地利不如人和"、"仁者爱人"等,就是在提倡心和(同心同德)、颜和(和颜悦色)、敬和(和顺恭敬,不盛气凌人)、衷和(同心协力,和衷共济)。敬献爱心、和气致祥、和气生财,这不仅是中国人的传统美德,也是中国人做人的基本原则。也只有这样,人活着才能有所作为,价值才能有所体现。

(2)提倡诚信——中华民族是一个重诚信的民族。所谓诚,就是要为人诚实、真心待人;明明白白地做事,老老实实地做人,这是道德修养的基础。所谓信,就是要讲究信用、遵守诺言,言必信,行必果,这是做人的根本。我们要为学立业,倘若没有诚意就没有道德,没有信用就难成事业。提倡诚信也要提倡重义轻利,反对损人利己。所谓君子生财,取之有道;买卖不成仁义在;不以利小而不为,不以利大而忘义等,都反映了中华民族诚信的道德观念。

(3)提倡自强不息、奋发进取——做事在认真、做人要精神。做人必须要有精神,这种精神不仅要自强不息、不怨天不怨人,还要奋发进取。当然,要自强必须先自胜,即自觉地克服自己的缺点、弱点和错误;提倡自信、自尊、自立和自强。

2 我国现阶段职业道德的基本规范

职业道德是每个职工的行为准则。我国20字职业道德的基本规范是:爱岗敬业、诚实守信、办事公道、服务群众、奉献社会。

(1)爱岗敬业——在市场经济条件下选择岗位,目前都采用双向选择原则,即你选单位、单位选你,双向都是自愿的。但双向选择中更需要爱岗敬业,这是目前用人单位在挑选人才时的重要标准。其中,所谓"爱岗"就是要热爱自己的工作岗位,热爱本职工工作。这是衡量从业者的基本态度;所谓"敬业"就是要用一种恭敬严肃的态度对待自己的工作,勤奋努力、精益求精、尽职尽责地对待自己的本职工作。爱岗敬业的基本要求如下。

①树立职业理想。
②强化职业责任。
③提高职业技能。

为此,要乐业、勤业、精业。只有爱岗才能敬业,只有敬业才体现爱岗。爱一行干一行只是少数,大多数只能是干一行爱一行。倘若大家都只凭热爱或兴趣而工作,就会造成许多事无人做,或者许多人无事做。

(2)诚实守信——诚实守信是为人之本、从业之要。它不仅是一种社会公德,也是做人的起码要求。其中,诚实就是做人要忠厚老实,以诚待人,踏踏实实地做事,老老实实地做人;不讲大话、套话和假话,不隐瞒自己的观点和情感,光明磊落。守信就是要忠实地履行自己所承担的义务,信守诺言、讲求信誉,言必信、行必果。诚实守信的具体要求如下。

①忠诚所属企业。诚实劳动、关心企业发展、遵守合同和契约。
②维护企业信誉。树立产品质量意识;重视服务质量,树立服务意识。
③保守企业秘密。

(3)办事公道——办事公道是正确处理各种关系的准则。所谓办事公道,就是在处理人际关系或者办事时,要站在公正的立场上,公平、公开地待人处事,不论对谁都是一个标准。要想办事公道,平时就要为人正直,不仅要分辨善恶美丑,而且还要疾恶如仇,心里容不得一点杂念。要想办事公道,就必须以国家和企业利益为重,坚持原则,不徇私情。其具体要求如下。

①坚持真理。
②公私分明。
③公平公正。
④光明磊落。

(4) 为人民服务——每个人都在享受着别人的服务,同时也承担着为别人服务的职责。今天的社会就是我为人人、人人为我的局面。因此,为人民服务不仅是履行岗位职责的精神动力,也是判断职业行为是非善恶的最高标准。要做到为人民服务,必须心中装着别人,要想到别人、爱别人。凡事都要换位思考,从而作出正确选择。

(5) 奉献社会——所谓奉献社会,就是要全心全意为人民服务,为全社会服务,为他人服务。取自于社会、还之于社会,最后奉献于社会,这不仅是职业道德的最高境界,也是做人的最高境界。

3 职业道德的基本要求

职业道德的基本要求有:"义务、良心、荣誉、节操"等。

(1) 义务是指对社会、集体和他人应尽而不图回报的责任。这种责任不仅包括是非感、正义感、羞耻感、同情感和责任感,也包括自尊、自爱、自重等。为此要求,企业管理者只要在其位就要谋其政,只要有权就要尽义务。

(2) 良心是指职业者在履行职责义务时要对得起工作、对得起社会、对得起别人。为此要求,现代企业管理者的每一言一行都要以职业良心来规范、检查、监督和反思自己。不仅要爱别人,要将心比心地想到别人,而且还要克己奉公、无私奉献。做企业就要有良心。

(3) 荣誉是指企业管理者在对待荣誉时应视其为鞭策和鼓励,而决不要沾沾自喜,故步自封,自我感觉良好。

(4) 节操是指企业管理者自身的品行,哪些该做,哪些不该做。

4 社会主义道德与职业道德的基本核心——为人民服务

正如毛泽东主席教导我们的那样:"共产党和共产党所领导的八路军、新四军,是革命的队伍";"我们这个队伍完全是为着解放人民的,是彻底地为人民的利益工作的";"我们应该谦虚,谨慎,戒骄,戒躁,全心全意地为人民服务";"全心全意地为人民服务,一刻也不脱离群众;一切从人民的利益出发,而不是从个人或小集团的利益出发;向人民负责和向党的领导机关负责的一致性;这些就是我们的出发点。"为此,社会主义道德与职业道德(包括道德与职业道德)的基本核心或最高宗旨,就是为人民服务。其基本原则是群体意识;其基本要求是爱祖国、爱人民、爱劳动、爱科学、爱社会主义。

三 职业道德的培训与建设

我们常说:"性相近、习相远",这句话的意思是,虽然人的本性大体相近,但由于后天的学习和修养不同,人与人的差别很大。有的功成名就,有的浑浑噩噩,有的行善,也有的作恶。由于人的成长与发展是一个渐进过程,因此要造就一个合格的职业者,不仅要有意识地接受正规、正面的教育与培训,而且还要主动积极地进行自我修养。自我修养是人性修炼渐变的主导内因。

1 职业道德培训的意义和目标

青年学生虽然在学校经历了数年的教育培训而具备了一定的基础知识和职业技能，但要胜任职业岗位的实际需要，职业道德、基础知识和职业技能明显不足。常常是眼高手低，大事做不来、小事又不想做。长此下去，往往一事无成。

(1) 职业道德培训的意义——要培养职业者的职业责任和敬业精神，首先要在行为上养成良好的职业道德习惯。现代社会需要的并不只是单纯的专业技能，更需要敬业精神、合作态度与群体意识，以及职业道德与社会公德等。例如，诚信、公正、尽责、合作（不损人利己）、合法经营；公平竞争（不排挤他人）等。在社会主义市场经济条件下，新型的职业者必须具备良好的综合素质，包括科学文化素质，专业技能素质和思想道德素质等。其中，思想道德素质是综合素质中的基本素质。倘若具备职业道德而缺乏专业技能的人还可以培养，但倘若只有专业技能而缺乏职业道德的人，却是本事越大，破坏力也越大。

(2) 职业道德培训的目标——职业道德培训的目标包括如下几点。

①坚定职业理想。在初级阶段，因为要维持生活、承担社会责任而必须干一行爱一行；在高级阶段，随着时间的推延和经验资历的积累，逐渐从干一行爱一行发展成为爱一行干一行，从而将个人爱好与岗位结合起来，作出自己应有的贡献。职业理想必须立足于自己的实际条件，不要好高骛远而使理想只是梦想。

②端正劳动态度。要端正劳动态度，首先是要遵纪守法；其次要尊重他人劳动。新员工上岗实习的主要目的就是要端正劳动态度，而不是学习技术。

③培养职业良心。职业良心是合格职业者的基本素质，不仅要用良心去做事，更要用良心去待人，严于律己，经常检查自己言行，在道德和不道德的抉择中做好正确的权衡和选择。

2 职业道德建设与训练

随着我国改革开放和社会主义市场经济的迅速发展，人们的道德观和价值观都发生着极大的变化。有些人往往认钱不认人，其职业道德和奉献精神都出现了严重的信仰危机和道德危机。正因为这样，感情就显得更加珍贵，信仰和道德也显得格外重要。

如何提高员工的职业道德素质，家庭和学校的素质教育起着决定性的作用。职业道德素质包括观念、行为和习惯等。其中，观念是从业者对世界的基本看法（即世界观）、情感、意志和信念。倘若职业者对自己的职业缺乏深刻的认识和理解，就会缺乏做好本职工作的热情，也就不可能表现出良好的职业道德行为来。

要加强企业的职业道德建设，就要树立企业新风。这除了要搞好本企业的职业道德教育，宣传正气外，还要反对企业中的不正之风。不破不立、先破后立。企业中的一些不正之风包括如下几点。

(1) 假公济私，损公肥私。

(2) 偷工减料，不守信誉。

(3) 服务生硬、纪律涣散等。其中，劳动纪律是保证安全生产、规范职业行为的必要手段，也是生产技术工艺流程和作业环境的客观体现。有些从业者不遵守企业的劳动纪律和工艺规范，结果频繁发生重大事故。

由于职业劳动属于社会化的公共行为，职业者在职业生涯中应具有基本的文明礼貌与道德修养。职工的职业道德训练也应该从文明举止和礼貌用语入手,并必须从今天做起、从小事做起、从自己做起。

(1)文明举止——我国是一个文明古国,在人际交往和职业活动中不仅有礼仪、礼节和礼貌的规定,而且有道德的共识和态度。否则就会失礼或缺德,严重的还会损害个人印象和人际关系。文明举止应注意如下几点。

①仪容仪表洁净整齐,仪态举止优美自然(包括站相、坐相、走相、神态等),避免不良或不雅习惯。例如,有些年青人为了显示个性,总喜欢一些不伦不类的穿戴和打扮,要知道你从业的是汽车维修企业,汽车维修企业属于集体劳动,是不允许个性超越共性的。

②谈吐文明,诚恳亲切。谈吐最能体现人的思维能力、文化水平和道德教养。要清除语言中的杂质,学会使用礼貌用语。有些人喜欢说些社会流行语,拿戏说当幽默,其实这都是不妥的。

③讲究礼节,恰如其分。礼多人不怪,凡事多说一句礼貌用话,会使对方感到尊重和满足,从而得到对方的喜欢和尊重。为了提高服务质量,增强职业劳动者的文明意识,一些服务行业都规定了服务用语和服务忌语,也规定了礼节和礼貌。例如,称呼做工的为师傅,称呼坐办公室的为老师;对男的不要问收入,对女的不要问年龄,同事之间要尊重他人的自主和隐私等,这些都需要细心注意与品味。当然,礼节和礼貌不仅是文明人的意识和习惯,来自于人的长期修养;而且还要与具体的情景和对象相结合。因为过分的礼节和礼貌不仅显得做作,而且显得有些假。

④勤劳节俭。勤劳节俭不仅是中华民族的传统美德,也是个人或企业在市场竞争中常战常胜的秘诀:勤俭可以提高效率,节约成本,因此也是社会可持续发展的法宝。

(2)训练行为——训练行为时,不仅要说道理、明是非,而且要进行强化式、灌输式、服从式训练,以合乎规范、提高技能。

①合乎规范。规范是为了保证正常秩序的既定要求,包括道德规范、法律规范、职业规范(包括岗位责任、操作规程、职业纪律)等。其中,岗位责任规定了该岗位的职与责;操作规程是职业劳动的操作程序;职业纪律是以命令规定的基本要求。

②提高技能。提高劳动技能需要长期的艰苦努力,还需要学习和钻研。视工作为挑战,一丝不苟,全身心投入。要么不干,要干就要干好。劳动技能的提高是无止境的。第一要会,第二要熟,第三要精,第四要绝。

3 职业道德修养

职业道德修养是指个人在思想观念、道德品质、知识技能技艺等方面经过自我锻炼与自我改造而达到的涵养和境界。职业道德修养需要职业劳动者主动而积极的自我培养。

所谓职业道德修养,是指人们为了在理论、知识、艺术、思想、道德品质等方面达到一定的水平,按照职业道德基本原则和规范,在从事各种职业活动中所进行的自我教育、自我锻炼、自我完善和自我提高,从而使自己形成良好职业道德品质并达到一定职业道德境界的过程。职业道德修养的方法如下。

(1)立志——要加强职业道德修养,首先要确立正确的人生观。由于人的行为受思想意识的支配,从业者能否干好本职工作,首先要确立自己的意志和理想。

①要成为强者,不安于现状,决不服输。

②要脚踏实地、勤勤恳恳劳动,要做大事、先做小事。不要大事做不来,小事又不做。

③要持之以恒,贵在坚持。

(2)学习——要加强职业道德修养,其次是要培养自己良好的行为习惯。为此,需要不断学习。例如,学习职业道德规范、掌握职业道德知识;努力学习现代科学文化知识和专业技能,提高文化素养;多读书、多学习先进人物的优秀品质,学习别人长处,多总结自己等。那些自我感觉良好,总是能原谅自己的人,是不可能提高道德境界的。学会做人、学会做事、学会学习。

(3)慎独——慎独,是在无人监督的情况下,也能谦虚谨慎,不做缺德事。只有当我们提高精神境界,努力做到"慎独",经常进行自我反思,真正做到自律时,就不会动摇自己的职业道德观。

(4)将心比心、推己及人,求同存异、团结互助——在职业道德修养中,严于律己,宽以待人,将心比心,推己及人是最基本的做人方法。求同存异、团结互助,是指在人际关系中,为了共同的利益和目标,求同存异、相互合作,以共同发展。其基本要求是:平等尊重、顾全大局、相互学习、加强协作。

(5)积善——积善就是从一点一滴起多做好事,积善成德。高尚的思想道德和优秀的职业道德都需要有一个漫长的积累过程。平时不检点、不注意自身修养的人,不可能有朝一日能挺身而出,绝旧从新。

(6)遵纪守法——每个从业人员都要遵纪守法,遵守职业纪律与相关法律法规。职业纪律是在特定的职业活动范围内从事某种职业的人们必须共同遵守的行为准则,包括劳动纪律、组织纪律、财经纪律、群众纪律、保密纪律、宣传纪律、外事纪律等。遵纪守法的具体要求:学法、知法、守法、用法;遵守企业纪律和规范。

第七节　现代企业的职业经理人

随着现代企业管理业务的日益复杂,当今社会正在逐渐步入"职业经理人"的时代。所谓职业经理人,是以经理为职业的专门人才。他受股东委托,担任着现代企业中的最高行政领导,从而为企业的今天和明天操劳。

职业经理人是一个多数人都梦寐以求的职业。无论是国有企业还是民营企业,不少股东都希望找到能为他们管理现代企业的高素质职业经理,从而使他们的投资能获得高额回报;已经在岗的职业经理希望通过提高自身素质而保住其职业经理人岗位;准备上岗的未来职业经理也希望通过提高自身素质,尽快地走上职业经理人岗位,以实现自己所要实现的梦想。

一、职业经理人的基本素质

现代企业要求职业经理人,不仅应当具有过硬的政治思想与道德素质,具有现代企业的管理观念,例如战略观念、市场竞争观念、为人民服务观念、以人为本观念、专业素质观念、效益与风险观念等;而且应当具有高明灵活的管理能力,例如思维创新能力、经营决策能力、市场开拓能力、组织协调能力、危机处理能力、处理人际关系能力、行为沟通能力、资源整合能力等)和(企业组织结构、市场营销管理、财务管理等综合能力等)。

职业经理人的基本素质包括:诚信意识、领导意识、团队意识、市场意识、风险意识等。

❶ 职业经理人应该是企业经营家

在社会主义市场经济条件下,职业经理人不仅应该是企业管理家,具有企业家的特征(如具有较高政治素养和政策水平,具有积极主动进取精神,并有充分实践经验和较强组织领导能力),而且更应该是企业经营家,学会现代企业的经营之道,具有现代企业的经营之才。

❷ 职业经理人应该是企业战略家

在市场经济条件下,职业经理人掌握着现代企业的经营决策大权,职业经理人的个人行为将直接关系到企业的成败兴衰,稍有不慎就有可能给企业带来无法弥补的损失。为此,要求现代企业的职业经理人必须具有较强的分析判断和概括能力、预测能力、判断能力和逻辑思维能力,并要用企业战略家的眼光,弄清企业当前所处的环境和现状,站得高、看得远,想出一般企业家所不及的主意,及时正确地作出企业的经营决策。当然,及时正确的企业经营决策只能来源于详细周密的市场调查和市场预测,来源于职业经理人对企业内外环境条件的分析和规划,而不是灵机一动的事。

❸ 职业经理人应该是企业创新家

现代企业经营决策的"出奇制胜"关键在于职业经理人的开拓和创新,因为紧跟或模仿是不可能使企业兴旺发达的。为此,职业经理人应该具有足够的才智能力和很强的创新能力。职业经理人的素质不仅在悟,善于发现问题并悟出道理,而且在法,要看到容易被别人忽略的问题或者想到别人所想不到的问题,并从中悟出道理,善于采取适当的对策和办法。

❹ 职业经理人应该是企业组织家

职业经理人的主要职责,就是要出好主意和知人善任。为此,不仅要善于组织管理好现有的职工队伍,从中发现人才,培养人才和善于使用人才,而且还要善于发展新的职工队伍,招贤任能,为企业的明天做好准备。现代企业作为一个群体或团队,需要企业全体员工的齐心合力。为此,职业经理人既要懂得组织队伍和指挥队伍的原则和方法,也要有组织队伍和指挥队伍的实际领导能力。既要熟悉并善于运用各种组织形式和调整结构,适当地集权和分权;也要善于运用组织力量和使用权利、知人善任、处事灵活。凡事不相信别人,凡事都事必躬亲,事无巨细的领导者绝不是一个优秀的领导者。

❺ 职业经理人应该是企业协调家

现代企业职业经理人的基本能力,一是人际关系能力,二是概念判断能力,三是业务技术能力。其中,建立亲密的人际关系是现代企业领导的最基本能力。

中国有句俗话,"说你行、你才行,不行也行;说不行、就不行,行也不行"。其意思是说:"你的对错与功过是需要别人或者历史去评述的"。中国还有一句俗话,"士为知己者死"。其意思是说,只有你与他成为知己朋友,别人才可能为你卖命。由此可知,人际关系能力乃是现代企业职业经理人的最基本能力。只有你处理好了上下左右的人际关系,你才能具有充分的沟通能力和协调能力,才能动员和发挥企业员工的群体力量去实现企业的最后目标。

6 职业经理人应该具备良好的职业道德和个人素质

具有良好的职业道德,这是职业经理人所必需的基本素质。职业经理人的职业道德包含以下几点。

(1)对股东和企业的绝对忠诚,绝不能为了个人私利而损害公司利益、为了短期利益而损害长期利益、为了局部利益而损害集体利益。

(2)具有高度的敬业精神和良好的职业态度,履行职责,严守企业机密(其中包括过去曾经服务过的企业和现在正在服务的企业)。

职业经理人还必须具有良好的心理状态和个人素质,即要具有较强的自我制约能力和语言表达能力,不仅要敢于负责、廉洁守法、爱岗敬业、正直公平、谦虚谨慎、勤劳果断;而且要敢于自我反省,自我制约,处处作出榜样。为此,职业经理人必须接受专业训练,不仅具有一定的专业理论知识和专业技能,知识面广、事业心和责任心强;而且具有较强的自信心,不仅知道自己应该做什么,同时,只要去做、就必须要做好。

实践证明:在当前的市场经济条件下,倘若企业规模越大,就越要求其职业经理人应该是一个具有较强经营管理能力的市场经营型软专家(而不是一个精通某项专业技术或专业技能的硬专家),他可以不懂生产技术,但必须懂市场经营、懂财务管理。但倘若企业规模较小,则要求其职业经理人还应该是一个既懂经营管理,也懂生产技术且能软硬兼施的杂家。因为只有懂经营管理(特别是懂财务管理),才能准确地判断市场需求,从而作出合理的经营决策;只有懂生产技术(特别是懂产品开发),才能获得职工的尊敬,从而吸引下属和凝聚团队,形成核心的领导力量。正因为此,大型汽车维修企业的职业经理人通常是从工商管理专业毕业的大学生,而中小型汽车维修企业的职业经理人则通常是从汽车维修专业毕业的大学生。除此之外,职业经理人的性格还应该是外向型的,而性格内向的人员并不适合于当职业经理人,因为他们并不善于与别人沟通或协调。

我们的职业经理人应当像徐特立同志所说的那样:"一个共产党员应当什么都知,什么都能,什么都学,什么都干,什么人都交,什么生活都过得下去。"

二 职业经理人的领导艺术

由于职业经理人是经营管理企业的最高领导,不仅要懂得企业管理的理论知识和实际技能,而且还要具备领导者的风度和艺术。由于中小型汽车维修企业中的职业经理人大多出身于汽车维修专业的技术人员,对他们而言,更需要训练其企业的组织能力和管理能力。

不少职业经理人在企业管理中都热衷于学习《孙子兵法》。但《孙子兵法》只是教授了战略战术,而要当好职业经理或企业领导,更要学习毛泽东的思想精髓和领导艺术。不管今天对毛主席的功过如何评价,毛主席始终是一个无人能及的伟大领袖。在他领导下,全国山河实现了一片红。倘若我们的企业也能实现一片红,那我们的企业将众望所归,我们还有什么困难解决不了的呢?

1 职业经理人应该懂的法律

现代企业管理者往往从行政、经济、法律和教育几个方面对企业实施管理。因此要提高汽车维修企业的生产经营管理效果，首先要求职业经理人从行政、经济、法律和教育等方面提高个人素质，例如懂法律、懂经济等、懂营销、懂技术等。

（1）宪法——宪法不仅是国家最重要、最基本的法律，是制定和实施其他各种法律、法令、条例和规章制度的基本原则；而且也是一切公民都必须遵守的行为规范和活动准则。

（2）经济法——经济法是关于经济法律总称。其内容包括如下几点。

①企业管理方面：如企业法、商业法等。

②经济管理方面：如计划法、财政法、税法、资产投资法、物资管理法、统计法、会计法、审计法、经济合同法等。

③自然资源与环境保护方面：如环境保护法、土地法等。

④奖励发明与技术改进方面：如发明奖励法、合理化建议和技术改进奖励法、商标法、专利法等。

⑤对外经济联系方面：如外国企业法、中外合资经营企业法等。

（3）劳动法——现代企业的生产经营管理需要使用劳动力，因此依法处理其劳动关系是办好企业的必要条件。劳动法的主要内容有：关于劳动关系的产生、变更和终止；签订集体合同的规定；关于工作时间、休息时间和休假制度的规定；关于劳动报酬的规定；关于安全生产的规定；关于女工与未成年工的特殊保护规定；关于职业技术培训的规定；关于劳动纪律、劳动保险的规定；关于工会组织和职工代表大会的规定；关于劳动争议的处理以及执行劳动法的监督和检查等。

（4）刑法及其他法律——刑法是关于犯罪和刑罚的法律规范总称。要自觉地维护社会经济秩序、防止经济犯罪，就必须了解刑法及其他法律。

2 职业经理人应该抓的重要环节和经常要办的事

（1）新上任的职业经理人在其上任后，首先要抓有如下几点。

①抓住企业发展规划，审议企业生产经营管理计划和产品发展方向。

②整顿和调整企业领导班子，以组成强有力的生产经营管理指挥系统。

③合理解决影响职工情绪的主要问题，以充分发挥职工的生产经营管理积极性。

（2）职业经理人平时应抓的重要环节——职业经理人的主要任务是要搞好企业的生产经营管理，其中包括如下几点。

①决策与计划，如编制企业生产经营管理的年度计划和中长期发展规划；确定产品的发展方向、生产规模和经济目标；编制与此相应的技术措施计划、人才培养计划、资金筹措计划、基本建设计划等。为此，要充分掌握信息流（市场调查报告、用户意见反馈、各部门业务情况报告、财务状况报告及会计报告等），建立好企业的信息系统。

②组织与协调。首先是要充分注意企业的管理组织和车间劳动组织，不仅要在人力管理、财务管理和物流管理上合理组织，建立各级责任制度；而且还要通过沟通，协调好各个方面人际关系。

③调度和指挥。为建立高度集中、统一指挥、强有力的生产经营管理调度指挥系统，必须实施逐级管理、逐级负责的领导原则。

④控制。不仅要抓好安全控制与质量控制，而且还要抓好人力资源控制、物资消耗控制、设备控制、财务控制和生产经营管理秩序的控制。

⑤用人与激励(领导)。要开展思想政治工作,以发挥全体职工的积极性与主动性,就要出好主意、正确地使用人才和培养人才。

⑥考核与评价。建立必要的考核标准和考核办法,以公平、公正、公开地定期检查、考核和评价企业内各项工作完成情况,以及各个部门和各类人员的工作状况,从中不断找出问题,完善企业管理。

(3)职业经理要干好工作,首先要明白自己将要干些什么和怎么去干——例如以下几方面。

①职业经理要经常想到的事是:国家的方针政策;企业财务状况及经济效益;企业安全状况;企业在生产计划、质量和信誉上的适应能力和竞争能力;各部门及各生产车间的日常工作协调性;职工生活情况;企业精神面貌和风气等。

②职业经理要经常了解的情况有:国内外市场情况及国内外生产技术和企业管理的发展情况;本企业的生产能力和竞争能力;本企业产品质量和用户反映;本企业经济责任制落实情况;本企业经营状况和成本情况;本企业职工思想动态和要求等。

③职业经理经常要掌握的资料有:上级文件决定及动态资料;市场调查及市场预测资料;本企业生产经营管理状况报表及分析、产品质量标准及用户意见反馈;本企业财务报表及经济核算报表;本企业职工业绩考核及评比资料;各项工作总结和业务会议资料等。

(4)职业经理经常要去的地方是——每天巡视各车间及各业务经营部门,并重点了解其薄弱环节;每周召开一次业务例会,解决生产经营管理活动中存在的重大问题;每月走访一次职工家庭及重点用户,深入交换意见并了解情况;每年开好一次总结表彰大会。

3 职业经理的管理方法

高明的职业经理人常常推行以下管理方法。

(1)明确办事程序和办事方法,并将其业务流程及业务目标形成标准和制度,善于明责授权——为了能充分调动副职及下属的日常管理职能,必须明责授权,实行逐级管理、逐级负责的办事程序和办事方法,既要充分放权而放任自流,又不能放松管理而事必躬亲。什么都做主的领导不是好领导,什么都不做主的下属也不是好下属。当然,在明责授权时应当明确以下原则。

①要坚持统一命令的原则,且逐级管理、逐级负责,而不要越级指挥和越级布置工作。

②权责相当的明责授权,即授权时要权责相当。

③量力授权,即被授权者要能胜任。

④相互信任,疑人不用、用人不疑。

职业经理在处事时应做到如下几点。

①布置任务要明确(包括任务的性质、目标、授权范围、责任与时限等)。

②要检查任务的执行落实情况,但不要越级干预。

③遇到意见不统一时要冷静处理,不要轻易决定。

④要坚持统一命令的原则。

职业经理人在企业管理中还通常实行"例外原则",即已经有规定分工或已经有专人负责的事一律不直接插手管理;职业经理人只管厂规厂法的制定、各级各部门工作情况的检查和考核,各级各部门的人事变动及财务管理,以及厂规厂法尚无具体规定的事项。

(2) 做好企业管理基础工作——例如以下几个方面。

①企业领导制度与企业管理制度建设,建立必要的规章制度,其中特别是岗位责任制与经济责任制。

②抓好全面人力资源管理与开发。

③抓好全面计划管理工作。

④抓好全面质量管理工作。

⑤抓好全面经济核算。

⑥抓好企业定额管理、信息管理和计量检测管理。

(3) 善于安排时间——对于职业经理人而言,由于所处地位和工作交往等原因,往往不能自主安排时间,有时甚至疲于奔命。因此职业经理要成为高效精明的管理者,首先要管理好自己的时间。其方法有以下几种。

①要善于利用时间。

②要分清轻重缓急、善于安排工作。

③要善于接待来客。

④要精简会议和文件、善于开好各种会议。对于必须召开的重要会议,会前准备是前提,会中讨论是关键,会后贯彻是目的。准时开、准时散,会议时间一般不超过半小时。

总之,要当好职业经理人,不是光靠个人埋头苦干,也不是仅靠个人独善其身;而是要靠坚强有力的领导班子和忠心耿耿为企业献身的职工队伍。

为了帮助职业经理人搞好企业的生产经营管理,现代企业中通常还应设立智囊团。从广义上说,企业职能部门也是职业经理人的智囊团,但由于这些职能部门承担着某专项的管理职责,在反映问题时难免带有片面性。因此最好的办法还是聘请几个有企业管理经验和理论实践能力的专家,以组成非常设性的企业智囊团(如企业生产经营管理委员会、企业技术开发委员会等),直属职业经理人领导。

复习思考题

1. 为什么人力资源管理是现代企业管理中最重要的管理?
2. 什么是劳动?什么是劳动管理?
3. 什么是劳动生产率?怎样提高企业劳动生产率?
4. 什么是劳动定额?为什么要制订劳动定额?如何制订劳动定额?
5. 怎样进行汽车维修企业的劳动定员编制?
6. 汽车维修企业目前实行的劳动工资包括哪些形式?
7. 什么是劳动保护?为什么实施劳动保护?汽车维修企业如何实施劳动保护?
8. 什么是劳动保险?劳动保险有何特性?
9. 劳动管理与企业管理有何联系?什么是人力资源管理?
10. 现代企业的人力资源管理与传统企业的劳动人事管理有何区别?
11. 试述人力资源管理的基本功能与基本方法。
12. 为什么要改革用人制度?
13. 什么是人才?如何做好人才的聘用、管理、使用、激励与考核?

14. 什么是企业的人才结构？什么是业绩考核与岗位竞争？
15. 汽车维修企业为什么要加强职工培训？
16. 汽车维修企业的职工应具有哪些素质？
17. 为什么汽车维修企业要加强政治思想教育、文化素质教育、技术业务素质教育？
18. 怎样加强汽车维修企业的政治思想教育、文化素质教育、技术业务素质教育？
19. 如何组织职工培训？为什么还要加强职工技术考核？
20. 国家为什么要对道路运输从业人员实行从业资格考试制度？
21. 道路运输从业人员包括哪些人员？
22. 机动车维修技术人员的从业资格条件有哪些？
23. 机动车维修技术人员的从业行为规定有哪些？应负的法律责任有哪些？
24. 为什么还要对道路运输从业人员实行诚信考核及计分考核？
25. 什么是职业？什么是道德？什么是职业道德？
26. 为什么要讲职业道德？
27. 中国传统的职业道德有哪些？中国现阶段的职业道德有哪些？
28. 为什么说社会主义道德与职业道德的基本核心是为人民服务？
29. 职业道德培训的意义和目标是什么？如何进行职业道德培训？
30. 如何加强自身的职业道德修养？
31. 职业经理人的基本素质是什么？
32. 职业经理人的领导艺术指哪些？

第八章　企业文化建设

在当前的市场经济条件下,企业的经营管理常与周围市场环境密切相关。例如,由于产品与技术的相互重叠而引起产品销售的相互类似,常常出现几家经营业户同时销售同一品牌的现象,企业之间产品与服务的差别逐渐减小,产品与技术的竞争日益激烈(最后多导致价格竞争而低价倾销)。在此情况下,若要推动企业的继续发展,就需要企业实施差别化策略。例如,创建独特的企业品牌与企业文化,并借助于这种独特的企业品牌与企业文化,树立各自的企业形象与企业精神,以形成企业各自的个性。有人预言:企业文化就是明天的企业经济。

第一节　企业文化

一、企业文化的概念

1. 什么是企业文化

企业既是国民经济中独立的经济实体,也是在既定社会意识形态下独立的社会单元。人们在这种政治经济环境中从事生产经营管理活动,必然会形成某种共同的职业习惯、思维方式和精神状态。倘若从哲学的高度来研究企业的经营管理,所谓企业文化,就是企业职工在长期生产经营管理活动中逐步形成的文化共识,包括共同价值观念与共同行为规范等。

(1) 共同价值观念——哲学里所称的世界观,是指人们对客观世界的总看法或根本观点,包括人生价值观与荣辱观等。企业的共同价值观念是企业中人(生产经营管理者及全体员工)对企业或职业的总看法或总观念。这些观念将贯穿于整个企业的生产经营管理活动中,指导着企业中每个组织或成员如何去从事生产经营管理。

优秀企业文化的基本价值观念。

①人的价值是无限的。为此,要办好一个企业,一定要以人为本。不仅要严于律己、不断奋斗,从而努力实现自己的目标,而且还要宽以待人,以团队意识共同前进。

②人生的道路是曲折的、光明的。为此,不仅要有自信心,从我做起、从今天做起、从小事做起(注重于企业实施战略的每个细节),而且还要有毅力与勇气,做好应对困难与意外的

预先准备(预案)。

(2)公共行为规范——企业为了使生产经营管理别具特色,需要规范自己企业的公共行为。企业的公共行为规范既是企业群体为规范其行为的公共行为标准,也是企业群体制度化的整体行为。企业的公共行为规范包括企业形象(是企业全体员工在生产经营管理活动中所表现出来的外部形象特征)与企业精神(是企业全体员工在生产经营管理活动中所表现出来的内在精神面貌)。

企业文化的五个构成要素为如下几点。
①企业环境。这是影响企业文化形成和发展的环境因素。
②企业价值观。这是企业管理的基本信仰,也是企业文化的核心。
③模范人物。这是人格化的企业文化,它为全体企业员工提供具体的楷模形象。
④企业礼仪。这是企业在日常生产经营管理活动中作为惯例和常规的通用礼仪方式。
⑤文化网络,是指企业管理组织中用以沟通思想的方式和手段。

上述五个要素的关系是:企业价值观是企业文化中的关键因素;企业环境将会影响企业价值观的形成;模范人物和企业礼仪可用以引发、维护和强化企业的价值观念;企业文化网络则在企业中起群体沟通的作用。

倘若将企业文化从企业管理的特定概念来研究,企业文化可分为浅层次物质文化、深层次制度文化和核心精神文化三个等级。其中,物质文化是基础、制度文化是关键、精神文化是灵魂。企业文化包括企业形象及企业精神。其中,企业形象是企业文化的外部表现,企业精神则是企业文化的内在核心。

弘扬企业文化的实质是以人为本。其目的是以企业文化为手段,提高企业全体员工的政治思想觉悟、文化素养和行为规范,从而激发企业员工的自觉性和潜能,实现企业的最终目标。重视企业文化,也就是重视企业中的人心所向。因为只有抓住了企业中员工的人心所向,才谈得上具有企业精神的企业形象,才谈得上让企业全体员工同舟共济,实现创新、合作与奋斗。而由共同价值观与共同行为规范所概括的企业文化,不仅体现着企业的经营特色和经营行为,而且也体现着企业形象和企业精神,决定着企业的成败。为此,在企业生产经营管理活动中,不仅要充分认识到人的重要性与非正式沟通的重要性,而且要充分认识到为用户服务的重要性,坚持优质产品与优质服务,实现企业的经济效益与社会效益。

2 企业文化是客观存在的

企业文化是客观存在的。从工业企业诞生时起,人们在企业自身的生产经营管理实践活动中,以及在所处的历史文化背景下,都会自觉或不自觉地孕育着并发展着自身的企业文化。但当人们并未意识到它存在时或者虽有意识而并未对它进行剖析和挖掘时,只能任其发展;只有当人们意识到它存在,并在企业生产经营管理实践中从自发到自觉,不断摒弃和抑制其中的消极方面,不断创造和发展其中的积极方面,从而建立优秀的企业文化时,才能借助于这种企业文化更好地为企业的生产经营管理实践服务。

在所有自发的企业文化中,既有好的企业文化、也有坏的企业文化。

在我国工业企业的发展历史中,也曾出现过许多优秀的企业文化。例如,在新中国成立之前,不少民族资本家曾经提倡"以实业报国、服务于社会",并在企业中实施仁和的亲善政策。在新中国成立之后,我国工业企业也曾经提倡"爱厂如家、勇于奉献"。在改革开放后,我国工业企业又提出"改革、创新、奋斗、开拓"。尽管有些口号在当时仅仅只停留于口头,而并未真正地上升为企业文化,更没用此企业文化来强化企业管理;尽管我们以前并未意识到企业文化的存在与重要性,或者并未对企业文化进行过系统的研究和分析,从而使很多优秀的企业文化并未能得到充分地发扬光大,结果严重影响着我国企业文化的良好发展。但实际上我们已经看到,所有优秀的企业文化不仅都将精神引导放在首位,而且都将精神引导与制度约束良好结合,采取鼓舞士气、统一人心、齐心合力、积极向上,从而在企业管理理念及企业管理方式上形成一种能促进企业生产力高速发展的企业精神。

企业文化犹如民族文化或国家文化一样(只是范围不同),不仅是客观存在的,也是现代企业生产经营管理的精神支柱。例如,我们党在现阶段提出要建立和谐社会,这对于国家而言是一种国家文化,对于民族而言是一种民族文化,对于企业而言也是一种企业文化。无论是一个企业、一个民族或一个国家,倘若没有一定的文化基础,或者没有一定的精神支柱,就会出现信仰危机与道德危机,就会出现人心涣散和纪律松懈,从而滋生出各种形式的违法乱纪;而倘若确立了良好的精神支柱,就会齐心协力,同舟共济,不怕一切艰难险阻,最后去夺取胜利。

企业文化不仅是客观存在的,而且不同的企业有着不同的企业文化。好的企业文化能始终把用户利益放在首位,严于律己,齐心协力,积极改革,不断促进企业发展,从而使企业能不断地朝着团结创新和卓越高效的方向发展;而差的企业文化,却因为一切向钱看,结果消极保守,人心涣散,严重地阻碍着企业的发展。正因为此,有些企业人气旺盛、发展很快,有些企业则发展很慢,甚至倒闭。但在人们分析其原因时,却往往分析其客观原因较多、主观原因较少,甚至根本没有去分析企业文化的影响。

3　企业文化的亲缘性

由于企业管理的对象是人,而人又具有社会性,因此当人生活在一定的历史文化背景下时,就会深受所处环境的影响,从而具有很强的文化亲缘性。文化差异越大的国家,其企业管理理念、技术和方法差异也会越大,不同国家的企业管理彼此之间也有着明显的差别。

例如,日本文化是一种东方孤岛文化。由于资源缺乏,地震火山频发,其强烈的民族危机感不仅使日本人的内聚力强烈,而且也使日本的劳资双方同舟共济,从而使员工具有强烈的主人翁责任感。日本所谓的大和民族精神——崇尚家属主义和集体主义,讲究忠心,遵守纪律,并强调集体力量;但为人又特别残忍(例如侵略中国时的三光政策)。其社会评价体系不是以个人能力为主,而是以资历为主。在这种文化背景下形成的日本企业文化,其人力资源的管理理念,使年功工资制和终身雇用制成为日本企业获得成功的法宝。

美国文化属于西方移民文化,缺乏民族认同感。因此其文化核心是个人崇拜、崇尚个性自由,贪图享受,损人利己,并且常以老大自居。这种文化特点反映到企业人力资源的管理理念上,就表现为美国企业的考核评价都以个人能力为主,员工与企业之间都是松散的契约关系,员工流动性很大。

显然,东方人与西方人由于文化概念截然不同,企业文化也截然不同。东方的企业文化注重于感性、好面子、讲人情;西方的企业文化注重于理性,强调法律与规章制度、重视契约和绩效。由此可知:

(1)中国企业决不能照搬西方企业的管理模式与管理制度。要想搞好中国现代企业的生产经营管理,就要特别注意东方人的文化特点,强调东方企业人力资源管理的文化亲缘特性。

(2)目前的中国企业,应该特别强调企业文化与企业精神,强化民族危机意识,从而提高中国现代企业全体员工的政治思想道德素质与心理素质。

4 企业文化的基本特征

正是由于企业文化是客观存在的,优秀的企业文化还需要企业领导经过长期的精心倡导、通过持久的努力培育才能逐渐形成。现代企业文化的基本特征。

(1)现代企业文化强调企业共识——现代企业文化十分强调企业内部全体员工的共同价值观念,强调群体意识和团队精神,以追求企业群体思想意识的一体化(即用群体意识替代个人意识、而不是用个人意识取代群体意识)。这种一体化的企业共识,要求企业全体员工在企业生产经营管理的所有活动中都具有统一的政治思想信仰和公共行为规范。所谓"人心齐、泰山移"就是这个道理。

(2)现代企业文化强调自觉意识——现代企业文化既然要成为现代企业内部全体员工的共同行为意识,必须强调人的自觉意识和主动意识,以通过启发和动员来达到企业内部全体员工的自控或自律,从而自觉与主动地遵守各种规章制度和企业纪律;而不是强制人们去遵守各种硬性的规章制度和企业纪律。显然,这种通过自控或自律的企业文化,不仅有利于改善现代企业中的人际关系,而且有利于发挥企业中每个员工的主观能动性,从而提高企业管理的整体效率。

(3)现代企业文化强调有特色的企业形象——尽管现代企业文化都具有很多的共同特征,但由于现代企业所处的国家与地区不同,所受国家、民族或地区的影响也不同,因此每个现代企业的管理思想和管理模式都不一样,各个企业必然会形成各自不同的企业文化。为此,每个企业不仅应该,而且必须根据企业的自身特点,创造出自身独特的企业文化,以减少现代市场经济条件下由于产品差别化减小而带来的影响。

(4)现代企业文化有着模糊而相对稳定的企业目标——现代企业文化都具有相对稳定的企业目标,其目的都是要通过企业文化而实现企业经济效益与社会效益的双丰收。但由于现代企业文化只是一种思想理念,它只能给企业员工的生产经营管理活动提供一种经营思想和经营行为的准则。由于它不属于企业管理制度,因而它不可能像企业计划、产品标准和规章制度那样订得明确而具体,也不可能明确地规定或者明确告诉所有企业员工在处理某些问题时的具体方式方法。因此,现代企业文化的企业目标看似清晰却又模糊,而且也是在具体的生产经营管理活动中不断发展变化的。

5 现代企业文化的基本功能

企业文化的力量是巨大的,其作用方式也是独特的。现代工业企业已不仅仅是一个工作场所,而且也是一个文化体系。在大多数人解决温饱之后,企业文化就显得特别重要。因为只有通过企业文化的引导和规范,才能达到企业群体意识的和谐和统一;进而通过精神同化和行为同步,达到企业竞争能力的扩张。因此也可以说,企业文化乃是把精神引导和制度约束相结合的现代化管理体制。尽管企业文化并不等同于企业管理,但却可以强化企业管理,从而可补充传统企业管理中所没有的新功能。

（1）凝聚功能——现代企业之所以要创导企业文化，就是因为企业文化所体现的群体意识，乃是企业内部全体员工为之共荣共存的根本利益或共同利益。因此，既为了企业也为了自己，大家都只有自觉而主动地用企业利益来约束个人利益，从而通过企业文化将分散的个体力量凝聚成整体力量，同舟共济。为此，现代企业的生产经营管理者都十分强调企业内部全体员工的群体意识和团队精神，每个员工也都会自觉地强调群体意识和团队精神，从而使每个员工具有浓厚的归属感、荣誉感及目标服从感。显然，现代企业文化比硬性的企业管理制度更具有凝聚力和感召力。正是这种凝聚力和感召力，就可以使企业中所有员工为了整个企业的共同利益和共同目标，朝向更高层次、更高水平、更高素质的领域发展。

（2）导向与约束功能——现代企业是人的企业，是人的组合。由于人的主、客观因素的差别，人与人之间也必然存在着各自的文化差异，从而使各部门和各个人的奋斗目标有可能不同。但现代企业文化讲的却是企业的共同利益，全体企业员工也正是因为着共同的价值观念和价值目标，才在企业文化凝聚力和感召力的精神作用下，统一观念和行动；根据企业大多数人的共识和需要，自觉和主动地调整自己的言论和行为。即使少数未取得共识的，也会在企业文化与企业风气的导向与激励下，最后在企业管理规章制度的约束下，被迫按照企业大多数人的共识和需要去纠正自己的言行偏差。这种可以规范企业整体价值观和员工整体言行的作用，就是企业文化的导向作用。

现代企业文化对于现代企业中每个员工的言行不仅具有导向作用，而且还具有无形的约束作用。虽然企业文化不像规章制度那样的明文硬性规定，但却是以潜移默化的方式规范着企业群体中每个员工的道德规范和行为准则，从而使企业全体员工产生出自控意识，达到自我约束的作用。所有违背企业文化、伤害企业利益的言行都将会受到群体舆论和感情压力的无形约束。由此可知，企业文化既尊重了个人感情，也加强了相互的意识控制，从而实现了相互约束和自我约束的统一。

（3）协调功能——现代企业文化不仅规范着企业的整体价值观和员工的整体言行，而且还能使企业全体员工创造出和谐、和气、和睦的工作环境，促进企业中人与人之间的共同语言和相互信任，有利于企业中人际关系的协调和改善。因此，现代企业管理者倘若能运用这种管理技巧，就能在激烈的市场竞争环境中使现代企业的生产经营管理更加高效。

现代工业企业之所以要提倡企业文化，就是想通过企业文化去统一人的意识和行为，只要在企业管理中控制住了人，就能控制住整个企业的各项生产经营管理活动。

6　现代企业文化的价值

优秀的企业文化不仅集中地概括了企业的服务宗旨、经营哲学和行为准则，而且还通过对外的各项业务往来，向社会展现出企业的管理风格、经营状态和精神风貌，从而树立起良好的企业形象。这种企业形象也会对社会公众产生巨大的亲和力影响。因此良好的企业形象与优秀的企业文化都将是现代工业企业所持有的巨大无形资产。

（1）企业文化的经济价值——优秀的企业文化其表现形态虽然只是一种企业形象和企业精神（包括价值观念、信仰态度、行为准则、道德规范及传统习惯等），但却是现代企业所持有的巨大无形资产。这种无形资产的经济价值表现在如下几点。

①在市场经济条件下，由于市场经济的规律和法规经常会对企业的各项经营活动产生影响，因此企业的发展也经常会受到市场经济发展状况的制约。优秀的企业文化由于具有

独特而成功的生产经营管理特色,因而更能适应市场经济的变化,从而使顾客更加相信企业的诚意,使企业由此获得更良好的商誉。而良好的商誉又可以使企业获得顾客的信赖与支持,从而增强企业的竞争力,为企业由此而获得丰厚的利润。

②由于优秀的企业文化可使企业全体员工的心理意识达成共识,从而不仅凝聚、引导、激励和约束着企业全体员工的个体行为,而且还通过以人为本的思想,充分发挥着企业全体员工的聪明才智和劳动积极性。从而使企业全体员工积极参与企业管理,促进深化改革,并提高企业经营管理效率与生产劳动效率,最终为企业带来良好的经济效益。

(2)企业文化的社会价值——企业文化的价值不仅能够提高企业的经济效益,而且还能够提高人的思想觉悟和政治思想品德,从而开创企业文明和社会文明,继承和发展社会文化,创造企业文化的社会价值如下。

①由于企业文化必然体现国家与民族的传统文化(例如日本的企业文化体现着家族主义和集体精神的传统文化,美国的企业文化体现着个性发展与创新精神的传统文化),因此我国的企业文化也必然会继承和弘扬我国民族的传统文化。

②由于企业文化(如企业精神和企业道德风尚等)是可以通过企业内部员工精心培养的。不仅可使企业员工由此得到全面的发展;同时也可通过企业的对外服务和信息交流,把企业文化传播给社会,从而也为整个社会的精神文明作出贡献。

在现代企业管理阶段,企业文化已是现代企业管理中的重要组成部分,也是现代企业管理理论的更高层次。现代企业文化的本质既是一种社会文化(属于仅次于民族文化的亚文化范畴),也是一种经济文化。其核心就是要以人为本,尊重人、信任人,从而把人置于整个企业生产经营管理活动中的主体地位。因此,加强企业的民主管理,并加强企业中的精神文明建设和思想政治工作,以强化企业内部的群体意识和团队精神;在吸取传统民族文化精华和先进企业管理思想的基础上,为企业建立起明确的价值文化体系和企业行为规范,从而将企业目标和员工个人目标有机地结合起来,实现企业内部的物质、精神、制度的最佳组合。

现代企业的企业文化,既取决于企业生产经营管理的特点,也取决于企业中高层管理人员和全体员工的个人素质及价值趋向。正因为此,现在许多优秀的企业家都在生产经营管理实践中,以身作则、树立典型、宣传推广,以强化行为,有意识地加强着企业中的思想政治工作,积极地培育本企业的企业文化。实际上,随着社会的快速发展和人员素质的普遍提高,也更需要企业具有更优秀的企业文化,从而通过更优秀的企业文化,不断调整企业形象和个人形象,发展人际关系,揭示和补充现代企业管理能力,从而使企业获得更快地发展。

二 企业文化建设

由于企业是人的企业,其主体是人,因此要使现代企业在市场竞争中获得生存与发展并立于不败之地,不仅需要有物质优势,更需要有精神优势。这种精神优势可以通过企业文化和群体意识去建设和培育,并由此统一企业全体员工的思想和行为,增强企业内部的凝聚力和外引力。

1　企业文化建设的原则

(1)共性和个性相统一的原则——企业的外部环境(地区文化、民族文化、国家文化等)

构成了企业文化的共性,而企业的内部条件及发展过程构成了企业文化的个性。要搞好企业文化建设,既要把握时代特色而突出共性,又要把握住企业自身特点而突出企业个性,从而把企业的内外部环境条件、企业的共性和个性有机地结合起来。

(2)继承与创新相统一的原则——虽然企业文化是本企业在长期生产经营管理实践中逐步形成的;但由于要不断适应市场变化的新形势,必须不断充实新的内容,从而使企业文化具有鲜明的时代感和时效性。也就是说,既要继承本企业的传统文化,也要不断创新,以达到继承与创新相统一。

(3)先进性和群众性相统一的原则——倘若企业文化只满足于现状而滞步不前,就会逐渐失去先进性;但倘若脱离现实去盲目追求过高目标,也会脱离实际,从而失去群众基础。因此,创建既先进而又实效的企业文化,必须将先进性与群众性相结合。

(4)宏观和微观相统一的原则——微观的企业文化即企业精神,它是企业的精神灵魂,宏观的企业文化则是整个国家的民族精神。将微观与宏观相结合,才能体现企业利益与国家利益、经济效益与社会效益的统一。

(5)内聚性与竞争性相统一的原则——内聚性是指企业内部的凝聚能力,而竞争性又是市场经济的必然趋势。因此,企业文化建设既要通过企业内部的真诚合作和团结一致,形成凝聚力并通过这种凝聚力,使企业职工在遵守竞争规则的前提下一致对外地参与市场竞争。

2 企业文化建设的条件与方法

(1)企业文化建设的条件——现代企业文化的建设常受到内部或外部条件的限制。

①企业文化建设需要有宽松与和谐的改革环境,这就需要我国进一步地对外开放和深化企业体制改革,以理顺关系、公平分配,以充分调动各方面的积极性和创造性。

②企业文化是要依靠企业家来创立、倡导和培养的,企业文化实际上就是企业家个体人格的群体化。为了能使企业文化潜移默化地融入企业员工的精神之中,必须建立高素质的企业家群体,并以他们的气质和魅力来赢得企业职工的追随和模仿。

③建设企业文化必须要注重企业全体员工的政治思想、科学文化和技术业务的教育培训,以全面提升职工素质,造就一支训练有素的职工队伍。

④要形成具有凝聚力的企业文化,必须建设企业利益的共同体、创造民主和谐的企业环境。

(2)企业文化建设的方法——企业文化建设的方法如下所示。

①宣传教育法。宣传教育法是建设企业文化的基本方法,包括企业文化意识的教育和培训、开展企业文化的宣传和教育,以及组织职工参加各种可以建设企业文化的业余文体活动等。

②严爱并济法。创建企业文化,既要严格管理,也要情感投资。既要有法规的约束,也要有感情的激励,软硬结合,积极强化与消极强化相结合。

③环境优化法。人都喜欢优化的环境,通过营造和优化环境,可以培养企业员工的兴趣和热情,从而培养其为企业乐于奉献、勇于创新、不断进取的荣辱感和责任感。

④全方位有效激励法。有效激励是调动人们主观能动性、创建企业文化的重要方法。全方位的激励包括:信念激励、精神激励、责任激励、成就激励、智力激励、支持激励、关怀激励、情趣激励、形象激励、目标激励、数据激励、强化激励、归属激励、领导行为激励、荣誉激

励、物质激励等。但这些激励在具体运用中还需要因人、因时、因地制宜地进行。

3 企业文化建设的策略

企业文化建设是一项综合性系统工程,需要有系统的规划,持续的努力,从点滴做起。既不能把企业文化建设看成是包治百病或立竿见影的良药,也不能无动于衷或顺其自然。只有面对现实,着眼未来,脚踏实地,不断探索,创造有利条件,运用有效方法,采取适当战略战术,才能创造出优秀的企业文化来。

(1)倡导危机管理,乃是创建企业文化的先导——适当的忧患意识可以使人产生紧迫感、危机感、责任感和压力。因此倡导危机管理,从而将压力变为动力,可以教育并鼓舞企业全体员工在求变、求新中不断开拓与进取。

(2)树立企业信仰,乃是创建企业文化的宗旨——我国虽然具有悠久的历史和灿烂的文化,也曾产生过不少优秀的企业文化,但由于十年动乱和近几年的改革开放,经济得到了高速发展,但由于政治思想工作淡化,精神文明建设软化,不少人出现了严重的信仰危机。由此可知,如何树立企业信仰乃是创建企业文化的宗旨;而强化政治思想建设、培养企业精神乃是创建优秀企业文化的当务之急。

(3)抓住时代特点,体现企业个性,乃是创建企业文化的核心——创建企业文化要体现国家精神、民族精神和时代精神,这就不仅要吸收外国文化,更要注重民族文化。要从企业的实际出发,结合企业内外环境,选择和培育既符合企业实情又具有明显特色的企业文化。

(4)建设五项工程,培养五种精神,乃是创建企业文化的支柱——所谓五项工程是指:理论工程、物质工程、制度工程、精神工程和行为工程;所谓五种精神是指:主人翁精神、群体精神、竞争精神、开创精神和艰苦创业精神。这五项工程建设和五种精神的培养相互联系、相互依存、相互作用、相互促进。只有建设这五项工程,培养这五种精神,才能推动企业文化不断的进步和发展。

(5)进行系统教育,乃是创建企业文化的基础——企业文化建设必须目标明确。因而必须系统地规划,并通过各种形式,从企业文化的宣传教育抓起,奠定基础并发扬光大。

(6)改善职工生活,创建良好的家庭环境,乃是创建企业文化的必要手段——要创建良好的企业文化,也要积极改善职工生活,创建良好的家庭环境。因为只有企业员工生活好了,家庭环境和睦了,才能有心思和精力来创建企业文化,否则一切都是空谈。

企业文化一旦形成,就应该成为现代企业发展的核心灵魂,并保持相对的稳定。不能朝令夕改。例如,不能因为企业产品更新、组织结构变革而变化,也不能因为企业领导人的更换而变化。当然,企业文化也应该是不断发展的,它必须随着社会文化的发展以及企业环境的变化而不断调整和提高。

4 企业的团队建设

(1)团队建设——现代企业中的团队,原是为了完成某特定的企业目标、发挥整体优势而组建的。各个班组、各个车间或各个科室,乃至企业领导班子,都可以分别组建为各种团队。其特征是:规模虽然较小(约10人左右),但目标明确、技能互补。

在现代企业中组建各种团队,并通过适当的感情投资,从而将雇用或被雇用的上下级关系及同事关系都转变成为亲密的"兄弟伙"、"手足情"关系。团队建设的最终目的,就是为了凝聚人心，从而同心同德、同甘共苦、视厂为家，团结一致，共同搞好企业的生产经营管理。当然，为了组建团队并能有效地开展工作，一般都需要经历如下的过程：形成期、磨合期、规范期、运行期。

（2）团队建设中的沟通——现代企业管理强调人与人之间的沟通和默契。因此，顺畅沟通和配合默契是衡量团队建设是否成功的重要标志。要想建成理想团队，领导者是关键。为此，团队领导者应具备的素质如下。

①心地宽容，能反省自己。

②遇事以身作则。

③处事积极乐观。

沟通包括水平沟通（如团队内部及各团队之间的相互沟通）和垂直沟通（如与上下级之间的沟通）。在团队沟通过程中，导致沟通障碍或者影响相互沟通的因素大多是因为人的主观心理差别及性格差别，或者因为彼此之间因信息失真、沟通较少、互不信任或沟通不当所引起。为此，团队管理者必须保持清醒的头脑，以采取相应的措施。

①建立例会制度。这是相互沟通的重要保证。通过例行会议、相互交流、明确目标、消除隔阂、改善关系。

②注意沟通技巧，这是提高沟通质量的重要手段。例如，在沟通时要善于倾听对方的意见，并多予鼓励。

③注意沟通的目的，这是确保沟通顺利的重要方法。沟通的目的就在于双方交流、而不是单方面灌输。

第二节　企业形象与企业精神

企业文化包括企业形象与企业精神。

一、企业形象

企业形象是企业文化的外部形象，也是企业留给顾客心理感觉上的外部形象，包括企业的员工素质及价值观念、企业的经营行为及道德风尚、企业的服务质量及产品质量以及企业的竞争实力等。

1. 企业形象的基本要素

企业形象可分为实体形象、行为形象和软件形象等。企业形象的基本要素包括品牌形象、服务形象、经营管理形象与员工形象、公众形象与企业环境形象等。

（1）品牌形象——品牌形象是指企业的主导经营产品或服务的品牌、档次及质量，以及因此而配备的设备类型、档次及质量等。企业品牌形象是企业的产品质量、服务形象与工作质量的综合反映，因而关系到企业的技术能力与商业信誉，它是企业形象中的基本要素，也是现代企业的无形资产，从而可为现代企业带来巨额的利润。为了能在社会公众心目中创立和留下这种独特而良好的企业品牌形象，企业名称、品牌商标及广告都必须简明扼要、寓意美好(包括图案与色彩搭配等)、构思精巧,能给人们留下深刻的记忆。

(2)服务形象——服务形象是指企业的服务方式、服务项目、服务态度和服务质量等。通过企业的服务形象,也会给社会公众留下深刻的整体印象,从而使社会公众产生满意度和信任感。显然,这在企业产品高度趋同的情况下,有特色的企业服务形象将是现代企业的竞争焦点。它不仅构成了企业品牌形象的重要方面,而且还增加了现代企业的附加价值。

(3)经营管理形象与员工形象——现代企业的生产经营管理活动不是孤立的。在现代企业对外经营时,企业的经营管理状况(如企业是否经营有方、管理有序,以及是否具有足够的经济实力和文化实力,是否讲究诚信、是否具有独特的企业文化和企业精神等)以及员工的语言及行为,都会给社会公众留下或褒或贬的形象。企业的经营管理形象与员工形象不仅是企业品牌印象的主题内容,而且也决定着社会公众对于企业印象的整体褒贬。其中,企业的生产经营管理形象包括企业的经营理念、经营作风、经营方式、经营成果、管理组织、管理制度、管理基础工作、企业经济实力以及企业文化氛围等;而员工形象包括企业管理者形象(如企业领导班子及企业内部各层次管理人员的能力、素质、气度、办事效率的工作业绩等)和企业员工形象(如企业员工的文化素质、技术水平、职业道德和精神风貌等)。

(4)公众形象——所谓公众形象,是指企业在公共关系活动中的给社会公众心理上留下的形象。企业在对外经营活动中不断地与外部环境接触,并通过各种场合表现着企业的品牌形象(如产品与服务的质量保证,遵纪守法、照章纳税,支持公益事业及承担社会责任,诚信对待社会公众,并与社会各界保持着良好公共关系等)。

公众形象包括公众态度及公众舆论。其中,所谓公众态度,是人们对本企业文化的认知,行为与情感。其中,情感因素起着极其重要的作用。因此在企业形象策划时,只有以情制胜,以情动人,以情感人,才能给社会公众留下良好的印象,并赞同本企业文化。只有这样,社会公众才可能肯定并积极支持本企业文化,从而采取有利于本企业的语言和行为。

2 企业形象的基本特征

(1)客观性——企业形象不是一种自我感觉良好,而是以企业经营理念和职业道德,以及通过具体生产经营管理活动所表现出来的,最终由全体员工及社会公众(特别是用户)所客观评价和鉴别的形象认知。这就是说,企业形象具有客观性。

(2)整体性——企业形象是留在社会公众心目中的综合印象,企业形象的好坏应该是外在表现与内在质量完美统一的。评价一个企业必须要整体综合考察,不仅要看它是否具有华丽装饰的外观,而且更重要的是看它是否具有内在的经营管理素质;不仅要看它能否保证其产品质量,而且更要看它能否保证其服务质量与工作质量。

(3)稳定性——良好的企业形象需要企业全体员工的不断努力且日积月累而形成,同样,树立了良好的企业形象,也应该保持其相对稳定性,好让社会公众永久地记忆和识别。

(4)可塑性——由于企业形象随着社会经济的发展不能只是相对稳定的,因而不仅可以有意塑造(即可塑性),而且应该不断完善。通过企业全体员工的不断努力,依靠优良的产品与服务质量,积极主动地开展公共关系活动,不仅可以改正原来不良的企业形象,而且还可以使原来良好的企业形象进一步增辉。

3 企业形象策略

(1)企业形象策略的基本构成——所谓企业形象策略CIS(Corporate Identity System)是

一种如何塑造和识别企业形象的系统策略。企业形象策略 CIS 包括：理念识别 MIS(Mind Identity)、行为识别 BI(Behanor Identity)、视觉识别 VI(Visual Identity)三个子系统。

①企业理念识别 MI(Mind Identity)是整个企业识别系统的基本精神所在，也是整个系统运作的原动力。它包括企业经营理念、经营哲学、经营宗旨和经营方针等。

②企业行为识别 BI(Behavior Identity)是指动态识别企业的行为模式。由于该系统能够直接作用于公众，为公众所感知和留下深刻印象，因而有形地体现着企业的经营理念。例如，对内包括企业的管理组织、行为规范、员工教育、福利激励，以及产品开发和公害对策等；对外包括市场调查、营销策略、促销活动、公共关系、广告传播、公益活动等。

③企业视觉识别 VI(Visual Identity)是指用以表达企业经营特征的静态识别符号，包括基本要素与应用要素两类。其中的基本要素如企业名称与企业品牌标志、企业标准字体和标准色彩、企业象征图案和企业造型、宣传标语等；应用要素如广告媒体、交通工具、办公用品、室内设计、建筑设计、厂房设计、包装设计和衣着制服等。企业视觉识别是塑造企业形象最快速、最直接的方式。

为了塑造个性鲜明的企业形象，以获得社会公众的广泛认同，从而使企业的生产经营管理纳入一条充满生机与活力的发展轨道，必须应用企业形象识别系统的基本理论，系统革新和统一传播企业的经营理念、行为模式和视觉要素等，为此，必须做到如下几点。

①善于创造个性差别。

②坚持统一标准。

③坚持系统性和连续性。

④实施有效的传播。

(2) 企业形象策略的基本原则——基本原则包括如下几点。

①公众原则。企业形象策略必须遵循用户至上准则，强调企业盈利是从公众利益中来、到公众利益中去的原则。倘若企业在推广企业形象策略时只是强调自身利益、一味追求高雅和独特而漠视公众利益，由于远离了用户期望而最终将会损害企业形象。例如，有些超市为了盈利，想尽一切办法变相涨价，虽然取得了一些眼前利益，但却长久地失去了客户。有些食品企业及药品企业，虽然不搞假冒伪劣，但却采用换个名牌即涨价的办法，最后也失去了客户。

②真实性原则。在宣传和报道企业情况时，必须真实和坦诚，因为只有这样才能使公众理解和谅解。不要为树立企业形象而弄虚作假，大肆吹嘘，结果却适得其反。

③系统性原则。要塑造企业形象，就需要统筹兼顾企业的内外部形象、总体形象与特殊形象、有形形象与无形形象。即必须从系统和整体的企业规划出发，有计划有步骤地整体推进，而不能顾此失彼、顾前不顾后。

④长期性原则。推广企业形象策略 CIS 是一项长期的战略任务，必须经过长期努力才能奏效。当然，也要善于创造和把握时机，利用各种契机来快速提升企业形象。

(3) 企业形象策略的基本目的——在现代企业管理学中，企业形象策略被推崇为是塑造和传播现代企业形象的最有效战略。其目的就是为了向社会公众有效地传达企业的品牌形象，以改善企业经营管理的外部环境，从而提高社会公众(用户和投资者等)对企业及其产品的信任感和满意度，最终促进销售、促进企业的发展；而且也可以改善企业经营管理的内部环境,树立起良好的企业精神,从而提高企业职工的凝聚力,改善企业职工的精神面貌(如敬业精神与奉献精神等),不仅可以保证企业的产品质量和服务质量,而且能使企业克服任何的困难险阻,从而使企业真正地做到"人和"与"财旺"。

(4)企业形象策略的基本内容——企业形象策略的基本内容包括企业的软件和硬件两部分。其中,企业软件主要是指企业精神(如企业效率、企业信誉、营销策划、公共关系、广告宣传等);企业硬件包括企业拥有的设备与设施、技术与产品、人才与资金、商标与服务,以及已经规范和标准化的完整系统等。为此,企业要引入企业形象策划,除了在硬件上要引进先进的检测设备与专用设备,改造落后的生产工艺和生产技术,改善公共关系,改进企业生产经营管理外;还要在软件上加强职工的思想政治工作,搞好企业的精神文明建设。

4 塑造企业形象的步骤和途径

在市场经济不断发展、企业竞争日趋激烈的条件下,良好的企业形象也是企业的最佳资产。因为它不仅可以美化企业环境、净化企业风气,以赢得更多顾客和公众的支持,从而为企业带来极高商誉和信用;而且还在相同的生产经营管理条件下可使企业增强筹资能力和筹才能力,从而为企业创造出更多的"级差利益",提高企业的竞争力。

(1)塑造企业形象的步骤——企业在塑造企业形象时,经常采用的步骤有如下几种。

①现状评估。为了塑造良好的企业形象,首先应当评估现有企业形象的现状。为此,应通过调查和民意测验,广泛了解企业在员工和社会公众心目中的知名度和美誉度。

②总体规划。在明确企业形象现状的基础上,制定出能体现企业个性、塑造良好企业形象的总体规划以及应达到的具体目标。

③有效展示。把设定的企业形象(如企业标志、造型图案等)进行有效展示(如新闻发布会、产品展览会、用户洽谈会等)。

④全面总结。将企业的期望形象和实际形象相比较,充分肯定成绩,总结经验;分析企业形象塑造中存在的问题及主客观原因;提出企业形象塑造的新思路。

(2)塑造良好企业形象的途径——塑造良好企业形象的途径有如下几个方面。

①确立崇高的企业价值观念,包括将国家利益和消费者利益放在首位,为顾客提供一流的产品和服务;在重视经济效益的同时重视社会效益;充分发挥职工的积极性、主动性和创造性,为职工提供开拓更多的创新机会;强调企业内外的相互沟通和协作等。

②提高产品及服务质量。消费者和社会公众主要是通过产品来了解和评价企业的。因此要塑造产品形象,首先应该在提高产品质量上下工夫。只有提高了产品质量,才有可能树立起良好的产品形象,进而提升企业形象。

③加强宣传及公关。

④开展企业文化活动。开展企业文化活动,可使企业精神、企业道德风尚、企业传统与规范、企业人际关系等各方面都达到和谐统一,并形成强大的凝聚力,从而使每个职工会在实践中自觉规范自己的行为,不断维护和优化企业形象,提高企业的美誉度。

⑤搞好企业环境形象。企业环境形象是指企业通过其生产经营场所、建筑特色、装饰风格、生产设备等反映出来的外观形象。企业的环境形象犹如人的仪表服饰,它反映着企业的经营风格和审美观念,从而给社会公众造成强烈的第一印象。公众舆论是指大多数社会公众的意见,公众舆论往往具有很强的威慑力和煽动性。它既能为企业塑造良好形象而提供

机会,同时也可能是破坏企业良好形象的超级杀手。

(3)塑造良好企业形象的手段——塑造良好企业形象的手段主要有以下几点。

①以创始人的原人形象,或企业标兵或模范形象来塑造良好的企业形象。

②运用广告(如产品广告、服务广告和企业形象广告等)广泛而反复地宣传企业的产品质量、服务宗旨和企业价值观等。

③积极参与社会公益事业,赞助或举办重大活动(如运动会、大型文艺演出等),并通过新闻传媒,及时报道企业动态,以引起社会舆论和公众的关注。

④利用企业形象标志来加深公众对企业形象的认识,并赢得公众的肯定和好感。

(4)企业形象策划时要注意的问题——企业形象策划时要注意以下问题。

①重视民意动向,防微杜渐,积极把公众舆论当做塑造良好企业形象的契机。

②积极参加各种社会公益活动。

③当企业被公众舆论指责时,企业应该有知错即改的精神,并积极引导舆论向有利的方向发展。

④制造重大新闻事件(如新闻发布会、记者招待会、展览会、赞助、庆典等),以引起公众注意,扩大企业影响,消除公众误解,使舆论向有利于企业经营的方向转化。良好的企业公众形象能够有效地扩大企业影响,并争取社会公众对企业的理解和信任。因此,良好的企业公众形象既是塑造企业形象的重要途径和手段,也是企业形象的重要组成部分。

二 企业精神

企业之间的竞争其实质是企业家和企业文化之间的竞争,但归根结底是人之间的竞争。既然企业是由人构成的,而各个人又具有各自不同的价值观和信仰,具有各自不同的性格、风格、风度和阶层,因此企业也与人一样,成功的企业必然有成功的企业家;而成功的企业家不仅为企业创造着经济奇迹,而且也为企业创造着各具特色的企业文化。

1 企业精神体现着企业的精神面貌

一个企业能否具有良好的企业形象,关键取决于企业全体员工的企业精神。企业精神是企业赖以生存和发展的精神支柱,它决定着企业的成败兴衰。企业精神体现着企业的精神面貌与精神气质。企业形象取决于企业精神,而企业精神反过来也促进着企业形象。

所谓企业精神,是企业宗旨、价值观念与精神面貌的总和,它取决于企业领导者以及企业全体员工在生产经营管理活动中表现出来的道德信仰与经营理念等,包括企业全体员工的创新精神、合作精神和奋斗精神;包括企业全体员工的面貌、言行、作风、人际关系、工作态度与献身精神等。

2 以企业精神为核心的企业文化实际上是将企业家的人格化

以企业精神为核心的企业文化,实际上也是将企业精神及企业形象的人格化。做人要精神,做事要认真。企业精神是企业家德才、创新精神、事业心和责任感的综合反映。也就是说,有什么样的企业家,便有什么样的企业文化(企业形象与企业精神)。

卓越的企业家和优秀的企业文化是在企业长期生产经营管理实践中逐步形成的,因而是一种扎根于本企业中的独特文化,很难外部嫁接和模仿,更不是用钱所能购买的。

3 企业精神要求

"做事要认真、做人要精神",这是企业精神对每一个人做事与做人的基本要求。

所谓做事要认真,就是每做一件事,都要以认真的态度去认真对待;所谓做人要精神,就是要求我们能朝气蓬勃、积极向上。倘若一个人做事不认真,他就很难做成什么事;倘若一个人做人没有精神,成天萎靡不振,那就很难克服困难去争取胜利。当然,人要有精神,不仅要有正确的政治信仰,正确的思想方法;而且还要有正常的心理状态,朝气蓬勃、天天向上。

(1)要有正确的政治信仰——政治信仰乃是一个人为什么活着的愿望与理想。真正的共产党员之所以能在国民党白色恐怖下视死如归,为解放全中国而赴汤蹈火,就是因为他们信仰共产主义和毛泽东思想;而那些只是为了自己的人则大多当了汉奸。今天的人也应该具有正确的信仰,那就是如何跟着共产党而全心全意地为人民服务,从而建设好我们的国家、让我们的国家真正实现民富国强。当然,树多出杂木、人多出怪物,也总有一些自私自利之人,由于缺乏必要的政治信仰,忘记了自己的应有职责,或者无法无天,不择手段地贪污盗窃,或者求神拜鬼,甘愿堕落、害人害己;也总有一些官二代或富二代,虽然人都很聪明、见识也多,但由于缺乏必要的政治信仰,却总想一夜暴富,或者炫权炫富,结果是成事不足败事有余。

(2)要有正确的思想方法——要有正确的思想方法,就是要用辩证唯物主义与历史唯物主义的观点看世界。所谓辩证唯物主义,就是凡事都不能绝对,凡事都有正反两个方面,既要看到好的,也要看到差的,既要看到前途光明,也要看到道路曲折,既不能片面地看问题,也不能老是自我感觉良好。所谓历史唯物主义,就是凡事都要历史地看,过去的政策适合于过去,现在的政策适合于现在。只要存在,都是合理的。决不要用现在的眼光去批判过去,好像过去什么都错了,就只有自己最正确。

(3)要有正常的心理状态——正常的心理状态俗称为心态,一个人的心态要保持平衡。而要保持心态平衡,不仅凡事要靠自己奋斗。而且还要有满足感和感恩之心。在处理人际关系时,则遇事都要换位思考。

今天,我们的生活已经十分幸福,而且是一代比一代强,为此我们应该有正常心态。不仅要有感恩之心——感谢我们父母的生育及前辈们的积累、感谢中国共产党建立了新中国,而且要为这个社会也有所贡献、有所积累。但那些自私自利的人却并不这么想,他们唯我独尊,为所欲为;有钱的炫耀,无钱的仇富。不仅总以为自己是天之骄子,自己天生就是享福的,而且总以为他们可以不劳而获,高人一等,总觉得是别人欠他的,因而心态总是不平衡。怨天怨地,怪这怪那,就是不怪怨自己。还有的因此而报复别人或报复社会,最后只有自取灭亡。

(4)朝气蓬勃、天天向上——朝气蓬勃、天天向上,就是要以年轻人的心态,不满足过去的成绩,并继续努力,力求每天都有进步。就像雷锋同志所说:"在工作上要向高标准看齐,在生活上要向低标准看齐。"一个人要活在这个世界上并有所作为,不仅要学会做事,更要学会做人。当然在做事时,凡事应该从我做起(不把希望寄托于别人)、从今天做起(不能明日复明日、明日何其多)、从小事做起(因为大事也是由小事积累起来的)。而决不要大事做不来,小事又不想做,到头来什么事都没有做。

第三节 重塑企业形象

在改革开放的条件下,现代观念(如竞争观念、创新观念、效益观念、服务观念、尊重科学和尊重人才观念等)已经给传统观念带来了巨大的冲击,并出现了诸多新的社会问题。只有不断地解决这些新问题,才能推动当代社会文化向前发展。

一、重塑企业形象的必要性

企业形象的重塑,来源于顾客(Customer)、竞争(Competent)、变化(Change)的巨大挑战。

1 来自顾客的挑战

虽然"顾客就是上帝"的说法已经由来已久,但顾客真的成为上帝却是在卖方市场转变为买方市场之后。例如在我国,当初还处于计划经济的时候,由于修车难,是顾客求企业,因此,不少汽车维修企业处于坐等客户的经营状态。而在市场经济的今天,由于汽车维修业的迅速普及,市场维修能力已经迅速过剩,从而出现了前所未有的维修服务竞争与维修价格竞争。由于维修市场的充裕与维修信息的灵通,再加上顾客消费心理也日趋成熟,顾客选择的余地明显增大。因此,今天的汽车维修企业不仅要为争取客户而付出很多,而且顾客对汽车维修企业所提供的服务、周期、质量、价格,甚至是付款方式和优惠条件等都会非常敏感和挑剔。倘若汽车维修企业依然是一副别人求我,我不求别人的旧面孔,不去重塑企业的光辉形象而妄自尊大、自我感觉良好,就很可能会由此而失去市场。

2 来自市场竞争的挑战

市场竞争是市场经济的法则,但今天的竞争比以往更为激烈和残酷。随着汽车维修市场的逐步规范与激烈竞争,也随着进口汽车价格的不断下调和国产汽车价格的全盘下跌,特别是自中国加入WTO后,在当前汽车维修市场供大于求的情况下,汽车维修企业既面临着机遇也面临着挑战。国内的汽车维修企业将会在激烈的市场竞争中优胜劣汰(总体数量将会减少一半)。因此,汽车维修企业为了生存和发展,也只能重塑企业形象。

汽车维修企业今后的竞争具有如下显著特点。

(1)市场竞争的范围不断扩大、竞争难度不断增大——现代汽车维修企业的竞争,不仅要与现有的汽车维修老企业竞争,而且还将要与一些国内跨行业过来的汽车维修新企业竞争,甚至还要与来自于境外的汽车维修新企业竞争。外商的不断涌入必将导致我国汽车维修业的更加动荡、分化和变革,竞争范围不断扩大。面对着"狼来了"的格局,倘若我们的汽车维修企业不能变成"狼",那我们只能处于被吃的劣势。

(2)市场竞争的手段越来越多、竞争规则不断变化——过去的竞争主要在于维修质量和维修周期的竞争,而现在的竞争则主要在于维修服务和维修价格的竞争。维修服务和维修价格的竞争主要依赖于企业的经济实力、经营管理理念、企业文化和品牌形象以及维修服务的广度和深度等。尽管现在4S品牌经营模式的汽车维修企业大多具有全新的汽车品牌与服务网络,并依靠全新的技术与装备、全新的经营管理理念及全新的信息技术和网络技术等,从而为我国汽车维修企业带来了全新的竞争手段。但由于我国的汽车维修企业大多经营着模仿的洋品牌,虽然可以与我国过去那种地摊作业式的汽车维修企业相竞争,却无法与具有同样4S品牌经营模式的外资汽车维修企业相竞争。

在现代市场竞争中,外资企业的进入不仅带来了全新的技术和工艺,也带来了全新的经营管理理念和竞争规则。特别是当今世界已经进入到信息时代和知识经济时代,谁掌握了最新的市场信息,谁就能掌握全新的经营管理理念和竞争规则,谁就能获得更多的社会资源和竞争主动权。然而我们的汽车维修企业至今并没有掌握信息化管理手段。因此,我们的汽车维修企业必须不断学习,以适应全新的形势,从而参与全新的竞争。

(3)市场竞争的结果空前残酷——市场竞争的结果空前残酷。不管企业规模有多大,一旦失误,便很少再有翻身的机会,因此现代汽车维修企业特别需要有更能干的职业经理人来掌控企业,不仅要有惨烈的忧患意识,而且要有更科学的生产经营管理决策。然而,目前不少汽车维修企业最高领导层的个人素质还有待于提高。

二 重建职业道德、重塑企业形象

办企业是需要有良心的。由于我国当前正处于巨大变革之中,有些企业(例如食品、医药等)为了经济效益而丢掉社会效益,为了赚钱而不惜丢掉良心。假冒伪劣、坑蒙拐骗,这不仅使社会公众愤恨,甚至使社会公众人人自危,严重地破坏了社会的和谐气氛。因此,重新塑造企业形象,从而使社会公众对企业产生信任与好感,以增强企业的人气和信誉度,才能促使企业得到良好发展,也才能为企业带来巨大的经济效益和社会效益。

企业之间的竞争,首先是人才竞争。企业的和谐与发展都需要企业员工政治思想道德的统一。因此要重塑企业形象,首先就要强化企业的精神文明建设。企业的精神文明建设主要是指政治思想建设,即提升企业的政治思想道德。为此,企业应对全体员工开展政治思想道德教育,包括开展社会主义与共产主义教育,开展"五讲、四美、三热爱"活动,学习英雄模范人物的牺牲奉献精神和主人翁责任感,提升企业的职业道德观念。与此同时,也要提高企业员工的文化知识和科技水平,从而使企业员工能成为德、智、体全面发展的,爱国家、爱企业的新型社会主义劳动者,从而聚集企业的人气。除此之外,企业还要重视和抓好企业职工的素质教育与业余生活,例如建立职工培训中心,组建图书馆、阅览室、体育队、文艺队等,从而开展多种形式、丰富多彩的群众性文艺体育活动,以强身健体、创建职工之家,让企业全体员工有良好的归属感及政治思想氛围,增强企业人力资源的软实力。

重塑企业形象的基本措施有如下几点。
(1)树立正确的企业价值观念、提高企业整体综合素质。
(2)引入全新的经营理念、实施全新的管理模式。
(3)加强感情投资、群体意识和团队精神。
(4)回报社会,取自于民、还之于民。

1 树立正确的企业价值观念、提高企业整体综合素质

在当前激烈竞争的市场经济条件下,企业领导的最重要任务,就是要为企业文化创建一

套正确的价值观念,要让企业全体员工都知道人活着的真正意义。正如雷锋同志所说的:"人吃饭是为了活着,但人活着并不是为了吃饭。"也就是说,我们活着应该是多为社会创造财富,让我们的子孙后代生活得更好,而不单纯是为了自己挣钱与吃喝玩乐。在温饱问题基本解决的今天,人活着更不是为了赚钱,而了为了更崇高的理想。因此,人生最有价值的事情就是在自己的有生之年能为社会多做些什么、多贡献些什么、多留点什么。

企业领导者的另一重要任务,就是要让企业全体员工把自己的命运与国家和企业的命运相联系,从而知道"国家兴旺、匹夫有责"的深刻道理。只有这样,才能从根本上激发企业员工的政治思想道德觉悟,才能发挥企业员工的主观能动作用,从而提升企业的生存力和竞争力,同时也为企业带来巨大的经济效益和社会效益。倘若企业领导不从这点出发,而成天只讲经济与金钱,那就只能培养员工的雇用思想,斤斤计较,讨价还价,鼠目寸光,唯利是图。试想这是一种什么局面?这样的企业又怎么能在市场竞争中求得生存与发展?

企业越大并不等于企业越强,企业综合素质的高低也并不取决于企业的规模。企业综合素质属于企业文化。

(1)企业人员的政治思想道德素质,其中特别是企业管理者的个人素质,它决定着企业的人员结构层次与经济效益,决定着企业的整体形象,它是企业素质的关键。

(2)企业的生产经营管理素质,包括生产经营管理观念、生产经营管理水平(如经营决策能力、组织机构与队伍建设、责任制度与基础工作)、企业领导体制与业务管理能力等。它表明企业的生产经营管理效率以及市场环境的适应能力,它是企业素质的主导。

(3)企业的生产技术素质,例如企业的生产技术能力与装备能力等,它表明企业满足日常生产经营、产品开发与技术进步的适应能力,这是企业素质的基础。倘若企业管理者的个人素质较低,既没有先进的管理机制与管理理念,也没有先进的企业管理方法,即使有人才也会不断流失,即使有先进的生产技术也难以转化为企业的经济效益。

重建职业道德、重塑企业形象,这实际上也是企业的二次创业。这是因为,随着市场经济的不断完善,市场竞争规则的日趋完善,品牌意识和法制意识不断增强,市场竞争日趋激烈。特别是在当今的知识经济时代里,特别要求企业管理者应该具有更多的知识而不是满足于过去的已有经验,否则不管你以前积累资本再多,都会在经济变革大潮中昙花一现。为此,无论是国有企业还是非国有企业的企业管理者,倘若要参与下阶段市场竞争而不被淘汰,现在只有加强自身学习以提高自身的综合素质,而对于那些先天学习不足、后天学习不够的较低素质企业管理者,现在只有补课。当然补课时要抓住企业管理者的具体特点,结合当前企业实际状况,在观念、形象、品牌、管理、服务等方面分门别类地进行。与此同时,也要对企业员工进行多层次、多方面的教育培训,以全面提高企业的群体素质。大专院校也应该针对当前企业管理者的现状,为企业管理者的二次创业做好服务,开办各类管理培训班等;新闻媒体与报纸杂志也要加强企业管理者素质培训的宣传力度等。

就目前我国汽车维修企业管理者的综合素质而言,虽然汽车技术已经进入电子化和智能化的高级阶段,国内汽车维修技术也与国外基本相当,但汽车维修市场竞争处于无序状态,企业生产经营管理水平也仍处于低层次、低水平、低素质状况。因此,要迎接新世纪挑战而重塑企业形象,首先要求汽车维修企业的经营管理者尽快地提高自身综合素质,塑造一个现代企业家高瞻远瞩的形象。这除了重塑企业家的个人形象外,也要在企业领导层中充实高素质的职业经理人。而这种高素质的职业经理人,不仅在于其学历和个人能力,而且更在于其心态。即能否与企业同甘共苦而为企业的生存和发展呕心沥血,能否具有更高的政治思想道德素质,能否持有团队精神和群体意识,从而团结广大企业员工。当然,这种高素质的职业经理人才除了招聘外,还可以靠企业自己用心去培养,但不能靠挖墙脚去取得或者靠金钱去收买,因为靠挖墙脚去挖来或者靠金钱去收买,大半都是靠不住的。

❷ 引入全新的经营理念,实施全新的管理模式

中西方的企业家都认为:在现代企业管理中不能仅靠物质激励,而要靠企业文化和企业精神,才能把企业内外的公众凝聚为一体。以汽车维修企业为例,想当初还可以凭借社会关系而得到稳定的车源,但到现在倘若忽视企业文化建设,将无法树立自己的品牌形象来吸引客户,既无法吸引新车源,也无法稳定老车源。为此,汽车维修企业也要引入全新的经营理念,实施全新的管理模式,其中特别是重视企业文化建设,搞好汽车维修企业的日常生产经营管理。为此,要加强企业管理者的业务培训。

对企业管理者业务培训的要点如下。

(1) 重新认识市场经济,创导企业文化,促进公关交际和人力资源管理。

(2) 制定企业可持续发展战略,建立和完善各种管理制度。

(3) 迅速提高员工的综合业务素质。

(4) 树立品牌经营观念,开展特色经营。

(5) 利用计算机建立企业内外部的营销服务网络和企业管理网络,保证企业的产品质量和服务质量。

在引入全新经营理念,实施全新管理模式时,有以下 3 点值得借鉴。

(1) 塑造模范人物风格。榜样的力量是无穷的。倘若非国有企业能引入国有企业的科学管理模式,在企业的生产经营管理中积极开展职工评比活动(技术能手、劳模标兵等),表彰和鼓励各方面的优秀人才,肯定其业绩、能力和价值;从而将企业中楷模的个人风格融入企业的生产经营管理活动中,同时在企业内部引入岗位竞争机制,就能提高员工的整体素质,从而产生强劲的生产力,产生不可估量的群体效益。

(2) 塑造服务特色。面对日趋规范化和正规化的汽车维修市场而言,企业要想求得更大的发展,开拓更多的客户,就必须改变过去那种只靠拉关系或打广告的宣传方式,引入全新的营销理念,走向市场,加强品牌意识,塑造本企业的特色服务。

(3) 广泛开展党团活动。人是需要有精神的,也是需要有精神追求和精神寄托的。倘若在企业中广泛开展党团活动,用党员团员的力量充实企业精神,不失为一种极好的选择。当然,企业管理者要使本企业重塑企业形象,既要吸纳他人的文化风格,更要结合本企业实际,千万不能照搬。这是因为,任何两个企业的员工素质(如思想素质、文化素质与业务素质等)都是不可能相同的,因而其企业文化和企业精神也会有极大差别的。

❸ 加强感情投资、群体意识和团队精神

(1) 加强感情投资——人都是有思想的、人与人之间也是有感情的,因而现代的企业管理不是技术而是艺术。既然是艺术,就必须在做好有特色的政治思想工作的同时,加强平时的感情投资,引入人文感情,搞好企业中人际关系,树立优秀的企业文化和企业精神,从而使

企业产生极大的感召力和凝聚力;而不是为管理而管理,更不能依靠金钱来管理。要管理人,就要抓民心、顺民意,让别人服管。得民心者才能得天下。但目前有不少汽车维修企业,当企业经济效益较好时就常常放松管理,大肆发放钱财、皆大欢喜,而经济效益不好时又片面强调管理(实际上是强调约束员工)。这些企业管理者实际上并不懂得真正的企业管理。真正的企业管理,尽管也要讲企业的法规、制度和标准,但更要强调企业中的人本管理,创造人与人之间的和谐气氛。因为只有创造和谐温馨的企业环境,才能有兄妹般的部门协作,才能团结企业全体员工去努力奋斗,从而为企业带来无形的巨大效益。倘若你要员工为企业忘我劳动,平时又不预先付出必要的感情投资,不注重改善人际关系,也不从正面或正规地做大量的思想政治工作,只讲金钱或奖金,企业员工怎么可能为你付出呢?

(2)加强群体意识和团队精神——企业要在激烈的市场竞争中取胜,仅靠产品品牌优势是远远不够的,因为所谓的产品品牌优势是别人的,而不是自己所独有的。企业是人的企业,只有人旺才能财旺,为此只有依靠营造企业文化优势,努力激发全体员工的群体意识和团队精神,激发他们对企业的热爱和忠诚,从而在企业中产生一种广泛的能与企业同甘苦、共命运的凝聚力、向心力和归属感,才能转换成强大的企业群体力量。中国人的个体素质其实并不差,但由于缺乏危机感,缺乏人与人之间的相互协作,团队合作精神始终不如日本人。所谓团队合作精神,就是一种以企业为中心的集体合作精神。它要求每个成员都把自己看成是企业中的一员,与企业同甘苦、共命运,从而对企业产生一种强烈的群体合作意识,实现人企合一。为此,现代企业管理者要多倡导团队精神,而不要一味强调所谓个性解放。企业越大就越要强调企业共性,而不是强调个性。现代企业管理者必须重视企业内部职工的政治思想教育,并采取有效措施(关心职工利益,组织集体活动,协调融洽人际关系,讲求业务流程和文化礼仪等)来培养全体员工的群体意识(包括理想、信念、道德行为规范等)。要让全体员工明白,个人的努力只有通过整个企业集体协作才能有所成就,个人命运也只有与企业命运紧密相连才可能获得更大的业绩,从而使他们感到离不开企业这个集体。

复习思考题

1. 什么是企业文化?什么是企业文化的亲缘性?
2. 为什么说企业文化是客观存在的?
3. 试述企业文化的构成要素、基本特征、基本功能与价值。
4. 为什么现代企业要借助于企业文化?怎样建设企业文化?
5. 什么是企业精神?
6. 什么是团队?为什么要企业中进行团队建设?怎样进行团队建设?
7. 企业形象的基本要素和基本特征有哪些?什么是企业形象战略?
8. 怎样运用企业形象战略?
9. 为什么说战争不可避免,而我们要有忧患意识?
10. 如何重建职业道德、重塑企业形象?

第九章 汽车维修行业管理

第一节 汽车维修行业管理概述

一、我国汽车维修业的发展过程及存在问题

1. 我国汽车维修业的发展过程

(1) 新中国成立前——我国既没有汽车制造业,也没有汽车维修业。

(2) 新中国成立初期(1949—1958年)——中央为了抢修由国民党遗留下来的破旧车辆而恢复公路运输,成立了"全国废旧汽车整修委员会"。通过拆、拼、接、改等修理工艺,将当时全国仅有的100多个私营机械修配厂组织起来并尽快恢复生产,修复汽车5000多辆,不仅恢复了公路运输,同时也为汽车维修业培养了一批技术骨干人才,奠定了新中国汽车维修业发展的基础。后来随着我国国民经济建设的全面恢复,汽车保有量逐年增加,汽车维修业也在机械修配厂基础上逐步地发展为正规的汽车修理厂。1957年,全国交通系统也开始组建具有大修能力的汽车维修网。但当时的汽车维修情况是,由于维修设备几乎为零,维修技术又大多为手工作坊式的靠手艺修车,生产效率和维修质量都很差,修车很难。

(3) 改革开放前(1958—1978年)——随着解放牌汽车的不断增加,交通部要求各地通过维修机械化和检验仪表化来发展汽车维修业。于是各地的汽车维修企业大搞技术革新和技术改造,既充实了维修设备和维修人员,又建立了各种规章制度和技术标准,加强了维修质量的管理,从而使汽车维修业发生了质的变化。到1979年,不仅在交通系统内部基本建成了具有一定大修能力的汽车维修网,而且在非交通系统内部也相继建立了具有一定维修能力的汽车维修企业。但由于当时的管理体制,汽车维修业均隶属于交通运输系统而直接受到汽车运输业发展的影响,不仅其维修能力有限,而且只为交通运输系统服务,很少对外修车;而隶属于非交通部门的大量汽车维修企业只从事其内部车辆的维修服务,根本不对外修车,由此长期造成了我国的"修车难"。修车难不仅阻碍了汽车运输业的迅猛发展,也使汽车维修企业严重缺乏活力。

(4) 改革开放后(1978年—至今)——公路运输市场和汽车维修市场的逐步开放,给汽车维修业的发展带来了前所未有的生机和活力。特别是后来汽车营销市场的持续火爆和汽

车维修业的持续火爆也吸引了社会各界的投资,出现了国有、集体、个体与合资等多种经营形式一起上的格局,各类汽车维修企业如雨后春笋般地迅猛增长,并逐步形成为分布广泛、门类齐全的汽车维修网络。当时的汽车维修业户大致有以下四类。

① 原直属于交通系统的国营汽车修理厂,其规模较大,技术力量较强,设备齐全,管理水平也较高,曾是改革开放前汽车维修业的骨干力量。但在改革开放后大多都转向汽车装配或配件制造而消失了。少部分仍然从事汽车维修的企业则由于长期亏损而濒临倒闭。其原因在于管理体制僵化,不仅信息闭塞、知识老化、自主性较差,而且严重缺乏周转资金,严重缺乏维修技术、检测诊断设备和必要管理人才,因而经营管理不善,经济责任制形同虚设,维修质量和服务质量低下。

② 原隶属于省市汽车运输公司或原隶属于多个企事业单位(如基本建设单位和机关团体等)内部的汽车修理厂或汽车维修车间,则大多实行经营承包和独立核算而转向社会开放,从而由自我服务型转变为社会经营型,其企业管理体制也由国有或集体逐步走向民营化。这些企业虽然经营机制灵活,但由于企业管理者的经营理念较差,有不少仍然沿袭着传统管理模式或科学管理模式,企业内部矛盾较多,凡事由承包头说了算,因而留不住必要的生产技术人才和企业管理人才,经营艰难,前途渺茫。

③ 在改革开放后,以自筹资金新建的多种经济成分的小型民营维修企业,虽然趁着当时的修车难而积累了不少资本,但由于企业管理者大多属于个体户,综合素质较低,处处映现个体户、暴发户的恶习和特征,实行着家族制式的企业管理(男人管厂、女人管账、孩子管库房)。虽然经营机制灵活,但由于实力不足、起点较低、厂房设备简陋(属于地摊式作业)、技术力量薄弱(以聘用退休工人及雇用年轻工人为主),其稳定性极差。新建的很多、倒闭的也不少。剩留下来的则以顽强的毅力,靠关系、靠回扣而继续生存着。

④ 在改革开放后新建的合资型汽车维修企业,除了少数较小投资的汽车维修企业其生产经营管理水平只相当于小业主外,大多数较大投资的汽车维修企业则利用当时国家的优惠政策,不仅新建了现代化的标准厂房,取得了某些知名品牌轿车销售与维修一体化服务的4S许可证,而且还引进了现代化的维修技术和维修设备,开创了较高档次品牌轿车的专业维修。正是由于所经营的车辆档次较高,利润相对较高,于是资本很快积累,有的已经走向集团化管理模式。由于这些企业主的综合素质较高、经济实力较强,他们可以利用现代企业的团队意识、人才优势、资金优势和品牌优势,建立起较为规范的现代企业管理制度和企业文化,树立了良好的企业形象,并取得了规模化的经济效益,最后获得了更长足的进展。

随着改革开放的不断深入和国民经济的迅猛发展,汽车产业不仅已经逐渐成为我国国民经济的支柱产业,而且也给我国的汽车维修业带来了难得的发展机遇。特别是随着品牌汽车社会保有量的迅速增长,现代汽车维修企业既要为汽车制造厂服务(成为各品牌汽车的4S销售服务点或售后特约维修点),同时也要为汽车运输车辆及私家车的维修服务,从而使现代汽车维修业成为汽车制造业与汽车运输业双重的技术保障体系。这些企业现在已经成为我国汽车销售与维修行业中的主导力量,并形成一个独立的汽车品牌销售及维修行业,对促进我国汽车维修业的现代化发挥了重要的作用。

由于我国在用轿车的成色较新,为此还相继出现了很多品牌特约维修店,以及专门销售并专门维修某品牌轿车的连锁经营式快修店,不仅打破了原有的国营体制,并使原来封闭的自我服务型转向为开放的为社会服务型,从而形成了分布广泛、门类齐全的汽车维修网络,形成了一个稳定而活跃的汽车维修市场。这些企业还正在以换件代替修旧,因此,严重地冲击着我国原有汽车维修的传统观念,使传统的汽车维修企业管理、汽车维修设备及维修技术也随之发生极大变化。

2　汽车维修业目前存在的问题

(1)从汽车维修企业的数量和布局上看,由于民营企业的随意性较大且大多集中于大中城市,因而大中城市的汽车维修能力已经相对过剩,而乡镇县地区的汽车维修能力仍然相对不足,分布失衡、供求关系失调。

(2)由于汽车维修(特别是高档轿车维修)的专业性、技术性和服务性较强,工种多、专用设备复杂,维修项目和维修深度也差异悬殊,因此从汽车维修从业人员的素质上看,普遍存在着人员数量过多而素质过低的问题。这里所述的素质,包括政治思想素质(如职业道德),文化素质与专业技术素质等。

(3)从汽车维修的产品质量与服务质量上看,由于人员素质偏低,不仅维修质量和服务质量较差,而且维修费用普遍较高。其中,特别是高档轿车的维修,不仅无明确的维修项目及相应的收费标准,而且由于汽车维修从业人员的素质相对较低,出现了不少超范围修理及乱收费现象,再加上目前的汽车维修大多以换件为主,而汽车配件又供应渠道众多,假冒伪劣混杂,更造成了目前汽车维修的质量低下和价格混乱。

第二节　汽车维修业的行业管理

行业是同类企业的集合。所谓汽车维修行业,它由各类汽车维修企业组成。

一　汽车维修的行业特点

汽车维修企业是汽车维修行业中最基本的独立经济核算单位,它通过具体的汽车销售服务及汽车维修服务而获得盈利。汽车维修行业的行业特点由服务对象和生产特点所决定。

1　汽车维修企业具有"服务性工业企业"的特征

(1)汽车维修企业属于工业企业、具有工业企业的基本特征——这是因为汽车维修业务大多需要依靠机器设备才能进行。为了保证汽车维修企业生产经营管理活动的正常进行,不仅需要配备较多的维修设备和检测诊断设备,而且还需要根据汽车维修工艺要求严密组织劳动力、合理安排各工序(工种多、分工细,且要彼此相互协作)。

(2)汽车维修企业又区别于一般工业企业,具有依附性和服务性的特征,因而归属于第三产业(服务业)——这是因为现代汽车维修企业不仅要成为某知名品牌汽车4S服务的专销点或售后服务点而必须依附于汽车制造业,为汽车制造业服务,而且还要确保其主业(汽车维修业)的长期稳定而必须依附于汽车运输业,为汽车运输业及广大车主服务。

这种同时依附及服务于汽车制造业及汽车运输业的汽车维修企业离不开汽车制造业及

汽车运输业,倘若没有现代的汽车制造业和公路运输业,也就没有现代的汽车维修业。同样,汽车制造业和汽车运输业也离不开汽车维修业,倘若没有现代的汽车维修业,现代汽车制造业和公路运输业也不可能如此发达。

② 汽车维修企业具有"点多、面广、规模小"的特点

汽车维修业在同时为汽车制造业和汽车运输业服务的全过程中,其主业仍然是对在用汽车的维修服务。但由于在用汽车流动分散(遍布于城乡各地),因此汽车维修企业也必然随之分布于社会各个角落,具有很大的分散性。这也决定了汽车维修的企业规模不可能很大,它具有"点多、面广、规模小"的特点。其中,尤其是从事汽车维护、小修和专项维修的业户,以及连锁经营的汽车维修店。

③ 汽车维修业属于技术密集型企业

由于现代汽车维修企业所维修的现代汽车大多属于机电一体化高科技产品,品牌型号繁多、结构复杂、高新技术密集、翻新速度极快(随出厂年代和使用条件各异),因而在现代汽车维修企业中,不仅专用维修设备和检测诊断设备各异,维修工种众多,维修工艺繁杂,作业项目、作业方法和作业深度差别很大,而且徒手操作较多,从而不可能采用单品种大批量流水线的机械化作业。因此汽车维修企业具有"技术密集型"的特点,要求从业人员不仅具有较高的技术素质,而且还要不断地善于学习并不断地进行知识更新。

④ 汽车维修企业的竞争性强而稳定性差

随着汽车进入百姓家庭,汽车维修业不仅必将成为社会化行业,而且必将随着汽车制造业和公路运输业的兴衰而兴衰,具有较强的市场调节属性(在市场竞争中根据市场需求而自行调节,并逐渐趋于动态平衡)。正是由于汽车维修业的竞争性强,从而使汽车维修业的稳定性差,新建的很多、倒闭的也不少,而且有手艺的维修技术人员更是留不住,跳槽的多。

二、汽车维修行业管理的必要性

① 汽车维修行业管理是适应经济体制改革、促进行业健康发展的重要手段

从汽车维修业的发展过程看,特别是我国改革开放后,汽车维修业已经逐渐形成一个由多种经济成分并存的,多渠道、多形式、多层次、相对独立的行业。但由于汽车维修企业的隶属关系过于复杂,结果出现了各自为政,相互分割,市场混乱的局面,反而又阻碍了汽车维修行业的继续发展。于是,交通部根据《中共中央关于经济体制改革的决定》,于1984年确立了汽车运输管理体制改革的指导思想,要求各级交通部门在运输管理中实现"两个转变",即从主抓直属企业转变为面向行业;从主抓企业事务转变为主抓行业管理,以充分发挥政府职能部门作用,适应我国经济体制改革形势的需要。

汽车维修行业管理具有国家行政管理的基本属性。由于现代市场经济的分支较多,各行各业又有着不同的特点和需求,因此仅靠国家的总体宏观调控还是不够的,还需要各行各业能够根据国民经济的总体目标和自身特点做好本行业的自行调控(具体负责规划、组织、协调和监督等),这就组成了国民经济管理中的专业性经济管理,而实行汽车维修行业管理即是促进汽车维修行业健康发展的重要手段。

2 汽车维修行业管理是规范汽车维修市场的重要保证

建立社会主义市场经济体制是我国经济体制改革的最终目标,这就需要有完善的市场作保证,其中也包括汽车维修市场。通过汽车维修行业管理而对所有汽车维修企业实行统一管理,其优越性在于以下几点。

(1)可以有效地解决各部门和各地方对汽车维修市场的分割和封锁,从而为发展全国统一的汽车维修市场奠定了良好的基础。

(2)可以促进汽车维修市场的发育和完善,以汽车维修需求结构的变化带动汽车维修产业结构的变化。

(3)可以统一汽车维修市场规则,保证汽车维修市场正常运行。这种市场规则(即市场行为准则)由政府或立法机构按照市场运行的客观要求而制定,或者根据传统规则沿袭、再由法律法规和制度所规定。主要包括市场进入规则、市场竞争规则和市场交易规则等。

汽车维修行业管理部门具有监督汽车维修行业内各维修业户能否按照市场规则经营的职能。当然,当前的汽车维修市场机制还有待继续完善,有时还会出现市场干扰(如非法经营、不正当竞争、行政干预和垄断等)。为此,通过汽车维修行业管理部门加强对汽车维修市场的管理和监督,以维护汽车维修市场的正常秩序。

3 汽车维修行业管理是提高道路运输及社会综合效益的必要手段

实施汽车维修行业管理,统一汽车维修的质量标准;有效监控汽车维修的技术经济定额,由此保证车辆的完好技术状况,保证行车安全和降低汽车维修成本,为汽车制造业与汽车运输业提供良好的技术服务,不仅是提高汽车维修企业的经济效益和社会效益的必要保证,而且也是提高道路运输及社会综合效益的必要手段。

三 汽车维修行业管理的目标、范围、内容与原则

1 汽车维修行业的管理目标

汽车维修行业管理的管理目的,就是要通过对汽车维修行业的宏观调控,保证汽车维修的市场秩序和维修质量,确保车辆良好技术状况,保证车辆运行安全,保护汽车维修业户及车辆用户的合法权益,促进汽车维修业和道路运输业发展需要。

汽车维修行业管理要实现的目标如下。

(1)为了适应汽车制造业和公路运输业发展的需要,根据汽车维修行业发展的中长期规划,宏观调控汽车维修市场,并动态调整汽车维修企业的结构和布局,从而使汽车维修供需能力大体平衡、结构比例适当、布局基本合理。

(2)通过建立与完善汽车维修市场的管理体制和监督体系,维护和规范汽车维修的市场环境和经营秩序,保护汽车维修企业和车辆用户的合法权益。

(3)应用现代汽车的检测诊断技术,建立汽车维修行业的质量监督和保障监督体系,从而提高汽车维修质量,保证汽车完好技术状况和汽车运行安全。

(4)促进汽车维修业的发展和技术进步,提高汽车维修业的经济效益和社会效益。

2 汽车维修行业的管理范围

(1)对汽车维修业务的管理——汽车维修业务可分为营业性和非营业性两种。其中,营

业性汽车维修是为社会车辆服务并进行费用结算的汽车维修业务；非营业性汽车维修则是仅为本单位内部车辆服务、对外不发生费用结算的汽车维修业务。不管是营业性或非营业性汽车维修，都必须接受汽车维修行业管理部门的管理和监督，都执行相同的开业技术条件、生产方式、生产工艺和维修质量技术标准等。只是其管理方法及内容与营业性汽车维修有所区别而已。其中，对于中外合资或中外合作的汽车维修企业，都要根据相关政策由各级道路运政管理机构逐级审核上报，由交通部审核批准后方可营业。

（2）对摩托车修理业务的管理——由于摩托车的生产制造与使用维修都接近于汽车，故摩托车维修也被纳入汽车维修行业管理。

（3）对于汽车配件销售业务的管理——尽管汽车配件销售属于物资流通领域而未列入汽车维修行业管理范围中，但为了确保汽车维修质量的汽车维修市场稳定，各地汽车维修行业管理部门也有权加强汽车配件销售的市场监督，有权审查其经营条件，取缔其非法业户。

3　汽车维修行业的管理内容

汽车维修行业的管理范围应包括所有从事车辆维修的各种经济所有制企业。其管理内容包括：管理机构、管理范围、维修业户开业及停业管理、汽车综合性能检测等。

（1）负责各类汽车维修企业的开业、停业管理（包括歇业和异动变更审批等）。

（2）负责汽车维修质量的监督管理，包括建立健全质量监督管理体系，监督管理汽车维修质量（如技术标准、工艺规范及操作规程），调解和处理质量事故纠纷等。

（3）负责汽车维修费用结算管理，包括制订及管理汽车维修工时定额，监督和管理收费标准及收费结算凭证等。

（4）负责汽车维修企业行为管理，包括考核汽车维修企业是否执行汽车维修行业管理规定，有无越权超范围作业等。

（5）负责汽车维修业技术人员管理，如汽车维修业技术工人、检验人员及工程技术人员的培训、考核和管理等。

（6）负责汽车维修合同管理，如规范汽车维修合同的签订和范围；调解和仲裁合同纠纷以及合同文本管理等。

（7）负责汽车维修技术的咨询服务，如为汽车制造业及汽车维修业提供技术咨询服务；组织信息交流，推广汽车维修新技术、新工艺、新设备、新材料等。

4　汽车维修行业的管理原则

根据《汽车维修行业管理暂行办法》，各级汽车维修行业管理部门的指导思想，应该坚持"规划、协调、服务、监督"的八字方针，以促使汽车维修行业内各类汽车维修企业的横向联合，逐步专业分工，促使其协调发展。

汽车维修行业日常管理须遵循以下管理原则。

（1）汽车维修行业管理的目的是搞活汽车维修企业，兴旺汽车维修行业。为此，汽车维修行业管理要坚持改革开放，实行多家经营、统一管理、打破部门界限、协调发展的原则，真正做到"管而不乱、活而不死"。

（2）汽车维修行业管理部门要在充分调查研究的基础上，坚持统筹规划、合理布局的原则，根据本地区近期和中长期的汽车维修业发展规划，采取各种措施，宏观调控各类汽车维修企业的比例和布局,以逐步形成本地区种类齐全、比例适当、布局合理、服务方便及时的汽车维修网络。

(3)汽车维修行业管理部门要充分利用政策法规和技术经济等手段,以坚持维护汽车维修承托双方合法权益的原则,协调车辆维修的承托双方关系、处理合同纠纷。既要维护汽车维修企业的合法权益,提高企业经济效益;又要保护汽车用户的合法权益,使车辆维修及时方便、保证质量和合理收费。

(4)提高汽车维修质量不仅是汽车用户的基本要求,也是广大汽车维修企业赖以生存发展的基本保证。为此,汽车维修行业管理部门必须坚持质量第一的原则,贯彻执行各级技术标准,强化汽车维修质量的统一管理;建立健全汽车维修质量的监督体系,完善检验手段,严格控制汽车维修质量。

(5)汽车维修行业管理部门要坚持"管理中有服务、服务中有管理,管理就是服务"的原则,把管理和服务有机地结合起来。例如,既要指导和协调汽车维修企业管理,开展技术服务和人才培训,积极推广汽车维修新技术、新工艺、新设备和新材料等;也要为用户解决车辆维修中的问题和困难,为车辆维修提供信息交流和技术咨询等。

(6)目前,我国的汽车维修企业大多存在着"小而全"的弊端,导致开工不足,人力、物力和财力浪费严重,不仅降低了汽车维修企业的生产效率和经济效益,而且也不利于汽车维修企业的合理布局和技术进步。为此,汽车维修行业管理部门应打破部门、地区和所有制界限,既要按专业化分工的原则,使各种汽车维修业户合理分工,走专业化发展道路,以提高其经济效益;也要按横向联合的原则,广泛开展技术、设备、人才、信息等的广泛合作,以充分挖掘行业潜力,促进其协调发展。

四 汽车维修行业的管理职能

根据交通部、国家经委、国家工商行政管理局联合颁发的《汽车维修行业管理暂行办法》和交通部《公路运输管理工作条例》,汽车维修行业管理的基本职能,就是要调控、调整、规范和监督汽车维修行业发展及其内部的经济关系和经营活动。

(1)贯彻执行国家有关政策、法规和规范——中央和省级汽车维修行业管理机关应该根据国民经济发展的总方针和总任务,研究制定汽车维修行业发展的政策、法规和规范(包括各类技术标准和经济定额等)。市(地)、县、乡级汽车维修行业管理机关则应当正确贯彻执行这些政策、法规和规范。由于汽车属于结构复杂、技术密集的现代化交通工具,汽车维修行业管理一定要坚持质量第一的方针,严格遵守国家技术标准和行业技术标准,提高维修质量。为了实现政令、管理与标准的统一,各上级部门还要加强检查和监督。

(2)制定行业发展规划——根据汽车维修行业的发展目标,统筹安排汽车维修行业的发展规划,以适应国民经济发展的需要。汽车维修行业的发展规划应包括中长期和短期发展目标、行业结构、区域分布,以及发展战略、规划措施等。汽车维修行业管理部门应在制定发展规划时,加强综合平衡,解决好汽车维修供需矛盾,以便使车辆用户得到方便、及时、周到、经济的维修服务。

(3)加强宏观调控——汽车维修行业管理应加强宏观调控力度,促进汽车维修市场的发育和完善。其遵循原则有:

①宏观间接调控原则,即汽车维修行业管理要实现三个转变:由原来的直接管理转向间接管理;由原来的微观管理转向宏观管理;由原来的项目审批转向利用经济、法律和必要行政手段,实施对汽车维修行业的规划、协调、监督和服务。

②计划指导原则,即要通过计划制订、计划发布和计划执行,发挥计划的指导作用。

(4)协调服务——汽车维修行业管理的基本原则,就是要坚持管理就是服务的宗旨,将管理和服务有机地结合起来,寓管理于服务之中。其重要任务就是要协调好各方面的关系,包括协调与指导维修业户与车辆用户,开展技术培训,抓好汽车维修行业信息交流以及协调维修业户、车辆用户与各经济综合管理部门之间的关系等。

(5)监督检查——汽车维修行业管理的基本方法,就是要监督和检查汽车维修的日常活动、经营行为和市场秩序,以贯彻执行国家的关于汽车维修的方针政策、法规和标准。主要包括:检查汽车维修的方针政策、法规制度及标准的执行情况,检查汽车维修经营业户的经营证照、开业条件、经营行为,监督汽车维修质量和收费情况等。

五 汽车维修行业的质量监督和质量仲裁

为了保障汽车维修企业的合法经营,维护合理竞争,保护承托修双方利益,必须对汽车维修企业的维修质量实行监督与仲裁质量纠纷。即汽车维修行业管理部门通过对汽车维修企业车辆维修的质量监督,促使汽车维修企业加强质量管理,保证汽车维修竣工出厂质量;而当汽车维修在质量保证期内或维修合同期内发生维修质量纠纷时,由汽车维修行业管理部门实施质量仲裁。

1 质量监督

汽车维修质量监督的范围包括所有与汽车维修质量相关的内容。其监督重点有:质量管理机构是否健全,质量管理制度是否落实,人员素质是否符合要求,维修设备、检测设备、工卡量具是否配套,精度是否符合标准以及其他基础工作是否健全等。

汽车维修质量监督范围是:对于汽车大修、总成修理、二级维护等要执行重点项目质量监督,并规定受检车辆的比例;对于汽车小修和专项修理则通常采用抽样检查的方法,即由汽车维修行业主管部门每年至少进行一次组织行业性检查,对下属汽车维修企业的全面质量管理实施有效的监督。在检查中要坚持专业队伍和群众性质量监督相结合的原则;建立质量跟踪调查制度,定期或不定期地向车主发放汽车维修质量跟踪卡或意见征求卡,以评估汽车维修企业的维修质量。

2 质量仲裁

当汽车维修在质量保证期内或维修合同期内发生维修质量纠纷时,可由托修方向承修方所在地的道路运政管理部门申请汽车维修质量纠纷的调解与仲裁。当遇到情节复杂而难以定论时,还应报请上级汽车维修质量监督部门进行质量纠纷的调解与仲裁。汽车维修质量纠纷的调解应坚持自愿公平的原则,依据事实、查明原因、分清责任、公开调解。其基本程序是:

(1)调解申请——由申请方填写《汽车维修质量纠纷调解申请书》,并提供当事双方有关的详细资料。例如,当事双方的法定代表姓名、单位、地址、电话,申请调解的书面报告(纠纷详细经过,调解理由与要求等)以及汽车维修合同、汽车维修竣工出厂合格证、汽车维修结算凭证等。

(2)技术鉴定——由质量监督部门组织分析鉴定的技术专家组,并借助有质量检测资格的汽车综合性能检测站,对质量纠纷的车辆及其运行情况进行科学的技术鉴定,并填写《技术分析和鉴定意见书》,以明确双方的责任。

(3)调解与仲裁——调解应以公开方式进行,由质量监督部门负责人当事双方的陈述,并根据相关的技术标准与技术资料,通过辩论与质证,确定技术鉴定结论并由此确定纠纷双方的应负责任以及应承担经济损失等。凡经过调解达成协议的,由质量监督部门填写《汽车维修质量纠纷调解协议书》;凡经过调解达不成协议的或者在调解达成协议后有一方不履行协议的,有关当事人可依法提请仲裁机构仲裁或者向人民法院提起民事诉讼。但无论质量纠纷的调解是否能达成协议,在调解过程中所需要的拆检费用以及技术分析鉴定费用,均应按纠纷双方的责任大小比例分担。

第三节 汽车维修企业开业条件

汽车维修是汽车维护与汽车修理的泛称。其中,汽车各级技术维护是为了维持汽车完好技术状况或工作能力而进行的维护性技术作业,包括定期维护(如每日维护、一级维护、二级维护)与特殊维护(如走合维护、季节维护、环保检查维护I/M等)。而汽车修理是用修理或更换总成及零部件的方法,以恢复汽车完好技术状况或工作能力、延长汽车使用寿命而进行的恢复性修理作业,包括整车大修、总成大修、汽车小修和零件修理。

一 汽车维修企业的分类

汽车维修行业属于技术密集型服务性行业,各类维修企业不仅其经营规模和经营项目差异很大,而且其技术水平、设备条件、厂房场地面积、人员技术素质和其他生产设施等也各不相同。为了使汽车维修行业管理实现系统化、规范化、科学化,必须对汽车维修企业实行分类管理。

1 汽车维修企业的分类依据

汽车维修行业是一个技术复杂、门类众多的服务性行业,其经营规模、经营项目、设施条件、人员素质等彼此相差悬殊。为了实现汽车维修行业管理的系统化、规范化、科学化,以促进汽车维修行业提高维修质量,提高生产效率和经济效益;为了方便广大汽车用户,必须对汽车维修行业实行分类管理。汽车维修企业的类别划分是按照其所能完成维修作业的最高类别确定的,而其开业条件是由汽车维修行业管理部门根据其企业类别及其经营范围、汽车维修作业内容和作业条件来确定的。

汽车维修行业管理部门制定各类汽车维修企业的开业条件,确定和划分汽车维修企业的类别,并限定其经营范围的条件有以下几点。

(1)生产规模。

(2) 拥有的主要生产设备和检测设备。

(3) 拥有的技术人员、生产技术工人的数量、工种的配备和技术素质。

(4) 维修质量和质量保障体系及各种质量管理制度的完善程度。

(5) 生产厂房,场地面积,生产、生活设施条件。

(6) 拥有的维修技术标准、工艺文件、操作规程等的完善程度。

(7) 拥有的各种计量器具是否齐全,是否符合国家的有关规定。

(8) 在环保、消防等方面的条件是否符合国家的有关规定。

(9) 经营管理水平。

(10) 流动资金占有和汽车维修配件的储备能力等。

2　汽车维修企业的类别

汽车维修企业的类别划分是按照其完成维修作业的最高类别确定的。按照《汽车维修业开业条件》(GB/T 16739—2004),汽车维修企业按经营项目可分为以下三个类别。

(1) 一类汽车维修企业(汽车大修及总成大修类)——指从事汽车大修和总成大修的汽车修理企业。此类企业亦可从事各级汽车维护、汽车小修和汽车专项修理。

(2) 二类汽车维修企业(汽车维护类)——指从事汽车一级维护、二级维护和汽车小修的企业。

(3) 三类汽车维修企业(汽车专项修理类)——指专门从事汽车专项修理(或维护)的企业和个体户。其中,专项修理(或维护)的主要内容包括:汽车车身修理,汽车涂漆,汽车篷垫及内装饰修理,汽车电器仪表修理,蓄电池充电及修理,散热器、油箱修理,轮胎修补,汽车门窗玻璃安装,汽车空调器暖风机修理,喷油泵和喷油器调校、化油器修理,发动机镗磨缸及曲轴修磨,车身清洁维护等。汽车维修企业可以根据自身条件,申请从事一项或数项专项修理作业。摩托车修理汽车维修行业管理范围,并把它归入三类汽车维修企业。

需要说明的是,专门从事某一车型维修的(如汽车制造厂设立的汽车维修中心、特约维修站等)不属于专项修理类中的三类汽车维修企业,因为对于某单一车型的维修通常也包括汽车大修、总成大修和各级维护小修,应按其实际作业内容确定其相应类别。

二　汽车维修企业开业条件

汽车维修企业的开业条件,是指为保证汽车维修的正常生产和维修质量,所必须具备的设备、设施、人员素质等条件。它是根据各类汽车维修企业的经营范围所确定的。《汽车维修行业管理暂行办法》规定:各类汽车维修企业和个体维修业户必须具备与其经营范围、生产规模相适应的厂房和停车场地,且必须符合国家环保要求,不得利用街道和公共场地停车和进行维修作业。

企业的登记管理,是工商行政管理部门根据国家授权,以国家有关法规、政策为依据,对企业进行审核登记并实行登记监督的行政管理制度。由于各类别的汽车维修其主要作业内容和复杂程度差别很大,所要求的技术条件也相差悬殊,因此国家工商行政管理部门在对各类汽车维修企业登记时也将有所区别。

汽车维修企业的开业条件,是指汽车维修行业主管部门对汽车维修企业开业审批和年度审验的基本条件。也是指各类汽车维修企业为保证其维修业务的正常进行和维修质量，所必须具备的设备、设施、人员素质等条件。

汽车维修企业的开业条件是根据各类汽车维修企业的经营范围确定的。《汽车维修行业管理暂行办法》规定：各类汽车维修企业和个体维修户必须具备与其经营范围、生产规模相适应的维修厂房和停车场地，且必须符合国家环境保护的要求。不准利用街道和公共场地停车和作业。但需要说明的是，这里介绍的《汽车维修企业开业条件》(GB/T 16739)是1997年颁布的推荐性标准，其中有许多条款已不适应现代汽车维修企业的条件和分类，因此在新的国家标准尚未下达之前，本书所介绍的开业条件仅供参考。

1 一类汽车维修企业开业条件

一类汽车维修企业允许的最大作业深度是汽车大修。由于汽车大修的作业内容较为复杂，涉及汽车清洗、拆装、机械加工、零部件修理、电器修理、漆工、木工、缝工、轮胎修补等多个工种，每个工种又都要有特定的生产环境和维修设备，因此要完成汽车大修作业，就要求企业在生产场所、设备设施、人员素质、流动资金以及安全环保等方面都必须具备相应的条件。

(1)设备条件——企业配备的设备型号、规格和数量应与其生产纲领、生产工艺相适应；设备状况应完好，应能满足加工、检测的精度要求和使用要求；允许的外协设备必须具有合法有效的外协合同。

具体设备有以下几种。

①汽车清洗拆装作业设备。例如，汽车外部清洗设备、零件清洗设备、轮胎螺母拆装机或专用拆装工具、悬架弹簧螺栓螺母拆装机或专用拆装工具、半轴套管拆装机(从事中型、重型汽车维修)、举升设备或地沟、拆装举重、搬运设备等。

②汽车维修专用设备。例如，立式精镗床，立式珩磨机，磨气门机，气门座铣削及气门与气门座研磨设备或工具，连杆校正器，连杆衬套加工设备，轴瓦加工设备(允许外协)，机油加注器，发动机冷/热磨合试验设备，制动鼓和制动盘修理设备，制动蹄摩擦片和制动块摩擦块修理设备，轮胎轮辋拆装设备，离合器摩擦片修理设备，润滑油、脂加注器，车架或车身校正设备，前轴校正设备(允许外协)，充电机，剪板机与折弯机(允许外协)，喷烤漆房或喷漆设备，电脑调漆设备(允许外协)，工业缝纫机，铆接设备等。

③汽车维修检测与诊断设备。例如，发动机综合检测仪，汽缸体、汽缸盖和散热器水压试验设备，燃烧室容积测量装置，汽缸漏气量检测仪，曲轴箱窜气量测量仪，工业纤维内窥镜，润滑油分析仪及质量检测仪，汽油车废气分析仪及柴油车烟度计，声级计，油耗计(允许外协)，无损探伤设备，汽油泵及化油器试验设备，喷油泵及喷油器试验设备，曲轴、飞轮与离合器总成动平衡机(允许外协)，电控汽油喷射系统检测设备，前轴检验装置，制动检测设备，四轮定位仪或转向定位仪，转向盘转动量和转矩检测仪，车轮动平衡机，车速表试验台(允许外协)，传动轴动平衡机(允许外协)，测滑试验台(允许外协)，底盘测功设备(允许外协)，电器试验台，前照灯检侧设备等。

④汽车维修加工设备。例如，普通车床、钻床、电焊设备、氧乙炔焊设备、钎焊设备、液压或机械压力机、真空压缩机、砂轮机、钳工工作台及设备、除锈设备等。

⑤汽车维修计量器具。例如，外径千分尺、游标卡尺、内径百分表、内径千分表、百分表、

平尺板、前束尺、汽缸压力表、发动机曲轴箱窜气仪、发动机检测专用真空表、万用电表、塞尺、电解液密度计、转速表等。这些计量器具须经计量检定机构检定,并取得计量检定合格证。

(2) 设施条件——生产厂房和停车场的结构设施必须满足汽车大修和总成修理作业的要求,并符合安全、环境保护、卫生消防等有关规定,地面应坚实、平整。停车场地界标志明显,不准占用道路和公共场所进行维修作业和停车;生产厂房和停车场的面积应与其生产纲领和生产工艺相适应。主要总成和零部件的修理、加工、装配、调整、磨合、试验检测作业应在生产厂房内进行。主要设备应设置在生产厂房内。主生产厂房面积应不少于800m^2,停车场面积应不少于200m^2。

(3) 人员条件——一类汽车维修企业中技术人员的数量应不少于生产人员数量的5%;至少有一名具有本专业知识并取得任职资格证书、为本企业正式聘用的工程师或技师以上的技术人员负责技术管理工作;至少有两名经过专业培训并取得《会计证》的财务人员,其中有一名还须经过行业培训,主要负责企业的财务结算。

一类汽车维修企业技术工人的工种设置应与其从事的生产范围相适应,各工种技术工人数量应与其生产纲领、生产工艺相适应,其中直接生产工人应不少于50人。各工种技术工人必须经专业培训,取得工人技术等级证书,并经交通行业培训,取得上岗证,持证上岗。各工种均由一名熟悉本工种技术的技术工人负责。其技术等级分别为:汽车发动机维修工、汽车底盘维修工、汽车维修电工、汽车维修钣金工为高级;其他工种不低于中级。

维修车辆的进厂检验、过程检验、竣工出厂检验必须由专人负责。专职检验人员必须经过交通主管部门专业培训、考核并取得《质量检验员证》,持证上岗检验。应有一名质量总检验员和至少两名质量检验员;应至少配备一名经正规培训取得正式机动车驾驶证的试车员,其技术等级不低于中级汽车驾驶员。试车员可由质量总检验员或质量检验员兼任。

(4) 质量管理及其他条件——维修质量是企业的生命。为此,一类汽车维修企业必须具备并执行汽车维修技术的国家标准、行业标准及汽车维修相关标准;必须具备所维修汽车的维修技术资料;应具有进厂检验单、过程检验单、竣工检验单、维修合同文本和出厂合格证等技术文件;应具有并执行保证汽车维修质量的工艺文件、质量管理制度、检验制度、技术档案管理制度、标准和计量管理制度、机具设备管理制度及维修制度等。

对于安全生产、环境保护等方面,企业应有与其维修作业有关的安全管理制度和各工种、各机电设备的安全操作规程,对有毒、易燃、易爆物品,粉尘,腐蚀剂,污染物,压力容器等均应有安全防护措施和设施;企业的环境保护条件必须符合国家的环境保护法律、行政法规和国家环境保护部门的规章、标准;应积极防止废气、废水、废渣、粉尘、垃圾等有害物质和噪声对环境的污染与危害,按生产工艺安装、配置处理"三废"的通风、吸尘、净化、消声等环保设施应齐全可靠,符合环境保护法律、法规、规章、标准的规定。

中外合资/合作的一类汽车维修企业,除应具备中外合资/合作维修企业所特定的条件外,还必须具备国家标准规定的各项条件。特约维修中心/特约维修站在进行一类汽车维修企业生产范围内的维修作业时,必须具备国家标准规定的各项条件。企业承担车辆救援业务,还应配备牵引车辆或救援维修工程车和通信工具等。

承担危险货物运输车辆维修企业,除必须具有标准规定的一类汽车维修企业的各项条件外,还应具备下列条件。

①必须具备与维修车辆所装载、接触的危险货物相适应的清洗、去污、熏蒸、防火、防污染、防腐蚀、试压设备和专用拆装、维修、测试设备、工具以及污水处理、危险品处理、残余物回收装置,维修人员防护用具用品。

②必须具有维修车辆上装载、接触危险货物的容器、管道、装置、总成、零部件的专用修理间。专用修理间应远离其他生产、生活场所,独立设置,通风良好。专用修理间结构、建筑材料、设置的设施应与维修车辆所装载、接触的危险货物相适应;专用修理间使用面积不少于 $90m^2$;专用修理间周围应设置相适应的警戒区,警戒区内无火源、热源,并设置警示牌。

③必须具有与维修车辆所装载、接触的危险货物相适应的专门的安全生产和劳动保护的制度、设施。

④从事危险货物运输车辆维修的一类汽车修理企业,应至少有一名专职安全管理人员,必须配备直接从事危险货物运输车辆维修的专职的生产工人和测试分析人员。

⑤危险货物运输车辆维修专职的安全管理人员、生产工人和测试分析人员必须经过岗前培训,掌握维修车辆所装载、接触的危险货物的性能和防爆、防火、防中毒、防污染、防腐蚀、维修知识以及维修操作技能,经交通主管部门考核合格并取得"道路危险货物运输车辆维修操作证",持证上岗管理和作业。

(5)为加强配件储备,缩短车辆维修在厂日,企业流动资金应不少于50万元。

2 二类汽车维修企业开业条件

二类汽车维修企业开业条件是从事汽车一级、二级维护和汽车小修生产的企业。

从满足维修作业要求出发,二类汽车维修企业的开业条件应包括以下几点。

(1)设备条件——企业配备的设备型号、规格和数量应与其生产纲领、生产工艺相适应;设备技术状况应完好,满足加工、检测精度要求和使用要求;允许外协的设备必须具有合法有效的外协合同。具体设备有以下几种。

①汽车维修清洁作业设备。例如,汽车外部清洗设备、零件清洗设备。

②汽车维修补给、润滑、紧固作业设备。例如,举升设备或地沟、机油加注器、齿轮油加注器、润滑脂加注器、各种工作介质加注器、轮胎螺母拆装机或专用拆装工具、悬架弹簧螺栓螺母拆装机或专用拆装工具。

③汽车维修检测与诊断设备。例如,发动机综合检测仪、汽缸漏气量检测仪、曲轴箱窜气测量仪、工业纤维内窥镜、润滑油分析仪或质量检测仪、汽油车废气分析仪及柴油车烟度计、声级计、油耗计(允许外协)、无损探伤设备、汽油泵、化油器试验设备、喷油泵、喷油器试验设备、电控汽油喷射系统检测设备、专用制动检测设备(允许外协)、四轮定位仪或转向轮定位仪、转向盘转动量检测仪、车轮动平衡机、车速-里程表试验台(允许外协)、电气设备试验台、前照灯检测设备。

④汽车维修专用设备。例如,磨气门机、气门座铣削及气门与气门座研磨设备或工具、制动鼓和制动盘修理设备、制动蹄摩擦片和制动块修理设备、轮胎拆装设备、喷烤漆房或喷漆设备、充电机。通用设备主要包括:钻床、电焊设备、氧乙炔气焊设备、钎焊设备、液压或机械压力机、空气压缩机、砂轮机、钳工工作台及设备。

⑤汽车维修计量器具。例如,外径千分尺、游标卡尺、内径百分表、内径千分表、平尺、平板、前束尺、汽缸压力表、发动机检测专用真空表、万用电表、塞尺、电解液密度计、转速表等,这些计量器具也须经计量检定机构检定,并取得计量检定合格证。

(2)设施条件——生产厂房和停车场的结构、设施必须满足汽车维护和汽车小修作业的要求,以符合安全环境保护、卫生和消防等有关规定,地面应坚实、平整。停车场地界标志明显,不准占用道路和公共场所进行维修作业和停车;厂房和停车场的面积应与其生产纲领和生产工艺相适应,主要总成和零部件的维护和小修作业应在生产厂房内进行。主要设备应设置在生产厂房内。主生产厂房面积应不少于200m², 停车场面积应不少于150m²。

(3)人员条件——在二类汽车维修企业中应至少有一名具有本专业知识并取得任职资格证书、为本企业正式聘用的助理工程师或技师以上的技术人员负责技术管理工作,并且至少有两名经过专业培训并取得《会计证》的财务人员,其中有一名还须经过行业培训,主要负责企业的财务结算。

二类汽车维修企业技术工人的工种设置应与其从事的生产范围相适应,各工种技术工人的数量应与其生产纲领、生产工艺相适应,直接生产工人应不少于15人。各工种技术工人必须经过专业培训,取得了工人技术等级证书,并经交通行业培训,取得了上岗证后,才能持证上岗。各工种均由一名熟悉本工种技术的技术工人负责,其技术等级分别为:汽车发动机维修工、汽车底盘维修工、汽车维修电工、汽车维修钣金工、汽车维修漆工为中级;其他工种不低于初级。

二类汽车维修企业质量检验工作必须由专人负责。质量检验人员必须经过交通主管部门专业培训、考核并取得了《质量检验员证》,持证上岗检验。应至少有两名质量检验员;应至少配备一名经正规培训取得了正式机动车驾驶证的试车员,其技术等级不低于中级汽车驾驶员。试车员可由质量检验员兼任。

(4)质量管理及其他条件——二类汽车维修企业必须具备并执行汽车维修技术国家标准和行业标准以及汽车维修相关标准;必须具备所维护、小修汽车的维修技术资料;应具有进厂检验单、过程检验单、竣工检验单、维修合同文本和出厂合格证等技术文件;应具有并执行保证汽车维修质量的工艺文件、质量管理制度、检验制度、技术档案管理制度、标准和计量管理制度、机具设备管理制度及维修制度等。

对于安全生产、环境保护等方面,企业应有与其维修作业有关的安全管理制度和各工种、各机电设备的安全操作规程;对有毒、易燃、易爆物品,粉尘腐蚀剂,污染物,压力容器等均应有安全防护措施和设备;企业的环境保护条件必须符合国家的环境保护法律、行政法规和国家环境保护部门的规章、标准;应积极防止废气、废水、废渣、粉尘、垃圾等有害物质和噪声对环境的污染与危害,按生产工艺安装、配置的环保设置设施应齐全可靠,符合环境保护法律、法规、规章、标准的规定。

中外合资/合作的二类维修企业除应具备中外合资/合作维修企业所特定的条件外,还必须具备国家标准规定的各项条件。特约维修中心/特约维修站在进行二类汽车维修企业生产范围内的维护和小修作业时,必须具备国家标准规定和各项条件。企业承担车辆救援维修业务,还应配备牵引车辆或救援维修工程车和通信工具等。

(5)为加强配件储备,缩短车辆维修在厂日,企业流动资金应不少于10万元。

3 三类汽车维修企业开业条件

三类汽车维修业户是专门从事汽车专项修理（或维护）生产的企业和个体户。例如，从事车身修理，涂漆、篷布、座垫及内装饰修理，电器仪表修理，蓄电池修理，散热器、燃油箱修理，轮胎修补，安装汽车门窗玻璃，空调器、暖风机修理，喷油泵、喷油器、化油器修理，曲轴修磨，汽缸镗磨，车身清洁与维护（汽车美容）等。

专项修理业户所配备的设备型号、规格和数量，生产厂房和停车场面积，各工种技术工人数量应与其生产纲领、生产工艺相适应。即生产厂房和停车场的结构和设施必须满足专项修理或维护作业的要求，不准占用道路和公共场所进行维修和停车。设备和计量器具状况完好，能满足加工、检测精度要求和使用要求；技术工人必须经过专业培训，并持证上岗。具备并执行与其专项修理或维护作业有关的技术标准、工艺规范和安全操作规程，并应有相应的质量管理及质量检验办法。安全防护、环保、消防卫生设施必须符合国家有关法规和标准。各类专项修理业户的作业项目、设备与设施、人员及流动资金的开业条件如表 9-1 所示。

专项修理业户开业条件　　　　　　　　　　　　　表 9-1

序号	项目名称	作业间面积 ≥m²	设备	人员要求	流动资金（万元）
1	车身	车间 80 停车场 40	吊装、举升设备，剪板设备，焊接设备，钻床或手电钻，除锈设备，砂轮机，空气压缩机，车身校正设备，CO_2 气体保护焊机，折弯机，其他常用工具	中级钣金工 1 人	2
2	涂漆	车间 100 停车场 40	空气压缩机，喷烤漆房或喷漆设备，调漆设备，除锈设备，砂轮机，吸尘、通风设备，其他常用工具	中级漆工 1 人	5
3	篷布、座垫及内装饰修理	作业间 30 停车场 30	缝纫机，锁边机，工作台或工作案，台钻或手电钻，熨斗，裁剪及其他专用工具	中级缝工 1 人	1
4	电气设备、仪表修理	作业间 30 停车场 30	电气设备试验台或电气设备性能测试仪，绕线机，烘箱，钳工工作台及设备，钎焊设备，仪表检修工作台，万用电表，拉压器，台钻或手电钻，其他常用工具	中级电工 1 人	2
5	蓄电池修理	作业间 30	充电机，熔铅设备，焊极板设备，钳工工作台及设备，电解液密度计，高频放电叉，电解液配置器具，废水处理及通风设备，万用电表，台钻或手电钻，其他常用工具	中级蓄电池维修工 1 人	1
6	散热器、油箱修理	作业间 30 停车场 30	清洗及管道疏通设备，氧乙炔焊设备，钎焊设备，水压试验设备，空气压缩机，喷灯，工作台或作业架，其他专用工具	中级散热器工 1 人	1
7	轮胎修补	作业间 30 停车场 30	空气压缩机，漏气试验设备，轮胎气压表，千斤顶，轮胎螺母拆装机或专用工具，轮胎轮辋拆装，除锈设备或专用工具，轮胎修补设备，其他专用工具	中级轮胎工 1 人	1
8	安装汽车门窗玻璃	作业间 20 停车场 30	工作台，玻璃切割工具，玻璃磨边工具，其他常用工具、量具	中级木工 1 人	2
9	空调器、暖风机修理	作业间 30 停车场 30	台钻或手电钻，氧乙炔焊设备，烘干箱，空调作业台，暖风机作业台，压力测试仪，检漏计，水平仪，真空仪或真空泵，万用电表，温度计，研磨平板，制冷剂加注器，制冷剂回收、净化、回水装置，其他专用工具	中级空调维修工 1 人	2

续上表

序号	项目名称	作业间面积 ≥m²	设备	人员要求	流动资金（万元）
10	喷油泵、喷油器、化油器修理	作业间30	喷油泵、喷油器清洗和试验设备，化油器清洗、试验设备，工作台，钎焊设备，其他专用工具、量具	中级发动机维修工1人	2
11	曲轴修磨	作业间60	曲轴磨床，曲轴校正设备，曲轴动平衡设备，平板，V形块，百分表，外径千分尺，无损探伤设备，其他专用工具、量具	中级镗磨工1人	2
12	汽缸镗磨	作业间50	立式精锉床，立式珩磨机，压力机，吊装起重设备，汽缸体水压试验设备，量缸表，外径千分尺，塞尺，其他专用工具	中级镗磨工1人	2
13	车身清洁维护	作业间100 停车场30	举升设备或地沟煤气车外部清洗设备，除尘、除垢设备，打蜡设备，抛光设备，其他常用、专用工具	车身清洁3人	1

三 汽车维修企业的厂区布局

无论是建设新厂还是改造老厂，汽车维修企业的厂区布置，都应根据车辆进厂报修从接收开始，到汽车修竣出厂的全部维修过程的最合理汽车维修工艺流程，将维修人员、维修物资和维修设备进行合理布局，按各工序所需要的空间进行最适当的分配和安排，并构成最有效的劳动组合的，以便使企业获得最大的经济效益。

1 工厂布置的总要求

工厂布置是企业进行生产经营管理的先决条件，因此在厂区布置和规划（无论是改造还是新建）都要综合各种因素进行周密的统筹规划、合理布局。厂区布置包括平面布置和立面布置。其中，应以平面布置（如企业总平面布置与车间平面布置）为主。合理的厂区布置应达到如下要求。

（1）总平面布置应能满足企业的汽车维修工艺过程的实际要求，并力求其工艺路线顺直和短捷，尽量避免交叉和迂回，以缩短生产周期，降低生产费用。

（2）与汽车维修直接相关的车间和部门，如生产技术与质量管理部门、汽车维修辅助性车间、汽车配件与原材料库房等都应该尽量靠近主要维修车间布置（甚至直接布置在维修车间内），以保证其最短的运输距离和联系方便。

（3）要充分利用厂区面积，在保证确保防火、卫生的前提下，根据汽车维修的工艺流程，应尽量缩短建筑物与构筑物之间距离，从而尽量缩短其工程管线和运输距离。

（4）按照生产作业性质、防火卫生条件、运输服务、人流密度、建筑物类型等，还应根据维修车型或维修类别的不同，将厂区整齐地归类分区，划分为若干区段，且尽可能与周围环境相协调。

（5）要考虑到将来企业的生产发展需要，以便于以后发展和扩建。为此，在总平面布置时应预留必要的扩展用地。例如，车间采用便于拆装的墙壁，工程管线应加大管径与容量等。

（6）现代汽车维修企业要讲究企业品牌的现代气息和现代风格，以展现企业的经营特色与服务形式。目前,出现以4S(整车销售、零配件销售、售后服务、信息反馈,其中售后服务包括汽车维修、保险索赔、技术培训、旧车置换、旧车翻新和旧车改装等)一体化服务的轿车维修企业等大多采用"前店后厂"式布置,靠门面的是汽车销售店,店后则是汽车维修站。这样做的好处在于:门面较豪华、洁净,便于招徕顾客,后面紧跟维修站,便于技术服务。

(7)现代汽车维修企业无论是造型还是功能都应该具有超前意识。

①较大规模的汽车修理企业,应该让客户车辆进厂顺利并具有足够的停车场位,厂区内外整洁干净、宽敞气派、颜色协调、清爽宜人;在关键区段设置有为顾客服务用的醒目标志和服务指示标牌;并具有创新意向,设有明显的企业文化活动场所或设施(如技术培训教室、学习园地及服务板报、顾客休息或游览区、杂志报纸等)以此建立起良好的企业印象。

②中小规模的汽车维修厂由于占地面积较小,因此更要合理布局、周密规划,从而使厂区干净整齐、层次分明、简洁利落。

2 办公区

在办公区内,应有办公室、贵宾休息区、室内展车位和接待大厅以及功能区、辅助区等。其建筑面积可根据业务量及场地总体面积综合考虑(即要考虑将来的业务发展并强调有现代的服务功能)。一般而言,贵宾室面积可考虑每位贵宾$3m^2$左右,多功能接待大厅应大于$20m^2$,并要在室内外设立明显标牌(如服务范围、价格明示等)。

3 维修车间

维修车间是汽车维修企业的主要作业点,其布局十分重要。

(1)对于规模较大的汽车维修企业,要针对主要维修车型建立完善的工位组合,以保证具有较高的专业化程度。维修车间内应有检测诊断工位、高级轿车维修专用工位、快修工位、更换机油及定期维护工位、一般维修工位及安全通道,以及总成维修车间和电器修理车间等,另外还应有洗车场和维修专用停车场等。

(2)对于中小规模的汽车维修企业,其车间内的工位工序布局应从工艺流程的布局考虑,保障汽车维修作业的顺利进行,并合理布局零件库房和工具库房等。

工具室、配件室应尽量靠近维修车间;配件室(含办公、统计、仓库)可根据业务规模而定,且有足够面积的停车场地。

四 汽车维修企业的开业、歇业、停业、变更审批程序

为使汽车维修行业管理实现正规化与制度化,从而使企业经营者在办理开、停业手续时有所遵循,必须在坚持方便、合理和高效原则的基础上,规定汽车维修企业的开业、歇业、停业、变更审批程序;同时,还要与工商税务等部门做好协调和配合。

1 筹建、立项与审批

(1)筹建汽车维修企业或经营业户的法人代表或经营业户在筹建就绪后,在规定时限内向道路运政管理机构填写《开业申请表》,提出开业申请,同时提交法人身份证、质检员证、价格结算员证等复印件,提交质量管理机构与制度,厂点位置分布图、厂区平面图和车间工艺布局图等有关资料;特约维修的经营业户还应提供正式签约合同。筹建立项申请文件还

包括：

①经营项目、营业场所、法人代表或经营业主、职工人数、经营规模等书面资料。

②合法有效的资信证明或资金担保书，特约维修经营业户还应提交正式签约合同。

③申请具有法人资格的企业应具有可行性报告及其主管部门的立项批准书，无主管部门的企业或经营业户应提交城市街道或乡镇以上人民政府的证明。

④审批法规和规章所要求提交的其他资料。

(2)汽车维修企业或经营业户的筹建立项申请应由县级以上道路运政管理机构受理(实行定期集体审批制度)。受理机构在接到开业申请后，应根据本地区的汽车维修发展规划，以及该筹建立项申请是否符合《汽车维修业开业条件》等要求，派出专门评审组织审验其开业条件，并在30日内作出审批决定。筹建立项的审批决定应集体研究决定。其中，一类汽车维修企业由省级道路运政管理机构审批；二类汽车维修企业由市级道路运政管理机构审批；三类汽车维修业户由县级道路运政管理机构审批。

(3)经批准开业的，由审批机构向申请人发出立项批准书，核发《汽车维修业技术合格证》(或《经营许可证》)及铜制"汽车维修企业经营标志牌"；告知申请人凭经营许可证到工商行政管理部门和税务部门分别办理法人营业执照或工商执照和税务登记手续；规定筹建时限；领取有关单证(如《汽车维修合同》《汽车维修技术检验单》《汽车维修工时、材料费用明细表》《汽车维修竣工出厂合格证》等相关单证)；不予批准的，也应以书面形式答复申请人。

(4)对于中外合资、合作汽车维修企业的申请立项和审批，应按下列程序进行：道路运政管理机构不直接接受外方人员申请，其立项申请手续一般应由中方代表办理。受理时，要求申请人应提交的文件有以下几种。

①《项目建议书》。

②《可行性研究报告》。

③合资、合作双方法人代表签订的《合作意向书》。

④外商固定国籍及合法的《身份证明》。

⑤外商所在国或地区的《资信证明》(包括合法手段取得的银行贷款)，其证明资产必须大于该项目投资金额。当同时与多家企业合营时，其证明资产必须大于各项目投资总额。在省级道路运政管理机构经过审核批准后，可以核发《汽车维修技术合格证》(或《经营许可证》)，并对其实施必要的行政管理。不符合规定条件的应答复申请人并退回所有申请材料。

2 汽车维修企业的开业典礼

(1)开业典礼的形式、日期、作用——现代汽车维修企业的开业典礼并不是为了走形式或走过场，而是宣传企业形象，展示企业文化，吸引潜在客户，展示企业实力的极好机会。为此通常都要选择适当的形式与日期，邀请适当的参会人员(潜在客户、新闻媒体等)，充分做好开业准备。

(2)开业典礼的后续工作——现代汽车维修企业在完成开业典礼后，应该趁热打铁，立即做好作开业典礼的后续工作。

①回访重点客户，征询他们对企业的印象、意见和想法。

②回访参会人员,并直接表述为其服务的意向及内容。

③对重点客户、潜在客户上门服务(带上技术人员),并最好能为客户实际解决几个具体难题。

④随时向客户报告企业的发展与变化,并经常邀请一些重点客户参加相应的联谊活动,同时与新闻媒体保持联系等。

3 汽车维修企业的歇业、停业、变更

汽车维修企业或经营业户异动变更。当汽车维修企业或经营业户歇业、停业、异动变更时,应提交以下相关材料。

①名称的变更。因企业合并、分立、联营或隶属关系改变而需要变更名称时,应由经营者提交相应的上级主管部门批文或有关联营协议等。因住所或营业场所变动而需要变更名称时,应由经营者说明变动原因并提交相关文件。因扩大或缩小经营范围而需要变更名称时,应由经营者提交原经营情况和申请计划等。

②经营权的变更。当转让或出售汽车维修企业经营权时,出让方应按歇业程序办理,受让方应持转让证明,根据具体情况,分别按"名称变更"、"经营范围变更"等程序办理。当向非经营者转让或出售汽车维修企业经营权时,出卖方应按歇业、停业程序办理手续,受让方应按开业程序办理手续。当进行个人租赁经营或承包经营或因财产纠纷抵押等而引发产权和经营权变更时,应由租赁或承包者持租赁或承包抵押协议书到企业所在地的道路运政管理机构备案。道路运政管理机构对于经营者的变更,应认真审查,并重新核定其经营范围、经济性质,确定税费缴纳方式和管理办法。

③经营范围的变更。汽车维修企业或经营业户因故变更其经营范围时,应由原批准开业的机构受理。汽车维修经营范围的变更主要用于同类变更,倘若属于扩大经营范围的变更,应按企业开业程序办理;倘若属于缩小经营范围的变更,应由企业经营者填报变更表,经审核同意后换发经营证件,必要时还应向社会通告。

4 汽车维修企业的年度审验

(1)县级以上的道路运政管理机构,应对辖区内的汽车维修企业和经营业户进行年度审验。年度审验的时间由省级或地级道路运政管理机构确定。

(2)道路运政管理机构应当提前向汽车维修企业和经营业户公布年度审验的具体安排和分发年度审验表。

(3)年度审验时,应向汽车维修企业和维修业户收回审验表及有关证件。

(4)年度审验的主要内容有:经营资质评审、经营行为评审、规费缴纳情况等。

(5)年度审验结果应记录在年度审验表上,并存入分户档案中。

第四节 汽车维修企业开业的前期可行性分析

尽管我国目前的汽车维修行业正朝着经营规模化、技术先进化、维修专业化、管理正规化的方向发展;并正在成为新的投资热点。但据统计,在全国近22万家汽车修理企业(特别是新建汽车维修企业)中,绝大部分在目前仍处于基本持平或亏损状态。究其原因,是因为在投资建厂前没有做认真足够的技术经济可行性分析。

一 汽车维修企业前期可行性分析的方法

技术经济可行性分析(以下简称可行性分析)是确定是否投资建厂的基本方法,也是企业投资前的重要决策依据。其目的是为了避免投资决策的盲目性,减少失误,合理地使有资金,从而获得最佳经济效益。

(1)收集和整理信息——首先要收集大量的市场信息,从而为经营决策提供足够而可靠的依据。这些市场信息可以从汽车维修行业有关部门或行业协会的统计资料、网上查询、相关媒体信息、客户群体和市场调查等获得。当然,对所收集到的大量市场信息还要进行动态分析和考察评估,以保证这些信息的有效性、时效性和可靠性。

(2)分析和判断——可行性分析有定性分析与定量分析两种。所谓定性分析是对于一些难以量化的因素通过经验判断或逻辑推理进行分析;而所谓定量分析是对于一些可以量化的因素通过计算进行分析。汽车维修企业的前期可行性分析需要定性和定量结合的综合分析。在综合分析时,特别要重视不利因素的比例分析,因为这些不利因素可能是致命的。通过技术经济可行性分析,便可得出实施该项目的风险程度了。但一般来说,只要把握性高于60%就可实施,而不要期望有100%的把握。因为干任何事业既要有一定的把握性,也要有一定的冒险性。

(3)实施过程监控——除了前期的技术经济可行性分析外,还要在实施过程中进行必要的监控。

二 汽车维修企业前期可行性分析的内容

新建汽车维修企业的前期可行性分析,其内容包括以下几个方面。
(1)现有车源分布及周边维修企业分布状况。
(2)经营档次与经营特色。
(3)配件供应状况。
(4)投资状况及回报分析。其中,前三个内容属于技术可行性分析;后一个内容属于经济可行性分析。在分析车源和周边汽车维修企业时,最好将市场调研的各个项目进行量化和打分,求取平均分(表9-2)。倘若平均分高于60分即可投资经营,否则不宜;但倘若周边汽车维修企业的竞争能力很弱时也可以考虑投资。

周边维修企业的状况分析　　　　　　　　　表9-2

调研项目	备注	得分
企业类别	一、二、三类企业及专修店	
生产效益	从市场占有率、人均效益等方面分析	
经营规模	综合经营能力强弱	
服务水平	管理体制是否健全,综合服务水平如何	

续上表

调研项目	备注	得分
管理背景	主管是否依托其社会关系拉到客户	
技术实力	技术人员数量和水平	
维修设备	设备能否满足维修需求及新度系数	
车源状况	客户群体是否单一或长期稳定	
主要车型	维修车型及其专业化程度	
经营特色	该经营特色是否有效	

1 现有车源分析与周边企业分析

（1）现有车源分析——新建汽车维修企业可行性分析的重点是，开办该汽车维修企业能否符合汽车维修市场的当前需求，为此必须对车源进行详细的分析及预测。其中，汽车维修市场所现有的车源量决定着企业的立足和生存，而汽车维修市场的车源量能保持多久决定着企业今后的发展。例如，投资方的车源量乃是新建企业的市场基础；企业附近的社会车源量是企业今后的市场拓展。当然，除此之外，还要预测当地的市场潜力（如汽车营销市场发展规划和市场规模等）。

（2）周边企业分析——要新建一个汽车维修企业，还要分析周边汽车维修企业的分布状况。内容包括以下几方面。

①周边汽车维修企业的经营规模和主要客户群体。
②周边汽车维修企业的综合经营实力。
③周边汽车维修企业的经营状况。
④周边汽车维修企业领导者的实力和背景。
⑤周边汽车维修企业的社会资源和投入资金等。

2 经营特色与经营档次分析

新建汽车维修企业要想在市场中立足，必须具备独特的经营特色。特别在因为在维修车型与维修质量大体相同的情况下，企业竞争更需要靠特色经营。

（1）经营特色——所谓经营特色战略，是指在企业经营管理中采用哪些特色经营（产品或服务）来吸引客户，并博得客户信任，以塑造独特的企业形象和竞争能力。经营特色与企业规模并不直接关联。制定企业经营特色的方法如下所示。

①提出问题、确定目标，并进行系统分析。例如，应该投资兴建一个什么样的汽车维修企业？用户对象有哪些？能否保住本企业的基本业务？在目前条件下优劣势怎样？如何塑造企业最有利的经营特色？

②进行市场细分和主要竞争者分析。通过市场细分，根据车源状况和客户需求，结合本企业优势，确定本企业的目标特色，并掌握本企业的优势和劣势。

③选择相应的专一化战略和差别化经营战略。例如，目前一般多采取品牌专业维修、购置高档设备、推行特种经营服务、配件高效供应等。当然，要塑造企业经营特色，通常需要付出更多的成本。因此对于新建企业而言，既要考虑其经营特色，也要考虑其成本，不要因为塑造特色而过多地破费。

要考虑企业经营特色时,首先应决策本企业的切入点和竞争范围,找准进入市场的突破口,即要注意市场的动态变化,以确定本企业参与市场竞争的主要要素,并根据自己的实力情况,去抢占高端市场或者低端市场。例如,在资金实力不足时可采用低成本战略法抢占低端市场(如兴建快修店或急修店),并优化业务流程,加快维修速度,削减管理费用,减少配件消耗等。

(2)经营模式与经营档次——所谓经营模式是对企业经营方式的定位;所谓经营档次是对企业经营水平的定位。由于经营模式与经营档次决定着汽车维修企业的基本框架,涉及今后企业的生存与发展。因此在市场调研之后和在投资经营之前,务必先要确定本企业合理的经营模式与规模档次。之后还要做到以下几个方面。

①确定本企业可能的维修车辆数。
②确定本企业的维修车型和日维修量。
③确定本企业汽车维修的工位数量。
④确定聘用人员数量与档次。
⑤根据汽车维修企业开业条件、建厂面积、市场发展前景进行最终判断,以确定5年后与当地汽车维修市场需要相符的企业经营规模和经营档次。

由于我国汽车维修企业目前所经营的车型大多是国外引进车型,要经营这些车型,汽车制造商早已确定了其经营模式与经营档次,且还不能随便更改。因此在所从事的品牌车型选定之后,经营模式与经营档次也就基本确定了。目前,我国汽车维修企业的经营模式大多采用3S三位一体经营方式(即整车销售、零配件销售、汽车维修)或4S四位一体经营方式(即整车销售、零配件销售、售后服务与信息反馈);除此之外,还有单品牌特约维修或专修;多品牌特约维修或专修;杂款车修理;快修急修店和连锁店等。汽车维修企业在选择品牌车型时,不仅要考虑其经营模式与经营档次,更要与当地的汽车销售市场相联系,倘若盲目追随,就不可能取得良好的经济效益。

(3)经营规模——汽车维修企业的经营规模取决于汽车维修的市场规模和企业的资源条件。为了减少经营风险,在确定企业经营规模时,须采取以下措施。

①选准能发挥自身优势的目标细分市场。
②提高企业的技术开发能力,以满足客户的特殊需要,占据市场竞争的有利地位。
③搞好市场营销宣传,寻求车源,并采用适当的价格策略等。

目前,有不少汽车维修企业,为了达到品牌汽车制造厂商所要求的经营模式与经营档次,被迫花巨资来搞3S店或4S店,以盲目追求其经营规模,但这是很危险的。因为在市场经济条件下,只有能产生最大经济效益的经营规模才是最合理的经营规模。高额投资并不一定有高额回报,企业规模并不等于企业效益。因此,在确定企业经营规模时应该量力而行。一般而言,大型汽车维修企业适合于搞多品牌的特约维修经营,中小型汽车维修企业则适合于搞单车型或专项专业修理。倘若企业资源条件先天不足,可以先建一个小型的专业维修厂或专项修理部,与其"大而全、小而全",还不如"小而专、小而精"。例如,国外的很多汽车维修企业其经营规模都通常很小,大多只相当于我国目前常见的快修店与急修店。尽管其规模很小,但已经联锁经营,实力很强。由此可知,经营规模较小的企业只要经营得好同样可以获得较大的经济效益;而经营规模较大的企业,倘若经营不力也只能增大内耗而加速衰亡。企业的经营规模应该是市场竞争的结果而不是竞争的源泉。不少成功的企业都是从较小规模的基础上在拥有竞争优势后逐步发展起来的。

3 配件渠道及管理分析

现代汽车维修（特别是轿车维修）通常以换件为主，因此零配件消耗在汽车维修产值中约占60%以上，汽车配件管理是汽车维修企业管理中的重要内容。然而在大多数汽车维修企业中，其配件管理目前还停留在初级的物流管理阶段。盲目的配件采购，无控制的库存积压，结果造成部分配件因供应不及时而影响汽车维修的正常进行，或者造成部分配件严重积压因而造成汽车配件的严重贬值和流动资金的很大占用。因此，及时采购、减少库存，并保证库存质量，以盘活库存物资，提高企业经济效益。

4 投资状况及投资回报分析

在市场经济条件下，所有的资金都有成本，而且随时间而变。因此现代企业管理者在投资时必须首先要评价投资项目。其评价方法如下。

(1) 回收期法。回收期法是根据投资额计算收回投资所需要的年限。回收期越短，对投资方就越有利。计算公式为：

$$回收期 = 原始投资额 \div 每年现金净流入量$$

其中，每年现金的净流入量＝净收益＋年折旧额。由于回收期法计算简便，且容易理解，因此它是过去评价投资方案的常用方法。但目前只能作为辅助方法使用。因为它未考虑货币投资的时间价值，也未考虑回收期后的收益，因此可能倾向于急功近利项目而放弃长期投资项目。

(2) 会计收益率法。会计收益率法是根据会计报表数据、会计收益和成本概念对投资项目进行评价。其计算公式为：

$$会计收益率 = 年平均收益额 \div 原始投资额 \times 100\%$$

在计算年平均收益率时，倘若使用不包括建设期在内的经营年数，则其最终结果称为经营期的会计收益率。由于会计收益率法计算简便，应用范围很广，但其缺点也同样是未考虑货币投资的时间价值。

(1) 投资状况——投资状况分析是新建汽车维修企业可行性分析中的最重要环节。

前期投资的资本流向直接关系着投资经营的成功与否。不少新建汽车维修企业在刚开始时其技术可行性分析似乎还可行，但由于经济可行性分析不足，结果只建了一半便因为投资不足而被迫破产了。前期投资的资本流向包括以下几个方面。

①资金来源：倘若投资来源于银行贷款而需要每月付息还贷的，那么必须根据其贷款数尽可能缩短其资金回报期，以降低投资风险；倘若投资来源于公司借债而需要物资抵押的，那么必须根据其还款期限合理地配置资源，以充分发挥资金的时间价值；倘若投资来源于行政拨款的，那么可以在资金回报期内不断挖掘其市场潜力，以真正地达到投资的目的。

②资本流向：资本贵在流动，且只有良好的资本流动才能充分地发挥其价值，缩短资金的回报期。为此，汽车维修企业的前期投资应当重点放在塑造企业经营特色的实际项目上（如人力资源、技术力量、专业设备、车间改造、特种服务等）。

③成本分析：将前期投资的重点应放在塑造企业经营特色的实际项目上，尽管不能立即

回收成本,但只要能找准市场定位,树立起企业经营特色,从企业长远利益看仍是正确的,因为这有利于企业以后获得更大的经济效益。在这种情况下,客观务实的经营方式是适当延长投资回报期。当然,在进行新建汽车维修企业的前期费用预算时,还要考虑无形成本,一是要慎重,二是要留有充分余地。

由于《汽车维修企业开业条件》对于新建各类汽车维修企业的流动资金、设施设备、人员技术水平、质量管理、安全生产、环境保护以及厂房用地等都有明确规定,使目前所兴建的汽车维修企业一般都有相当的经营规模与经营档次,先期投入很大。因此这里所述的投资状况分析不仅要分析其前期投资能否准时到位,还要预算各类最低的运作资金、不可预见费用、工资准备金及开业准备金等(分类作出详细报告)。

(2)投资回报率——新建汽车维修企业的最终目的,就是为了最大限度地获得利润及投资回报率。为此,还必须对投资回报率进行详细分析。因为倘若新建的汽车维修企业其投资不能如期回收,或者其投资回报率低于同期银行利率或甚至亏损,都属于投资失败。在分析投资回报率时,必须根据汽车维修行业的发展趋势和新建企业自身的经营状况,测算出投资资金的回报期;再参考投资者的资金返还意向,对投资回报率进行综合分析。倘若两者不符,就要作出管理决策,或者修改整体投资规划,或者修改资金回报期。在修改资金回报期时,还必须预算资金来源、前期投资的资本流向和成本分析,以及后期投资的成本及投资回报率递增率的分析等。在汽车维修企业的经济效益分析中,应该使用人均效益指标而不能沿用人均产值指标,因为产值并不等于效益。另外,不要片面追求较大的场地面积,应该选择以最小的场地以发挥最大的经济效益。

5　行业竞争力分析

汽车维修行业中的基本竞争力量有:即现有竞争者、潜在竞争者、替代品、购买者与供应者。它们之间的相互竞争与抗衡不仅将引发行业内部经济结构的变化,而且决定着本企业在行业中的获利潜力。汽车维修企业在制定企业的经营战略时,应该分析各个竞争力量,以确定行业中的基本竞争因素,从而使企业在本行业中处于较有利的地位。

(1)现有竞争者——在现有竞争者之间出现相互竞争与抗衡,其主要原因有:不仅势均力敌的竞争者较多,而且企业间缺少差别化的产品与服务。现有竞争者常见的竞争手段有:价格战、广告战、引进新产品及增加新服务等。

(2)潜在竞争者——潜在竞争者能否顺利进入本行业,取决于本行业的规模经济、产品与服务差别化、进入门槛、分销渠道、技术优势与政府政策等。倘若进入门槛较低而利润空间较大,则会有较多的潜在竞争者进入本行业,从而重新分配已有的市场,并降低本企业的获利能力。

(3)替代品——替代品是指是否会出现相同或类似于本企业的产品或服务。因此在品种相同、质量相等的情况下,廉价的替代品会具有更大的竞争力,从而对企业构成更大的威胁。为了抵制替代品的威胁,在研究竞争关系时,一定要考虑产品或服务的寿命周期与发展方向。

(4)供应者与购买者——供应者与购买者的讨价还价能力也会影响本企业的获利能力。供应者常用的手段有:采取垄断供应与统一供应、避免替代品竞争和实施供应差别化;购买者常用的手段有:要求降价或要求提供较高质量的产品或更多的服务,甚至有意迫使供应者相互竞争等。

第五节 汽车维修行业的发展趋势

目前,国内汽车维修行业总的发展趋势如下。

1 正朝着规模化、高档次、多服务形式的方向发展

自改革开放以来,随着我国经济由粗放型向集约型转变,汽车维修业也通过企业兼并和资产重组等,扩大经营规模、建立企业集团,促进了汽车维修业的上规模和上档次,使汽车维修业正在朝着规模化、高档次、多服务形式的方向发展。

随着我国改革开放的不断深入和国民经济的持续发展,也随着汽车保有量的成倍增加,我国汽车维修企业的数量持续猛增、经营状态持续火爆,使汽车维修业获得了更加飞速的发展。汽车维修业的飞速发展不仅壮大了汽车维修行业,活跃了汽车维修市场;而且也使汽车维修业日益成为国民经济中新的经济增长点,在国民经济中的作用与地位也日益重要。正因为此,我国的汽车维修业正吸引着社会各界的关注和投资,并通过企业兼并和资产重组,新组建了不少具有一定规模并相对独立的为某单一品牌轿车做售后技术服务的4S特约维修站。由于这些新建企业的资金雄厚、起点较高、整体素质和维修档次较高,因此不仅其经营规模(如建立企业集团、开展连锁经营等)越来越大、档次越来越高、服务形式越来越多;而且使我国的汽车维修市场已经由过去的供不应求发展到现在的供求大致平衡,甚至供大于求。

2 正朝着专业化、工业化的方向发展

随着汽车新结构和新技术的不断采用,现代汽车的高科技含量日益提高,不仅带动着汽车维修技术的飞速发展,而且也对汽车维修技术提出了更新更高的要求。迫使汽车维修业必须依靠现代化的专业维修设备及检测诊断设备、依靠掌握了现代科学技术的专业人才来体现企业的竞争优势,而过去那种修修补补、科技含量和附加值很低的汽车维修企业正在逐步被市场所淘汰。因此随着汽车维修市场的逐步完善和激烈竞争,现在的汽车维修企业大多不惜重金地装备了最新的维修手段(如引进先进的维修检测诊断设备),甚至还自己花钱培训专业技术人才或开办学校等,以追踪和掌握现代汽车的高新技术,并依靠这些高新技术来提高汽车维修企业的市场竞争力,从而为汽车制造业与汽车运输业提供更高质量的技术服务。

为了缩短汽车维修在厂车日,提高汽车维修质量,现有汽车维修业的分工正在逐渐细化而朝着专业化、工业化的方向发展。

(1)目前的轿车维修企业大多只作为直接为某单品牌轿车做售后技术服务的4S特约维修站。

(2)目前新成立的汽车维修业户大多只承担某专项汽车维修(例如专修汽车电控系统EFI、自动变速器AT、转向助力系统EPS、制动防抱死系统ABS;或者专门从事钣金、喷漆、动平衡与汽车美容等)。也正是由于汽车维修服务的专业化,促使了汽车维修企业开始朝着工业化流水作业的方向发展。例如,在汽车维修企业中出现了发动机翻新线,自动变速器翻新流水线等。

3 开始采用先进的管理手段，向管理要效益

汽车维修业通过现代化的管理手段(其中特别是电子技术和信息技术的广泛应用)，不仅实现了汽车维修业生产经营管理的科学化和规范化，而且也促进了汽车维修企业管理的不断发展。例如，商务信息和互联网技术目前已成为现代汽车维修企业管理者的强大助手。车辆的进出厂记录、维修过程记录、配件管理、财务管理、人事管理已经实现微机管理，有的品牌4S特约维修店和连锁经营快修店还实现了对生产现场的电视监控，通过四公开(公开维修项目、公开收费标准、公开修理过程、公开服务承诺)，不仅提高了企业管理水平，也改善了企业服务质量，而且还积极创建了汽车维修文明企业。

现代的汽车维修企业不仅特别注重于企业文化建设，通过四公开服务(公开维修项目、公开收费标准、公开维修过程、公开服务承诺)和免费为用户提供服务的活动，不断创新，积极创建文明企业，提高企业形象，而且还正在采用先进的管理手段来改善企业的生产经营管理，以改善企业的产品和服务质量，向管理要效益。例如，现代汽车维修企业大多采用了计算机管理和生产现场电视监控技术；有些汽车维修企业还实施了维修车间的专业化封闭式管理，从而将客户与维修人员分隔，不断提高企业管理水平。

4 正朝着连锁化的方向发展

但随着汽车维修业正朝着规模化、连锁化、高档次、多服务形式方向发展同时，特约维修和连锁化经营的趋势十分明显。

我国在改革开放后，随着我国汽车制造业纷纷引进国外品牌汽车，在品牌效应的影响下，汽车维修行业中开始出现了为某品牌汽车销售与维修服务的，集汽车销售、配件销售、售后服务与信息反馈的前店后厂式的品牌4S特约维修店。由于品牌汽车的维修专业化程度极高，既要求提高维修质量也要求缩短维修时间，因此企业形象好、规模效益高的品牌汽车特约维修店在过去几年中占尽了先机，已经成为汽车维修行业中的佼佼者。但是，随着汽车不断地走入千家万户，又出现了为某品牌汽车销售与维修服务的连锁经营快修店。这些连锁的经营快修店(包括某品牌汽车快修店、救援服务站和汽车俱乐部等)正在随着汽车维修行业的规模化和连锁化，其总店经营规模越来越大，而连锁经营店规模越来越小和越来越分散，从而走向城市中居民小区的各个角落，由此可知，在我国，特约维修和连锁经营不仅是汽车维修业最明显发展方向，而且是汽车维修业且最终的发展方向。这从美国的汽车维修企业和汽车售后服务市场近几年的发展状况来看也一样：其大型综合性的汽车维修企业以及新车特约经销店或特约维修店已经相应减少，而小型专业化维护店、汽配换油中心以及处理车辆事故救急的事故维修和保险理赔中心却反而增加，并且正在形成全国性的连锁经营网络。

由此可知，我国汽车维修业今后发展的主要方向将是为某品牌汽车从事专业化维修服务的连锁经营店，而不再是所谓前店后厂式的品牌4S特约维修店发展模式。当然，汽车维修企业的科技型连锁经营与纯商业型连锁经营明显不同。不仅其科技含量较高，因而其连锁特征和连锁方式不同，而且还需要有大型汽配经销商和保险公司的加盟。

5 旧车交易市场和旧车翻新市场必将引入汽车维修企业

欧美国家的旧车交易量及维修量通常是新车交易量及维修量的7倍。因此，国外的旧

车交易和旧车置换是以整车销售、零配件销售、售后服务与信息反馈为主的 4S 品牌经营企业一体化服务的重要内容。在我国,新车交易市场的空前活跃也带动了旧车交易市场的快速发展。由于旧车经销商、卖主和买主在旧车交易时都希望能有公正的车况检测和必要的维修翻新,而汽车维修企业正具有这种车况检测和维修翻新的能力。因此,旧车交易市场和旧车翻新市场必将引入汽车维修企业。

当然,倘若汽车维修企业要参与旧车交易市场,不仅需要经过国家有关部门的技术认证和批准(例如,必须具有国家承认的持证经纪人与评估师;必须依托汽车维修企业中配备的综合性能检测线;必须与新车一样实施质量保证等),而且还需要对旧车的质量评估、交易程序、售后服务制定统一的工艺规范与技术标准。倘若汽车维修企业要参与旧车翻新市场,不仅需要配备足够的汽车专用维修设备和检测诊断设备,而且需要配备优秀的汽车维修技术人员和管理人员。因为旧车翻新相当于汽车大修或汽车检修,而不是一般的使用维护。

复习思考题

1. 什么是汽车维修行业?什么是汽车维修行业管理?
2. 试述汽车维修行业管理的发展历程。
3. 我国汽车维修业的现状怎样?目前存在哪些问题?
4. 试述汽车维修行业的行业特点有哪些。
5. 为什么要加强汽车维修行业管理?
6. 试述汽车维修行业管理的管理目标、管理内容、管理原则、管理职能。
7. 什么是汽车维修行业管理的质量监督?如何仲裁质量纠纷?
8. 汽车维修企业分类的依据有哪些?如何分类?
9. 分别叙述一类、二类、三类汽车维修企业的开业条件。
10. 怎样进行汽车维修企业的厂区布局?
11. 试述汽车维修企业的开业、歇业、停业、变更审批程序。
12. 试述汽车维修企业的年度审验。
13. 为什么新建汽车维修企业要做前期可行性分析?其分析的内容与方法是什么?
14. 为什么新建汽车维修企业首先要做车源分析与周边企业分析?
15. 如何撰写技术经济可行性报告?
16. 调查一个新建的 4S 汽车销售与维修企业如何规划和投资。
17. 请做一个二手车检测线的可行性报告。
18. 试述汽车维修行业的发展趋势。

参 考 文 献

[1] 张弟宁.汽车维修企业管理[M].北京:人民交通出版社,1995.
[2] 李保良,等.汽车维修企业管理人员培训教材[M].北京:人民交通出版社,2004.
[3] 胡建军.汽车维修企业创新管理[M].北京:机械工业出版社,2002.
[4] 李自如.现代企业管理学[M].长沙:中南大学出版社,2001.
[5] 郑秉,胡世泰.企业家领导艺术[M].北京:中国经济出版社,1986.
[6] 刘述意,谷玉珍.厂长的领导艺术[M].石家庄:河北人民出版社,1985.
[7] 北京科学技术协会.厂长必备[M].北京:北京出版社,1982.
[8] 林京耀.汽车营销学[M].北京:中国劳动社会保障出版社,2001.
[9] 刘焰.汽车及配件营销专门化[M].北京:人民交通出版社,2003.